Reifenberg | Wo die Freiheit wächst

Reclam XL | Text und Kontext

Dieses Buch wurde klimaneutral gedruckt.

Alle CO_2-Emissionen, die beim Druckprozess unvermeidbar entstanden sind, haben wir durch ein Klimaschutzprojekt ausgeglichen.

Nähere Informationen finden Sie hier:

Frank Maria Reifenberg

Wo die Freiheit wächst

Briefroman zum Widerstand der Edelweißpiraten

↗

Reclam

Reclam XL | Text und Kontext | Nr. 16164
2023 Philipp Reclam jun. Verlag GmbH,
Siemensstraße 32, 71254 Ditzingen

Der Autor wurde vermittelt durch die Literaturagentur Arteaga, Berlin

Druck und Bindung: Druckerei C.H.Beck,
Bergerstraße 3–5, 86720 Nördlingen
Printed in Germany 2023
RECLAM ist eine eingetragene Marke
der Philipp Reclam jun. GmbH & Co. KG, Stuttgart
ISBN 978-3-15-016164-7
www.reclam.de

Die Reihe bietet neben dem Text Worterläuterungen in Form von Fußnoten und Sacherläuterungen in Form von Anmerkungen im Anhang, auf die am Rand mit Pfeilen (↗) verwiesen wird. Quellen im Anhang werden mit dem Zeichen Q kenntlich gemacht.

Inhalt

Für meinen Onkel, Otto Reifenberg,
verstorben am 16. Mai 1943 in einem Feldlazarett
im Osten.
Im Alter von 19 Jahren.

2 **Feldlazarett:** provisorisch eingerichtetes Militärkrankenhaus für verwundete Soldaten

Teil I
März – Mai 1942

§ 1

Fernhaltung von öffentlichen Straßen und Plätzen während der Dunkelheit:
Jugendliche unter 18 Jahren dürfen sich auf öffentlichen Straßen und Plätzen oder an sonstigen öffentlichen Orten während der Dunkelheit nicht herumtreiben.

Polizeiverordnung zum Schutze der Jugend vom 9. März 1940

Lene – Köln, 13. März 1942

Mein liebstes Röschen,
schimpf nicht mit mir, bitte, aber ich muss dich heute so nennen, denn dein Paket ist angekommen. Ich weiß, dass du diesen Namen nicht magst, aber du bist nun einmal mein Röschen und nicht die stocksteife Rosemarie, die sie dort auf dem Gutshof vielleicht aus dir machen wollen. Am Ende gar noch Fräulein Rosemarie, was? Aber nein, so vornehm geht es im Kuhstall wohl nicht zu?

Ich würde dich zu gerne einmal sehen, wie du mit den Milchkannen daherstapfst, die Schürze umgebunden, und dann die dicken Zöpfe, die unter einem karierten Kopftuch hervorschauen. Du hattest immer die schönsten Haare von uns allen, so deutsch und blond wie du war keine von uns. Weißt du noch, wie viele Stunden wir auf den Rheinwiesen saßen, um sie dir so hübsch zu flechten und immer neue Kringel und Kronen daraus um deinen Kopf zu winden? Mit Kränzen aus Gänseblümchen? Jetzt sind wir schon froh, wenn wir uns die Haare waschen können, ohne dass der Engländer uns das Wasser abdreht. Ich hasse diese Tommys mit ihren Flugzeugen und Bomben, alles wollen sie uns nehmen, es ist der reinste Terror. Was haben wir im schönen heiligen Köln ihnen denn getan? Kann mir das einer erklären? Der Führer wird es ihnen heimzahlen, daran müssen wir fest glauben. Und wenn sie uns den Dom wegschießen, dann gnade ihnen Gott. (Vorausgesetzt, sie haben einen.)

Vielleicht ist es besser so, dass deine Mutter dich und das kleine Walterchen aufs Land in Sicherheit gebracht hat. Für mich wäre es nichts, das weiß ich doch sehr genau, auch wenn es hier noch so sehr rumst und scheppert.

20 **Tommys:** Spitzname für die britischen Soldaten | 24 **Führer:** Adolf Hitler (1889–1945), trug seit 1934 offiziell den Titel »Führer und Reichskanzler«

Vorigen Mittwoch, als ich noch bei der Arbeit im Salon war, heulten die Sirenen, viel früher als sonst, aber dann stellte es sich als Fehlalarm heraus. Es ist schon schlimm genug, wenn man nachts losrennen muss, da braucht es doch nicht auch noch einen falschen Alarm am Tag, oder? Nun ja, besser einmal zu viel als einmal zu wenig, aber demnächst legen sie schon los, wenn nur eine Schar Wildgänse am Himmel auftaucht.

Jedenfalls war es gerade als Madame Céline der Frau Lorenzen die Farbe auf die Haare geschmiert hatte. Wir mussten alle in den Luftschutzkeller. Da war nichts mehr mit Auswaschen, das sag ich dir, und die große Operndiva hat geschrien, erst weil es so auf ihrer Haut brannte und dann weil ihr nach einer Stunde die ersten Haarbüschel vom Kopf fielen.

Die alte Frau Winter aus dem dritten Stock hat die Lorenzen angeschnauzt: »Dann döste dir enne vun den Peröcke us eure Singbude upp de Kopp. Aber jetz hällste mo de Schnüss!«

Stell dir das vor! Die alte Hexe bestreitet ihren Lebensunterhalt mit Pulloverstopfen und sagt zum Star der Oper, dass sie den Mund halten soll. Ich konnte mich vor Lachen nicht halten und hab von Madame Céline eine strenge Ermahnung bekommen: Noch solch ein Vorfall und ich könne mir woanders eine Lehrstelle suchen. Liebend gerne, hätte ich ihr fast geantwortet, aber ich habe es mir im letzten Moment verkniffen. Wer weiß, was Mutti sich einfallen lässt, wenn ich aus dem Salon fliege.

Nun ja, es geschah der Lorenzen nur recht, dass ihr mal jemand übers Maul fährt. Neulich kam sie doch glatt mit einer Flasche vom ganz vornehmen französischen Champa-

17f. **Dann döste dir … de Schnüss:** (Kölner Dialekt) ›Dann tust du dir eine von den Perücken aus eurer Singbude auf den Kopf. Aber jetzt hältst du mal den Mund.‹

gner in den Keller, kannst du das glauben? Natürlich hat sie die Flasche nur an sich gepresst und überhaupt nicht daran gedacht, mal eine Runde auszugeben.

Ich kann dir was verraten: Die Lorenzen ist gar nicht von Natur aus so strohblond. Blond à la Madame Céline ist sie. Das ist natürlich ein Staatsgeheimnis, schließlich sieht man sie alle naselang am Arm vom Gauleiter Grohé in die Kameras lächeln. Von wegen, ein Abbild des germanischen, urdeutschen Stars, wie es neulich unter einer Fotografie in der Kölnischen Illustrierten stand. Ihre Augen sind lange nicht so schön blau wie die deinigen, das muss man doch einfach mal feststellen. Wie auch immer, im Keller sind wir alle gleich. Gleich müde, gleich staubig, gleich voller Angst.

Aber davon heute nicht so viel, nichts vom Keller und nichts von dem Bomben, obwohl es mir immer hilft, es einfach einmal aufzuschreiben, dann ist es nämlich weg, für ein paar Augenblicke, dann flattern all diese schweren Gedanken weg, weg, hinaus aus dem Kopf, mit der Post ins – ja, wohin? Zu dir, und ich bin so froh, dass du nicht längst schon geschrieben hast, ich soll davon schweigen. Hier kann ich doch mit niemand darüber sprechen. Wir erleben und erleiden es schließlich doch alle gemeinsam.

Weißt du, manchmal habe ich das Gefühl, der Krieg fängt jetzt erst so richtig an. Drei oder vier Nächte die Woche geht es momentan ab in den Keller, manchmal sogar mehrmals in einer Nacht. Wir legen uns jetzt allabendlich vollständig angezogen ins Bett. Wenn du nicht im Nachthemd da unten zwischen Opa Kallfels und dem Ludwig vom Kohlenhändler hocken willst, muss das so sein. Unsere beiden Kleinen packen wir in Decken, die schlafen dann einfach weiter, eine in meinen, eine in Muttis Armen, die kleine Toni hält das mit ihren drei Jahren schon für völlig normal. Ich tu, was ich kann, um es den Mäusen leichter zu machen.

Aber nun noch einmal von vorne: Mein liebstes, liebstes Röschen, dein Paket und deine wunderschöne Geburtstagskarte sind verspätet, aber wohlbehalten angekommen, und ich weiß nicht, was ich schreiben soll. Ich kann's gar nicht fassen. Blutwurst, Speck, Zwiebeln und ein Glas Apfelmus!! Du bist wirklich verrückt. Oma Stina macht Himmel un Äd daraus und wir werden bei jedem Bissen an dich denken.

Auf deine Frage kann ich fröhlich antworten: Ja, das Einmachglas hat es überlebt, kein Löffel von dem leckeren Mus ist verloren gegangen. Du hattest es auch bestens eingewickelt.

Aber hör mal, das halbe Pfund Butter wäre wirklich nicht nötig gewesen, das ist einfach zu großzügig, und ich will hoffen, dass du nichts von den Sachen einfach abgezweigt hast. Hier bei uns lassen sich die Leute mit jedem Monat, den der Krieg dauert, neue Halunkenstreiche einfallen, um ordentlich was zwischen die Zähne zu bekommen. Den ganzen letzten Sommer über haben Opi und die anderen in den Schrebergärten in Ossendorf Wache geschoben, damit die Gurken und Möhren keine Beine kriegen. Manchmal wundere ich mich, wie frech die Leute zugreifen. Gerade wenn's irgendwo ordentlich gescheppert hat, holen die den armen ausgebombten Leuten hinten noch die Unterhosen von der Leine, während die vorne löschen.

Mit deinem wunderbaren Fresspaket wird es nun mit einiger Verspätung mein Geburtstagsessen geben. Oma dankt dir, die ganze Familie dankt dir, das kannst du glauben. Wir

9f. **Himmel un Äd:** »Himmel und Erde«, aus Kartoffeln und Äpfeln zubereitetes Gericht | 23 **Ossendorf:** Stadtteil von Köln auf der linken Rheinseite im Stadtbezirk Ehrenfeld

hungern zwar nicht, aber es ist doch ein arg eintöniger Mampf, mit dem wir uns oft zufriedengeben müssen.

Leider können wir dem Franz im Augenblick nicht viel nach Russland schicken, obwohl der es wirklich brauchen könnte. Unser lieber Führer hat sich wohl ein bisschen verrechnet, was die Männer da draußen an der Front brauchen, um für Volk und Vaterland zu kämpfen. Sie werden satt, ja, aber die feinen Sachen fehlen, die einem die Seele trösten.

Über die Beziehungen von Onkel Hugo kommen wir zwar hier und da auch an ein paar Extrawürste heran (im wahrsten Sinne!), aber Mutti will das eigentlich nicht, bis sie Papis Totenschein in der Hand hält. Dass nicht einmal Onkel Hugo den endlich besorgen kann, wundert mich. Bei uns ist doch alles bis aufs kleinste i-Pünktchen so ordentlich, nichts geht in einer deutschen Behörde verloren. Kannst du dir das vorstellen: Ich muss *Onkel* Hugo zu ihm sagen, sogar zu Hause! Er wohnt nicht bei uns, ist (und isst!) aber fast jeden Tag hier. Als ob die Leute nicht wüssten, dass er alles andere als unser Onkel ist.

Doch ich will nicht ungerecht sein. Er gibt sich die größte Mühe, das muss ich zugeben. Manchmal habe ich sogar das Gefühl, er ist der Einzige, der mich hier versteht. Jedenfalls hat er mit seinem Geburtstagsgeschenk den Vogel abgeschossen. Du wunderst dich bestimmt schon die ganze Zeit, dass du nicht mehr meine Sauklaue entziffern musst, über die du dich schon oft beschwert hast. Also, in Zukunft werde ich dir immer so hübsch und ordentlich auf der Schreibmaschine schreiben. Du hast richtig gelesen: Onkel Hugo hat mir diese tipptopp funktionierende Erika Modell M geschenkt, mit Tabulator und Sperrschrift. So sieht ↗

das dann aus: SPERRSCHRIFT – sehr GROSSZÜGIG von ihm oder etwa nicht?

Er hat gesagt, sonst hätte sich die ganze Mühe mit den Kursen in Maschineschreiben und Stenografie, die ich letztes Jahr nebenher gemacht habe, doch gar nicht gelohnt. Fast hätte ich ihm eine patzige Antwort gegeben. Ich hätte wohl sehr gerne noch weitergemacht, aber eine andere als Fräulein Herz konnte ich mir nicht leisten und Fräulein Herz konnte ER sich nicht leisten. Seine künftige Stieftochter (davon können wir ausgehen!) sollte sich natürlich nicht von einem ach so gierigen jüdischen Tippfräulein ach so arge zwei Reichsmark für eine Stunde in Stenografie »abpressen« lassen. Raffgierig! Das ist doch ein Witz, oder? Die arme Frau kann fast gar nichts mehr arbeiten, weil ihr alle Berufe, in denen sie sich auskennt, verboten sind. Zum Unterricht kommt kaum noch einer zu ihr, als ob man sich die arischen Finger an ihrer jüdischen Schreibmaschine schmutzig machen würde. Dabei ist sie doch nur Halbjüdin.

Onkel Hugo hätte sicher nichts dagegen, wenn ich bei ihm im Büro als Tippse arbeiten würde oder als Telefonfräulein, aber Mutti würde das nicht zulassen, da muss ich gar nicht fragen, das ist klar. Frisöse sei etwas Handfestes, meint sie. Die Frauen ließen sich zu jeder Zeit die Haare machen, das sei ihre Natur.

Es ist gar nicht leicht, an eine solche Schreibmaschine heranzukommen, und leisten könnte ich sie mir schon gar nicht. Meine liebe kleine Erika – jetzt habe ich zwei beste Freundinnen, denn ihr beiden seid die Einzigen auf der Welt, vor denen ich nichts zu verbergen habe.

Ihr habt auch noch etwas gemeinsam, nämlich eine kleine Macke, jawohl. Bei der Schreibmaschine ist es das k. Es

4 **Stenografie:** Schrift mit verkürzten Zeichen, die ein schnelles Schreiben ermöglicht | 12 **Reichsmark:** von 1924 bis 1948 die offizielle Währung im Deutschen Reich. | 20 **Tippse:** abwertender Begriff für eine Schreibkraft, Sekretärin | 22 **Frisöse:** Friseurin; Bezeichnung, die heute als abwertend gilt

rutscht, wie du sicher schon gemerkt hast, immer ein wenig zu weit nach oben, obwohl Onkel Hugo einen Fachmann beauftragt hat, die Maschine wieder auf Vordermann zu bringen.

Ich sehe deinen Gesichtsausdruck vor mir, wenn du das liest, und wahrscheinlich denkst du: »Wer von uns hat hier die größte Macke, wohl du, Lene Meister!« Reg dich nicht auf, ich meine doch nur das halbe Ohrläppchen, das der Dackel von eurem Nachbarn dir abgebissen hat. Eine kleine Macke ist es an deiner sonst natürlich strahlenden Schönheit! Ich meine das ganz ernst. Was gäbe ich dafür, nur die Hälfte davon zu haben: statt meiner struppigen braunen Fussellocken deine blonden Seidenhaare. Deine verboten verführerischen Lippen, von denen mein Bruder in jedem zweiten seiner Briefe schwärmt. Jetzt verdrehe nicht die Augen!! Das tut er!! Der Franz IST in dich verliebt, und ich wünsche mir nichts mehr, als dass ihr ein Paar werdet. Wenn er das nächste Mal Fronturlaub hat, locke ich dich hierher und dann verlobt ihr euch ganz offiziell. Geheiratet wird auch so schnell wie möglich, denn Verheiratete bekommen schneller Heimaturlaub, so heißt es jedenfalls.

Ja, deine Lippen – hätte ich sie nur! Meine beiden strengen Striche unter der Nase will keiner bützen. Ach je, ich bleibe bestimmt bis ans Ende meiner Tage ungeküsst!

»Du dummes Mondgesicht!«, hat Madame Céline neulich gerufen, als ich die ganzen Scheren wieder einmal nicht auseinanderhalten konnte. Und sie hat recht. Runder als mein Gesicht ist nicht einmal der Vollmond, der über den Spitzen von unserem guten alten Dom vom Himmel blickt.

Mutti hat Onkel Hugo auf jeden Fall ziemlich wütend angeschaut und geschimpft, er solle mir keine Flausen in den

23 **bützen:** (kölsch) küssen

Kopf setzen, was meine Schreiberei angehe. Ich würde nun Frisöse lernen, aus und Ende, wir bräuchten das Geld und das sei ein ordentlicher Beruf. Außerdem habe einer von *der Sorte* in der Familie gereicht, der habe nur Unheil über alle gebracht.

VON DER SORTE! Das hat sie gesagt. Es tut mir arg weh, wie sie über Vati spricht, aber ich habe den Mund gehalten. Du kannst dir vorstellen, dass mir das schwergefallen ist. Am Ende hätte sie mir vielleicht verboten, das Geschenk anzunehmen, da bin ich lieber still gewesen. Wenn man Mutti danach fragt, was sie mit *der Sorte* meint, wird sie immer ganz fuchsig. Ja, sie hätte es gerne gehabt, wenn Vati sein Fähnchen ein bisschen mehr in den Wind gehängt hätte – als ob ich das nicht wüsste. Ich erinnere mich noch zu genau, wie sie sich gestritten haben, weil er partout nicht in die Partei eintreten wollte.

So, ich muss nun aufhören. Ich bin vom Herumstehen im Salon jeden Abend hundemüde und außerdem will ich dem Franz noch schreiben. Bestimmt soll ich ihm *herzallerliebste* Grüße von dir ausrichten, nicht wahr?! Den Brief schicke ich auf jeden Fall gleich morgen ab, wer weiß, wie lange die verschlafene Reichspost braucht, um ihn zu dir nach Detmold zu bringen. Von Franzens Post von der Front geht auch viel verloren. Wenigstens bei der Feldpost könnten sie sich doch etwas mehr Mühe geben, aber vielleicht hat eine dumme Gans wie ich da ganz falsche Vorstellungen. Wenn das Postflugzeug abgeschossen wird, nützt die größte Mühe nichts.

Ach, Rosi, es geht schon wieder los. Als hätte ich es beschrien. Die Sirenen. Vorwarnung. In zwei Minuten rumpelt es an meiner Zimmertür, das kann ich dir garantieren.

15 **partout:** unbedingt, auf jeden Fall | 24 **Feldpost:** Postdienst zwischen Heimat und Soldaten im Kriegseinsatz

Mutti, mit der kleinen Toni auf dem Arm und dem Edithchen an der Hand. Siehst du! Bum, bum. Wir sind meistens die Ersten im Keller. Das nun doch noch in aller Eile: Ich habe den großen Schmalen getroffen, der früher ums Eck in der Siebachstraße gewohnt hat, weißt du noch, dem wir den Schulranzen hinter den Hühnerställen versteckt haben und der dann später hinüber auf die andere Rheinseite gezogen ist? Na ja, schmal ist er nicht mehr, ein ordentliches Kreuz hat er sogar und Schultern, an die du dich so richtig anlehnen kannst. Ganz zufällig bin ich ihm über den Weg gelaufen. Und dann gab es eine Menge Ärger mit dem HJ-Streifendienst! Die Tage mehr davon.

Nun sende ich aber wirklich liebste Grüße.

Deine Lene

Rosi – Detmold, 22. März 1942

Liebe Lene,
ich freue mich über jeden Brief von dir, da kannst du ganz und gar sicher sein. Jede Zeile aus der Heimat macht mein Heimweh größer. Ich sehne mich nach unserem schönen Köln und nach denen, die mir daheim in Nippes lieb und teuer sind, und auch nach den guten alten Zeiten. Ich würde bei der ersten Gelegenheit den Koffer packen und zurückkommen. Wenn ich nicht so schnell und oft antworte, so bin ich doch keine treulose Tomate. Ich denke jeden Tag an dich, das musst du mir glauben.

Im Moment zittere ich jedoch um eine Nachricht von dir. Gerade am Tag, als du mir geschrieben hast, ist es doch in der Nacht über Nippes ordentlich losgegangen, das weiß ich

20 **Nippes:** Kölner Stadtteil am linken Rheinufer, nördlich der Altstadt

von Frau Ebersberger. Über ihre Tochter Mia, die Pummelige, die mit mir im Kaufhof die Lehre begonnen hat, also über Mia habe ich eine schrecklich traurige Nachricht erhalten. Eine der Art, wie ich sie über dich niemals hören will, versprich mir das. Die Mia und ihr Schwesterchen, die kleine Gertrud, sind am 14. ums Leben gekommen. Die Bomben, die sie jetzt werfen, sind wegen der furchtbaren Druckwellen so schlimm, schreibt die Frau Ebersberger. Der Keller hat ihnen nichts genützt, gar nichts.

Lenchen, mir fällt es nicht so leicht wie dir, die Worte aufs Papier zu bringen. Vor allen Dingen fehlt mir die Zeit dazu. Wenn ich mal einen Augenblick freihabe, stehle ich mich am liebsten davon und suche mir ein Plätzchen, an dem ich für mich sein kann, wo niemand im nächsten Moment nach mir schreit. Meistens schlafe ich auf der Stelle ein, sobald ich mich unter einen Apfelbaum oder auf den Holzsteg unten am See setze. Abends schaffe ich es nicht einmal mehr, ein paar Seiten in den Illustrierten durchzublättern, die du mir aus dem Salon schickst. Außerdem mault die neue Küchenhilfe, mit der ich mir jetzt die Dachkammer teilen muss, wenn ich das Licht so lange brennen lasse.

Nun, man muss froh sein, dass Mama und das Walterchen und ich hier einen Platz gefunden haben, obwohl wir mein armes Brüderchen erst einmal zu einem Pächter geben mussten. Fast zehn Kilometer ist es bis zu dem kleinen schäbigen Bauernhof, da hat er einen Schlafplatz über dem Kuhstall. Ich sehe den kleinen Kerl höchstens einmal die Woche, meistens sonntags nach dem Kirchgang. Wenn es ans Abschiednehmen geht, weint der Knirps so furchtbar, dass dir das Herz zergeht. Aber ich reiße mich zusammen und lass selbst die Tränen erst laufen, wenn er hinten auf dem Pferdekarren um die Ecke verschwindet. Alles nur weil Mama ganz und gar die Nerven verloren hat und sagt, dass es für uns alle besser ist hier auf dem Land.

Ich habe mich bei Knöter, dem Verwalter, beschwert, ob es nicht doch noch fürs Walterchen ein kleines Eckchen gibt, habe ich gefragt. »Wenn's der Mamsell auf dem Gut nech' passen tut«, sagt er da in seinem ostpreußischen Dialekt (er stammt aus Königsberg), »kann se sech jemand anderen suchen, der ihr die Sonderwünsche erfillt. Oder zurück in de verkommene Stadt kann se abmarschieren.«

Mein Gott, nur weil wir den kleinen Walter bei uns behalten wollen. Das wird doch noch erlaubt sein, oder? Ich schufte mir hier den Rücken krumm, meine Hände sind schon rau wie ein Reibeisen und voller Schwielen. An die Theke mit der Feinwäsche lassen sie mich in Köln im Kaufhof nicht mehr, das ist mal sicher. Die Kundinnen würden sich ekeln und mit den Schrunden tät ich Laufmaschen in die zarten Seidenstrümpfe reißen.

Auf einem Gutshof gibt es Arbeit rund um die Uhr, zumindest für Leute wie mich, von Fräulein Rosemarie kann keine Rede sein, das gilt nur für die im feinen Salon.

Den alten Baron sehen wir hier nie. Nur Ansgar, sein Jüngster, ein Student, ist in den Semesterferien hier. Ansonsten überlassen sie alles dem Verwalter. Gegen ihre Güter in Ostpreußen ist unser Schlösschen hier mit den 300 Hektar Land nur ein Fliegendreck. Die Herrschaften machen gute Geschäfte mit dem Gauleiter und der Wehrmacht, weil die sie brauchen.

»Wir füttern ganz Westfalen durch«, sagt der Knöter. Außerdem bedienen sich die ganz Großen aus Berlin im Ge-

7 **Mamsell:** (franz.) Mademoiselle, Fräulein | 28 f. **Wehrmacht:** Bezeichnung für die Gesamtheit der deutschen Streitkräfte 1935–45

stüt, das zu unserem Gut gehört. Letztens war die Aufregung groß, der Verwalter wäre fast geplatzt vor Stolz. Alle mussten wir antreten und eine große Rede hat der Knöter gehalten: »Der Oberbefehlshaber der Luftwaffe Hermann Göring höchstpersönlich kommt ...«, und dann gab es eine Lobesrede auf die Heldentaten des Reichsmarschalls. Kurz darauf stand der dann samt seiner Gattin auf dem Schlosshof. Sie haben sich die Jährlinge angeschaut, da war was los, das kannst du dir gar nicht vorstellen.

Der junge Herr Ansgar hat allerdings ein ziemlich langes Gesicht gezogen. »Der letzte lahme Gaul wäre zu schade für den Dicken!«, hat er gemurmelt, als der Göring und seine Frau sich in ihr riesiges Automobil gewuchtet haben. Und dann ist er rot geworden, der junge Herr, meine ich. Ich habe so getan, als hätte ich es gar nicht gehört.

Mit seinem Mercedes Cabriolet ist der Reichsmarschall die Allee mit den alten Eichen entlanggebraust. Eine Kolonne von Fremdarbeitern musste in den Graben springen, sonst hätte er ihnen die abgemagerten Knochen zertrümmert. Eigentlich sollten die gar nicht dort sein, nur wir deutschen Maiden, alle aufgeputzt und im besten Kleid mit schneeweißen Schürzen. Mit sauberen Spitzentüchern, die wir nachher wieder bei der Hausdame abgeben mussten, haben wir gewinkt. Die Männer im schlammigen Graben haben dem Göring sehr böse Blicke nachgeworfen. Manchmal, wenn ich den armen Kerlen aus Polen und Russland in die Augen sehe, denke ich: Gnade uns Gott, wenn wir den Krieg verlieren! So viel Hass! So viel Wut! Wenn sie die an uns auslassen! Der Knöter hat recht, die werden uns zum Frühstück verspeisen.

Aber nun genug davon. Bis der Russe über unsere Fel-

8 **Jährlinge:** Bezeichnung für einjährige Tiere, hier Pferde | 18 **Fremdarbeitern:** beschönigende Bezeichnung für Zwangsarbeiter aus den im Zweiten Weltkrieg von Deutschen besetzten Ländern | 23 **Hausdame:** Leiterin des Haushaltspersonals

der trampelt, ist es noch ein bisschen hin, da bin ich mir sicher.

Jetzt zu dir: Warum um alles in der Welt hattest du Ärger mit dem Streifendienst? Mit denen legt man sich besser nicht an oder dein »Onkel« Hugo muss dich am Ende aus der Sache raushauen. Ihr könnt froh sein, dass ihr den habt, dann passt wenigstens jemand auf euch auf. Deine Mutti sollte endlich reinen Tisch machen und den Hugo heiraten. Mit seinen Beziehungen in der Partei kann er doch bestimmt dafür sorgen, dass ihr den Totenschein für deinen Vater schnell bekommt. Warum hat er das eigentlich nicht schon längst in die Wege geleitet? Ein paar Lebensmittel für euch unter der Hand oder dir eine Schreibmaschine schenken, das hilft doch auf die Dauer nicht viel. Du hast doch selbst gesagt, dass wahrscheinlich keiner von der Mannschaft des U-Boots überlebt hat, meinst du, ausgerechnet dein Vater ist durch die halbe Nordsee geschwommen?

Nun ja, deine Mutti wird schon wissen, was sie da tut, bei so was darf man keinem reinreden, also halte ich lieber meinen Mund.

Ich schreibe jetzt lieber noch die allerliebsten Grüße und klebe den Umschlag zu, dann kann der junge Herr Baron meinen Brief gleich morgen in der Frühe mit zur Post nehmen. Leider reist er schon wieder ab. Gelegentlich, wenn keine Hausdame und kein Verwalter in der Nähe sind und überhaupt niemand, der mich scheuchen könnte, plaudert er ein bisschen mit mir. Ich komme mir zwar schrecklich dumm bei ihm vor, er redet so gescheit, das glaubst du kaum. Manchmal liest er mir auch einfach ein Gedicht vor, und wenn ich Pech habe, muss ich da lachen. Hier, das konnte ich mir merken:

Es ist schon so. Der Frühling kommt in Gang.
Die Bäume räkeln sich. Die Fenster staunen.
Die Luft ist weich, als wäre sie aus Daunen.
Und alles andere ist nicht von Belang.

Die Bäume räkeln sich! Da musste ich lachen. Eine dumme Gans bist du, habe ich gleich gedacht, wie dumm, wie dumm. Da sagt er so schöne Worte, weil, es ging ja um den Frühling und vielleicht auch darum, dass bald alle ein bisschen verliebt sind und all so etwas: Der Lenz ist da! Die Welt wird frisch gestrichen! Und dass es jedes Jahr die gleiche Sache ist, aber jeden Frühling doch wieder so, als wär's der allererste Frühling im Leben. Und ich lache. Ich an seiner Stelle hätte mich einfach in den Stall geschickt, aber Ansgar (er hat nachher gesagt: »Sag Ansgar zu mir, einfach Ansgar, ohne Herr und von und Baron und so weiter.«), Ansgar hat leuchtende Augen bekommen und sich gefreut. So ein Lachen wie meins tät einem das Leben so bunt anmalen wie in dem Gedicht.

So, jetzt ist aber wirklich Schluss und aus!
Es drückt dich doll
deine Rosi

Kalli – Gleiwitz, 25. März 1942

Liebe Lene!
Mir geht es gut. Wie geht es dir? Da wunderst du dich doll, was? Du bekommst endlich einen Brief von deinem kleinen Bruder aus dem schönen Gleiwitz. Wir müssen jeden Mittwoch einen Brief schreiben. Man darf auch öfter. Die

1 ff. **Es ist schon so …:** Erste Strophe von Erich Kästners (1899–1974) Gedicht *Besagter Lenz ist da.* | 9 **Lenz:** poetisch für: Frühling

Mädel schreiben ganz oft und viel. Was die alles zu sagen haben!

Mittwochs hocken wir also alle hier und Lehrer Pütz und Lagerführer Nolden schauen, dass wir es auch hübsch ordentlich machen. Wir müssen wenigstens 1 Seite schreiben, aber nicht mehr als 10 Seiten. Ich weiß auch, warum. Lagerführer Nolden muss ja alles lesen, und wenn man einen Roman schreibt, wird der Herr Nolden nie fertig, und außerdem haben wir alle eine Sauklaue, sagt er. Voriges Jahr hat einer aus Stuttgart hundsgemeine Sachen geschrieben über das Lager hier und Herr Nolden hat es gelesen und gleich die Eltern informiert. *Ich* finde ja, dass die Kinderlandverschickung eine feine Sache ist, auch wenn hier viele vor Heimweh weinen. Das sind Memmen, das sag ich dir. Die Eltern von dem Kerl haben jedenfalls ein großes Geschrei gemacht und den Verräter abgeholt. Genau, ein Verräter, das ist er. Eine Memme und ein Verräter. Einer, der hier alles schlechtredet. So undankbar darfst du nicht sein, wo der Führer doch alles tut, damit es uns gut geht. Außerdem fallen uns hier keine Bomben auf den Kopf von diesen verfluchten Engländern. Aber was weiß einer aus Stuttgart schon über Bomben?

Er hat über *alles* gemeckert. Das Essen ist schlecht, er kann nicht schlafen, weil in seiner Stube zu viele Jungen sind. Und die Wanderungen! Und die Übungen! Wir robben durch das Unterholz. Und tarnen tun wir uns. Dafür habe ich sogar eine Auszeichnung bekommen. Mich findet der Feind ganz bestimmt nicht. Im Kompasslaufen war ich nicht so gut. Sogar der Wolfi war besser. Da habe ich mich sehr geärgert. Abends am Lagerfeuer singen wir. Kartoffeln schälen kann ich jetzt auch. Das muss man können. Eigentlich ist das Mädchensache, aber wenn du ins Feld ziehst, musst du dich auch selbst versorgen.

Wo kommen wir denn hin, wenn jeder schreibt, was er will, und meckert und anschwärzt. Am meisten hat es diesen verweichlichten Kerl aus dem Schwabenland gestört, dass er endlich lernen musste, wie ein deutscher Junge Ordnung in seiner Stube und in seinem Spind hält.

»Ohne Ordnung und Sauberkeit verkommt ein Volk«, sagt Herr Nolden fast jeden Tag. »Das deutsche Volk entstammt einer Rasse, der Ordnung, Pflichterfüllung und Disziplin ins Erbgut gelegt wurden.« Deshalb dürfen wir uns auch nicht mit den Untermenschen zusammentun. Das ist Rassenschande, weil, irgendwann ist das gute Erbgut völlig versaut.

Ich bin sehr froh, dass ich hier das Meinige beitragen kann. Der Führer zeigt es dem Russen und dem Engländer und allen. Und wir alle werden dem Engländer vom Himmel und vom Wasser aus zeigen, wo es langgeht. Da braucht er jeden Mann und jeden Jungen. Ich kann es kaum erwarten, bis er auch mich zu den Waffen ruft. Der Führer weiß, wovon er spricht. Er hat selbst im letzten Krieg gedient. Wir hören an den Heimabenden immer Vorträge und manchmal auch abends am Lagerfeuer. Ich durfte sogar ein Kapitel aus dem Buch des Führers vorlesen.

Mama hätt mich viel lieber zu Hause, aber ich habe ihr geschrieben, dass jeder dort sein Bestes geben muss, wo der Führer ihn hinstellt. Sie kann ja auch nicht verlangen, dass Franz zu seinem Kompaniechef sagt: »Meine Mutti findet, dass ich besser in Köln-Nippes für Volk und Vaterland kämpfe, Herr Leutnant.« Es gibt ja nichts zu kämpfen in

Köln, stimmt's? Bitte, liebe Lene, bitte sprich doch bei Mutti ein gutes Wort für mich, damit ich bis zu den Ferien (den *Sommerferien*!!!) hierbleiben darf.

Jetzt muss ich aber zum Ende kommen. Wir gehen jetzt alle zusammen ins Kino. Herr Nolden hat eine Sondervorführung organisiert. Stell dir das vor: Wir gucken *Quax, der Bruchpilot* mit Heinz Rühmann! ↗

Heil Hitler!
Dein Kalli

Lene – Köln, 28. März 1942

Liebe Rosi,
auf eine Antwort von dir warte ich nun gar nicht erst. Wer weiß, ob du geschrieben hast, und wer weiß, wie lange die Post braucht. Eigentlich sollte die Neugier dich mit Haut und Haaren fressen, nachdem ich dir von Erich erzählt habe, der mit dem Schulranzen und den Hühnerställen. Es ist ein richtiger junger Mann (und ein schmucker dazu!) aus ihm geworden.

Ich habe ihn also getroffen. Am Volksgarten oder besser gesagt: ein paar Meter davor. Da komme ich sonst eigentlich gar nicht hin, was soll ich dort im Kölner Süden? Und auch der Erich hat da gar nichts zu suchen, der ist ja schon vor ein paar Jahren auf die andere Rheinseite gezogen.

Jedenfalls hatte Madame Céline mich geschickt, um der Frau Liebigmann eine Perücke zu bringen, die Madame für sie gemacht hat. Madame Céline hat immer geschwärmt, wenn Frau Liebigmann in den Salon kam. »Très chic«, hat sie dann gerufen, »abärr nur ein bisschen von die Spitzän

19 **Volksgarten:** 1889 eröffnete Parkanlage im Süden Kölns | 27 **Très chic:** (franz.) sehr schick

schneide isch ab! Auch wenn es einä schleschlt Geschäft ist pour moi.«

Leider gibt es da nichts mehr abzuschneiden. Der armen Frau sind nämlich zuerst alle Haare von einem Tag auf den anderen grau geworden. Auch in Silbergrau waren die dicken langen Haare noch wunderschön, das kannst du mir glauben. Aber in diesen Zeiten gilt wohl: »Schlimmer geht immer!« Vor ein paar Monaten sind ihr nämlich die Haare auch noch ausgefallen, restlos alle, es ist furchtbar.

Kein Wunder, hat die alte Winter gesagt, und dass ihr auch die Haare ausfallen würden, wenn man ihr zuerst die Wohnung nähme und dann den Mann und den Sohn. So ist es der Frau Liebigmann passiert.

»Es ist noch nicht vorbei«, hat Frau Liebigmann schon vorher hier im Salon gesagt, da war ich eine Woche in der Lehre und durfte den Kundinnen noch nicht einmal die Haare waschen. Das war kurz nachdem die Juden den gelben Stern tragen mussten, im vergangenen September. Und dann kam es auch so. Aus der vornehmen Wohnung in der Lütticher Straße mussten die Liebigmanns raus, und dann kam kurz nach Nikolaus die Nachricht, dass Herr Liebigmann und der Salomon auf der Liste für die Fahrt in den Osten stehen. Da war es um die Haare von der Frau Liebigmann geschehen. Restlos weg. Zum Glück hat sie alle aufbewahrt, jede Strähne.

Für Madame Céline war es ein Kinderspiel, daraus eine Perücke zu machen, den Unterschied sieht man nachher kein bisschen, sagt sie. In den Salon traut sich Frau Liebigmann allerdings schon lange nicht mehr. Sie bringe uns nur in Verruf, sagt sie. Die Zeiten, in denen Leute wie sie mit einem Tässchen Mokka oder einem Gläschen Sekt in

2 **pour moi:** (franz.) für mich

das Separee für die vornehmen Kunden geführt wurden, sind lange vorbei. Sie habe nichts gegen die Juden, sagt Madame. Aber man muss auch an die anderen Kunden denken, die dann wegbleiben. Das bringe doch auch niemandem etwas, sagt sie.

Also laufe ich mit der Perücke zu Frau Liebigmann in die Rolandstraße, wo sie in ein Judenhaus einquartiert wurde. ↗ Es ist gar nicht schön dort, das sage ich dir, meine liebe Rosi! Über 70 Leute hocken da doch sehr eng aufeinander. Und das, wo die Frau Liebigmann eine so vornehme Dame ist. In den feinsten Kreisen hat sie verkehrt, als ihr Mann noch Direktor im Bankhaus gewesen ist. Jetzt müssen sie sich mit sechs anderen ein Zimmer teilen. Den Platz für sich und ihre Tochter Irene trennt sie mit einem alten Bettlaken ab. »Ein bisschen privat will man doch sein«, sagt sie, und besser als im Lager in Müngersdorf, wo sie auch viele von ↗ ihnen zusammenpferchen, sei es allemal, und sie entschuldigt sich tausendmal, weil sie mir nicht viel anbieten kann. Über die Perücke hat sie fast geweint und noch mehr darüber, dass Madame mir verboten hat, Geld dafür zu nehmen.

Einen dicken Schmöker hat sie mir hingehalten, als Trinkgeld solle ich es nehmen, denn ich sähe aus wie ein gelehriges Mädchen. Ich habe das Buch angenommen und es schnell in meine Umhängetasche gestopft, weil mir alles so peinlich gewesen ist. So schnell es ging, bin ich rausgelaufen und direkt vor der Tür in einen reingerannt, bums, fiel ich ihm mitten vor die Füße.

»Na, das ist aber eine jüdische Hatz«, hat er gerufen. Einer ↗ von der Partei, habe ich gedacht, oder von der Polizei oder noch Schlimmeres. Einen dollen Schrecken hat er mir ein-

1 **Separee:** abgetrennter Bereich

gejagt. Du weißt, dass man besser nicht mit den Leuten aus solchen Häusern verwechselt wird. Was soll der auch denken, wenn ich aus einem Judenhaus gerannt komme?

Aber es war der Erich. Er lacht, als er meinen Schrecken sieht. Wie eine von deinen glotzenden Kühen sah ich bestimmt aus.

»Du hast da was fallen lassen«, sagt er und hebt meine Umhängetasche auf, die mit den gestickten Veilchen, Primeln und Vergissmeinnicht drauf, erinnerst du dich noch an die? Ich Schussel grapsche danach und schütte den Inhalt aus Versehen komplett auf den Gehsteig. Wie schrecklich, wo ich doch immer so viel Kram mit mir rumschleppe.

»Man könnte meinen, du bist auf der Flucht«, hat der Franz früher immer gesagt. Von dem soll ich dich übrigens lieb grüßen, habe ich das schon getan? Um genau zu sein, hat er GANZ lieb gesagt!!! Schreib ihm unbedingt, unsere Männer brauchen das. Wir schreiben an den Heimabenden vom BDM Männern an der Front, die sonst keinen haben, der ihnen schreibt. Wer diesen Bund Deutscher Mädel jemals erfunden hat, hat sich wahrscheinlich auch nicht gedacht, dass wir uns dort eines Tages zum Briefeschreiben an wildfremde Männer treffen.

Das Buch von Frau Liebigmann lag jedenfalls im Rinnstein. »Vom Winde verweht«, sagt er, und ich weiß zuerst gar nicht, was er meint, bis ich auf den Umschlag von dem Buch gucke. »Vom Winde verweht«, habe ich auch gelesen, so hieß das Buch, das Frau Liebigmann mir gegeben hat. Der Erich hebt es auf, schaut es sich ein bisschen länger an, bevor er es in meine Tasche steckt und dabei die linke Augenbraue bis hinauf in seinen lockigen Haarschopf zieht. »So siehst du auch aus«, sagt er. »Ein bisschen verweht.« Da lächele ich und greife mir in die Haare und weiß immer noch nicht, was ich sagen soll.

Grüne Augen hat er! Wie eine saftige Wiese, so grün – aber was schwärme ich dir hier vor, denn die Sache nahm einen gar nicht so romantischen Verlauf.

»Was treibt dich in die Südstadt?«, fragt er dann. Ich erwidere ihm, dass ich ihn das meinerseits auch fragen könnte. »Hab meiner Tante drüben an der Bonner Straße ein paar Sachen gebracht«, sagt er. »Und du? Hast du auch eine Tante hier?« Dabei zeigt er auf das Judenhaus und zieht dieses Mal beide Augenbrauen hoch.

»Und wenn schon?«, gebe ich ihm zurück. Am liebsten hätte ich noch gesagt, dass man sich seine Verwandtschaft nicht aussuchen kann, ich hab mir aber sofort auf die Lippen gebissen.

»Keine Sorge«, sagt der Erich da und packt mich an beiden Schultern und guckt noch einmal mit seinen grünen Augen. Da hat es in meinem Bauch gegluckert. Zuerst gegluckert (leider sehr lautstark) und dann gekribbelt. Ich weiß jetzt, wie sich die Sache mit den Schmetterlingen im Bauch anfühlt. Sorgen hab ich mir in dem Augenblick überhaupt gar keine mehr gemacht. Verstehst du das? Er könnte morgen zur Gestapo gehen! Na ja, vielleicht nicht gleich zur Geheimen Staatspolizei, aber ein paar Worte zum Blockwart würden schon reichen. Unserer hat noch vorige Woche dafür gesorgt, dass ein Nachbar eine Vorladung zur Gestapo-Dienststelle ins EL-DE-Haus bekommen hat. Wegen Sachen, die weit weniger schlimm sind als eine jüdische Verwandtschaft, stehst du dann bei denen am Appellhofplatz und kriegst unangenehme Fragen gestellt. Nicht ordentlich geflaggt am Führergeburtstag oder kein JUDEN-

UNERWÜNSCHT-Schild an der Tür, dann bist du ja schon fast verdächtig. Nun gut, es steht nirgendwo geschrieben, dass man das tun muss, aber erwartet wird es doch von einem folgsamen Volksgenossen.

Wie auch immer, der Erich fragt dann etwas, und ich krieg keinen Ton heraus, bis er vorschlägt, wir könnten doch ein Stück gemeinsam gehen, und noch irgendetwas, das ich nicht verstehe, weil mein Gehirn meine Gedanken und meine Hände den Kram in der Tasche sortieren. Mehr als zwei Dinge gleichzeitig, das kriege ich nicht hin. Also sage ich einfach: »Ja!«

Wir sind dann die Rolandstraße Richtung Volksgarten gegangen. Kein Wort hat er geredet. Ich auch nicht. Ich musste mich erst mal einkriegen. Schweigen ist Gold, das sage ich dir. An der Vorgebirgsstraße, wo ich hinüber zur Haltestelle von der Straßenbahn abbiegen wollte, bekommt er endlich den Mund auf und sagt: »Da wären wir.«

Jetzt sickert mir in den Kopf, was ich kurz zuvor nicht verstanden hatte. »In den Volksgarten könnten wir noch gehen«, das war es, was er gesagt hatte. Es sei doch noch einigermaßen schön und etwas von seinen Freunden, Gitarre spielen und singen und dummes Zeug reden.

Wirklich schön war das Wetter nicht, und den Ärger mit Mutti, wenn sie erführe, dass ich mit einem Burschen und seinen Freunden im Volksgarten umherstreiche, den wollte ich mir gar nicht vorstellen. Onkel Hugo hat neulich beim Abendbrot erzählt, dass es immer häufiger Ärger gibt, weil so viele in unserem Alter sich drücken und nicht genug Einsatz zeigen für die große Sache des Führers: »Für die Winterhilfe sammeln, das ist die Aufgabe der Mädchen«, hat er gesagt, ist aufgesprungen und hat mit der flachen Hand auf den Tisch geschlagen, dass die Tassen schepperten. Und wenn die Jungs noch überschüssige Kraft hätten, hätte die Hitlerjugend eine Menge Angebote, um sie abzuarbeiten. »Aber den Drückerbergern kommen wir bei, Lene, denen kommen wir bei!«

»Die jungen Leute müssen doch auch mal das Leben genießen«, hat Mutti da gesagt. »Auf andere Gedanken kommen. In den Keller rennen und zittern darf doch nicht das Aufregendste in ihrem Leben sein.«

»Kommste?«, fragt der Erich mitten in meine Gedanken hinein. Er steht da und streckt mir die Hand entgegen.

Fast hätte ich zugegriffen. Ganz aus dem Augenblick heraus, als ob gar nichts dabei wäre. Eigentlich fühlte es sich ganz richtig an mitzugehen, aber dann habe ich doch gezögert. Es war schon spät und kalt war mir auch.

Das merkt er sofort und zieht seine Strickjacke aus grober blauer und weißer Schafwolle aus. »Hier, die ist mummelig warm«, sagt er. Bevor ich mich wehren kann, legt er sie mir über die Schultern.

Wirklich mummelig warm, denke ich, und gut riecht sie. Antworten kann ich nichts, weil er mir gar keine Wahl mehr lässt, mich an der Hand fasst und einfach mit sich zieht. Also kann ich gar nichts dafür, denke ich, obwohl ich weiß, dass Mutti dazu eine ganz andere Meinung hätte.

Fast rutscht mir die Wolljacke von den Schultern, aber ich raffe sie im letzten Moment und schlüpfe mit den Armen rein. Viel zu groß ist sie mir, knapp bis zu den Knien reicht der Saum, aber sehr, sehr mummelig ist sie, o ja.

Am Eingang zum Park hockt ein Junge in meinem Alter. Erich grüßt ihn nur mit einem Tippen an die Stirn und der Junge tippt genauso. »Das ist die Wache«, sagt Erich und läuft Hand in Hand mit mir weiter. Erst als wir schon jemand lachen und die Klänge von einer Gitarre hören, lässt er mich los. Ich glaube, er merkt da erst, dass er meine Hand gehalten hat, so rot, wie seine Ohren werden, ist es ihm wohl peinlich. Aber ich lächle nur und frage ihn, ob das seine Freunde sind. Da nickt er nur und wir gehen weiter.

Hinter dem Rosengarten saßen und standen sie, 10 oder 15 Jungen und Mädchen. Ein Junge spielte auf der Gitarre, die anderen sangen dazu von wilden Gesellen und Sturmwind, von Lumpen und Loden, viel habe ich nicht verstanden und mir behalten können.

Als könnte er meine Gedanken lesen, fragt der Erich, ob mir das Lied gefällt, es sei ein Wanderlied. Wandern?! Ich bin doch so faul, hätte ich ihm fast geantwortet, hab's mir aber verkniffen. In seiner Stimme lag so viel Begeisterung. Und ich? Ich bin das letzte Mal vor gut sechs Jahren mit Vati gewandert, von Königswinter hinauf auf den Drachenfels, und das auch nur, weil er mir ein Eis mit drei Kugeln versprochen hat.

Zum Glück riefen ein paar Jungs, die ein bisschen abseits hockten und die ganze Zeit aufgeregt quatschten, den Erich mit einem Pfiff zu sich herüber, sodass ich ihm nicht antworten musste ob mir das Lied gefällt.

Alle anderen zucken bei dem Pfiff zusammen. Ein Mädchen stößt einen unterdrückten Schrei aus, der Gitarrenspieler springt auf. »Datt wör nur dä Hoppel«, sagt einer der Sänger. Dabei atmet er erleichtert aus. Ein Mädchen namens Nelly in einem Dirndl-Kleid schimpft mit dem Burschen, den sie Hoppel nannten, der solle doch nicht alle so erschrecken. »Der Wutz hält vorne Wache und hinten steht auch einer, jetzt regt euch mal nicht auf.« Warum sie sich so er-

10 **Loden:** widerständige Wollstoffe, aufgrund ihrer Wind- und Regendichtigkeit besonders für Wander- oder Jagdkleidung geeignet

schreckt haben, sollte ich ein paar Minuten später erfahren, als nämlich genau dieser Wutz auf seinem Fahrrad angerast kam, als wäre der Teufel hinter ihm her. Gemacht oder gesagt hat er nichts. Trotzdem springen alle auf. Der Wutz hat unser Plätzchen am Rosengarten noch nicht erreicht, da sind restlos alle verschwunden. In alle Himmelsrichtungen, nicht über die Kieswege, sondern, schwupp, durch die Büsche.

Ich stehe da, bis der Erich »Weg hier!« ruft und mich wieder am Arm packt, dieses Mal aber so hart, dass es mir richtig wehtut. Ich habe immer noch einen blauen Fleck davon. Von zwei verschiedenen Eingängen des Parks marschieren sie an: ziemlich finster dreinschauende Jungs vom Streifendienst. Von Marschieren kann eigentlich keine Rede sein bei dem Tempo, das sie vorlegen. Hitlerjungen, wie sie im Buche stehen, sag ich dir. In der vollen Montur, aber zusätzlich jeder mit einem Knüppel in der Hand oder irgendetwas, mit dem sie ordentlich zulangen können. Ein paar von uns, die es nicht schnell genug in die Büsche schafften, haben sich feste mit ihnen gekeilt. Das hat sicher den ein oder anderen Zahn gekostet. Ohne ihre Uniformen sähen die Hitlerjungen vom Streifendienst doch aus wie Hinz und Kunz, und hier tun sie so, als müssten sie den Führer persönlich beschützen.

Der Erich zieht mich dann weiter, durch ein paar Hecken hinaus auf die Straße, rüber zum Bonner Wall, durch ein paar Hinterhöfe und wieder raus auf die Wormser Straße.

Drei von der Streife sind aber ganz schön hartnäckig. Als wir dachten, dass wir sie abgehängt haben, da tauchen sie wieder auf. Wir also rein in die Rolandstraße, fast da, wo wir uns vorher getroffen hatten. Um die Ecke ist das Ge-

13 f. **Streifendienst:** besondere Abteilung der HJ für Ordnungsmaßnahmen in Zusammenarbeit mit Polizeibehörden | 20 **gekeilt:** (ugs.) geprügelt

schrei unserer Verfolger zu hören. Mir brennt die Lunge, ziemlich weit würde ich in diesem Tempo nicht mehr kommen. Das war klar. An der Hausnummer 63 reiße ich mich dann los. »Da hinein«, rufe ich und nehme den Erich nun meinerseits an der Hand und zerre ihn in den Hausflur vom Judenhaus. Den Eimer mit Putzwasser übersehe ich und die Tochter von der Frau Liebigmann, die gerade den letzten Absatz wischt, auch. Eine Riesenpfütze gibt es. Die Irene Liebigmann verdreht nur die Augen und legt den Finger auf die Lippen.

Draußen ist es still. Nach ein paar Minuten geht die Irene auf die Straße, um nachzuschauen, ob die Luft rein ist.

»Sie haben es aufgegeben«, sagt sie danach, aber sicherheitshalber sollten wir den Hinterausgang nehmen. Als Erich schon draußen ist, hält sie mich zurück und sagt: »Meine Mama ist sehr glücklich wegen der Perücke. Aber es ist besser, wenn du nicht mehr hierherkommst. Das bringt uns allen kein Glück. Verstehst du das?«

Der Erich hat mich dann bis nach Nippes gebracht. Wir haben gerade noch eine Straßenbahn erwischt, aber als ich ihn gefragt hab, warum der Streifendienst so hinter ihm und seinen Freunden her gewesen ist, hat er nur gesagt: »Manchmal ist es besser, wenn man nicht alles weiß.« So kann man mich natürlich nicht abspeisen. Leider ist er, bevor ich weiter nachbohren konnte, am Adolf-Hitler-Platz aus der Bahn gesprungen und weg war er.

Seine Strickjacke hat er vergessen. Ich habe mich abends richtig fest eingemummelt darin. Nur frage ich mich, wie ich sie ihm bloß zurückgeben soll? Denn jeden Tag auf gut Glück runter bis in den Volksgarten marschieren, das kann ich wohl auch nicht.

Jetzt soll erst einmal der Kalli zurückkommen. Er hat ordentlich gemault. Bei der Frage, ob er nach Hause kommen soll, sind sich Onkel Hugo und Mutti in die Haare geraten. Jeder muss da seine Aufgaben erfüllen, wo der Führer ihn braucht, meint Onkel Hugo. Alles andere diene nicht der Sache des Volkes und schon gar nicht der des Führers. Am Ende hat Mutti gewonnen: »Der Führer hat schon meinen Großen, das muss reichen!«, sagt sie. Seinen Geburtstag soll Kalli unbedingt hier in Köln feiern.

Ich werde ihm auf jeden Fall einen Kuchen backen, auch wenn die letzten Lebensmittelmarken für Mehl und Zucker dafür draufgehen. Meine Brüder sind ja beide »ganz süße Burschen«, wie Tante Sofie immer sagt, das wird den Kalli dann versöhnen. Herrn Brinkmeier vom Laden am Wilhelmplatz habe ich ein Päckchen Eckstein Nr. 5 unter dem Ladentisch zugesteckt, damit wir noch ein bisschen was an den Bezugskarten vorbeischmuggeln konnten. Kakaopulver und Eier waren ihm die Glimmstängel wert. Wie gut, dass Brinkmeier Kettenraucher ist! (Nein, frag lieber nicht, wie ich an ein ganzes Päckchen Zigaretten gekommen bin! Ich sage nur so viel, dass man findig und rege sein muss, wenn man heutzutage einen Marmorkuchen backen will!)

Nun sage ich also auf bald und wirklich bald, sonst komme ich höchstpersönlich nach Detmold und hole dich. Es küsst und drückt dich

dein Lenchen

PS: Deinen Brief vom 22. brachte gerade erst die Jolante Kallig, die Post tragen jetzt nämlich auch die Frauen aus. Ich lese später!!

15 **Eckstein Nr. 5:** Zigarettenmarke

Franz – im Osten, 28. März 1942

Liebe Lene,
dein letzter Brief ist nun erstaunlich schnell angekommen, aber der vorige und, wie ich befürchte, auch einige andere fehlen immer noch, die müssen wir wohl aufgeben. Du kannst ja mit deiner dollen neuen Schreibmaschine demnächst mit Durchschlag schreiben und die verschwundenen Briefe noch einmal schicken. Sage mir aber bitte sehr bald, ob der Koffer, den ich schon vor drei Wochen aufgegeben habe, bei euch angekommen ist! Darin sind ein paar Hemden und mein guter Pullover, den brauche ich hier nicht mehr, der ist nur unnötiges Gepäck. Auch Tabak für Opi ist drin und ein ganz fein geschnitztes Püppchen für Mutti, das ich von einem knorrigen alten Kerl hier bekommen habe. Es soll euch beschützen, er hat es gesegnet oder vielleicht auch mit einem Zauberspruch belegt. Das weiß man hier alles nicht, aber es ist auch egal: Hauptsache, es hilft.

Ach, es ist verrückt mit der Post, wir sind nie auf demselben Stand. Manchmal zerreißt es mir das Herz, wenn ich mitbekomme, dass ihr euch solche Sorgen macht. Ich weiß gar nicht, ob das so gut ist, wenn ihr die Wehrmachtberichte in der Zeitung lest und dann gar nicht wisst, ob meine Kompanie wirklich in Schwierigkeiten geraten ist oder in Gefangenschaft gegangen oder Schlimmeres.

Erst einmal die guten Dinge: Hier ist etwas mehr Ruhe eingetreten, weil wir weiter ins Hinterland gerückt sind. Vor plötzlichen Überfällen der Russen sind wir nun wohl ein bisschen sicherer. Das Dorf, in dem wir untergebracht sind, ist halbwegs beisammengeblieben. Nur die Leute sind alle weg, zum größten Teil.

Die Nachrichten aus Bad Hönningen sind nicht so gut (heute kam wieder ein Päckchen und ein paar Zeilen von Tante Sofie), weil Onkel Fredi jetzt auch eingezogen wurde. In zwei Wochen geht es los mit der Ausbildung und dann hopplahopp nach Frankreich. Was für ein Glück, dass er nicht in den Osten muss.

Auf die wunderbaren Päckchen von meiner Lieblingstante muss ich somit in Zukunft wohl verzichten, die gehen dann nach Frankreich, das ist klar. Diesmal waren nicht nur Dauerwurst und Pumpernickel darin, sondern auch Schokolade, Himbeerbonbons und Pudding. »Wo du doch so ein Süßer bist«, hat das Tantchen dazugeschrieben. Ein Kamerad hat es gelesen und überall herumposaunt, aber vom Pudding wollten sie dann alle etwas. Süße Sachen sind hier rar.

Oh, Lene, es ist nicht nur der Pudding, es sind auch eure Zeilen, über die ich mich ganz wahnsinnig freue. Es tut einfach so gut zu wissen, dass es noch eine andere Welt gibt, ohne Kälte und Matsch und Läuse und Wachdienste, die nicht enden wollen. Ich weiß doch, dass es euch daheim auch nicht gut geht, aber ihr seid in der Heimat, halbwegs beieinander. Immerhin habe ich seit vier Wochen den Reuters Josef hier, erinnerst du dich an den? Der bleiche Bengel aus der Werkstattstraße, sein Bruder Hubert war bei dir in der Klasse. 18 Jahre ist er gerade geworden und sie haben ihn hierhergeschickt. Ich bin mir nicht ganz sicher, aber ich glaube, dass er etwas angestellt hat und schnell aus Köln wegmusste. Josef hat noch Glück gehabt, dass er in unserer Kompanie gelandet ist, da wird er vielleicht nicht so schnell zum Kanonenfutter.

»Ich bin so dünn«, hat er gesagt, »da muss der Russe ordentlich Zielwasser trinken, um mich zu treffen.« Irgendeinen Spruch hat der verrückte Kerl immer drauf.

Ein paar kölsche Töne zu hören, ist eine wahre Wonne, das sage ich dir. Sehr weit reicht es bei ihm mit der Fröhlichkeit aber nicht. Nachts hör ich ihn oft seufzen und jammern, und wenn wir mit dem Essenholen dran sind, singt er leise vor sich hin: »Ich mööch zo Fooß noh Kölle jon.«

Also, schreib, sooft du kannst, damit ich nicht vor Heimweh kaputtgehe. Es muss gar nicht immer ein langer Brief sein und schon gar nicht ein Päckchen. (Obwohl dein gefräßiger Bruder darauf nicht verzichten will und auch warme Socken sind stets willkommen.)

Im Augenblick ist es aber in Ordnung so, die letzten 14 Tage hatten wir ausreichend zu essen. An der Truppenverpflegung hat sich nichts geändert, aber ich beschaffe mir gelegentlich zusätzlich etwas, hauptsächlich Eier und Kartoffeln. Ich habe meine Kontakte zu den Leuten hier. Die Menschen leben unter schlimmen Bedingungen, zweimal war ich bei Bauern einquartiert, ich glaube, so schlimm sah es bei uns im Reich vor 300 Jahren nicht aus. Die Läuse sind jedenfalls unsere ständigen Untermieter, manchmal gehe ich mir mit dem Finger am Kragen entlang, und es ist ein fieser schwarzer Bratsch, den ich dann hervorhole.

Ich rauche nur noch wenig, weil ich die Zigaretten für meine Geschäfte brauche. Die muss man ein bisschen raffiniert betreiben, wenn man zurechtkommen will. Ja, Russland ist brutal und gewissenlos, und du musst auch so sein, sonst gehst du unter. Mit dem Sold kannst du hier wenig anfangen, deshalb lasse ich dir das Geld zukommen. Kauf dir neue Farbbänder dafür, für deine Erika, oder schönes Papier, um weiter deinen Lieben an der Front zu schreiben!

23 **Bratsch:** Schlamm, Dreck

Nun ja, solange der Onkel Hugo sich bei Mutti den Hintern wärmt, muss man sich um euch wohl keine Sorgen machen. Ach, ich lasse es lieber. Ich weiß ja, dass du ihn eigentlich ganz gerne magst, und Vorwürfe helfen jetzt auch nicht. Du hast die Schreibmaschine angenommen. Punkt und aus. Ich sage dir, Schwesterchen, sei trotzdem vorsichtig mit ihm.

Dem Vater vom Kirchners Rudi, das ist der Kleine, der mit mir die Lehre gemacht hat, also dem alten Herrn Kirchner haben sie das ganze Gesicht zerschlagen, nur weil er gesagt hat, dass der Herr in Berlin doch mal ein paar Nächte im Keller zubringen sollte, wenn die Bomber kommen, dann wüsste er, dass sein dolles Deutsches Reich bald am Ende ist. Stell dir das vor: Jemand aus dem eigenen Haus muss ihn angeschwärzt haben. Und auch gesagt haben, dass der Herr Kirchner früher die Kommunisten gewählt hat. Da war ja klar, dass die ihm im EL-DE-Haus gezeigt haben, was so einem blüht. Sei also vorsichtig, was du herumplapperst.

Immerhin ist das Wetter hier endlich etwas besser. Schon seit 14 Tagen. Kalt ist es immer noch, aber trocken. Das ist Russland hier, da geht es auch im Mai noch runter bis unter null, im März sowieso. Ostern wird aber gefeiert, aufs nächste Wochenende freuen sich schon alle. Seit einiger Zeit sparen wir dafür aus der Verpflegung.

Ich bin natürlich wieder für das Musikprogramm eingeteilt. Hätte ich bloß nicht erzählt, dass ich bei der Nippeser Bürgerwehr im Spielmannszug gewesen bin. »Dreimol vun Hätze, Kölle Alaaf! Dä Jefreite Meister mäht datt«, hat der Major gerufen. Der war der Einzige, der kapiert hatte, dass die Bürgerwehr ein Karnevalsverein ist, weil er nämlich auch aus Köln kommt, aus Deutz, um genau zu sein.

27 f. **Dreimol … mäht datt:** (kölsch) ›Dreimal von Herzen, Kölle Alaaf! Der Gefreite Meister macht das.‹

Und damit weißt du das auch: Ich bin seit zwei Wochen kein einfacher Soldat mehr, sondern der *Gefreite* Meister.

Jetzt höre ich mal auf, mir geht es so durcheinander im Kopf. Ich versuche meine Gedanken zu sammeln und lass das Radio noch ein bisschen quäken und dann ist bald Ruhe hier. Das Programm ist immer sehr lustig. Eben habe ↗ ich meine Lieblingsmelodie gehört: »Der kleine Postillon«. Dazu haben die Rosi (grüß sie ganz lieb von mir) und ich so lustig getanzt, letztes Jahr, am Abend bevor dann der Stellungsbefehl gekommen ist.

Schicke mir bitte die Adresse von unserem Kalli, die hat er nämlich nicht auf seinen Brief geschrieben. Er jubelt, wie sehr es ihm in der Kinderlandverschickung gefällt, dass sie marschieren und strammstehen müssen. Mir wäre lieber, wenn ihr den Knirps bei euch in Köln behieltet. Wenn ich sein Gekritzel so lese, sollte er besser Nachhilfe in Rechtschreibung nehmen und nicht mit dem Jungvolk durch den Schlamm waten. Sprich mit Mutti, das mit der Kinderlandverschickung ist nichts für den Kalli.

Und nun recht herzliche Grüße, auch an Mutti und die Kleinen, und alles Gute

dein großer Bruder, der GEFREITE Franz

(Nein, ich bild mir nichts drauf ein, lieber wäre ich bei euch.)

Lene – Köln, 3. April 1942

Liebe Rosi,

jetzt hast du selbst mal auf Post von mir warten müssen, aber der Karfreitag heute, der ist geradezu dafür gemacht, um mich endlich wieder an die Maschine zu setzen. Im Mo-

9f. **Stellungsbefehl:** Einberufungsbescheid zur Wehrmacht

ment komme ich sonst kaum zur Ruhe. Es wird langsam eng bei uns in der Sechzigstraße. Als ich dir vor gut zwei Wochen geschrieben habe, mussten wir nachts noch in den Keller und es hat ordentlich gerumst, aber im Gegensatz zu deiner Freundin Mia hatten wir Glück. Sie sagen, dass es der schlimmste Angriff war, den wir im gesamten Krieg bisher hatten. Ein riesiges Feuer hat in den Clouth-Werken gewütet.

Leider hat es auch den Schuster Wilhelms und seine Werkstatt getroffen, was sehr ärgerlich ist. Natürlich ist es für alle schlimm, aber ausgerechnet der Schuster! Der hat es zwar mitsamt der Familie überlebt, nur gibt es jetzt keinen mehr, der uns die durchgelatschten Schuhe heil macht. Und das, wo neue kaum zu kriegen sind! Da nützt dir auch ein Bezugsschein nichts. Außerdem werden solche Sachen jetzt nur an Ausgebombte ausgegeben und davon sind wir glücklicherweise auch dieses Mal wieder verschont geblieben. (Klopf auf Holz!!)

Auf jeden Fall haben sie den Herrn Wilhelms samt Familie bei uns im Haus einquartiert. Ich kann dir sagen: eine große Familie! Man kann sich da nicht drücken, muss helfen, wo man kann. Mutti hat auch Zimmer zur Verfügung gestellt, sowieso und dem Onkel Hugo zuliebe. Der ist nicht mehr bei der Stadtverwaltung, sondern in die Gauleitung versetzt worden. Um was er sich genau kümmert, weiß ich nicht, er ist die Treppe hochgefallen, sagt Mutti.

Man hört ihn oft murren darüber, dass die Arbeit immer mehr und mehr wird. Letztens habe ich ihn gefragt, wie das denn komme. Es heißt doch immer, dass unsere Männer an der Front von einem Sieg zum anderen marschieren und bald das ganze Russland uns gehöre. Das gab ein Donnerwetter, das sich gewaschen hat. »Dir vergehen auch noch die frechen Fragen«, hat er geblafft. Plötzlich war nichts mehr mit Lenchen hier und Lenchen da.

Manchmal glaube ich, dass die in der Partei uns für blöd halten. Wenn alles wunderbar läuft, müssen sie mir mal erklären, warum in der Kölnischen Zeitung fast mehr Todesanzeigen stehen als Nachrichten. Die Partei und die Stadtverwaltung schieben sich gegenseitig den schwarzen Peter zu, wenn etwas nicht klappt.

Aber wehe, es klappt! Dann stehen alle stramm und warten, dass der Führer höchstpersönlich ihnen einen Orden vor die Brust hängt.

Doch, Rosi, jetzt erst einmal zu den Ereignissen in der Provinz: Was sind das für Neuigkeiten? Der »junge Herr Ansgar« sagt dem Fräulein Rosemarie also Gedichte auf?! Das hört sich ganz und gar nach einer Liebelei an. Was ich davon halten soll, weiß ich nicht. Auch wenn sie nach dem letzten Krieg den Kaiser zum Teufel geschickt haben und die Adligen jetzt alle ganz normale Müllers und Meiers geworden sind, bleibt so jemand ein Von-und-zu. Das passt doch gar nicht. Das Lehrlingsmädchen aus dem Kaufhof und der junge Baron? Das gibt es nur im Film.

»Sag Ansgar zu mir!«, das klingt fast wie ein Antrag, was? Das wäre ein Ding, meine Rosi angelt sich einen Baron mit Gutshof und Pferdestall und Gästen wie dem Reichsmarschall. Bei nächster Gelegenheit solltest du dem Göring ausrichten, dass wir dringend ein paar Jagdflieger gegen den Engländer hier am Kölner Himmel brauchen.

Aber du trinkst dann sicher Tee aus feinem Porzellan und bist auf Du und Du mit der ersten Frau des Reiches. »Liebste Emmy, darf ich dir das Gebäck anbieten, das meine Köchin extra für diesen hohen Besuch gebacken hat? Dein Hermann darf sich auch die schönsten Pferde mitnehmen, da hat mein Ansgar gar nichts gegen.« Und die gnädige Frau Göring kichert und stopft sich die Plätzchen rein. Ich sag es doch: Du wirst eine piekfeine Madam. Stell dir vor, was passiert, wenn ich das Onkel Hugo erzähle. Er wird grün vor Neid.

Sei nicht böse, wenn ich ein wenig albern bin. Du kennst mich doch. Ich würde es dir gönnen, auch wenn ich viel lieber hätte, dass du mit unserem Fränzchen Gedichte säuseln tätest. Überleg es dir gut, du bekämst die beste Schwägerin der Welt, die dir auch immer wunderbar die Haare macht. Natürlich werde ich nicht so schnell aufgeben. Helene Meister hat immer noch eine Idee parat, das kannst du glauben.

Du fragst dich sicher, warum ich so viel zu tun habe? Natürlich weil übermorgen Ostern ist und sich die Damen das Haar noch einmal waschen und legen lassen. Daran hat sich nicht viel geändert. Madame Céline hat wenigstens noch das ganze chemische Zeugs, das man braucht, weil ihr Bruder ihr das aus Frankreich schickt.

Immerhin haben wir wunderbares Wetter, was auch gut ist, denn meine neue mummelige Strickjacke bin ich wieder los. Das ist der zweite Grund, warum ich kaum an die Schreibmaschine komme. Der Erich wollte zwar, dass ich die Jacke behalte, aber das konnte ich nun wirklich nicht annehmen.

Jetzt weißt du es: Wir haben uns wiedergesehen, und das nicht nur einmal! Er steht fast jeden Abend, wenn Madame den Salon schließt, auf der anderen Straßenseite. Von der Berufsschule hat er mich auch einmal abgeholt. Natürlich kichern die Gänse aus meiner Klasse und machen Bemerkungen, aber daran störe ich mich kein bisschen. Liesel Stroheim hat die Nase gerümpft und schnippisch gefragt, ob ich ihm nicht einen Haarschnitt, wie er sich für einen ordentlichen Hitlerjungen gehört, verpassen könne. Was denn sein Kameradschaftsführer dazu sage. Darauf antwortet der Erich: »Ist mir ziemlich schnuppe, was irgendein Fürzer zu meinen Locken sagt.«

Mir ist kurz schummrig vor den Augen geworden. So etwas zu sagen, auf offener Straße!

Stroheims sind welche von denen, die es ganz genau nehmen. Die ganze Familie. Opi sagt, die Glaserei der Stroheims auf der Neusser Straße hätte früher einem Juden gehört: »Dä Stroheim wör do Jeselle, jetz' hätt dä de janze Lade in de Täsch.« Not leiden die Stroheims ganz sicher nicht, das kann ich dir sagen. Die können sich beim Engländer bedanken, der ist ihr bester Auftraggeber. Die Fenster müssen meistens dran glauben, auch wenn alles andere heil bleibt, die Druckwellen tun das Ihrige. Und alle drei Stroheim-Mädels sind hohe Tiere im BDM. Liesel ist Mädelscharführerin und meckert dauernd, dass ich nicht oft genug zu den Abenden komme. Stricken für unsere Männer an der Front oder Briefe schreiben oder fürs Winterhilfswerk sammeln, das finde ich ja alles noch in Ordnung. Bloß dieser Unsinn mit der Fahne. Appell hier und dort und hoch den Arm, um einen Fetzen Stoff zu grüßen. Nun mal ehrlich: Das klingelt dem Führer in der Reichskanzlei in Berlin doch nicht in den Ohren, wenn wir hier in Nippes »Heil Hitler!!!« mit mindestens drei Ausrufezeichen brüllen und die Liesel Stroheim in Tränen ausbricht vor Begeisterung. Neulich hat sie gesagt: »Mädel, wir alle sind die Bräute unseres Führers. Wir halten uns für ihn rein. Die

13 **Dä Stroheim … in de Täsch:** (kölsch) ›Der Stroheim war der Geselle, jetzt hat der den ganzen Laden in der Tasche.‹

Reinheit unserer arischen Rasse ist ein Geschenk an Führer, Volk und Vaterland.« Unter einem SS-Mann täte sie es auf keinen Fall. Da konnte ich nur grinsen, weil die Liesel einfach so schrecklich hässlich ist. Aber wenn ich länger drüber nachdenke, friert mir das Grinsen im Gesicht fest. Schön und gut, ich bin auch dafür, dass wir unerschütterlich zusammenhalten, um diesen Krieg bald zu gewinnen. Wenn nach jedem Alarm tatsächlich jedes Mal etwas vom Himmel regnen würde, sähe es doch böse aus! Wir hier in Köln und die Leute im Ruhrgebiet wissen das am allerbesten.

Aber eine *Frau Hitler* zu sein – das geht mir ein bisschen zu weit. Liesels Vorträge, während wir uns – zwei links, zwei rechts, eins fallen lassen – die Finger wund stricken, gehen mir einfach schrecklich auf die Nerven. Wenn sie nicht da ist, lese ich den anderen aus »Vom Winde verweht« vor, da klappern die Stricknadeln nur so. Erinnerst du dich? Das ist das Buch, das die alte Frau Liebigmann mir geschenkt hat, als ich ihr die Perücke gebracht habe. Es ist ein ordentlicher Schinken, eigentlich sogar zwei, leider habe ich nur den ersten Band von Frau Liebigmann bekommen, aber man soll nicht undankbar sein. Liesel schimpft immer auf das Buch, weil es von einer Amerikanerin ist, aber ich habe extra Onkel Hugo gefragt, und der hat jemand bei der Partei gefragt, und der hat gesagt, dass es nicht verboten ist. Außerdem habe ich der Liesel den Wind aus den Segeln genommen: »Das ist eine starke Frau in dem Buch, die an der Heimatfront vollkommen ihren Mann steht, obwohl sie am Anfang ein dummes, verwöhntes Ding ist, diese Scarlett O'Hara. Nur an ihre Kleider denkt sie und ob sie einen stattlichen Erben einer Plantage heiraten kann, ihren Ashley, der aber eine andere nimmt. Als die Männer in den Krieg ziehen, muss sie zu Hause ganz alleine mit ein paar Negern und einer Flinte das Hab und Gut ihrer Vorfahren verteidigen. Da können wir noch eine Menge lernen.« Das habe ich gesagt und da stand Liesel Stroheim mit offener Kinnlade da. Und ich habe einfach weitergelesen.

Diese Geschichte ist ganz anders als das Zeug, das wir in der Schule lesen sollten oder was uns die schniefnasige Frau Senkroth vom katholischen Lesekreis andrehen wollte. Der Roman spielt vor 80 Jahren in Amerika, die haben Krieg untereinander. Die Leute im Norden wollen alle Negersklaven freilassen und die im Süden nicht, weil die dort die ganze Baumwolle pflücken müssen. Aber es geht auch viel um Liebe. Kannst du dir das vorstellen: Die jungen vornehmen Damen der Gesellschaft dort sind gar keine Damen! Es sind Mädchen, so alt wie du und ich, und dann werden sie auch schon verheiratet (eine GUTE Partie muss es sein!!) und von einem Tag auf den anderen sind sie Hausherrin auf einer Plantage und bestimmen über die Hausneger und eigentlich über alles. Dabei müssen sie aber immer so tun, als ob die Männer die Bestimmer wären.

Na ja, bei uns zu Hause ist Mutti die Bestimmerin, jedenfalls bis wir wissen, ob Vati tot ist oder vielleicht auch nicht. Oder bis Franz nach Hause kommt. So ist es jetzt ja in vielen Familien.

Gott sei Dank haben die anderen nichts davon gehört, dass der Erich was vom »Fürzer« gesagt hat. Nur die Liesel und ich. Wenn es hart auf hart käme, habe ich natürlich nichts davon gehört. Ein Hitlerjunge sagt so was nicht, das diktiere ich jedem ins Protokoll, der mich danach fragt. Da kannst du sicher sein.

Der Erich ist nämlich (auch wenn seine Haare nicht da-

1 **Negern:** stark diskriminierende Bezeichnung für schwarze Menschen; war im damaligen Sprachgebrauch üblich.

nach aussehen) in der HJ, aber nur weil er sonst nicht boxen darf. Ja, du liest das richtig: Der schmale Lulatsch von damals boxt! Er sollte letztes Jahr sogar bei den Gaumeisterschaften antreten, aber dann machte der Blinddarm Ärger. Wenn er einen Haken darauf bekommen hätte, wär's um ihn geschehen gewesen. Ich darf gar nicht daran denken.

Madame Céline schaut mich immer mit traurigen Augen an und sagt: »Genieße jeden Augenblick, Kleines, wer weiß, wie lange du deinen Chéri noch hast.« Ich weiß gar nicht, was sie alle haben?! Der Erich und ich, wir mögen uns halt gerne und denken über viele Dinge gleich. Sie tun alle so, als würden wir nächste Woche zum Traualtar wandern. So ist es nun ganz und gar nicht. Davon ist überhaupt nicht die Rede. Vielleicht will ich auch gar nicht heiraten und Söhne kriegen. Sie schicken dir den Liebsten und die Jungs bloß in den Krieg und dann kommen sie nicht zurück. Stolze Kriegerwitwe bist du dann, na toll!

Sogar der Erich könnte in nicht allzu langer Zeit den Stellungsbefehl kriegen. In dem Alter ist er bald. Sie holen die Jungs immer früher. Das alles kann ganz schnell gehen. Also hören wir einfach auf Madame und genießen Tag für Tag. Man weiß ja wirklich nicht, was als Nächstes kommt.

Eigentlich hätte er dieser Tage sein Abitur bekommen sollen, aber sie haben es ihm verweigert. Warum, das will er nicht sagen. Deshalb hat er jetzt auch Zeit, vor dem Salon »herumzulungern« (so drückt es die alte Winter aus). Und deshalb guckt er manchmal so traurig aus der Wäsche, wenn er glaubt, man sähe es nicht.

Nach Ostern will er mit mir ins Kino gehen. Und vorher auf eine Schokolade ins Café Wien, ganz schick, und dann in den Filmpalast auf der Hohen Straße. Da fangen die Fil-

9 **Chéri:** (franz.) Liebling, Schatz

me jetzt eine Stunde früher an, weil unsereins abends zu Hause sein muss, bevor es dunkel wird. Allein deshalb muss dieser Krieg bald ein Ende haben!!

Drück uns die Daumen, dass es wenigstens an den Ostertagen ruhig bleibt. Hoffentlich kommt in England auch der Osterhase und sie haben ordentlich mit dem Eierverstecken zu tun. Oder noch besser: Sie könnten gerne mit Eiern werfen, daran mangelt es uns gewaltig. Aber hart gekocht müssen sie sein, sonst wird es eine Riesenschweinerei. Die paar Eier von Opis Hühnern werden wir gleich, wenn Edith und Toni im Bett sind, hübsch bunt anmalen. Das gibt ein Freudengeschrei, obwohl sie beide keine Eier mögen, aber das Suchen macht ihnen Spaß, und ich tu doch von ganzem Herzen alles, was ihnen eine kleine Freude bereiten kann. Und Kalli, der für ein gekochtes Ei auch seinen HJ-Dolch hergeben würde, sucht bestimmt mit ihnen um die Wette. Onkel Hugo hält von der ganzen Sache natürlich nichts, aber ich werde ihn durch ein, zwei hübsche rot bepinselte Eier mit einem Hakenkreuz drauf beruhigen.

Es grüßt und drückt dich
deine Lene

Lene – Köln, 15. April 1942

Lieber GEFREITER Meister!
Es geht drunter und drüber hier bei uns, deshalb darfst du mir nicht böse sein, wenn die eine oder andere Zeile, die ich dir schreiben will, ungeschrieben bleibt. Das ist gar nicht gut, ich weiß es, du freust dich doch so sehr auf die Post aus der Heimat. Mutti sitzt in der Küche und weiß nicht recht,

was sie tun soll, denn sehr wahrscheinlich ist sie seit dem Wochenende ohne Arbeit. Bei Horn hat es in der Nacht zum Samstag einen Volltreffer gegeben, also wird dort in der nächsten Zeit nicht mehr viel in der Buchhaltung zu tun sein. Nun, es hat ihr sowieso keinen Spaß gemacht, netto, brutto, Steuerkonto und was weiß ich, aber es war viel besser bezahlt, als in der Sparkasse am Schalter zu stehen, und sie hatte über gleich drei Mädels das Sagen. In der Innenstadt sieht es auch böse aus, direkt am Gereonskloster sind zwei Häuser völlig hinüber. Fünf sind tot geblieben, Schwerverletzte gab es über ein Dutzend.

Am Sonntag bin ich dort vorbeigekommen, weil ich mich mit einem Bekannten treffen wollte, da standen nur noch die verschnörkelten Fassaden, an denen ein paar Männer mit langen Seilen gezogen und gezogen haben.

Was war das für ein Staub, als die Mauern fielen! Ganz eingepudert war ich und konnte dann gar nicht mit meinem Bekannten ins Café gehen, da hätten sie bestimmt gekreischt und die Gespenster hinausgescheucht.

Im Wehrmachtbericht sagen sie, dass es nur Störangriffe gewesen sind, als ob wir die nicht von einem *richtigen* Angriff unterscheiden könnten.

Was du vom Reuters Josef schreibst, wusste ich schon. Jedenfalls, dass er weg in den Osten ist. Gemunkelt hatten es hier schon einige, du weißt ja, dass es viel Klatsch und Tratsch gibt. Er hat sich seit einiger Zeit mit ein paar Jungen getroffen und große Reden geschwungen, heißt es. Im EL-DE-Haus war er bereits zu Gast. Aber es wird nicht alles so heiß gegessen, wie man es kocht. Dorthin holen sie dich ziemlich schnell, und der Josef ist nicht der Erste gewesen, mit dem sie da ein Wörtchen zu reden hatten. Es sind nicht alles böse Buben, die dort vorgeladen werden, das will ich dir sagen.

Für heute muss es nun leider genug sein. Die beiden Mäuse quengeln schon, weil ich mich noch nicht ums Abendessen gekümmert habe. Sie fragen mich ganz oft, wann »der Franzi« zurückkommt. Dann kuscheln wir uns aufs Bett und ich erzähle ihnen die dollsten Geschichten von deinen Abenteuern, wie du letztens ein Ferkel wieder einfangen musstest und dabei in der Schweinesuhle gelandet bist. Dem Edithchen kann man aber nicht mehr viel vormachen, so gerne ich ihnen die Wahrheit ersparen würde. Ich versuche es dennoch. Wir dürfen ihnen doch nicht die Kindheit klauen, das dürfen wir nicht.

Eigentlich sollte Mutti längst zurück sein. Sie hat sich auf den Weg zur Sparkasse gemacht, vielleicht hat sie Glück und sie suchen gerade eine erfahrene Kraft. Es werden ja immer mehr an die Front verfrachtet, die Männer, meine ich, also da müssten ihre Chancen gut stehen. Sie befürchtet, dass sie sonst in irgendeinen Rüstungsbetrieb geschickt wird, das täte ihr gar nicht liegen. Zwanzig meckernde Kunden hintereinander am Schalter abfertigen, das hält sie gut aus, aber schwere Sachen ans Fließband schleppen – das wollen wir uns doch gar nicht vorstellen.

Onkel Hugo sagt übrigens, dass es gar nicht schlecht ist, das mit deiner Beförderung. Da ist man schneller Offizier, als man denkt. Du sollst nach den nächsten Offizierslehrgängen fragen, sagt er, ihnen zeigen, dass du bereit dazu wärst. Und vielleicht stehst du dann, schwupp, oben auf der Urlaubsliste. Alles hat Vor- und Nachteile.

Es sendet dir liebste Grüße
deine Schwester Lene

PS: Der Koffer ist noch nicht da, aber sorge dich nicht, du weißt doch, wie es mit der Reichspost gerade läuft.

Lene – Köln, 15. April 1942

Liebe Rosi,
da hatten wir uns wohl zu früh gefreut. Gleich in der Nacht zum Ostermontag hat es wieder bösen Besuch gegeben, und nicht zu knapp. Es ging schon kurz nach der Warnung mit der Flugabwehr los, sie haben auf der anderen Rheinseite ordentlich mit der Flak gefeuert, dann auch bei uns und die Splitter klatschten auf die Straße. Seitdem waren wir noch einige Male im Keller. Im Haus haben wir schon überlegt, dass wir demnächst für alle die Betten im Erdgeschoss aufstellen, um schneller unten zu sein.

Ein paarmal kamen die Flugzeuge im Sturzflug hinunter, und alle freuten sich, dass sie abstürzen, aber dann fingen die Piloten ihre Maschinen doch noch ab. Den Ubierring hat es übel getroffen, drüben in Ehrenfeld die Lackfabrik Horn, wo Mutti in der Buchhaltung arbeitet oder besser gesagt: gearbeitet hat, denn viel ist davon nicht mehr übrig. Ausgebrannt. Total! Eine elende Sauerei gab das. Drüben in Poll ist die Leysieffer-Mühle ausgebrannt. Mit Colonia-Mehl sieht's demnächst schlecht aus.

Rund um Köln das Gleiche: Wesseling, Gymnich, Bonn. Im Wehrmachtbericht war nur von Störangriffen die Rede. Wenn ein paar versprengte Bomber so viel Schaden anrichten, was soll dann nur sein, wenn sie sich allesamt unser Köln vornehmen?

Das tollste Abenteuer hat jedoch Erich erlebt, in der

9 **Flak:** Abkürzung für Flugabwehrkanone

Nacht zum Montag. (Ja!, wir haben uns noch einige Male gesehen.) Als er es mir nachher erzählt hat, ist mir fast das Herz stehen geblieben. »Was treibst du dich um diese Uhrzeit auf der Straße herum?«, habe ich ihn ausgeschimpft, fast wie ein ängstliches Mütterchen klang ich. Es war nämlich schon weit nach Mitternacht. Drei oder vier Flugzeuge rasten von Mülheim kommend über den Rhein direkt auf den Deutschen Ring zu, eins kommt ins Trudeln, reißt die Straßenbahnmasten um und überschlägt sich, bis es in ein vierstöckiges Haus stürzt und explodiert. Die Häuser links und rechts gehen auch in Flammen auf, eine fünfköpfige Familie kommt ums Leben.

Und wer hockt drei Häuser weiter in einer Toreinfahrt? Richtig. Mein Erich. Nachher tut er so, als sei das alles nur ein toller Looping in einem Ufa-Film gewesen, aber ich bin mir sicher, dass er nicht nur ein Stoßgebet zum Himmel geschickt hat.

Freitagnacht hat es auch ordentlich gerumst, am Gereonskloster, da standen nachher nur noch die Fassaden. Mit dem Erich bin ich da am Sonntag vorbeigekommen, ganz und gar eingestaubt hat es mich, weil sie die zerbombten Mauern eingerissen haben, da war es nichts mehr mit einem feinen Rheinspaziergang und Kaffee und Kuchen. Wenn es auf den 20. April zugeht, putzt der Engländer seine Maschinen heraus, um dem Führer zum Geburtstag ein ordentliches Feuerwerk zu bereiten. Leider hier im Rheinland und im Ruhrgebiet und nicht in Berlin.

Kalli liegt uns schon seit seiner Rückkehr aus Gleiwitz in den Ohren, es kann ihm gar nicht schnell genug gehen, bis er das erste Gewehr in der Hand halten darf, dabei muss er so oder so noch zwei Jahre warten. Dieses ganze Kriegspielen mit Kompass und nachts durch den Wald robben – das findet er ganz großartig. Er hat sich doch in Gleiwitz tatsächlich ein Gewehr aus Holz geschnitzt!

Sportlich bringt er allerdings einiges zustande, das muss ich zugeben. »Flink wie ein Windhund, zäh wie Leder, hart wie Kruppstahl, so braucht der Führer uns«, sagt er. »Aber nicht dumm wie Stroh«, würde ich ihm gerne zurückgeben, aber dann gibt es nur Geschrei. Den Lebenslauf des Führers kann er im Schlaf aufsagen, kein Wunder, wenn es ihm schon hundertmal in der Schule oder am Lagerfeuer eingepaukt worden ist. Ich weiß gar nicht, warum sie uns das alles immer und immer wieder vorbeten müssen. Also, ich habe es beim ersten Mal kapiert. Der Kalli ist doch ein schlauer Bursche. Deshalb wundert es mich, dass er nicht sein Köpfchen einschaltet, bevor er manche Sachen nachplappert.

Du würdest ihn nicht wiedererkennen. Gewachsen ist er und die Monate in Gleiwitz haben ihn verändert. Vorige Woche ist er doch glatt im Salon aufgetaucht und hat Madame Céline angeschnauzt, sie solle gefälligst den deutschen Gruß entbieten, sonst würden wir sie zurück zu ihren Froschschenkelfressern nach Frankreich schicken. Vielleicht müsse man ihr mal in einem Lager beibringen, wie man »Heil Hitler!« ruft.

Ich hab die Luft angehalten. Jemand mit so etwas drohen – da hört doch der Spaß auf. Wie war mir das peinlich, ach, was sage ich: Ich war völlig entsetzt! Und wenn man es ihm tausendmal in der Schule und beim Jungvolk so eingetrichtert hat, so ist er gerade eben der Pimpfenuniform entwachsen. Seit nicht einmal zwei Wochen ist er vierzehn Jahre alt! Da muss man doch ein bisschen Respekt haben.

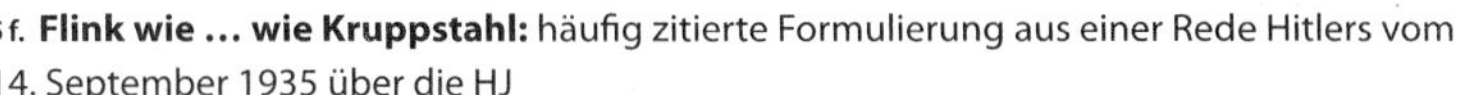
5f. **Flink wie … wie Kruppstahl:** häufig zitierte Formulierung aus einer Rede Hitlers vom 14. September 1935 über die HJ

Madame ist keine russische Fremdarbeiterin, außerdem hat sie einen deutschen Pass und einen deutschen Mann gehabt, und den hat sie schon im ersten Kriegsjahr verloren.

Mir macht der Junge Angst. Was ist denn falsch daran, wenn Madame die Kundinnen mit ihrem fröhlichen »Bonjour!« begrüßt?

Gestern hat er dann den Vogel abgeschossen: Tante Sofie aus Hönningen war hier, weil sie mit uns über Vatis jüngsten Bruder sprechen wollte. Du hast den Willi nie kennengelernt. Der durfte nie mit nach Köln. Er war immer ein lieber Kerl, aber er ist einfach hoffnungslos geisteskrank. Die Hönninger schaffen es nicht mehr mit ihm. Sie müssten ihn dauernd einsperren. Deshalb wollen sie ihn in ein Heim geben. Das erzählt die Tante Sofie mit Tränen in den Augen.

Da springt unser Kalli auf und schreit, der Willi wäre ↗ »unwertes Leben« und gehöre am besten sofort beseitigt. »Peng!«, sagt er und macht die passende Handbewegung. Mutti hat ihm eine Ohrfeige gegeben, die wirklich Peng gemacht hat. Und sie hat ihm sein Stück vom Apfelkuchen weggenommen, den die Tante mitgebracht hat. Haben sie ihm das in der Kinderlandverschickung beigebracht? Seinen eigenen Onkel in den Kopf schießen? Mein Gott, der Willi ist ein harmloser Irrer, der keinem etwas tut. Manchmal versucht er irgendwen mit seiner sabberigen Schnute zu küssen, gut, das ist eklig, aber dann gibt man ihm einfach eine Ohrfeige und er lacht und klatscht in die Hände und alles ist gut. Vielleicht hat Kalli einfach Angst, dass in seinen Adern ein bisschen was von Onkel Willis Blut fließt. Könnte doch sein, dass es in der nächsten Generation, bei Kallis eigenen Kindern, wieder durchkommt. Und das, wo der Knallkopf so stolz ist auf sein reines, arisches Blut!

5 f. **Bonjour:** (franz.) Guten Tag

Dieser Krieg macht nichts Gutes aus den Leuten, Röschen. Es wird höchste Zeit, dass es ein Ende nimmt. Wenn ich den Erich nicht hätte – hoppla, was ist das denn für ein Satz?! Jetzt hast du mich erwischt.

Aber es ist so, Röschen, ich habe mich ordentlich vergafft in ihn, obwohl er mir manchmal auch Sorgen bereitet. Wir kennen uns zwar erst ein paar Wochen, jedoch denke ich zehnmal in einer halben Stunde an ihn und nach Feierabend noch öfter. Mir laufen die Wangen rot an und die Hitze überkommt mich auch jetzt, wo ich diese Worte tippe, es ist ganz schrecklich albern. Vielleicht ist das der Vorteil vom Krieg: Man macht alles schneller und verschiebt es keinesfalls auf morgen. Wer weiß denn, was kommt? Man muss die Gelegenheit beim Schopf packen und nicht zögern und zaudern.

Vor Mutti und Onkel Hugo, und besonders vor Kalli, halte ich es geheim, was gar nicht so leicht ist, wenn man die Milch anbrennen lässt und dabei verträumt in die Gegend guckt wie ein verliebtes Huhn.

Manchmal steigt in mir aber auch eine große Angst auf. Schließlich könnte Erich täglich zum Reichsarbeitsdienst eingezogen werden, dann ist es zum Soldaten nicht mehr weit, und schon ist er an der Front. Im Wehrmachtbericht und in den Zeitungen jubeln sie immer weiter. Wir sollen an der Heimatfront nicht den Mut verlieren und unsere Männer draußen unterstützen, wo es nur geht, aber wenn du mal einen Lazarettzug am Bahnhof gesehen hast, vergeht dir die Laune ganz schnell.

Ach, reden wir lieber von schönen Dingen. Beim Thema Front fällt mir nämlich ein: Der Franz hat bestimmt bald Aussicht auf Fronturlaub, was freue ich mich darauf! Dann solltest du auch nach Köln kommen.

20 **Reichsarbeitsdienst:** sechsmonatige, unbezahlte Arbeitspflicht für Menschen zwischen 18 und 25 Jahren, 1935 eingeführt

Sag nicht Nein, das ist eine gute Idee. Bei der Gelegenheit könntest du den Erich kennenlernen und wir gehen alle zusammen ins Kino und spazieren am Rhein oder noch besser: Wir machen einen Ausflug zum Drachenfels, trinken schick im Café eine Schokolade mit Sahne und essen Frankfurter Kranz, wäre das nicht fein?

Vielleicht heitert das den Erich auch wieder auf. Ich habe dir doch geschrieben, dass sie ihm das Reifezeugnis nicht gegeben haben. Eine himmelschreiende Ungerechtigkeit ist das, weil er all die Jahre so fleißig war, sagt er. Es gibt nur so wenige Jungs wie ihn, die es überhaupt auf die Oberschule schaffen. Sein Vater schuftet bei Ford und die Mutter geht putzen und trotzdem reicht es immer nur recht knapp für die große Familie. Ohne den Manne Plautz, der ihn beim Boxen trainiert, hätte das mit der Oberschule nie geklappt. Da wäre Erich nach der Volksschule auch zu Ford gestiefelt und wäre bestenfalls Schlosser geworden, um wie sein Vater Lastwagen für den Endsieg zu bauen. Plautz hat beste Beziehungen bis in die Kölner Parteispitze, der kann fast immer was drehen, sagt Erich, aber am Ende hat das nichts genützt. Sie haben ihn im letzten Moment abgewürgt. Mit einem Studium wird's nichts, ohne das Abitur.

Er hat es sich allerdings auch ein wenig selbst eingebrockt. So viel habe ich herausgefunden: Für die Deutschaufsätze gab es drei Aufgaben zur Auswahl. Etwas über Goethe war eine davon. Die Ausführungen von Adolf Hitler über den geschichtlichen Werdegang des deutschen Volkes auf dem Parteitag von 1935 mit eigenen Worten darstellen, das war die Nummer zwei. Oder einen Aufsatz mit dem Thema: Was verstehst du unter Freiheit?

So gut kenne ich den Erich schon, um zu erraten, welchen Aufsatz er gewählt hat. Natürlich Nummer drei. Ich hätte dir ebenso vorhersagen können, dass es schiefgehen musste. Erich stellt sich Freiheit ziemlich anders vor, als es sein Deutschlehrer tut. Der ist nämlich schon seit 1930 Mitglied in der SA. Und auch anders als der Schulleiter, der ein hohes Tier im Nationalsozialistischen Lehrerbund ist.

Er sei wirklich und wahrhaftig ein ESEL, hat er selbst zugegeben und mir verraten, dass das sein Spitzname ist. Er und seine Freunde rufen sich alle nur bei ihren Spitznamen. E wie Erich wie Esel. Ich glaube, der Wutz heißt eigentlich Winfried und der Hoppel Heinrich, aber ich weiß es nicht genau. Ich glaube fast, sie kennen die richtigen Namen voneinander auch nicht. Auf jeden Fall ist es ein Haufen Viecher und so benehmen sie sich auch oft.

Ich schreibe es dir ganz im Vertrauen: Mit denen im EL-DE-Haus hat mein Esel schon zu tun gehabt. Er hat sich verplappert und es mir dann gestanden: Eine ganze Nacht saß er in einer Zelle am Appellhofplatz. Einen Besuch bei der Gestapo wünscht sich keiner, sie haben ihn wohl ordentlich hergenommen, aber er wollte mir nicht verraten, warum sie es auf ihn abgesehen hatten. Wegen Herumstreunens bei einer Wandertour, hat er gesagt, im Siebengebirge. Seit wann wird man von der Gestapo einkassiert, wenn man frische Luft und Lagerfeuer mag? Der Erich hat dazu nur die Achseln gezuckt.

Da kennt er aber Helene Meister noch nicht gut genug. Erst einmal habe ich so getan, als interessierte mich das gar nicht großartig. »Wir haben alle eine Vergangenheit«, sage ich ihm so ganz nebenbei, worauf er ziemlich verdutzt guckt. (Den Satz habe ich mir nicht selbst ausgedacht. Hab ihn in einem Film gehört, aber er klingt gut, nicht wahr?)

»Oh, eine Schönheit mit Geheimnissen«, antwortet er an dem Tag und macht sich einfach aus dem Staub. Er habe noch zu tun, sagt er und weg war er.

Was wohl? Ich weiß es nicht. Die Schule ist schließlich für ihn gelaufen und etwas anderes hat er noch nicht angefangen. Aber er soll nicht denken, dass ich ein kleines Dummchen bin. Natürlich habe ich schon ein bisschen herausgefunden, was er so treibt. Und ich habe den schlimmen Verdacht, dass es etwas mit der schrecklichen Nacht zu tun hat, in der das Flugzeug ihm fast vor die Füße gefallen ist. Angeblich hat in derselben Nacht jemand die Schilder am Adolf-Hitler-Platz ein bisschen verziert. Da stand dann nämlich nachher:

DER ADOLF-HITLER-PLATZ IST IN DER HÖLLE.

Er muss nicht denken, dass ich ein dummes Ding bin. Es hat alles mit den Leuten zu tun, die sich am Volksgarten und am Leipziger Platz und im Blücherpark und auch drüben in Deutz treffen, so viel ist klar. Sie werden die Edelweißpiraten genannt, und ich sage dir: Mir gefällt, was sie tun. Es sind junge Leute, die keine Lust haben auf die Hitlerjugend, die ihre eigenen Sachen machen und ihre eigenen Lieder singen wollen.

Dass sie diese Sachen an die Wände schmieren; ich weiß nicht, was ich davon halten soll, obwohl ich zugeben muss, dass sie auch damit nicht ganz unrecht haben. Nein, aber die Male, wo ich dabei war, hat es mir einen tollen Spaß gemacht, von Schanghai und Madagaskar zu singen und von der Ferne zu träumen. Viel mehr Spaß, als sich Liesel Stroheims Vorträge bei den Heimabenden anzuhören. Und hübscher sehen diese Piraten in ihren Lederhosen und den karierten Hemden auch alle aus. Nun ja, aber wer fragt einen schon, was man aufregender und hübscher findet? Im BDM sicher keiner, und da ist es auch egal, weil sie die Jungen, so weit wie es geht, von uns fernhalten und mit Geländespielen beschäftigen. Vielleicht ist es auch genau das, was sie wollen: dass wir bloß nicht auf dumme Gedanken kommen. Als ob man die mit Vorschriften und Im-Gleichschritt-Marschieren verhindern könnte – da lache ich doch.

Wie auch immer, ich werde herausfinden, was der liebe Erich mir verheimlicht. Solange es kein Mädchen ist, das er heimlich küsst, soll mir alles recht und billig sein. Na ja, vielleicht nicht ganz und gar *alles.*

Es grüßt hinaus in die Ferne, nicht ganz bis nach Schanghai,

deine Lene

Lene – Köln, 19. April 1942

Liebe Rosi,
ich bin sehr besorgt und aufgeregt und muss dir gleich schreiben. Es geht doch nichts über eine beste Freundin, die einem auf diese Weise zur Seite steht, ohne dass sie überhaupt etwas tun müsste. Nun, ein bisschen tun musst du schon, nämlich hin und wieder zurückschreiben, sonst könnte ich ja gleich alles in ein Tagebuch schreiben, aber dazu habe ich eigentlich gar keine Lust. Ich führe schließlich auch keine Selbstgespräche, denn das Besondere an unseren Briefen ist doch, dass ich mir immer vorstelle, was du gerade denkst, wenn du diese Zeilen liest, und natürlich, was du dazu sagen würdest. Und dann kommt die Spannung dazu, ob ich mit meiner Vermutung richtiglag.

Es ist doch ein schönes Gefühl, wenn es beim Gedanken an einen Burschen so ein bisschen im Bauch flattert, da wirst du mir ganz gewiss zustimmen.

Aber jetzt zu dem, was mich quält: Vorige Woche bin ich meinem Burschen also nachgegangen, als er sich auch wieder einmal so plötzlich verabschiedet hat. Wir hatten uns in meiner Mittagspause bei Sankt Michael am Brüsseler Platz getroffen, nur für ein Viertelstündchen auf eine Tasse Kaffee, da hatte er es plötzlich ganz eilig, dass er wegkam, wo er doch eigentlich gar nichts zu tun hatte. Mich hat natürlich die Neugier gepackt. Da habe ich auf den Salon gepfiffen und bin heimlich hinterher: in die Venloer Straße bis zum Stadtgarten. Da warteten in einer versteckten Ecke die zwei Jungs, die ich schon bei unserem ersten Zusammentreffen im Volksgarten gesehen hatte, der Wutz und der Hoppel.

Dieser Wutz hatte eine Mappe dabei. Als er die öffnet, fällt ein Blatt raus, der Hoppel schimpft, rafft es sich und stopft es schnell unter den Pullover. Dann sind sie ganz schnell davon, weil von der Spichernstraße aus ein Schutzpolizist kam. Der Wutz und der Hoppel in meine Richtung, da habe ich mich schnell hinter einem Busch versteckt. Ich hab im Vorbeigehen ein paar Worte aufgeschnappt: »Verdammt, wir müssen besser aufpassen. Am helllichten Tag –« Dann waren sie weg und ich habe nicht erfahren, was denn nun am helllichten Tag ist, auf das man besser aufpassen muss. Wie klingt das in deinen Ohren?

Liebes Röschen, bitte lass diesen dummen Kerl nicht in irgendwelche krummen Touren verwickelt sein! Ich hab so Angst um ihn! Ja, es machen jetzt viele mal ein Geschäft hier und mal eins da. Aber stell dir vor, was ich gesehen habe: Ich kann mich täuschen, aber ich glaube, dass es Lebensmittelmarken waren. Ein ganzer Bogen, vielleicht auch mehr. Ich weiß ja nicht, was das sonst in der Mappe gewesen ist. Onkel Hugo hat gesagt, dass es neulich nachts einen Überfall auf eine Ausgabestelle gegeben habe. Einen ÜBERFALL!!! Ich will das nicht glauben!

Aber BITTE zu niemandem ein Wort darüber. Auch nicht zu Franz. Schreibst du ihm überhaupt? Schwör mir, dass du ihm nichts sagst, Röschen. Hörst du? Es ist mir ernst.

Franz hat uns übrigens eine selbst aufgenommene Schallplatte geschickt, das ist ein Spaß: eine *sprechende* Feldpost. Das machen sie nun, um die Truppe bei Laune zu halten. Grüße geschickt hat er für die Tage, an denen es mit der Feldpost nicht klappt, und dann »Einmal am Rhein« vom Willi Ostermann gesungen, stell dir das vor. Und er schreibt ausdrücklich, dass ich es dir auch vorspielen soll, wenn du wieder mal in Köln bist. Ich bin überzeugt, dass es hauptsächlich für *dich* gedacht ist. Erinnerst du dich noch an den Text?

Einmal am Rhein und dann zu zwein alleine sein,
einmal am Rhein, beim Gläschen Wein im Mondenschein,
einmal am Rhein, du glaubst, die ganze Welt ist dein,
es lacht der Mund zu jeder Stund,
das kranke Herz, es wird gesund,
komm, ich lade dich ein, einmal zum Rhein.

Dort bei euch werden bestimmt nicht oft kölsche Lieder gesungen, oder? Das kannst du dir übers Bett hängen, den Franz tät es sicher freuen! Ach, an mir ist wohl eine Kupplerin verloren gegangen! Ich werde dich jedenfalls nicht kampflos an den jungen Baron hergeben!

So, für heute sind genug Geheimnisse gelüftet. Röschen, was soll ich denn jetzt in der Sache machen? Wenn dieser Bursche etwas auf dem Kerbholz hat, macht er seinem Namen alle Ehre, dann ist er wirklich und wahrhaftig ein Esel. Der Franz hat mir geschrieben, dass man ganz schnell im EL-DE-Haus landen kann, wenn man sich auf solche Sachen einlässt. Ich bin in Sorge!

Jetzt muss ich mich sputen. Wir machen uns gleich auf den Weg zu Opi in den Garten. Schreib mir bald!

Kuss und Gruß

deine Lene

Rosi – Detmold, 24. April 1942

Liebe Lene,

du wirst mit mir schimpfen, das ist ganz gewiss. Was sage ich! Schimpfen? Du wirst mich verfluchen und zum Teufel wünschen und ich könnte es dir kaum verübeln. Ich habe einen Fehler gemacht, aber es war keine Absicht, das musst du mir glauben, bitte! Deswegen schreibe ich dir auch auf der Stelle.

Mir ist noch ganz blümerant, weil ich gerade einen sehr sonderbaren Besuch und danach einen ordentlichen Krach mit dem Verwalter hatte. Ich würde dich lieber anrufen oder ich hätte dir sogar ein Telegramm geschickt, aber ich befürchte, dass ich nicht so schnell an einen Telefonapparat komme. Hier auf dem Gutshof müsste ich die Wirtschafterin fragen. Die fragt dann aber den Knöter, und der verbie-

22 **blümerant:** (ugs.) unwohl, übel

tet es sicher. Zum Telegrafenamt komme ich ganz bestimmt nicht. Viel kann ich dir jetzt nicht schreiben, weil ich gleich wieder in die Waschküche muss. Wir haben Bettentag, da werden alle Laken und Bezüge gekocht. Obwohl wir im Haus zwei polnische Fremdarbeiterinnen haben, ist das in einem Haushalt wie diesem eine schreckliche Arbeit. Dir wird übel von der Lauge, die Finger brennen und den Rücken spürst du am Ende gar nicht. Ach, was rede ich um den heißen Brei herum, also Folgendes ist passiert: Kurz nach dem zweiten Frühstück kommen zwei Männer über die untere Wiese aufs Gutshaus zu. Über den Weg am Bach gelangt man fast ungesehen zum Haus – wenn nicht gerade Bettentag ist und den ganzen Morgen gewaschen wird.

Den einen der Männer habe ich sofort erkannt. Den Ortsgruppenleiter erkennt jeder auf einen Kilometer, auch wenn er nicht seine braune SA-Uniform anhat. Er ist so breit wie hoch, sein Kopf leuchtet wie eine reife Tomate, und wenn man ihn nicht sieht, dann hört man ihn, weil er durch die platte Nase kaum Luft kriegt und schnauft wie eine altersschwache Dampflok. Er geht nie zu Fuß, weshalb ich mich schon gewundert habe, dass er von dieser Seite kommt – und nicht mit dem Wagen über die Landstraße. Der Mann neben ihm wirkte ganz unauffällig, mit Hut und Mantel, wie eben alle Männer. Sehr fröhlich sah er nicht aus, was vielleicht daran lag, dass der Bach vor ein paar Tagen übers Ufer gegangen und schlammig ist. Das konnte ich nachher an seinen arg verdreckten Schuhen sehen. Unser Hausknecht musste sie putzen, während der Ortsgruppenleiter und der Mann (vorgestellt hat er sich nicht) sich mit *mir* unterhalten wollten. Na, von *Unterhaltung* konnte allerdings keine Rede sein. Genauer gesagt, sie haben zuerst

15 **Ortsgruppenleiter:** NSDAP-Parteifunktionär mit Leitungsfunktion auf kommunaler Ebene

mit Knöter geredet. Der kommt darauf in die Waschküche, was er sonst nie tut, und blafft mich an, dass zwei Herren ein Wörtchen mit mir zu reden hätten.

Und dann ging es im Büro des Verwalters los.

Ich kann dir sagen: Mir schlug ganz schnell das Herz bis zum Hals hinauf, auch wenn ich zuerst gar nicht wusste, was der schlecht gelaunte Herr ohne Schuhe von mir wollte und woher er kam. Das mit den Schuhen sah ein bisschen lustig aus, weil die Schuhe zwar zu schick für den Kerl, die Strümpfe dafür an beiden großen Onkeln mit roter Wolle gestopft waren. Lustig wurde es dann gar nicht.

Du darfst mir nicht böse sein, liebstes Lenchen, bitte nicht, aber ich habe ihm deinen Namen gesagt. Bitte, ich wusste doch nicht, was kommt! Auf was es hinausläuft. Schimpf mich eine dusselige Kuh, aber sei mir nicht böse.

Er legt mir also einen Briefbogen auf den Tisch, den ich sofort erkenne, weil es einer von deinen hellgrünen ist, einer von denen, die ich dir zum letzten Geburtstag geschenkt hab, wo das Papier mit den zarten Mohnblüten bedruckt ist.

Ob ich eine Lene aus Köln kenne, will er wissen. Und kurzweg sage ich, klar, die kenne ich, und frage, warum er meinen Brief in den Händen hält. Das war wohl ein bisschen patzig und der Ortsgruppenleiter schlägt mit seinem Siegelring auf die Tischplatte und der Knöter schluckt ziemlich lautstark. Der Mann schickt die beiden darauf aus dem Zimmer. Da wusste ich, dass es gar nicht gut mit mir steht. Wenn der Knöter sich ohne Murren aus seinem eigenen Büro schicken lässt! Und dann ging es los.

Schlag auf Schlag und immer wieder: Ob ich einen Wutz und einen Hoppel kennen tät. Zack und zack und zack schlägt er bei jeder Frage auf die Tischplatte, dass es kracht. Einen Siegelring brauchte der dazu nicht. Es krachte, dass mir angst und bange um die Tischplatte wurde.

Dann ist er mit dem Ortsgruppenleiter vor die Tür gegangen und sie haben sich gestritten. Ich hatte eine furchtbare Angst, aber ich habe allen Mut zusammengerafft und mir fix den Brief geschnappt, der auf dem Tisch lag, damit ich wenigstens wusste, um welchen es geht. Im nächsten Moment kamen sie aber auch schon zurück und fragten.

Immer wieder und wieder. Meistens ganz leise, aber dann mit ZACK! Einmal erhebt er sich und merkt, dass er auf Socken vor mir steht, da setzt er sich wieder und weiter geht es. Ob ich wüsste, was auf Diebstahl von Lebensmittelmarken steht und auf Wehrkraftzersetzung und wenn man den Führer beleidigt und was nicht alles noch.

Meine Güte, sag ich ihm und versuche ihn zu beruhigen, weil ich doch nichts gegen den Führer habe und bei den Heimabenden stricke und fürs Winterhilfswerk sammle und so weiter. »Das ist ja wohl das Mindeste, was ein ordentliches deutsches Mädchen tun kann«, gibt er mir zurück und dann springt er plötzlich doch auf, packt mich an den Haaren und zischt: »Sollst du mal sehen, was wir mit deinen hübschen Zöpfen machen, wenn du nicht spurst.«

Da habe ich schrecklich zu weinen angefangen. Er hat losgelassen, aber nützen täten mir die Krokodilstränen nichts, sagt er und setzt sich wieder. Und ZACK brüllt er: »Raus mit dem Namen.« Und dass er doch weiß, wie oft du mir schreibst, das hätte er doch längst vom Knöter erfahren und von der Wirtschafterin, aber er könne mich gerne mit in die Stadt nach Detmold nehmen, wo sie bei der Staatspolizei ein paar hübsche Zellen hätten. Da könnte ich ein bisschen schmoren, bis ich es mir anders überlege. Und im Lager in Moringen, wo sie widerspenstigen Dingern wie mir die Flötentöne beibrächten, da hätten sie bestimmt auch ein Plätzchen frei für mich, da würde ich mein hübsches Mäulchen schnell aufmachen.

Was für ein abscheulicher Kerl! So darf man doch mit niemandem umspringen, der rein gar nichts Böses getan hat. Das hätte ich ihm am liebsten gesagt, aber mir war auch klar, dass es besser wäre, »das hübsche Mäulchen« zu halten.

Dann haben sie mich auf die Kammer geschickt. Der Verwalter hat gedroht, dass sie mich und Mama im hohen Bogen aus dem Haus werfen, Leute wie wir haben ihm gerade noch gefehlt. Was kann denn mein Brüderchen dafür?

»Die Gestapo im Haus! Da blüht einem was!«, so ging's in einem fort. Dabei hat der Mistkerl selbst diesen abscheulichen Kerl mit seinen gestopften Socken (schlecht gestopft, das kann ich dir sagen!) ins Haus geholt. Anders kann es gar nicht sein, weil mir schon aufgefallen war, dass der Brief abhandengekommen war. Irgendjemand im Haus muss ihn genommen und dem Knöter gegeben haben, und der hat nichts Besseres zu tun, als zum Ortsgruppenleiter zu laufen, und der ist gleich damit zur Gestapo. Es ist wohl jeder zu allem bereit, nur um sich bei den Obrigkeiten in ein gutes Licht zu bringen.

Lenchen, ich schicke diesen hier in zwei Umschlägen: Auf den äußeren schreib ich die Adresse von Madame Célines Salon und auf den inneren deinen Namen. Wer weiß, ob die Gestapo schon bei dir ist? Der Sohn vom Hufschmied wartet unter dem Fenster, der ist vertrauenswürdig, der bringt ihn in Detmold zur Post.

Wenn du mir nun die Freundschaft kündigst, könnte ich es verstehen, aber es war keine Absicht, Lenchen, wirklich nicht. Ich war so durcheinander.

In größter Sorge umarmt dich
deine Rosi

Lene – Köln, 1. Mai 1942

Liebe Rosi,
was quält es mich, dass du in solch eine schreckliche Lage geraten bist! Du sollst dich gar nicht entschuldigen, das macht mein schlechtes Gewissen nur noch größer. *Mich* musst du eine dusselige Kuh schimpfen, nicht dich selbst, denn du kannst doch gar nichts dafür. Es tut mir so, so leid, dass mein Brief dich in eine solche Lage gebracht hat. Wobei wir beide eigentlich auf diesen Verwalter bös sein müssten, was fällt denen ein, Briefe zu lesen, die sie gar nichts angehen.

Haben die keine anderen Sorgen? Wenn ich mir anhöre, was der Führer da vorige Woche im Reichstag gesagt hat! »Front und Heimat müssen alles geben«, sagt er und dass uns ein Kraftakt sondergleichen bevorstünde. Als ob alles, was bisher gewesen ist, ein Spaziergang am Rheinufer war. Darum sollten sie sich kümmern, nicht um unser Geschreibsel.

Was glaubt euer Verwalter, wer er ist? Meinen Brief lesen? MEINEN Brief an DICH!!! Und dann zur Gestapo rennen! Ja, ich bin mit allem Recht empört. Was ist das denn, wenn einer den anderen bespitzelt und man nicht einmal mehr in seinen ganz privaten Briefen schreiben kann, was man will? Am besten schicken wir unsere Briefe nur noch mit einem Postreiter, wie in den Wildwestgeschichten, für die Kalli früher so geschwärmt hat. Nun ja, diesen hier gebe ich deiner Tante mit, sie hat gesagt, dass ich ihn ihr morgen bringen kann, weil sie für euch noch ein paar Koffer und Kisten gepackt hat. Die will sie nicht alleine auf die Reise gehen lassen. Ach je, das klingt alles danach, als würdet ihr nie, nie wieder nach Köln zurückkommen. Ja, ich weiß schon, dass du nach Schlesien gehen wirst, weil ich es dir eingebrockt habe. Wie ich schon schrieb, tut es mir ganz entsetzlich leid, liebe Rosi!

Du musst mich nun sehr bald wissen lassen, wie es dir dort geht. Ich hoffe so sehr, dass es eine Verbesserung ist, trotz allem. Wie ich an all die Informationen gekommen bin? Nun, ich habe deine Tante ganz zufällig beim Anstehen für Milch getroffen. Mir ist fast die Kanne aus der Hand gefallen, als ich es gehört habe. Du meine Güte, ist das nun alles holterdiepolter gegangen! Dass sie euch wegen so einer Sache einfach vom Hof jagen! Lieber wäre es mir gewesen, wenn du nach Köln zurückgekommen wärst.

Dein warnender Brief hat mich leider nicht rechtzeitig erreicht. Es hätte auch nichts geändert. Die Vorladung – höchst offiziell und schriftlich – lag schon drei Tage nachdem sie bei dir gewesen sind, bei uns auf dem Küchentisch. Du kannst dir vorstellen, wie einem da das Frühstück im Bauch blitzschnell sauer aufstößt. Am Mittwoch sollte ich kommen, obwohl ich da Berufsschule habe. Dauernd beschweren sie sich, dass die Bummelei in den Schulen mit jeder Nacht im Luftschutzkeller anwächst und wir entweder an unseren Pulten einschlafen oder gar nicht erst zum Unterricht kommen. Aber mit mir plaudern wollen, wo ich eigentlich Rechnungswesen in der Ulrichgasse pauken sollte!

Es weiß wohl jeder, dass eine Einladung ins EL-DE-Haus niemals etwas Gutes bedeuten kann. Ich kann dir sagen, so stark hat mein Herz selten geklopft, als ich die Treppen emporsteige, um im ersten Stock erst mal meine Personalien prüfen zu lassen. Ich sag dir, ich hätte mich nicht gewundert, wenn sie auch noch meine Fingerabdrücke hätten haben wollen, wie bei einer Schwerverbrecherin. Dann lassen sie mich drei ganze Stunden warten. Was dir da alles durch den Kopf geht. Ich bin kurz davor rauszurennen, ich denke, ich halte es nicht mehr aus, aber ich lasse es lieber und sitze dort auf einem Schemel und versuche die Nerven beieinanderzuhalten.

Dann holt mich einer und schickt mich in ein Amtszimmer, wo einer hinter einem schweren Schreibtisch sitzt und in Akten blättert, sich ein Papier nach dem anderen vornimmt, Fotos anschaut, aber mich einfach übersieht, als wäre ich Luft. Ein Tippfräulein sitzt an der Schreibmaschine und starrt vor sich hin, was zieht die für ein Gesicht, denke ich mir, die hat bestimmt schon eine Menge gehört. Als der am Schreibtisch sich räuspert, werden ihre hängenden Mundwinkel plötzlich straff und sie legt die Finger auf die Tasten.

Und dann geht es los: Wer dieser Esel sei und der Wutz und der Hoppel und all das. Was ich da gesehen hätte? Ob es wirklich Lebensmittelmarken gewesen sind? Und dann immer wieder von vorne. An welchen Plätzen sie sich treffen? Wie oft? Wo wir hingehen? Ob es andere Leute gibt?

Ich stelle mich stur, das kann ich ja, und streite immer alles ab. Mir war vor Angst sowieso die Kehle zugeschnürt, viel reden hätte ich ohnehin nicht gekonnt. Mir war doch sofort klar, was für Folgen es für die anderen haben kann. Und dann ist mir klar geworden, dass es gar nicht um die Lebensmittelmarken geht, sondern um etwas ganz anderes.: »Bist du eine Edelweißpiratin?«, hat er dann plötzlich geschrien.

Deshalb stehen die Jungs vom Volksgarten in der Kartei bei denen!!

»Das bist du!! Gib es zu!!«, hat er dann noch einige Male wiederholt. Guter Gott im Himmel, am liebsten hätte ich gesagt: JA, ICH WÄRE GERN EINE. Auf Liesel Stroheim und ihre Speichelleckerinnen habe ich nämlich wirklich keine Lust mehr und meine eigenen Lieder singen will ich auch. Ich war aber zum Glück schlau genug und habe endlich mal den Mund gehalten.

Er hat nicht aufgegeben, immer wieder hat er dieselben Fragen gestellt und gedroht hat er mir auch und dann sogar die allergrößte Frechheit besessen: »Du bist dir doch im Klaren, welchen Eindruck ich gewinne? Dass du mit denen unter einer Decke steckst? Wenn du nicht antwortest, könnt ich glauben, du bist eins von den verlotterten Mädchen, die sich diesen Kerlen an den Hals werfen.«

An den Hals werfen! Verlottert! Plötzlich habe ich meine Sprache wiedergefunden. Und dann habe ich es dem aber gegeben, das kannst du glauben. Ob er mir eine Entschuldigung für die Berufsschule schreibe, hab ich ihn gefragt, und was ihm denn einfalle, ein redliches deutsches Mädel zu verdächtigen.

Das war dann wohl etwas sehr frech, weil er noch eine Akte hervorgezogen hat. »Redlich?«, fragt er und: »Deutsches Mädel?« Da grinst er nur und tischt mir auf, dass ich schon mit »diesem Gesindel« gesehen worden bin! Da habe ich ihm nur eiskalt in die Augen geschaut und gehofft, dass es auch wirklich eiskalt war und er nichts gemerkt hat. Woher sollte er das wissen? Nun ja, er müsste nur einmal mit Liesel Stroheim sprechen, dann wüsste er, dass ich es mit meinen Aufgaben beim BDM nicht allzu genau nehme und fast gar nicht mehr bei den Heimabenden erscheine.

Der Kerl ist am Ende mit hochrotem Kopf aufgesprungen. Wenn ich ihn weiter für dumm verkaufen wolle, würden sie andere Saiten aufziehen, schreit er. Nach dem Josef Reuter und seinem Bruder hat er auch gefragt. Das sei ein Volksschädling, sagt der Beamte immer wieder: »Mit denen machen wir kurzen Prozess.« Was das genau bedeutet, sagt er nicht. Ich frage auch lieber nicht nach, weil langsam die Angst mir wieder alles zuschnürt. Nicht so sehr um mich, mehr um die Jungen, Wutz und Hoppel. Ich weiß schließlich vom Franz, wie schwer man es an der Front hat, und der Josef Reuter hat noch Glück, dass er im Bataillon vom Franz gelandet ist, der kann ein bisschen auf ihn aufpassen.

Volksschädlinge, so etwas sagt der, aber das sind doch alles nette Kerle.

Und dann zeigt er mir die Fotos.

Erinnerst du dich an die Sache mit dem britischen Flieger, der die Häuser am Deutschen Ring abrasiert hat? Am nächsten Tag haben sie Schmierereien an den Wänden gefunden, gegen den Führer besonders.

Wieder prasseln Fragen auf mich ein, die ich nicht beantworten will. An seinen Fragen habe ich erkannt, dass er eine Menge wusste, von den Treffen am Volksgarten, auch von denen am Leipziger Platz.

Vielleicht würde mich eine Nacht unten in der Zelle gesprächiger machen, sagt der Kerl, aber dazu ist es nicht gekommen. Der andere, der die ganze Zeit schweigend an der Tür gestanden hat, schubst mich hinaus auf den Flur. Da höre ich dann das Klappern von der Schreibmaschine drinnen, und etwas später muss ich noch unterschreiben, was sie da alles getippt haben. Es war das, was ich gesagt habe, immerhin, dachte ich dann, dazugedichtet haben sie nichts.

Als Mutti von all dem erfahren hat, setzte es eine Ohrfeige, ein Riesengeschrei und Hausarrest. VIER Wochen. Nun ja, sie wird wie immer nach ein paar Tagen weich, darauf kann man bauen.

Zur Kundgebung für den 1. Mai musste ich heute jedoch mit. Da hätte ich gerne Hausarrest gehabt. Ganz ordentlich und herausgeputzt in der BDM-Uniform. Was hat Liesel Stroheim mir für böse Blicke zugeworfen und ich habe sie zurückgeworfen. Die Zunge habe ich ihr sogar rausgestreckt! Natürlich weiß sie, was passiert ist. Da hat es mir fast schon Spaß gemacht, den Arm zum deutschen Gruß hochzureißen und »HEIL HITLER!« zu brüllen und auszusehen wie die Braut des Führers, mit rot glühenden Wangen und verschleiertem Blick.

Ach, Rosi, man weiß gar nicht mehr, an was man sich halten soll. Wem man glauben soll und wem nicht. Seit der Führer letzte Woche seine große Rede gehalten hat, sagen viele, man müsse nun genau zwischen den Zeilen lesen. Das klingt alles nicht mehr gut, vielleicht glaubt er selbst nicht mehr, dass wir unsere Männer vor dem Winter zurückbekommen. Ich *will* aber daran glauben. Der Franz soll hier bei uns Weihnachten feiern und dann auch bleiben.

Ich herze dich, und eines, das muss ganz gewiss sein:

Uns kriegen sie nicht auseinander, niemals, es komme, was da wolle!

Deine Lene

Franz – im Osten, 2. Mai 1942

Liebe Lene,
was höre ich für beunruhigende Dinge aus der Heimat oder genauer gesagt: von Rosi, denn du wolltest mir darüber wohl nichts sagen? Wie es scheint, habt ihr euch alle verschworen? Nichts von Kalli, der sonst alles ausplaudert, nichts von Mutti dazu. Immerhin schreibt sie mir die guten Dinge. Dass sie wieder bei der Sparkasse anfangen kann, ist immerhin etwas Erfreuliches. Wie gut, dass die Rosi nicht nur ein liebes Ding, sondern auch verständig und zuverlässig ist. Sie weiß, wann man sprechen muss und wann schweigen. Ich wäre froh, wenn sie nach Köln zurückkäme und auf dich aufpassen würde. Nun gut, wir wollen es der Post in die Schuhe schieben. Bestimmt kommt die Tage ein ausführlicher Bericht über alles, was du da angestellt hast.

Du weißt, dass du auch die Rosi in schwerste Bedrängnis bringst? Durch so eine dumme Sache kommt es raus, und du weißt auch, dass Leute wie dieser Verwalter keine Gelegenheit auslassen, anderen am Zeug zu flicken.

Ich glaube, die Rosi war dem Verwalter schon lange ein Dorn im Auge. Er wollte sie loswerden, so klingt es jedenfalls. Dass sie jetzt wirklich vor die Tür gesetzt wurde, das geht auf dein Konto. Auch wenn du jetzt mit offener Kinnlade dasitzt – die Wahrheit ist die Wahrheit und du musst sie vertragen.

Rosi schreibt, sie hätte zuerst überlegt, als Hilfsschwester beim Roten Kreuz anzufangen und an die Front zu gehen. Mir blieb fast das Herz stehen, als ich das las, und ich bin froh, dass sie offenbar bei klarem Verstand geblieben ist. Gut, dass sie nun in Schlesien unterkommt. Meine Herren, was treibt uns dieser Krieg doch alle durchs Land.

Ich hoffe, du hast die Rede von unserem Führer im Rundfunk gehört, vor ein paar Tagen hat er im Reichstag gesprochen. Du weißt, dass wir nun alles geben müssen. Wenn wir es nicht tun, werden uns die Russen überrennen. Immerhin verspricht der Führer uns, dass es nicht wieder eine Katastrophe wie im letzten Winter wird. Wir haben sie überstanden und es darf und kann sich nicht wiederholen, auch das verspricht er uns. Trotzdem wäre es vielleicht ein wenig besser zu ertragen, wenn man wüsste, *wann* es endet, aber das wird immer ungewisser.

Es gibt eine Menge Gerüchte. Es soll bald richtig losgehen. Endlich! Von einem großen Vorstoß ist die Rede. Vom Donezbecken lässt der Führer nicht ab, heißt es, wegen der Steinkohle, und dann geht's weiter, bis das Öl im Kaukasus auch unseres ist. Also heißt es jetzt erst einmal: Auf nach Süden! Wir werden es dem Russen zeigen!

Aber nicht alle sind so Feuer und Flamme. In der letzten Zeit gibt es viele Berichte über Kameraden, die sich beim Reinigen der Waffe »ganz aus Versehen« irgendwohin schießen. Solche Selbstverstümmelungen sind Wehrkraftzersetzung. Der Lohn ist nicht die Heimat, sondern der Tod. Noch die Tage hat ein junger Bursche aus meinem Zug es versucht, er wollte schlauer sein als sein Kamerad und hält sich eine Brotscheibe vor die Mündung seiner Pistole, um Schmauchspuren zu vermeiden, und schießt sich in den

Schenkel. Er hat riesiges Glück, dass ich zu früh zur Wachablösung gekommen bin. Der Schuss zerfetzt ihm nämlich die Arterie, und er wäre verblutet, wenn ich ihn nicht gleich versorgt hätte. Gerade 19 ist der Junge. Hat sich freiwillig gemeldet und dann zu spät gemerkt, dass der Krieg nichts mit dem Soldatspielen im Wehrertüchtigungslager zu tun hat. Das kriegt auch unser Kalli von mir zu hören!!

Das ist doch kein Weg! Die Kameraden im Stich lassen! Und euch daheim auch, denn ihr seid darauf angewiesen, dass wir hier im Feld euch den Russen vom Leib halten. Es wäre, als würde ich Mutti, die Mädchen und dich dort in Köln verraten. Nein, das brächte ich nicht übers Herz. Auch wenn man oft denkt: Lieber tot als das, was hier passiert. Es sind Dinge, über die man nicht reden mag und auch nicht darf. Trotzdem ist Feigheit nicht nur die eigene Angelegenheit. Sie trifft immer auch die anderen. Ihr müsst euch nicht sorgen, von mir bekommt ihr so eine Nachricht nicht. Obwohl ich wirklich fast alles dafür geben würde, wenn ich nach Hause könnte.

Ich bin hundemüde, und ich muss noch eine Möglichkeit finden, mich abzuschrubben. Wenn du dir kaum etwas mehr wünschst, als dir die Füße mal wieder richtig zu waschen, weißt du, wie es um uns bestellt ist. Wie ein Schwein stinke ich. Alles neu macht der Mai – so sagt man doch? Von Tulpen und Vogelgezwitscher ist man hier aber sehr weit weg. Darauf wollen wir hoffen: auf den Mai.

Dein Bruder Franz

PS: Habt ihr die Schallplatte bekommen? Eigentlich sind die sprechenden Feldpostbriefe nur für Verwundete da, aber ich habe mit ein paar von den Kameraden eines von unseren guten alten kölschen Liedern aufgenommen und da durfte ich auch selbst eine verschicken. Ich habe mir allergrößte Mühe gegeben, und das Ende vom Lied war, dass ich nun im Casino ein Konzert singen soll. Der Koffer ist übrigens zu mir zurückgekommen, es ist ein Jammer, dass man sich auf die Post nicht verlassen kann. Ich werde ihn nun bei der nächsten Gelegenheit einem Kameraden mitgeben, der mehr Glück hat als ich und in den Heimaturlaub gehen darf.

Lene – Köln, 7. Mai 1942

Liebe Rosi,
auch wenn ich immer noch ein furchtbar schlechtes Gewissen habe, dass du wegen meines blöden Briefes nun hast umziehen müssen, bin ich aber auch ein wenig verärgert, das muss ich wohl sagen. Musstest du denn wirklich meinem großen Bruder davon schreiben, was mir hier in Köln (und dir in Detmold) passiert ist? Er soll sich doch keine Sorgen um uns daheim machen, Sorgen hat er im Feld mehr als genug. Auf der anderen Seite freue ich mich, dass du so vertraut mit ihm bist und ihm dein Herz ausschüttest. Mir gegenüber tust du ja immer so, als rege sich in deinem Herzen gar nichts, wenn du an ihn denkst. Ich gebe es nicht auf, dass wir eines Tages Schwägerinnen werden und du mir viele Nichten und Neffen auf die Welt bringst. Auf kleine Racker, die »Tante Lene!« über die Straße rufen, freue ich mich wie verrückt. Hoffentlich haben sie dann alle so schöne blonde Haare wie du.

Eines will ich dir aber ganz schnell und mit aller Gewalt

ausreden: Was der Franz über deine Pläne als Rotkreuz-Schwester geschrieben hat (ja, alle sind schwatzhaft und nichts bleibt ein Geheimnis!!), das kommt gar nicht infrage. Wer kann, bleibt schön weit weg von der Front, egal ob er ein Schießgewehr trägt oder eine Bettpfanne. Du bleibst in deiner neuen Heimat in Schlesien, das versprich mir.

Noch mehr Sorgen will ich mir nicht machen, denn die bereitet mir auch der Erich. Seit ein paar Tagen ist er verschwunden, auch von seinen Freunden (du weißt schon!) taucht keiner am Leipziger Platz auf und auch nicht im Volksgarten.

Aber jetzt sag: Wie hast du es dort in Schlesien angetroffen? Sind deine Mutti und Walterchen bei dir? Ich kann immer noch nicht glauben, dass du wegen eines Briefes von mir den Gutshof (und den netten Baron) verlassen musstest. Sag mir bitte, dass du mich nicht dafür hasst! Es wäre mir schlimm, denn guter Dinge bin ich in Köln gerade nicht. Ich brauche deine Freundschaft und deine lieben Worte. Hoffentlich schreibst du bald! Wie ich es erwartet hatte, ist der Hausarrest schon vergessen. Nur wo der Erich ist, das wüsste ich sehr gerne. Rosi, wo kann er nur sein? Bei seinen Eltern in Mülheim ist er nicht, so viel habe ich herausgefunden, und sie haben auch keinen Schimmer, wo er abgeblieben ist – das sagen sie zumindest. Natürlich frage ich mich, ob »sie« ihn abgeholt haben, das könnte sein, man weiß es nie. Obwohl es mir so schien, dass die am Appellhofplatz keine Ahnung hatten, was wirklich vorgeht (ich wüsste das auch sehr gerne!!), will mir das Herz nicht leichter werden. Wenn sich ein schlechtes Gefühl eingeschlichen hat, wird man es nicht so schnell wieder los. Auch am Leipziger Platz konnte ich nichts in Erfahrung bringen. Sogar zum Volksgarten bin ich gegangen – nichts! Auch keine Spur von den anderen. Dabei habe ich doch keinen Namen herausgerückt, also von mir können sie es nicht wissen.

Oft weiß man wirklich nicht mehr, wo einem der Kopf steht. Wer hätte gedacht, dass ich mich bei Madame Céline im Salon eines Tages am wohlsten fühlen würde?! Anderen Leuten in den Haaren herumwühlen, sich Klatsch und Tratsch anhören, mit Madame lachen und albern sein und abends ein Likörchen für alle (so hält sie uns bei Laune). Aber wenn du auf die Straße gehst, ist es nicht zu leugnen, dass etwas ganz schön danebengeht.

Alles ist ein einziges Durcheinander, auf nichts kann man sich mehr verlassen. Auch zu Hause – oder gerade dort. Kannst du dir das vorstellen: Der Kalli hat es geschafft, wieder von hier wegzukommen. Er hat sich beschwert, dass sie ihn hier bei der HJ nicht hochkommen lassen. Hochkommen! Er dachte, er würde bald mindestens Scharführer. Er liebt es, andere herumzukommandieren und Soldat zu spielen: STILLGESTAAAANDEN und LINKS UM und SCHNELLER! SCHNELLER! SCHNELLER!

Jedenfalls ist er übergangen worden, weil ihm ein dolles Missgeschick passiert ist. Ich musste mir das Grinsen verkneifen, als ich es erfahren habe. Mutti war nach ganz anderem zumute.

Um es vorwegzunehmen: Mein Brüderchen hat im Arrest gesessen. PENG! Da staunst du. Der fleißige und ach so ordentliche und gehorsame Karl Friedrich. Ein ganzes Wochenende. Jetzt halt dich fest, wenn du liest, warum: Unseren Führer Adolf Hitler hat er zerrissen. *Seinen* Führer sollte ich natürlich sagen, er tut ja immer so, als meinte der Führer immer nur den kleinen Kalli, wenn er über die deutsche Jugend spricht, ja, der Kalli nimmt das alles sehr persönlich. Aber der Reihe nach: Auf der Verpflichtungsfeier überreichen sie ihm eine Urkunde mit dem Bild des Führers. Es fällt ihm erst später auf, dass er durch ein Versehen die falsche Urkunde bekommen hat, die von einem anderen Jungen.

Du weißt, wie wütend Kalli werden kann. Statt die Urkunde zurückzugeben und sich um seinen eigenen, neuen Wisch zu kümmern, zerreißt er das Papier und wirft es zu allem Überfluss in den Dreck. Mitsamt dem Führer drauf. Der zerfetzte Führer im Schmutz, wie konnte Kalli es nur wagen?! Das hat einer gesehen, natürlich hat er es gemeldet, weil er sich seinerseits einen Vorteil davon versprochen hat – so viel zur wunderbaren Kameradschaft der Pimpfe und Hitlerjungen. Bis ganz nach oben ist die Sache gegangen und im Strafbefehl stand dann:

»Der Vorfall wiegt umso schwerer, da der Junge sich von diesem disziplinlosen Verhalten nicht abbringen ließ, als er auf der Urkunde das Führerbild entdeckte, wohl wissend, dass dem Bild unseres Führers Adolf Hitler eine besondere Bedeutung zukommt und dass gerade das Bild des Führers in jedem Haushalt einen Ehrenplatz einzunehmen hat.«

Da hat er den Salat, besonders weil sie der Meinung waren, dass dieses Vergehen nur mit der »schärfsten Dienststrafe geahndet werden kann«, einem Wochenende Jugenddienstarrest.

Von der ganzen Sache hätte Mutti (und wir anderen ebenso) gar nichts erfahren (weil wir dachten, dass er an dem besagten Wochenende mit seiner Gefolgschaft im Zeltlager in der Eifel war), wenn der dumme Kerl das Schreiben der HJ-Führung nicht in einem seiner Schulungsbücher versteckt und das dann vergessen hätte. Das ist schon ein wahrer Witz. Ausgerechnet in einem der Schinken, aus denen er lernen soll, wie ein guter nationalsozialistischer Junge denkt und fühlt und handelt.

Nun ist er wieder weg von Köln, nämlich in der Eifel, und er schwärmt davon, dass sie mit Tannenzapfen herumwerfen und so tun, als wären es Handgranaten. Mein Gott, der dumme Junge ist doch noch ein Kind und will lernen, wie man auf andere schießt.

Ein Geschrei hat das hier gegeben, Mutti ist außer sich, wollte auf der Stelle hinfahren und ihn an den Ohren aus dem Lager zerren und vor aller Augen den nackten Poppes versohlen. Onkel Hugo hat sie Gott sei Dank davon abgehalten. Sie solle doch bedenken, dass sie ihm alle Chancen verbauen könnte, in der Hitlerjugend voranzukommen.

Ich versuche wacker, den Überblick NICHT zu verlieren. Aber manchmal würde ich mich auch gerne wie Kalli irgendwo in eine Ecke der Welt verfrachten lassen, wo nichts über dir ist außer der Sonne und dem Mond. Auf ein Inselchen mitten im Ozean oder auf einen Berggipfel, am besten den höchsten der Welt, wo du nachts nur in den Sternenhimmel starren kannst. Dahin, wo nichts mehr über dir ist, wo die Freiheit wächst, bis zu den Sternen.

Nun ja, wenn es keinen Alarm und keine Wolken gibt, kann man Sternegucken auch hier in Köln – eigentlich besser als je zuvor, auf jeden Fall besser als vor dem Krieg. Mit der Verdunklung verstehen sie keinen Spaß, und das ist auch gut so. Kein Schimmer darf nach Sonnenuntergang mehr nach draußen dringen, wenn du auch nur eine winzige Ritze nicht abgedichtet hast an deinem Fenster, gibt es den bösesten Ärger. Nun, immerhin, da haben sie recht, schließlich muss man sich dem Feind nicht auf dem Präsentierteller anbieten. Die Stadt liegt jetzt immer so pechschwarz da, keine Leuchtreklame und keine Straßenlaterne stören einen beim Sternegucken.

Alles hat seine gute Seite, so muss man es sehen.

Und jetzt sitz ich hier, schau in den Himmel und wundere mich über Kalli, rätsele, was mit Erich los ist, und frage mich, wie es dir jetzt geht, so weit entfernt von mir. Ihr alle rast in meinem Kopf umher. Bitte schreib schnell, wie es dir dort im fernen Schlesien gefällt. Und ob du mir arg böse bist.

Liebste Grüße und viele Umarmungen
deine Lene

Lene – Köln, 7. Mai 1942

Lieber Franz,
es tut mir ganz furchtbar leid, wenn du dir schlimme Gedanken um mich machst, wo ich doch weiß, wie sehr ihr dort in der Ferne den Kopf beieinanderhalten müsst. Ich weiß ja nicht, was Mutti und Kalli oder vielleicht auch Rosi dir geschrieben haben, aber du solltest immer erst alle Seiten hören!

Und da muss ich dir sagen, dass du ein wenig ungerecht zu mir bist. Was habe ich denn Böses getan? Doch eigentlich gar nichts?! Einen netten Jungen habe ich kennengelernt, das ist er nämlich, der Erich.

Wenn du endlich Heimaturlaub bekommst, werde ich ihn dir vorstellen, du bist nach Vatis Tod schließlich das Familienoberhaupt. Ich stelle ihn dir gerne vor, auch wenn das so amtlich klingt und noch lange keine Verlobung ansteht oder sonst irgendwas. Von Händchenhalten und Turteltäubchen und all dem ist keine Rede bei uns, das will ich doch ganz deutlich und schriftlich hier festhalten. Darüber musst du dir nicht den Kopf zerbrechen.

Der Erich ist ein solider junger Kerl aus einer guten Familie. Das darfst du nicht so verstehen, dass seine Eltern vornehm oder reich sind. Eine gute Arbeiterfamilie ist es, die sich nichts zuschulden kommen lässt. Er hätte sogar fast das Reifezeugnis geschafft, wenn sie ihm da nicht die dicksten Steine in den Weg gelegt hätten. Vati würde er gefallen, das garantiere ich dir, der hat schließlich auch seinen eigenen Kopf gehabt und gesagt, was er sagen wollte.

Dazu musst du wissen: All die Vorwürfe, die dem Erich vielleicht gemacht werden und deretwegen ich sogar zum Appellhof-Platz musste, sind ganz und gar nicht bewiesen. Und eigentlich wäre es doch auch ein Witz! In der letzten Zeit ist es fast schon gute Sitte geworden, dass jeder mauschelt, wo es nur geht. Und nicht nur die einfachen Leute tauschen das Zeug unter der Ladentheke, im Gegenteil! Gerade die oben wissen doch am besten, wie man sich fast so gut wie vor dem Krieg durchs Leben bringt. Ich bin vielleicht ein einfaches Lehrmädchen in einem Frisörsalon, aber taub und blind bin ich nicht und auch nicht blöd.

Erst recht ist es kein Verbrechen, wenn man sich mit Freunden trifft und Lieder singt und durchs Siebengebirge wandert, ohne dass alle in Reih und Glied marschieren. Mag sein, dass der eine oder andere mal über die Dinge redet, die einen bedrücken, was man gerne anders hätte oder besser. Das kann denen da oben doch nur recht sein, wenn sie wissen, was die Menschen im Reich wollen. Gerade von uns jungen Leuten, wo wir doch diejenigen sind, die irgendwann mal die Dinge bestimmen müssen. Ewig lebt so ein Führer nun auch nicht, er ist doch kein Gott.

Der BDM oder die HJ werden davon schon nicht untergehen. Außerdem reicht es, wenn wir mit unserem kleinen Bruder einen in der Familie haben, der es mehr als genau nimmt. Der Kalli tut Dienst für drei, das steht fest. Und du rackerst dich dort im Osten ab, jeden Tag setzt du dein Leben aufs Spiel. Und Vati hat seines wahrscheinlich verloren. Das sollte genug sein!

Ich will mich nicht herausreden, aber Vorwürfe mache ich mir selbst genug. Dass ich durch dieses Versehen Rosi in die Sache gezogen habe, ist schlimm und tut mir leid, aber ich hab doch gar nichts verbrochen. Da muss man nicht solch ein Theater veranstalten.

Übrigens, über den Josef habe ich mich erkundigt, dem haben sie nämlich auch vorgeworfen, einer von den Edelweißpiraten zu sein. Was er wirklich angestellt hat? Das kann ich dir sagen: Er hat drei Zwangsarbeiter bei einem Alarm in den Luftschutzkeller gelassen, mehr nicht. Jungen, die kaum älter sind als er, nicht einmal 20. Die haben mit ihm im Carlswerk gearbeitet, drüben in Mülheim. Eigentlich hätten sie längst in ihrem Lager an der Grenzstraße sein müssen, aber an dem Abend hat er sie mitgenommen, zu sich nach Hause, und seine Mutter hat einen ordentlichen Eintopf auf den Tisch gebracht, weil die armen Kerle so ausgehungert waren. Mein Gott, die Reuters wissen natürlich, dass der Kontakt zu den Ostarbeitern streng verboten ist, aber wo bleibt denn da die Barmherzigkeit, hat die Frau Reuter gesagt, und dass sie ein Christenmensch sei, was auch stimmt. Jeden Sonntag geht sie in die Kirche, genau wie Oma Stina.

Nun, es wurde dann spät, während sie gegessen haben, und der Alarm ging los und eins kam zum anderen. Stell dir vor, die sind alle völlig schutzlos in ihren Lagern, das ist doch nicht in Ordnung. Ich sehe ja ein, dass nicht für alle Platz in den Bunkern ist, aber im Keller von den Reuters war noch welcher, weil gar nicht alle Nachbarn in Köln waren, da hat er sie natürlich hineingelassen. Die Bomber waren schon zu hören. Irgendeiner hat ihn verpfiffen, und dann gab es Gerede, von wegen Edelweiß und so weiter, und am Ende hat er sich nicht anders zu helfen gewusst, als sich freiwillig zur Front zu melden, weil sie dann endlich aufgehört haben, weiter bohrende Fragen zu stellen und der ganzen Familie den schlimmsten Ärger zu machen.

Du siehst, man muss ganz genau hingucken, bevor man jemanden verschimpft. Sei also bitte, bitte, bitte wieder ganz lieb mit deinem Schwesterchen, das dir hoch und heilig verspricht, keinen Unsinn anzustellen. Jedenfalls nicht mehr, als eben notwendig ist.

Es herzt dich
deine wilde Lene

Erich – Simmern, 8. Mai 1942

Meine liebe Lene,
ich hoffe, du freust dich, dass du nun einen Brief von mir in den Händen hältst. Bestimmt bist du auch ein bisschen böse mit mir. Ich bin schon auf dem Weg nach dem Süden, bereits ein Stück hinter Koblenz.

Ich sitze in einer Scheune im Stroh, wo ich auch schlafen werde. Mein Abendessen steht vor mir: eine dicke Schnitte

Graubrot mit Butter und mit Blutwurst, fingerdick daraufgeschmiert, und ein halber Liter Milch, der noch frisch und warm von der Kuh ist. Zu Hause müssten wir damit drei Tage auskommen. Die Bäuerin meint es gut mit mir. Wahrscheinlich würde sie mich gerne eine ganze Woche mästen. Ich erinnere sie an den Gustav, sagt sie immer wieder und wischt sich mit der Schürze eine Träne aus dem Auge. Das war ihr Sohn.

Ihr Mann hat mich hinten auf der Ladefläche von seinem Lastwagen mitfahren lassen, schon ab Königswinter. Ein bisschen misstrauisch hat er mich angeschaut, weil das Trampen ja verboten ist. Warum ich denn die weite Strecke nach Berchtesgaden nicht mit der Reichsbahn fahre, wollte er wissen. Da musste ich mir schnell etwas ausdenken, weil ich ja keine Reiseerlaubnis habe.

»Läuft eine Menge Gesindel auf den Straßen herum, Drückeberger und Fahnenflüchtige«, hat er gemurmelt. Auf dem Hof habe ich in der guten Stube dann gesehen, dass er auch Ortsbauernführer ist. An der Wand hängen zwei Bilder mit der schwarzen Schleife dran – seine Söhne! Da war mir klar, dass ihm Leute ein Dorn im Auge sind, die ihr Leben nicht fürs Volk und fürs Vaterland geben wollen. Und der eine (Gustav) sieht tatsächlich ein bisschen aus wie ich.

Wenn du hörst, was der Bauer geladen hatte, wirst du lachen. Sicher sagst du dann: »Gleich und gleich gesellt sich gern.« Und die Nase rümpfen, das würdest du auch: Ich stinke wie ein Schaf, weil es Schafe waren. Vierzehn auf vier Beinen und eins auf zwei Beinen.

Ja, ich bin ein Schaf, das kann man wohl sagen. Kein dummes, sondern ein leichtsinniges. Wenn wir uns bald wiedersehen, werde ich dir alles persönlich erklären. Ich könnte mir vorstellen, dass ich dir nie wieder unter die Augen treten darf. Aber: Auch wenn du noch so böse bist, müssen wir uns *mindestens ein Mal* wiedersehen, das musst du mir versprechen. Damit ich alles erklären kann.

Vielleicht denkst du, dass ich davongelaufen bin, aber das ist nicht so, nun ja, ein bisschen ist es schon so, weil einige von uns gemunkelt haben, dass es Schwierigkeiten geben könnte, und auch weil ich davon gehört habe, dass sie dich vorgeladen haben. Zum Glück haben sie dich am gleichen Tag noch wieder nach Hause geschickt. Auch diesbezüglich habe ich mich vergewissert. Aber über all das sprechen wir besser, wenn ich wieder in Köln bin. Natürlich komme ich zurück, da kann es doch keinen Zweifel geben, das ist hiermit fest versprochen.

Es ist im Moment einfach besser, den Dingen ein bisschen aus dem Weg zu gehen, wenn du weißt, was ich meine. Den ein oder anderen Ärger hatte ich schon, da ist es besser, ein wenig durch Abwesenheit zu glänzen, so sagt man doch? Vor allem aber wollte ich – und das ist der wahre Grund – unbedingt noch einmal auf große Fahrt gehen, bevor alles seinen Gang nimmt. Irgendwann kommt der Reichsarbeitsdienst, das kann nicht mehr lange dauern, oder vielleicht kommt sofort der Stellungsbefehl, wer weiß.

Eine große Fahrt hatte ich mir vorgenommen, eigentlich mit dem Reifezeugnis in der Tasche. Im letzten Jahr bin ich bis Helgoland gekommen, das Jahr davor in den Harz. Der Friedel und der Albrecht aus Kalk waren auch mit dabei. Mit der Gitarre und dem Banjo und meiner Mundharmonika, die ganzen Ferien. Der Friedel ist jetzt in Frankreich (Paris! Dem geht es gut!), und der Albrecht, von dem weiß man nichts. Bei Demjansk ist er im Februar mit seiner ganzen

28 **Banjo:** Zupfinstrument mit langem Hals und bis zu acht Saiten

Kompanie von der Roten Armee einkassiert worden. Ob tot oder gefangen, das weiß keiner. Lange wird es nicht mehr dauern und dann holen sie mich auch, durch die Probleme jetzt wird es vielleicht sogar schneller gehen. Wenn ich zurück in Köln bin, werden wir weitersehen. Manchmal hilft es, wenn man sich freiwillig zum Dienst meldet. Mein Vater meint, ich soll mich zur Waffen-SS melden, dann drücken sie alle Augen zu. Das hat er im Spaß gesagt, aber von der Mutter gab es ein großes Donnerwetter.

Das bekomme ich von dir ganz bestimmt auch, weil's die Einladung zum Appellhofplatz gegeben hat und vielleicht auch einfach so, du weißt schon, weil ich nicht Auf Wiedersehen gesagt hab. Aber du weißt ja ganz genau, dass ich dann vielleicht niemals weggekommen wäre, nun ja, wegen dir und weil wir beide uns doch eigentlich so gernhaben. Da wird mir jetzt bei den Worten ganz heiß im Kopf. So Sachen aufschreiben, das fällt mir arg schwer. Schon wenn man sie sagen will, da hat man immer einen dicken Kloß im Hals. Nichts lieber möchte ich, als dich bald wiederzusehen, das kannst du mir glauben, aber fort musste ich trotzdem.

Lene, glaub mir bitte, auch wenn ich wirklich und ehrlich ein schlechtes Gewissen dir gegenüber hab, so hab ich aber dennoch kein Unrecht getan, nicht vor Gott und den Menschen, das glaube ich ganz fest. Vor dem Gesetz mag es anders aussehen, aber das müsste man mir erst einmal beweisen.

So oder so, ich musste noch einmal weg. Mir den Wind um die Nase wehen lassen. Tun und lassen, was ich will. Kannst du das verstehen?

Nicht in Reih und Glied wandern wie mit der Hitlerjugend und mich nicht von kleinen Möchtegernführern an-

1 **Roten Armee:** Streitkräfte der Sowjetunion

schreien lassen, wenn ich die Fahne nicht ordentlich hisse oder mein Uniformhemd nicht gebügelt ist. Von Jungchen, die gar keine Ahnung davon haben, wie sich meine Eltern krummlegen müssen, um diesen ganzen Kram für mich und meine Brüder zu besorgen: Bluse und Hose, Tuch, Mütze, Lederriemen und am Ende noch ein Fahrtenmesser. Und du weißt von deinem Bruder Kalli, wie lange bei uns Jungs solche Sachen halten.

Ich war noch nie in den Bergen. Da musste ich jetzt hin. Am liebsten würde ich mindestens bis Tirol kommen und dann hinauf auf die Gipfel wandern, um dir eine ganz bestimmte Blume zu pflücken. Du ahnst bestimmt, welche es sein sollte.

Aber das werde ich wohl nicht schaffen. Es ist doch eine ganz andere Sache, wenn man so alleine unterwegs ist, ohne den Friedel und den Albrecht. Zu dritt wandert es sich leichter. Auch am Lagerfeuer ist es arg einsam am Abend und das Musizieren ist mir auch ein bisschen vergangen. Es ist, als spuckte meine Mundharmonika nur noch traurige Lieder aus. Manchmal spiel ich ganz für mich das Schanghai-Lied. Kannst du dich daran erinnern? Das haben wir gesungen, als du und ich uns im Volksgarten getroffen haben.

Es wird mir ganz traurig ums Herz, wo ich das schreibe. Wenn ich mit Friedel und Albrecht auf Fahrt war, sehnte ich mich nie zurück, keiner von uns. Auch Friedel und Albrecht nicht. *»Die drei aus Kölle hält keiner zu Haus, für uns geht es immer weiter, weiter geradeaus!«* Das war unsere Parole.

Ich esse jetzt lieber meine Stulle auf, sonst schnürt's mir noch die Kehle zu. Nun sehne ich mich doch und ich komme auch ganz bestimmt zurück. Wenn du das willst und

6 **Fahrtenmesser:** Messer mit feststehender Klinge, das in einer Scheide steckt und bei Wanderungen und Fahrten als Allzweckwerkzeug mitgeführt wird

mir nicht fortgelaufen bist, nehme ich dich dann auch einmal zum Boxen mit. Damit will ich nämlich wieder anfangen. Zeit dafür sollte ich haben, und Plautze freut sich ganz bestimmt, wieder einen seiner besten Männer im Ring zu sehen. Da kann ich auch ein bisschen was gutmachen und ein paar Punkte sammeln. Gute Boxer stehen hoch im Kurs, egal was die von der HJ oder anderen Stellen (du weißt schon!) zu meckern haben. Ich wünsch es mir sehr, dass du mitkommst.

Dein Erich

Rosi – Strehlen, 11. Mai 1942

Liebe Lene,
noch immer weiß ich nicht, wo mir der Kopf steht, aber ein paar Zeilen will ich dir schreiben. Aus Strehlen, was gar nicht allzu weit von Breslau entfernt ist. Das hat die Tante dir ja schon gesagt. Der Verwalter wollte mich wirklich sehr eilig loswerden, verstehe es, wer will – ich habe fleißig gearbeitet und mich an alle Vorschriften gehalten. Schwamm drüber, würde Lehrer Mocken sagen und alles von der Tafel wischen, und so sollten auch wir es tun.

Lenchen, wenn man einmal die Wurzeln aus dem heimischen Boden gezogen hat, ist es gar nicht so leicht, wieder festen Halt zu finden. Jetzt sitze ich hier mit zwei Koffern in Schlesien. Der Gedanke, als Hilfsschwester zum Roten Kreuz zu gehen, hat mich lange umgetrieben. Ich weiß, dass du das gar nicht gutheißen würdest, aber ich habe ganz ernsthaft daran gedacht. Man muss etwas tun, seinen Beitrag leisten und nicht nur nette Briefe an den Heimabenden an wildfremde Männer im Feld schreiben. Ob ich das könnte, all das Elend sehen und die zerschundenen Leiber pflegen? Ich weiß es nicht. Nun, vorerst bleibe ich hier. Denn wie sich zeigt, habe ich es gar nicht so schlecht angetroffen.

Es ist ein ganz hübsches Örtchen, aber ich bin viel weiter weg von dir und wir müssen noch länger auf ein Wiedersehen warten, und ich kann leider nicht auf dich aufpassen.

Also: Du musst vorsichtig sein, versprichst du mir das? Ich will dich nicht im Gefängnis besuchen. Solange die Sache mit den Lebensmittelmarken nicht aus der Welt ist, siehst du dich vor, nicht wahr? Vielleicht wächst schnell ein bisschen Gras über die Geschichte. Sicher haben sie andere Dinge im Kopf. Man hört doch jetzt immer wieder, dass nicht alle daran glauben, was der Goebbels in seinen Reden beschwört. Wenn es nicht bald im Osten einen richtig ordentlichen Vormarsch mit allem Drum und Dran gibt, schaffen wir es nicht mehr. Einen zweiten Winter überleben die Truppen nur, wenn sie vorher siegreich sind. Endgültig. Da kann der Reichspropagandaminister reden, was er will, sagen die Leute.

Den Franz haben sie auch wieder in Marsch gesetzt, aber das weißt du sicher von ihm selbst. Sehr zuversichtlich klang er in seinen letzten Nachrichten nicht. Vielleicht war es aber auch nur das Heimweh, das setzt ihm arg zu.

Und bei euch regnet es immer noch Feuer und Eisen vom Himmel? In den letzten Tagen habe ich nichts mehr darüber im Radio gehört.

Auf jeden Fall werden sie deinen Erich bei all dem Getümmel vielleicht ein bisschen vergessen, das hoffe ich jedenfalls für ihn und für dich.

Dass ich vom Gut wegmusste, entpuppt sich nun fast

19 **Reichspropagandaminister:** Joseph Goebbels (1897–1945), Reichsminister für Volksaufklärung und Propaganda 1933–45

schon als ein Glücksfall. Ich habe großes Glück, dass ich bei Frau Schlotzke (mit langem ooo, wie Schlooootzke, darauf besteht sie) untergebracht worden bin, ein winziges Zimmerchen, aber für mich alleine.

Schlotzkes sind alte Freunde von meinem Onkel in Breslau. Deshalb haben wir gesagt, dass ich eine Cousine von Frau Schlotzke bin. Sie ist sogar ausgesprochen freundlich zu mir, weil sie dringend eine Hilfe im Geschäft braucht. Ihre beiden Söhne kämpfen schon seit Ende 1939 für unser Vaterland, jetzt beide in Afrika, was auch kein Zuckerschlecken ist.

Und nun halte dich fest: Schlotzkes führen einen Gemischtwarenladen, wo du so ziemlich alles bekommst, was du fürs tägliche Leben brauchst. Der Laden liegt in allerbester Lage, direkt am Strehlener Markt, hinter uns ragt der Rathausturm hoch hinauf, von dort oben kann man weit ins Land schauen.

Ich werde hier meine Ausbildung zu Ende machen! Ist das nicht wunderbar? Also keine Hilfsschwester beim Roten Kreuz, sondern Lehrmädchen bei Schlotzke & Söhne, auch wenn es im Moment weder Vater Schlotzke (in Norwegen stationiert) noch die Söhne gibt.

Es ist nicht der Kaufhof, das muss ich zugeben. Seidene Unterwäsche oder Rosenwasser oder Zigarettenspitzen aus Elfenbein gibt es hier nicht. »Braucht die deutsche Frau nicht«, sagt Frau Schlotzke. »Mit dem Puderquast jagst du den Russen nicht davon, jawollja!«, sagt sie.

Wenn ich ein Jahr durchhalte, komme ich mit einem Abschlusszeugnis zurück nach Köln. Das kann man auch mit dem Verkauf von Kochtöpfen und Wurzelbürsten bekommen, o ja! Hier kann ich viel mehr vom Rechnungswesen

26 **Puderquast:** (m.) eine Art kleines Kissen, das zum Auftragen von Puder benutzt wird | 30 **Wurzelbürsten:** Scheuerbürste mit sehr harten Borsten

und der Buchhaltung lernen, das fehlte mir im Kaufhof vollständig. Mit den Zahlen, da komme ich bestens klar, das war früher in der Schule schon so, und Frau Schlotzke ist nicht sehr geschäftstüchtig. Sie lässt jeden anschreiben und vergisst es dann. Das habe ich erst einmal geändert und ein Büchlein dafür angelegt.

Textilwaren führen wir natürlich auch im Sortiment, aber eher das, was die ganz normalen Leute brauchen, nicht die schicken Sachen wie früher im Kaufhof. Wir haben Bettwäsche und Kurzwaren, haltbare Stoffe und Wolle, Kittelschürzen, derbe Unterwäsche, die dir am Schenkel kratzt. Nur Hüfthalter, die sind gerade Mangelware.

Es muss ja nicht immer die Feinkostabteilung sein. Und auch nicht der Gutshof mit Baron. Tja, mit Blutwurst und einer Extraportion Butter dürft ihr jetzt allerdings nicht mehr rechnen. Dafür haben wir Besen und Kehrschaufeln.

Erst einmal werde ich versuchen, das Walterchen und Mutti hierherzubekommen, die sind nämlich beide noch in Detmold (Mutti musste den Gutshof verlassen und ist vorübergehend bei dem Pächter, wo Walterchen lebt, untergekommen). Der Kleine war so traurig, als wir in Detmold auseinandergerissen wurden, und da lagen nur ein paar Kilometer dazwischen. Jetzt sind es ein paar Hundert. Er schreibt mir Postkarten, schon 3 Stück, malt Bilder darauf von Blumen und Schweinen und Gänsen, und eine davon war ganz verheult. Der kleine Matz tut mir so leid, aber es ging einfach nicht anders. Der Verwalter hätte mich keinen Tag länger dortbehalten. Aber Mutti ist natürlich noch bei ihm, doch ich hoffe, dass sie beide bald hierherkommen.

Was den Ansgar betrifft, werde ich sehen, ob er mir ab und zu schreibt oder ob er die blonde rotwangige Magd

12 **Hüfthalter:** figurformendes Wäschestück, um Strümpfe zu befestigen

doch gleich wieder vergisst. Einen großen Aufstand hat er bei meiner Abreise nicht gemacht, vielleicht hat er es auch gar nicht mitbekommen. Wahrscheinlich war es auch mehr eine Ausgeburt deiner Fantasie, das mit der jungen Baroness und was du dir noch alles ausgemalt hast, was einmal aus mir würde.

Weißt du, Lenchen, unsereiner ist nicht dafür gedacht, auf dem vornehmen Sofa zu hocken und mit der Frau vom Reichsmarschall Tee aus feinem Porzellan zu schlürfen. Damit sollten wir uns abfinden, dann kommen auch nicht die Enttäuschungen allzu hart. Wenn du am Morgen aufwachst und schon weißt, dass die Kammer kalt und die Matratze durchgelegen ist, verlierst du auch keine Zeit damit, die Flausen aus dem eigenen Kopf zu verjagen. Im Moment bin ich ganz zufrieden damit, wie die Dinge liegen (auch wenn ich doch – das gebe ich zu – manchmal mit Wehmut an die schönen Gedichte vom jungen Herrn Baron denke).

Es grüßt und umarmt dich wie immer fest
deine Rosi

Franz – im Osten, 12. Mai 1942

Liebe Lene,
ich bin in der Nacht nicht zur Ruhe gekommen. Es hat mich hin- und hergeworfen und dann bin ich beim ersten Morgenlicht aufgestanden und nach draußen gegangen. Um die Zeit ist es noch ziemlich frisch, aber ich will es dir nun doch schreiben. Mit der Feldpost darf ich es dir nicht schicken, nein, das könnte mich Kopf und Kragen kosten, und wer weiß, wann ich es wieder jemandem mitgeben kann. Ich

konnte dir bisher nicht immer so schreiben, wie ich wollte, jeder Satz muss überlegt sein, aber dem Werner Zwerkheim kann ich vertrauen, der wird dir den Brief persönlich überbringen.

Mir wird immer noch schlecht, wenn ich daran zurückdenke, eigentlich würde ich es am liebsten alles vergessen, aber das kriegst du nicht hin, auch als Soldat nicht, der schon genug von den Roten auf der anderen Seite zerschossen hat. Das ist unsere Aufgabe, die erschießen uns, wir erschießen die.

Aber in der vorigen Woche habe ich sie gesehen, die Gräber, von denen schon ein paar Kameraden gemunkelt hatten, und das ist nicht alles. Aber der Reihe nach.

Wir waren mit der Hälfte unseres Zugs, ungefähr 30 Kameraden, zu einer Erkundung der feindlichen Linien abgestellt. Feldwebel Knudsen hatte das Kommando, was schon schlimm genug war. Ein ekliger, dreimal scharfer Hund, dieser feine Pinkel aus Hamburg, lässt sich nichts sagen, aber gar nichts, und führt uns Männer mit seiner Dickköpfigkeit schnurstracks in eine Stellung der Russen, fünf von uns hat es sofort erwischt und drei weitere Schützen haben es nachher im Lazarett nicht mehr geschafft.

Beruhige dich, ich habe Glück gehabt, ein paar Granatsplitter, die in meinem Tornister stecken geblieben sind. Die haben uns auseinandergetrieben, wie die aufgescheuchten Hühner mussten wir davon, und dann hat meine Gruppe mit dem Werner und dem Rolf und ein paar anderen sich ein paar Kilometer nach Süden durchgeschlagen, bis es dunkel geworden ist und wir nicht mehr wussten, wo wir waren. Da sind wir einfach in einen Bauernhof, da war kein Mensch, obwohl der Herd in der Küche noch warm war. Das ist so, wenn sie uns kommen sehen, verstecken sie sich irgendwo, und wir essen, was zu essen da ist, und legen uns schlafen. Am nächsten Morgen sind wir vom Krach aufgewacht, erst haben wir einen Schreck gekriegt, weil es Schüsse waren, aber nicht wie sonst, keine Artillerie, nur Maschinengewehre.

Wir sind über einen Hügel gekrochen, so eine Anhöhe mit ein paar Birken am Ende der Kuhweiden, und dann haben wir die Infanteriestaffel gesehen, ganz hinten, welche von unseren waren das. Dachten wir jedenfalls. Es waren auch Deutsche, aber dann erkannten wir: Es war die Waffen-SS und die räumten gerade auf. Fast hätten sie uns abgeknallt, aber dann haben sie erkannt, dass wir keine Russen sind.

Riesige Löcher hatten sie gegraben, eins halb so groß wie der Neumarkt und bis zum Rand voller Menschen. Tausende, du musst es mir glauben, auch wenn man es nicht glauben kann: Tausende. Alle tot, dachte ich, dann sah ich, dass sich einige noch regten, aber sie haben die Gruben einfach zugeschüttet. Einfach drüber mit schwerem Gerät, egal ob noch welche geschrien haben, dann sind sie manchmal hingegangen und haben noch mal gezielt. Und dann war es still.

Juden und Russen – Lenchen, sie haben sie alle totgeschossen. Zivilisten, Frauen und Kinder auch.

Ein Sturmbannführer schreit mich an: »Was hältst du Maulaffen feil? Pack lieber an!« Aber ich rühre mich nicht, auch der Werner nicht. Nur der Rolf, der packt einen Alten, der noch an der Kante zu dem Loch liegt, und schiebt ihn ganz hinein. »Drecksjuden«, brüllt der von der Waffen-SS, und dass sie es nicht anders verdient hätten.

5 **Artillerie:** schwere Geschütze von großer Reichweite | 9 **Infanteriestaffel:** kleinere militärische Einheit aus Fußsoldaten, die für den Nahkampf spezialisiert sind | 26 **Sturmbannführer:** niedrigster Offiziersrang der SS | 26 f. **Was hältst … feil:** Maulaffen feilhalten (ugs.): untätig herumstehen, gaffen

Eigentlich wollten wir keinem etwas davon sagen, aber das ist auch nicht rechtens, man muss es eigentlich jedem erzählen.

»Wir sind Soldaten«, hat der Werner gesagt, »wir haben doch ’ne Ehre.« – »Haben wir die?«, hab ich gefragt, aber keiner hatte eine Antwort.

Lenchen, die Gerüchte, die es gibt, die stimmen. Wenn sie die Juden einsammeln und in die Judenhäuser und dann in das Lager in Müngersdorf stecken und wo auch immer hin, nach Polen, ja, viele bringen sie nach Polen. Wenn sie das tun, ist das für die Menschen das Ende.

Ich bin kein Freund von denen, nie gewesen, und der Führer hat es immer gesagt, dass die nicht zu uns gehören, das stimmt vielleicht, guck dir an, wie viel Geld die Steinbergers immer hatten. Oma Stina hat es oft erzählt, dass es denen an nichts gefehlt hat, die hatten als Erste im Viertel schicke Badezimmer mit Warmwasser und Oma hat bei ihnen putzen müssen.

Aber die Leute in Gruben stoßen und abknallen, nein, das geht zu weit.

Werner hat gesagt: »Wenn das der Führer wüsste!« Aber glaubst du denn, dass die hier Tausende Leute umbringen können, ohne dass der Führer das weiß? Das habe ich Werner gefragt und er hat nichts geantwortet.

Lenchen, früher hast du doch mit dem Leo und der Ruth gespielt? Sind die noch in Köln? Hinten am Wilhelmplatz haben sie gewohnt, wenn ich mich richtig erinnere. Sag ihnen, sie sollen abhauen, in ihr Palästina oder wohin auch sonst. Aber die sind doch viel zu arm dafür, denk ich mir dann, und mir fällt ein: Als der Julius Steinberger ’35 oder ’36 abgehauen ist, standen die großen Transportkisten von der Hapag tagelang in der Straße. Hätte der mal lieber den Leo und die Ruth und die Eltern von denen und die ganze Rasselbande in seine Kisten gepackt, aber nein, die teuren Möbel mussten mit.

Ach liebe Schwester, was tu ich da, was schreibe ich dir da? Ihr habt doch genug Sorgen, aber hier ist es manchmal so einsam, obwohl du nie allein bist, nie. Immer die Kameraden um dich, und alle warten darauf, endlich hier wegzukommen.

Vielleicht wäre es besser gewesen, die Splitter wären nicht in meinem Tornister gelandet, sondern im Rücken. Das kannst du überleben und dann kannst du erst einmal weg von der Front, nach Hause vielleicht, wenigstens für ein paar Wochen. Aber ich schaffe das, irgendwie. Irgendwie schaffe ich das. Mach dir keine Sorgen und pass gut auf dich auf.

Dein großer Bruder Franz

PS: Über deinen neuen Bekannten müssen wir sicher noch ein Wörtchen reden, aber das mache ich später!

Erich – Konstanz am Bodensee, 12. Mai 1942 (Postkarte)

Liebe Lene,
ganz herzliche Grüße vom schönen Bodensee schickt dir dein Wandervogel. Ich hätte dir doch gerne früher geschrieben, aber es war ein ordentlicher Marsch hierher, den Vater Rhein entlang und dann quer durch den Schwarzwald, am Ende habe ich dann doch ein gutes Stück auf einem Güterwaggon gehockt. Du wirst es nicht glauben, aber

dein Esel wohnt tatsächlich in dem vornehmen Inselhotel, das du auf der Rückseite siehst. Mein Zimmerchen ist nach hinten raus, aber es kostet mich keinen Pfennig. Dafür muss ich ein wenig mit anpacken.

Herzlichste Grüße

dein E. (mehr bald in einem Brief!)

Kalli – Vossenack in der Eifel, 12. Mai 1942

Liebe Lene,

Mutti hat geschrieben, dass du nicht mehr zu den Heimabenden vom BDM gehst. Das ist gar nicht gut. Ich muss dir das ganz klipp und klar sagen, auch wenn du glaubst, du weißt alles besser als dein kleiner Bruder. Ich bin aber nicht klein und auch nur knapp zwei Jahre jünger wie du. Denke immer daran, dass unser Bruder im Feld für dich und mich und Mutti und die beiden Kleinen kämpft.

An der Heimatfront musst du alles tun, damit Franz (und eines Tages auch ich) den Dienst für Volk und Vaterland und natürlich für den Führer gut erledigen können. Dazu gehört auch deine Arbeit im BDM.

Ich selbst tue alles an der Stelle, an der mich der Führer braucht. Du sollst wissen, dass dieser Dienst auch nicht immer angenehm ist.

Jeden Morgen geht es schon um sechs Uhr aus den Federn, dabei bin ich doch eigentlich so ein Langschläfer, wie er im Buche steht. Nach dem Waschen (wir haben nur kaltes Wasser!) geht es dann Schlag auf Schlag:

7:00 Uhr Frühstück

7:30 Uhr Flaggenparade

von 8:00 Uhr an Unterricht: Kartenkunde, Geländedienst, körperliche Ertüchtigung

12:00 Uhr Mittagsessen und am Nachmittag Befehlsausgabe, Unterricht in Weltanschauung, bis es am Abend heißt: Zapfenstreich. Für private Sachen bleibt gar keine Zeit, es ist eigentlich schon so wie in einer Kaserne. Dreimal in der Woche dürfen wir auch schießen, was mir viel lieber als die Weltanschauung ist. Viel Neues kann man mir da doch nicht mehr beibringen. Das hat auch die Lagerleitung längst verstanden und anerkannt. Dein Bruder ist nämlich befördert worden. Weil ich mich im Gelände und beim Schießen so bewährt habe und auch weil ich einen allzu forschen Pimpf aus der Talsperre gezogen habe, bin ich jetzt hier so etwas wie ein Gefolgschaftsführer. Ob das auch zu Hause dann so bleiben kann, muss noch mit der Bannführung abgesprochen werden. Aber es fehlen ja immer mehr von den älteren HJ-Führern, weil sie zum Arbeitsdienst oder zur Wehrmacht eingezogen werden. Das ist meine Chance, auch schon in meinen jungen Jahren ganz nach vorne zu kommen.

Der Russe wird nicht mehr lange durchhalten, das ist klar. Wir haben ihn nun doch gerade durch den Kaukasus getrieben. Wir hören die Berichte des OKW im Rundfunk jeden Tag und lassen uns von Feldwebel Aschhaupt zeigen, wo unsere deutschen Divisionen voranmarschieren. Jetzt wissen wir, wie der Winter sein wird, einen Fehler, wie ihn die Herren Generäle im vergangenen Herbst begingen, werden wir nicht noch einmal machen. Zum Glück hat der Führer persönlich nun das Oberkommando übernommen. Die Generäle können jetzt ihre Orden putzen.

In unserer Stube hängt eine große Weltkarte, auf der wir

5 **Zapfenstreich:** militärisches Signal, das den Beginn der Nachtruhe verkündet | 23 **OKW:** Oberkommando der Wehrmacht

jeden Tag die Frontlinien mit bunten Fähnchen abstecken, genau wie ich es zu Hause getan habe. Blau für die Unsrigen, rot für die Russen. Es ist ein großer Spaß zu sehen, wie unsere Fähnchen nach Osten drängen. Stalingrad nehmen wir im Handstreich und dann ist alles möglich. Vorm Winter wird Schluss sein! Das betrübt mich einerseits, ich wäre doch auch noch so gerne dabei. Aber ich bin jung. Meine Chance wird kommen. Wenn wir den Engländer und den Russen klein geschossen haben, geht es weiter.

Jetzt mache ich Schluss, denn gleich haben wir eine besondere Stunde: Ein Offizier der Waffen-SS (Sturmbannführer, immerhin!) wird uns berichten, was wir in der SS alles werden können. Man kann sich freiwillig melden, vielleicht sollte ich das tun?! Das beschleunigt alles, sagen sie hier.

Heil Hitler!
Karl Friedrich
K-Gefolgschaftsführer

PS: Das K steht für kriegsbedingt, aber ich sorge dafür, dass bald kein K mehr davorsteht.

Lene – Köln, 14. Mai 1942

Lieber Franz,
gestern kamen gleich zwei Briefe von dir und die Postkarte vom 2. Januar. Ich kann das alles gar nicht glauben. Vermutlich ist sie einmal um die ganze Welt gereist. Dann hat sie gemerkt, dass sie die falsche Richtung genommen hat, und ist, kehrt, marsch, marsch, den ganzen Weg zurück und

nun ist sie hier. Neujahrsgrüße im Mai, das ist doch auch mal was!

Der Koffer ist ebenfalls da. Dein Kamerad Werner hat ihn gebracht und mir auch den anderen Brief gegeben.

Was du über die Entwicklungen in deiner Truppe erzählst, beruhigt einen nicht gerade. Und die andere Sache ist erschütternd und fast nicht zu glauben. Ich will jetzt hier gar nicht mehr darüber schreiben – aus Vorsicht, aber auch weil es mich wirklich sprachlos macht.

Vor all dem möchte man am liebsten die Ohren und die Augen ganz fest verschließen. Ich hoffe, du hast Mutti von all diesen Sachen auch nichts geschrieben, die Briefe an sie lagen nämlich ebenfalls gestern in der Post. Ich vermute, du hast es nicht getan, sonst liefe sie mit verheulten Augen herum. Sie macht uns allen große Sorgen in der letzten Zeit. Ihre Stimmung schwankt von himmelhoch jauchzend bis zu Tode betrübt, oft von einem Tag auf den anderen und manchmal sogar vom Morgen zum Abend. Nachts sitzt sie beim Schein einer Kerze da und betet bis in die Morgenstunden. Weißt du noch, wie sie früher geschimpft hat, dass die Pfaffen ihr vom Leib bleiben sollen? Und dass sie ihr Kleingeld eher in den Rhein schmeißen würde als in den Klingelbeutel? Nun, jetzt betet sie, soll sie nur, wenn es ihr Herz beruhigt und der Seele guttut. Was mich viel mehr bekümmert, ist der Name, den ich ebenso oft durch die verschlossene Tür höre, wenn sie endlich eingeschlafen ist: den von Vati. Es scheint doch, dass sie gar nicht so mit ihm abgeschlossen hat, wie wir alle denken sollen.

Am meisten Sorgen mache ich mir immer um unsere kleinen Mäuse. Es ist verrückt: die Bomben, das ewige Gerenne in den Keller, das Jammern und Heulen, wenn in der

Nachbarschaft wieder einer von den Briefen ankommt, der den Leuten die Gewissheit bringt, dass der Mann oder Onkel oder Sohn nicht mehr zurückkommt. All das nehmen die Toni und das Edithchen einfach so hin, so scheint es jedenfalls.

Neulich ist Edith hinuntergelaufen, als Frau Böttcher schreiend auf der Straße herumgetaumelt ist. In der einen Hand hielt die Nachbarin den Brief und in der anderen das Brotmesser. »Verdammtes Lumpenpack, verdammtes Lumpenpack in Berlin«, hat sie geschrien und geweint und wieder geschrien: »Ich han dir minge Mäxsche nit jeschenkt! Dä Jung wör nit emol 20!« Und auf den Führer und aufs Vaterland würde sie scheißen. Das waren ihre Worte.

Dann sitzt sie auf dem Kantstein und Klein-Edith sitzt daneben und sagt ihr auf, womit Oma Stina uns immer getröstet hat:

↗ *Heile, heile Segen,*
sieben Tage Regen,
sieben Tage Schnee,
es tut gar nicht mehr weh.

Wie wünsche ich mir, ihnen das alles zu ersparen, ich würde es doppelt ertragen, wenn ich den kleinen Mäusen das alles abnehmen könnte. Aber neuerdings macht die Edith wieder ins Bett. Mit sechs Jahren! Sie soll doch bald zur Volksschule. Und die Toni weigert sich immer noch, auch nur ein vernünftiges Wort zu sprechen. Alle anderen in ihrem Alter plappern wie ein Wasserfall. Da merkt man dann, dass es nicht spurlos an ihnen vorübergeht. Wenn das alles so weitergeht, schnappe ich mir die beiden Mädchen und

11 f. **Ich han … emol 20:** (kölsch) ›Ich hab dir mein Mäxchen nicht geschenkt! Der Junge war nicht einmal 20.‹

zieh mit ihnen in irgendeinen Schuppen im Oberbergischen oder bringe sie zu den Hönningern.

Am meisten Sorgen mache ich mir aber um unseren Bruder. Dem Kalli ist in seinem glühenden Eifer nicht mehr zu helfen, das glaube ich wirklich. Du musst ihm hart ins Gewissen reden. Wenn die Bomben Mutti nicht ins Grab bringen, dann sind es seine Verrücktheiten. Am besten wäre, wenn du um Urlaub bittest! Geht das denn gar nicht? Scheitert die Offensive im ganzen Osten, wenn ein einziger Gefreiter, nämlich der Franz Meister aus Köln, für eine Woche nach Hause fährt? Wir haben dich fast ein Jahr nicht hier gehabt. EIN Jahr! Auf dich hört Kalli vielleicht. Sag ihm klipp und klar, wie das bei euch im Feld ist. Ich glaube, er stellt es sich vor wie in den Geschichten in seinen Groschenheftchen, die wir ihm früher jede Woche geschenkt haben. Und wenn man ihm seitenweise Todesanzeigen in der Kölnischen Zeitung unter die Nase hält, schwadroniert er etwas von Blut und Ehre und sich fürs Volk opfern. Er kann es gar nicht abwarten. Demnächst wachen wir auf und er ist verschwunden und auf dem Weg nach Moskau, um Stalin höchstpersönlich abzumurksen.

Diese Lehrgänge und Zeltlager und was er alles macht, sind gar nicht gut. Wenn er zurückkommt, flackert es jedes Mal mehr in seinen Augen, als würden sie mit ihrer Weltanschauung sogar nachts auf die Jungen einreden. Er hasst die Juden, er hasst die Roten, er hasst die Katholiken und mich hasst er auch wegen der Sache, die mir mit dem ELDE-Haus passiert ist. Was glaubst du, wie er da mit mir rumgeschrien hat.

Immerhin drängen wir uns nicht mehr so eng mit den Einquartierten in unserer Wohnung. Schuster Wilhelms

17 **schwadroniert:** schwadronieren: ausgiebig und lebhaft, oft auch aufdringlich von etwas erzählen

und seine Familie haben eine neue Unterkunft in Ehrenfeld gefunden, vielleicht kann er dort sogar wieder eine Werkstatt eröffnen. Onkel Hugo sagt jedenfalls, dass man ihm dabei ordentlich Unterstützung geben wird. Ein passendes Paar Schuhe trägt doch sehr zur guten Stimmung bei. Wenn's unten drückt, kann auch sonst keine gute Laune aufkommen, und die brauchen wir ganz sicher alle.

Aber wenn Kalli zu Hause ist, halte ich es nicht lange aus, zu viel Parolen und Kriegsgerede. Und wenn ich dann zum BDM-Abend gehe, höre ich dieselbe Litanei wieder. Und noch mal in der Berufsschule und im Radio und im Westdeutschen Beobachter ebenso. Den legt Onkel Hugo mir jeden Tag hin, bevor er geht. Es ist doch ein Witz, aber er übernachtet nie bei uns, nicht ein einziges Mal, sondern fährt jeden Abend hinüber in die Aachener Straße in seine viel zu große Etagenwohnung gegenüber vom Millowitsch-Theater.

Ach, mein großer Franzemann, was plappere ich dir die Ohren voll. Gut, dass wir dir keine Schallplatte schicken können! Deine höre ich mir oft an, dann geht es mir wieder gut. Und wenn ich mit den anderen unterwegs bin, im Siebengebirge oder im Bergischen Land, dann ist alles für ein paar Stunden in Ordnung. Die frische Luft, das Lagerfeuer und die Lieder. Ja, ich mache dir alles nach. Ich bin auch unter die Musikanten gegangen. Ich sehe jetzt genau vor mir, wie du die Stirn runzelst – hör auf damit, deine Stirn kriegt sonst Dackelfalten, die nicht mehr weggehen!! Frische Luft? Lagerfeuer? Lieder? Unterwegs?

Ich könnte nun hundsgemein sein und den Brief hier mit allerliebsten Grüßen beenden. Aber wer weiß, wann der nächste hier rausgeht und wo du dann bist. Wenn ihr 40

10 **Litanei:** eigentlich: abwechselnd gesprochenes Bittgebet im christlichen Gottesdienst. Hier im übertragenen Sinn: eintöniges, endloses Reden

oder 50 Kilometer am Tag voranmarschiert, verläufst du dich am Ende, und wer weiß, wann du es dann erfährst.

Es ist nämlich so: Ich gehe jetzt am Wochenende gar nicht mehr zu den BDM-Nachmittagen. Wenn der Kalli uns hier wieder alle um den Verstand bringt, gehe ich auf Fahrt mit ein paar Jungen und Mädels, die lieber ohne Uniform durch die Natur wandern. Keine Angst, die Jungs, wegen denen ich im EL-DE-Haus war, die sind nicht dabei! Und ich weiß, dass du da einige Bedenken hast. Auch wegen »meinem neuen Bekannten«, wie du es ausgedrückt hast, da musst du dir gar keine Sorgen machen, er ist nämlich gerade gar nicht in Köln. Und selbst wenn – dein Schwesterchen weiß, was sich gehört, da sei nur sicher.

Wir treffen uns alle und wir sitzen zusammen und singen unsere eigenen Lieder und am Wochenende ziehen wir nach Altenberg oder Marienheide. Ein Stückchen mit der Bahn und dann, halt dich fest: zu Fuß. Deine fußlahme Schwester stapft durch den Wald. Singend! Den anderen wäre es sicher lieber, wenn ich nicht mitsingen würde, du bist in der Familie (außer Vati) der Einzige mit halbwegs brauchbaren Stimmbändern. Aber dennoch: Das Singen tut so gut!

Wir waren sogar mit dem Zelt und über Nacht unterwegs. Das war noch ein bisschen kühl, aber die meiste Zeit haben wir sowieso am Lagerfeuer gesessen. Um dich gleich zu beruhigen: Die Jungs und die Mädchen schlafen nicht zusammen in einem Zelt. Ich bin ein sittsames deutsches Mädel, auch wenn mein kleiner Bruder und die Liesel Stroheim das anders sehen. Übrigens macht der jüngere Bruder vom Reuters Josef, der Hubert, auch bei uns mit.

Jetzt wünsch uns Glück, wir sind seit zwei Wochen ohne

Alarm und Angriff. Es ist ein echter Segen, obwohl viel gemunkelt wird, dass es die Ruhe vor dem Sturm ist. Irgendwann sieht der Tommy ein, dass wir Kölner ein zähes Völkchen sind. Uns kriegt man nicht klein. Bis das passiert, fließt noch viel Wasser den Rhein hinunter.

Es umarmt und herzt dich
deine Lene

PS: Das habe ich noch vergessen: Opi lässt dich sehr lieb grüßen und dankt für den Tabak. Das Schreiben gelingt ihm nicht mehr so gut, weil zu der Gicht jetzt auch noch das Zittern im Arm schlimmer geworden ist. Den Bienen geht es nicht sehr gut. Der Radau und der Dreck stören die noch mehr als uns. Ein Volk ist eingegangen und von den beiden anderen können wir dieses Jahr nicht viel Honig erwarten.

Lene – Köln, 18. Mai 1942

Du Halunke!
Ich mag es gar nicht glauben: Da schreibt mir der Herr doch wirklich und wahrhaftig Postkarten aus der Frühlingsidylle am See. Am Ende ist es das erste Haus am Platze, was? Bekommst du frische Limonade auf der Terrasse serviert? Und plauderst du mit schwarzäugigen Italienerinnen darüber, wo es sich besser aushalten lässt: an der sonnigen Adria oder am schönen Bodensee? Nun, wahrscheinlich stehst du bloß in einer schnieken Pagenuniform am Eingang und trägst die Koffer ins Haus? Was mögen wohl deine Aufgaben im Hotel dort unten sein? Immerhin habe ich nun eine Adresse von dir.

24 **schnieken:** schicken, eleganten

Du merkst es schon: Ich bin einigermaßen böse mit dir. Eigentlich sollte ich dir gar niemals mehr auch nur eine einzige Zeile schreiben und auf die andere Straßenseite wechseln, wenn ich dich jemals noch irgendwo sehen sollte. Du kannst dir schon mal ausdenken, wie du mich besänftigen willst. Am besten machst du dich ganz schnell auf den Weg zurück nach Köln. Per Express!

Es ist mir ganz ernst. Auf große Fahrt gehen, das kann ich noch verstehen. Um ehrlich zu sein: Nach nichts wäre mir selbst mehr zumute. Ich verstehe dich. Trotzdem. In diesen Zeiten weiß man nie, ob man dahin zurückkommt, von wo man weggegangen ist. Schlimmer noch: Man weiß nicht, ob man überhaupt zurückkommt und ob es tot oder lebendig ist. Nicht einmal am Morgen eines stinknormalen Werktags sollte man ohne einen Gruß an die Lieben das Haus verlassen. Ein verirrter Tommy am Himmel reicht, um alles auszulöschen, was dir lieb ist, und dich selbst gleich mit. Das ist der Grund, warum es mich sehr traurig macht, dass du fort bist. Und dass ich nicht einmal die Gelegenheit für ein ordentliches Auf-Wiedersehen hatte.

Ha, und dann noch etwas: Du beschwerst dich, dass es viel schöner wäre, wenn du mit deinen Freunden hättest losziehen können, also wirklich! Du solltest dir merken, dass Fräulein Lene Meister auch ein guter Kamerad sein kann, jawohl!

Die anderen am Leipziger Platz haben das längst verstanden, denn sie nehmen mich auch ohne dich mit. Denke nicht, dass ich zu Hause auf dich warte und Däumchen drehe. Zum Leipziger Platz gehe ich sowieso fast jeden Tag, nun, vielleicht nicht *jeden*, aber mindestens jeden zweiten unter der Woche. Ich bin immer froh, wenn ich dem Salon von Madame Céline entfliehen kann, wo man sich inzwischen Tag für Tag das Gejammer der Kundinnen anhören muss. Dieses gibt es nicht und jenes hätte man gerne und auf das ganze Desaster an den Fronten wird geschimpft und dass die neuen Luftwarnungen zu spät kommen und so weiter und so fort.

Frau Kruger meinte sogar, dass sie eine Menge von den großen Flakstellungen bei Leverkusen kaum noch besetzt halten und bald noch mehr abbauen werden. Ihr Sohn Bruno habe das in den Unterkunftsbaracken von einem gehört, der es von einem Unteroffizier gehört habe, der wiederum wisse es von dem und jener von diesem und so geht es dann weiter: Gerüchte, Gerüchte, Gerüchte. Am Ende hast du mehr Angst vor dem, was vielleicht sein könnte, als vor dem, was dann wirklich passiert. Andererseits kann ich Frau Kruger auch verstehen.

Sie haben ihr bereits im vorigen Herbst das Dach über dem Kopf weggeschossen. Mühselig hat sie es ganz alleine mit wackerer Hilfe von den Nachbarn geflickt und die ganzen Fenster im zweiten Stock wieder eingesetzt. Keine zwei Monate hat es gehalten, sie waren gerade fertig mit allem, da brennt ihr der Buchladen im Erdgeschoss aus. Wieder legt sie sich ins Zeug, die Regale waren gerade wieder mit Büchern gefüllt, und zack, bei dem fiesen Angriff vor drei Wochen bläst ihr die Druckwelle von einer Luftmine wieder alles um. Das nennt man Schicksal. Da kann man auch mal über die Flak meckern, finde ich jedenfalls.

Mit der Tochter habe ich mich ein wenig angefreundet. Friederike Kruger solltest du auch kennen. Sie ist ungefähr in meinem Alter. Man trifft sie manchmal am Leipziger Platz, obwohl die Krugers in der Benesisstraße wohnen. Sie sagt, dass sie auch schon öfter mal mit dir gesprochen hat. Es ist die mit den fussigen Haaren und den vielen Sommersprossen. Ich vermute sehr, dass dir nun die Ohren glühen, weil die Fritzi, wie ich sie nennen darf, so einiges auszuplaudern hat. Stimmt's? Auch über einen gewissen »Esel«.

Mit Fritzi gehe ich neuerdings auch auf Fahrt. JA!!! Wir Mädels können das auch!!! Vorigen Sonntag haben wir das Oberbergische unsicher gemacht, bis nach Marienheide sind wir und zur Lingesetalsperre, jawoll! Morgens in der Frühe sind wir los und abends waren wir dann leider viel zu spät wieder in Köln. Wutz und Hoppel waren auch dabei, aber wir Mädchen haben uns von allen ferngehalten. Ein kleiner Trupp aus Düsseldorf hat sich uns angeschlossen und ein paar Burschen aus Wuppertal und Essen, die schon seit dem Samstag unterwegs waren und im Gasthaus übernachtet hatten.

Nelly, Tilde, Mucki und ich sind vorneweg. Mucki hat auf der Quetschkommode gespielt, die anderen haben gesungen, und Fritzi hat fotografiert, was das Zeug hält. Sie klebt immer alles in ein schönes Buch und schreibt Gedichte und Lieder hinein. Ich glaube, ich werde mir nun auch solch ein Fahrtenbuch zulegen. Es war nämlich garantiert nicht die letzte Tour. Nach einer Stunde vergisst du, dass es Alarmsirenen und das Geböller der Flak gibt. Am Anfang habe ich mich gewundert, dass die Mucki manchmal mitten in einem Lied das Akkordeon mit schrecklich schiefen Tönen aufjaulen lässt. Beim dritten Mal war es mir klar. Wenn uns andere Wanderer entgegenkamen, dann quietschte das Ding. Hinter uns verstummte das Getuschel und die Jungen stimmten in den Gesang ein – bis die Leute weg waren. Kurz darauf tuschelten sie weiter. Als wir an der Talsperre

2 **fussigen:** (kölsch) rötlichen

eine Rast eingelegt und unsere Butterbrote gemampft haben, wollte mir aber keiner sagen, was dahintersteckt. Ich bin nicht blöd. Sie planen etwas. Mir vertrauen sie aber nicht genug, das habe ich auch schon gemerkt. Da müssen sie allerdings etwas früher aufstehen, wenn sie etwas vor Lene Meister verbergen wollen. Ich habe längst belauscht, wie sie über einen anderen Jungen gesprochen haben, ob sie dem trauen können, weil sie jemand brauchen, der Schmiere steht. Als ob ich das nicht könnte. Es scheint nicht zu genügen, dass wir beide uns so gut verstehen. Ein gutes Wort scheinst du wohl nicht für mich eingelegt zu haben?

Aber vielleicht will ich auch gar nichts mit *euren* (du gibst doch zu, dass du mit von der Partie bist, oder?) krummen Dingern zu tun haben, das wäre ja wohl auch möglich, nicht wahr?! Schließlich bin ich ein gutes deutsches Mädel, jawoll und Heil Hitler darauf. (Jetzt kannst du dir das freche Grinsen nicht verkneifen, gib es zu!)

Zu Pfingsten machen wir uns wieder auf die Socken, diesmal nur wir Mädels. Fritzi sagt zu Hause, dass sie bei mir ist. Und ich sage, dass ich bei Fritzi bin. Da Mutti kaum noch einen Schritt aus Nippes herausmacht, müsste es schon mit dem Teufel zugehen, wenn sie mir dahinterkäme. Früher ist sie am Samstag oft in die Breite Straße oder zum Neumarkt gegangen, um Schaufenster zu gucken und ein bisschen von der großen weiten Welt zu träumen, aber das ist ihr vergangen.

Wegen Pfingsten können wir gleich zweimal übernachten. Da freu ich mich drauf. Insgesamt sind wir zu sechst, weil Nelly noch eine Cousine mitbringt. Die kölschen Mädchen erobern das Siebengebirge! Wer hätte gedacht, dass ich einmal Spaß am Wandern finden würde? Und gar daran, im Stroh zu übernachten oder im Zelt? Wobei ich zugeben muss, dass mir eine nette, kleine Pension lieber wäre.

Also, du Halunke (dabei bleibt es!!), schreibe mir unverzüglich oder besser noch: Mach dich auf den Heimweg – wer weiß, ob du mich ansonsten noch hier findest.

Es grüßt dich (vielleicht auch ein *bisschen* von Herzen)

Lene

Erich – Konstanz, 22. Mai 1942

Liebe Lene,
schon zweimal wollte ich mich hinsetzen, um dir mehr davon zu schreiben, wie ich es hier im Inselhotel angetroffen habe. Einmal bin ich am Tisch über dem Papier und dem Füllfederhalter eingeschlafen, ganz blau im Gesicht war ich nachher.

Ich teile mir das Zimmer mit dem Pagen, der Julius heißt und so laut schnarcht, dass ich mir Wachskügelchen in die Ohren stopfen muss. Er trägt im Dienst tatsächlich eine Pagenuniform, aber so weit bin ich leider noch nicht und werde es auch nie bis dorthin schaffen. Außerdem mag ich keine Uniformen, das weißt du doch schon. Und so lange will ich gar nicht bleiben, schon gar nicht, nachdem ich deinen Brief gelesen habe.

Die Chefin ist eine gutmütige, aber trotzdem strenge Frau, immer mit einer gestärkten weißen Schürze über dem Trachtenrock und mit einem Dialekt, den ich manchmal kaum verstehe. Ich habe ihr versprochen, dass ich bleibe, bis ihr Schorsch zurückkommt, das ist nämlich der Hausbursche. Der hat sich einen so ordentlichen Tritt von Susi

16 **Pagen:** Hoteldiener

eingehandelt, dass er noch mindestens eine Woche im Spital bleiben wird. Das habe ich nun gelernt: Komm nie einem süddeutschen Kaltblut zu nahe, wenn es schlechte Laune hat. Auch nicht wenn es Susi heißt und dir sonst schöne Augen macht. Wenn ich sie striegele, pass ich immer sehr gut auf.

Nach allem, was du mir schreibst, solltest auch du gut aufpassen. Ich gebe zu, dass ich dir vielleicht ein bisschen mehr hätte erzählen sollen über alles, was wir so machen, der Wutz und der Hoppel und die anderen. Manchmal ist es jedoch besser, wenn man möglichst wenig über unsere Pläne weiß und auch über uns selbst. Viele von uns kennen sich nur unter ihrem Spitznamen, denn was man nicht weiß, kann man auch nicht ausplaudern. Egal wie sehr man jemanden anschreit, wie streng man mit einem umgeht und was man demjenigen antut. Ich hoffe inständig, dass du bei deiner Befragung im EL-DE-Haus noch gut davongekommen bist. Ich könnte das nicht ertragen, wenn ich wüsste, du hättest an Leib und Seele etwas abgekriegt – und ich wäre schuld daran. Aber wie ich gehört habe, sind sie bei Frauen nicht ganz so brutal. Ich selbst hab schon einiges mitgemacht und kann dir sagen: Wenn du so etwas einstecken musst, wünschst du dir die Kopfnüsse zurück, die die Lehrer dir gegeben haben, und die Schläge mit dem Lineal auf deine Handflächen erscheinen dir dann im Nachhinein wie eine Zärtlichkeit. Der Josef (R.) kann auch ein Lied davon singen. Die Sache mit den Zwangsarbeitern war ja nicht sein erstes Ding, da gab es noch einiges mehr. Er war schon lange einer von uns, aber nachdem er nun an die Front gegangen ist, ist das wohl vorbei. Wir bewundern ihn alle. Er hat dichtgehalten. Ich weiß es sehr genau, denn mei-

3 **Kaltblut:** Kaltblüter: Pferderassen mit ruhigem Temperament, aufgrund ihrer Stärke besonders als Zug- und Arbeitspferde geeignet

nen Namen kennt er. Ich liefe nicht mehr frei in der Weltgeschichte herum, wenn er etwas ausgeplaudert hätte.

Deshalb gucken wir auch ganz genau, wen wir in unsere Angelegenheiten reinlassen. Wer neu dazukommen soll, den fragen wir ganz vorsichtig aus, mehrmals sogar. Die meisten anderen, die mit uns auf Fahrt gehen oder am Leipziger Platz mit uns singen, wissen das gar nicht so genau. Viele Leute gibt auch viel Gerede. Sprich also auch du nicht darüber, so wenig wie möglich. Sobald ich wieder in Köln bin, darfst du mich alles fragen. Ich schwöre aufs Grab meiner Großmutter, dass ich dir nichts verschweige. Mir gefällt es rein gar nicht, dass ihr Mädels euch einfach so auf Tour begebt. Lene, das ist viel zu gefährlich, gar nicht wegen der politischen Dinge, nein, es laufen doch genug verwirrte Kerle durch die Gegend, die nur darauf warten, euch Mädchen in die Finger zu bekommen.

Sobald der Hausbursche seinen Pferdekuss überstanden hat, mache ich mich auf den Weg nach Köln. Ist das gut? Bis dahin kann ich noch ein bisschen Geld verdienen, besonders das Trinkgeld ist fein, das einem die Gäste zustecken, wenn man Besorgungen für sie erledigt. Der Schorsch hat mir nämlich seine kleinen Geheimnisse verraten, was man bei wem besorgen kann, auch ohne Bezugskarten, wenn die Herrschaften in den teuren Zimmern es brauchen. Wenn du eine Flasche feinen Sekt für die Verabredung mit einem der Fräuleins brauchst? Schorsch besorgt es. Oder im Moment besser gesagt: Ich besorge es. Die Chefin darf das nicht wissen, weil sie einerseits unseren Führer und seine Verbote sehr achtet und andererseits diese Geschäftchen selbst machen will. Je nach Laune.

Nun warten sieben Paar Reitstiefel, ein Paar schwarzer

Schnallenschuhe und unzählige Oxfords auf mich (ja, das habe ich schon gelernt: der vornehme Herr trägt Oxfords, sehr elegant machen die den Fuß, aber eigentlich sind es doch nur blank gewienerte Treter, die ziemlich unbequem aussehen). An die Damenschuhe komme ich übrigens nicht heran, um die kümmert sich das Mariechen, die ein bisschen dümmlich ist, aber die zarten Hände für schicke Sandalen mit Glitzersteinen darauf und hohen Hacken darunter hat. Recht hübsch ist sie übrigens auch, aber davon sollte ich hier lieber nicht reden, oder? Jetzt sehe ich, wie du rot anläufst und deine (übrigens auch ausgesprochen hübsche) Oberlippe bebt. Nein, ich sollte dich nicht aufziehen und ärgerlich machen, sonst kommst du am Ende doch noch höchstpersönlich nach Konstanz, um mich übers Knie zu legen.

Sei also gut mit mir und lach mit mir, ganz bald wollen wir das wieder gemeinsam tun. Und ein Bierchen auf den Rheinwiesen trinken.

Liebste Grüße sendet
dein Esel

Lene – Köln, 27. Mai 1942

Liebe Rosi,
da hast du aber einen ordentlichen Schreck bekommen, als du den Umschlag in der Hand hieltest? Mit dem Absender, das kann nichts Gutes bedeuten, hast du sicher gedacht! Ganz im Gegenteil, denn drin stecke ich und nicht die Gauleitung Köln. Außerdem kannst du ganz sicher sein, dass niemand einfach so Briefe öffnet, die von einem Büro der NSDAP kommen. Ich könnte dir hier drin sonst was erzäh-

1 **Oxfords:** klassisches, besonders elegantes Herrenschuhmodell

len, und keinen würde es einen Kehricht scheren, weil niemand außer dir davon erführe. Wie findest du meine Idee? Manchmal ist es doch schön, einen Onkel Hugo zu haben, obwohl ich gar nicht daran denken mag, was passiert, wenn er mich dabei erwischt.

Es ist schon spät am Abend, aber ich will dir trotzdem schnell noch ein paar Zeilen schreiben. Ich war noch so lange mit den anderen vom Leipziger Platz (Hoppel und Wutz und den Mädchen) in der Gaststätte Miebach in der Siebachstraße. Jugendliche unter 18 dürfen ja schon seit Januar abends nach neun nicht mehr draußen sein, aber der Wirt lässt uns ins Hinterzimmer. Und wir wollten auch ein bisschen unter uns sein, denn mittlerweile laufen so viele am Leipziger Platz herum, da verliert man ja ganz den Überblick. Wenn Mutti das erfährt und den Zigarettenrauch in meinen Kleidern riecht – oh, ich will gar nicht wissen, was dann passiert! Sie denkt immer, ich bin bei einem der Mädchen.

Dem Esel habe ich ordentlich den Kopf gewaschen in meinem Brief und er hat auch auf den Fuß geantwortet. Du glaubst es nicht, was für freche Sachen der einem schreiben kann. Ein paar Dinge verstehe ich nun besser. Auf jeden Fall will er sich in absehbarer Zeit wieder auf die Socken nach Köln machen, woran deine Lene nicht ganz unschuldig ist. Beschützen will er mich, ist das nicht herzallerliebst? Sorgen macht er sich, dass ich auf die schiefe Bahn gerate. Da muss ich doch sehr lachen. So treibt er seine Scherze mit einem, und ich kann dir sagen: Es fällt mir schwer, ihm böse zu sein. »Mer muss och jünne künne«, sagt Oma Stina immer und recht hat sie. Ich gönne es ihm ja! Ich bin nur ein bisschen neidisch, dass er an diesem wunderschönen Bo-

29 **Mer muss och jünne künne:** (kölsch) ›Man muss auch gönnen können.‹

densee die Füße ins Wasser baumeln lässt, während unsereiner hier im Keller sitzt. Also beschützen muss er mich jedenfalls nicht. Scarlett O'Hara kann ihre Plantage auch alleine verteidigen, mit Schrotflinte und *Krawumm* jagt sie die Feinde zum Teufel. Das Gut heißt Tara und das Herrenhaus liegt auf einem Hügel mit einer Allee aus stattlichen Bäumen und weitem Blick übers Land. Ach, ich kann es mir so schön vorstellen, wie Scarlett über die Felder galoppiert, im Damensitz natürlich und in einem wunderschönen Reitkostüm. Mir liegt gar nichts an Pferden, sie machen mir Angst, aber in der Vorstellung ist es ein schöner Gedanke.

Aber erst einmal werden wir es mit den Tommys am Ende auch so machen wie Scarlett O'Hara, obwohl wir doch etwas mehr als eine alte Schrotflinte brauchen. Wie es dann wirklich mit ihr ausgeht (mit Scarlett), weiß ich leider noch nicht. Den ersten Band habe ich zwar schon durch, aber alle Versuche, den zweiten zu bekommen, sind bisher gescheitert. Auch Fritzi Krugers Mutter konnte mir nicht helfen. Den Laden hat sie aufgegeben und nun handelt sie nur noch mit gebrauchten Büchern auf einem Handkarren. Frau Kruger ist eine geschäftstüchtige Frau: Sie nimmt die verstaubten Reste, die die Juden zurücklassen müssen, wenn sie in eine kleinere Wohnung oder die Judenhäuser ziehen. Es hülfe doch niemandem, wenn man die ganzen Bibliotheken, die die Juden angesammelt haben, zum Heizen benutzt. Die seien ein gelehrtes Völkchen, sagt Frau Kruger, da könne man wirklich nichts gegen sie sagen, und sie hätten gewiss nichts dagegen, wenn all ihre Wälzer in gute Hände gerieten. Da hat sie doch irgendwie recht, denke ich, obwohl ich beim Gedanken an Frau Liebigmann und Irene schlucken muss.

Es ist also so, dass ich Onkel Hugo nun doch nachgegeben habe. Zwei halbe Tage die Woche helfe ich bei ihm im Amt aus und bin Tippfräulein. Das ist gar nicht so schlecht und bringt mir ein paar Reichsmark ein, die wir gut brauchen können. Onkel Hugo ist versetzt worden und kümmert sich nicht mehr um Lebensmittelmarken, sondern um die Sonderzuweisungen für Fliegergeschädigte. Falls man was vom Tommy aufs Dach bekommt: Onkel Hugo hilft! Oder auch nicht, denn ganz so einfach ist es nicht. Alles muss schön ordentlich nachgewiesen und gestempelt und beglaubigt werden, wo kämen wir denn sonst hin. Na toll!, sage ich. Da wirst du ausgebombt, aber vorher musst du noch schnell, schnell eine Liste aufsetzen, was dir denn alles gehört hat. Unbürokratische Hilfe soll geleistet werden, aber wehe, jemand erschleicht sich etwas, dem werden sie es zeigen. Das ist so gut wie plündern.

Onkel Hugo ächzt und stöhnt, besonders seit Fräulein Lehmann, die rechte Hand der gesamten Amtsstube, verschwunden ist. Keiner weiß, warum und wohin. Damen mit Kenntnissen in Schreibmaschine und Rechtschreibung sind gefragt. Also helfe ich aus, denn Madame Céline öffnet den Salon sowieso nur noch an drei Tagen der Woche. Unsere Kundinnen haben anderes zu tun (die Dienstverpflichtungen in die Rüstung werden immer mehr) oder sie halten ihre Reichsmark zusammen, jedenfalls sind Wasserwellen und die Schnitte nach dem neusten Schrei der Mode gerade nicht gefragt. Außerdem kommt von ihrem Bruder nicht mehr das chemische Zeugs aus Frankreich, das er immer geschickt hat. Ohne das kann Madame leider nicht mehr diese wundervollen Farben auf die Köppe der Damen zaubern.

Gerade im Moment habe ich allerdings auch bei Onkel

Hugo nicht allzu viel Arbeit, weil wir drei Wochen ohne Angriffe geblieben sind. Keiner glaubt, dass die Engländer es sich anders überlegt haben und den ganzen Monat Maibowle trinken, aber es ist eine wahre Erholung. Ganz anders sieht es beim Fränzchen aus, du hast es sicher in der Zeitung gelesen oder im Radio gehört. Seit der Russe vor drei Tagen wieder mit der Attacke auf unsere Truppen losgelegt hat, geht es ordentlich rund. Franz berichtet so schreckliche Sachen von der Front, man kann es gar nicht glauben, man will es nicht glauben. Manchmal frage ich mich: Warum muss das so sein?, und ich hab es auch neulich Frau Lövenich fragen hören, als wir auf die Straßenbahn gewartet haben. Da war vielleicht was los. Einer dreht sich um, so ein Spitznasiger mit Aktentasche und Regenmantel und Regenschirm, obwohl die Sonne scheint, und blafft die arme Frau an: »Gnädige Frau, alleine für die Frage sollte man Sie ...«, und schüttelt dann nur den Kopf. »Ja, was denn? Was sollte man mich?«, gibt die Lövenich böse zurück, aber der Kerl steckt die Nase in den Westdeutschen Beobachter und schüttelt den Kopf noch einmal. Frau Lövenich läuft knallrot an. »Und überhaupt«, schreit sie. »Warum sind Sie nicht an der Front? Im besten Alter, so einer sollte sich nicht hier an der Straßenbahn herumdrücken. Was haben Sie eigentlich zu reden? Meinen Mann und meinen Sohn und den Verlobten von meiner Pauline haben sie in Russland verscharrt!« Richtig in Rage hat sie sich geredet. »Da wird man wohl noch fragen dürfen, warum und wofür dieser verdammte Krieg angezettelt worden ist.«

Dann kam glücklicherweise die Straßenbahn und der Spitznasige ist ganz vorne eingestiegen. Die Frau Lövenich habe ich ganz hinten in den Waggon geschoben. Die Leute verlieren einfach schnell die Nerven in diesen Zeiten. Mutti geht es ja nicht viel anders.

Ach, Röschen, ich frage es mich aber manchmal auch. Warum machen die Männer immer wieder Krieg? Sogar so Kerlchen wie der Kalli, die noch gar keine richtigen Männer sind, führen sich auf – da bleibt einem doch die Spucke weg. Mein kleiner Bruder ist schon wieder ganz obenauf. Er ist flammender bei der Sache denn je. Er hat sich freiwillig zur HJ-Feuerwehr gemeldet. Wenn es demnächst wieder kracht, läuft er mit einem Feuerwehrhelm herum, der ihm noch zu groß ist, und schafft den Leuten das letzte Sofakissen aus dem Haus, wenn es brennt.

Die Leute in Köln sind ziemlich unruhig, obwohl es nun schon lange nicht mehr gekracht hat. Vielleicht auch gerade deshalb. In seiner Rede vor vier Wochen hat der Führer den Engländern ja ordentlich gedroht. Jeder Schlag gegen unsere Städte würde gerächt, Gegenschlag um Gegenschlag würden wir die englischen Städte ausradieren, wie unsere Luftwaffe es 1940 schon in Coventry gemacht hat. Das waren noch Zeiten, als wir zu denen nach England rübergeflogen sind. Daran glaubt hier jedoch kaum einer. Sogar Onkel Hugo hat neulich so eine Bemerkung gemacht, aber dann schnell den Mund gehalten, als er gemerkt hat, dass ich im Zimmer nebenan bin. Die Engländer hätten neue Bomber und vor allem auch neue Bomben, die alles noch schlimmer machen. Viel größer und schwerer seien sie. Zuerst werfen sie Sprengbomben und Luftminen, um die Dächer abzuräumen, und dann Brandbomben in die Löcher, die den Rest zu Staub und Asche verbrennen.

Ich bleibe optimistisch. Leichter fallen würde es mir, wenn du hier in Köln wärst, aber empfehlen kann ich dir das trotzdem nicht. Doch es ist ein schöner Gedanke, wie es wohl wäre, wenn du und der Franz und der Erich hier wäret, damit wir uns beistehen können und uns nicht immer nur Briefe schreiben müssen.

Ob mein großer Bruder Urlaub bekommt, das bleibt ungewiss, weil es einfach nicht richtig klappen will, dem Russen ein für alle Mal einen ordentlichen Schlag zu versetzen. Aber du, Röschen, du musst doch einmal von dort wegkönnen? Nun gut, vorerst freue ich mich über jede einzelne Zeile von euch.

In diesem Sinne, liebste Grüße
deine Lene

Lene – Köln, 30. Mai 1942

Liebe Rosi,
obwohl es schon so spät am Abend ist (eigentlich haben wir ja schon den 31., die Geisterstunde ist in vollem Gange), will ich dir noch ein paar Zeilen schreiben. Du wirst es nicht glauben, aber manchmal gehen Wünsche in Erfüllung! Wenigstens einer von euch dreien hat mein Bitten und Flehen erhört. Nun ja, bei Erich war es eher ein Befehl, aber er hat sich fast umgehend auf den Weg gemacht und ist vorgestern hier in Köln eingetrudelt. Natürlich sagt er, dass er so oder so wieder zurückwollte, weil er sich dringend beim HJ-Bann melden musste. Aber das glaub ich ihm kein bisschen. So wie seine Augen gestrahlt haben, darf ich mir wohl einbilden, dass eine gewisse Lene Meister auch etwas mit seinem Entschluss, sich auf den Weg zu machen, zu tun hat. Er hatte sogar ein Geschenk dabei, um gut Wetter zu

24 **HJ-Bann:** dritthöchste Organisationsebene der HJ, die von einem sogenannten Bannführer geleitet wurde.

machen. Stell dir vor, er hat irgendwie diesen verflixten zweiten Band von dem Buch aufgetrieben. Ich kann endlich weiterlesen und werde erfahren, ob Scarlett nun diesen windigen Rhett Butler um den Finger wickeln kann. Alles, was diese Frau tut, tut sie nämlich aus reiner Berechnung. Tara, ihre Plantage, verteidigt sie mit Zähnen und Klauen und lieben tut sie nur Ashley, den sie ja nun einmal nicht kriegen konnte. Sie ist ein zähes Luder, das kann ich dir sagen. »Ich bin wie dieses Land«, sagt sie an einer Stelle, »es gehört mehr als eine Feuersbrunst und eine Yankee-Armee dazu, mich unterzukriegen.« Und so wollen wir es hier in Köln auch halten!

Aber der Tag war viel zu schön, um über solche Dinge nachzudenken. Erich und ich waren von morgens bis abends zusammen. Stell dir vor: Er hat mich zu einer Schiffstour bis Bad Breisig eingeladen. »Nimm dein Schwimmzeug mit«, hat er vorher nur gesagt, »das reicht!« Keine Stullen und keine gekochten Eier und keinen Apfel, nur das Schwimmzeug. Und dann ging der ganze Tag auf ihn. Er hat mich zu allem eingeladen. In Bad Breisig sind wir ins Thermalbad gegangen, haben sehr lange im Café bei Kaffee und Kuchen gesessen und er hat wirklich alles gezahlt. »Beim nächsten Mal bin ich aber dran«, habe ich dann gesagt, weil er nicht denken soll, dass er mich aushalten und mit einem Stück Käsekuchen besänftigen kann. Zumal das Geld (gar nicht wenig!!) vorwiegend von den Damen stammt, die sich in seinem Hotel von ihm über den Bodensee haben rudern lassen. Damit hat er nämlich seinen Unterhalt dort unten verdient. Zum Glück waren es keine glutäugigen Italienerinnen, wie ich befürchtet hatte, sondern eher verknitterte ältliche Damen mit Wasser in den Beinen. Das

10 **Yankee:** (meist abwertender) Spitzname für US-Amerikaner. Im amerikanischen Sezessionskrieg 1861–64, in dem *Vom Winde verweht* spielt, wurden spezieller die Nordstaaten-Bewohner so bezeichnet.

behauptet er jedenfalls und ich will es ihm glauben. Jetzt möchte ich sowieso an nichts mehr denken, was mir keine Freude macht. Dieser Tag war wie ein ganzer Urlaub. Wie sich Urlaub und Sommerfrische anfühlen, habe ich fast schon vergessen. Es ist schon fünf Jahre her, erinnerst du dich noch? Kaum zu glauben, aber unsere gemeinsame Reise an die Ostsee, das war der letzte Urlaub. Die kleine Toni war noch gar nicht auf der Welt. Der getrocknete Seestern, den du mir geschenkt hast, liegt sicher verwahrt in der alten Kaffeedose bei meinen Wertsachen, und die gehen mitsamt der Schreibmaschine und den anderen Dingen, die im Notkoffer liegen, bei jedem Alarm mit in den Keller. Mutti schimpft zwar jedes Mal, dass die Sachen zu viel Platz in Anspruch nehmen, ich sollte lieber ein paar Leibchen und einen Rock und was noch alles in den Koffer tun, aber etwas zum Anziehen kann ich im schlimmsten Fall irgendwie organisieren. Eine Schreibmaschine nicht.

Ach, Röschen, habe ich es jetzt beschrien? Die Sirenen heulen, das musste doch heute wirklich nicht sein. Null Uhr zwanzig, Letzter im Mai, die Ruhe ist vorbei.

Meine Herzenswünsche und Küsse und Grüße schreibe ich schnell noch drunter, so viel Zeit muss sein. Hoffentlich ist es nur ein Fehlalarm und schnell vorbei.

Deine Scarlett aus Nippes, ohne Pferd und ohne wehende Unterröcke

14 **Leibchen:** Oberteile, oft ärmellos

Teil II
Juni – Juli 1942

Ich schwöre, dass ich den Edelweißpiraten Treue und Gehorsam leiste und dass ich mich voll und ganz für sie einsetze, wenn nötig sogar mit meinem Leben.

Aus: Statuten des Klubs der Edelweißpiraten, verfasst am 15. Oktober 1942 in der Kneipe »Miebach«, im Kölner Stadtteil Nippes

Franz – im Osten, 3. Juni 1942 (Telegramm)

Höre Schreckliches aus Köln. Seid ihr wohlauf? Melde dich. Wenn totalgeschädigt, hol Bescheinigung. Bekomme dann Urlaub. Franz

Lene – Köln, 4. Juni 1942

Ihr Lieben,
nun schreibe ich mit Durchschlägen, denn über all das hier, was Samstagnacht passiert ist, will ich nie mehr ein Wort verlieren, das schwöre ich, und zweimal schreiben will ich es auch nicht. Franz, dein Telegramm habe ich erhalten. Dir auch zu telegrafieren, gelingt wegen der schrecklichen Zustände hier nicht. Ich hoffe, die Post geht schnell durch.

Gerne würde ich euch schreiben, dass wir es an Leib und Seele unbeschadet überstanden haben, aber das wäre eine Lüge. Ja, wir leben alle und einen schlimmen Schaden hat keiner genommen, am *Leib* jedenfalls nicht. Mutti hat es an den Beinen erwischt. Die Waden hat es ihr verbrannt, was schrecklich wehtut, aber sie nicht umbringt. Die Kleine hustet, all das Zeug in der Luft ist schuld daran. Als die erste Luftmine irgendwo gegenüber herunterkam, gab es einen riesigen Krach, eine Druckwelle, und plötzlich war der ganze Keller voller Staub. Das Licht ging aus, wir haben alle die Kerzen aus den Taschen geholt – es geht ja keiner mehr ohne in den Keller –, und seitdem hustet die Toni, manchmal tut einem selbst die Lunge weh, wenn man es hört.

Wenn du eine ganze Stadt mit allem Drum und Dran so

zerschießt, dass sie sich auflöst, dass sie zerrieben wird wie zwischen zwei gewaltigen Mühlsteinen, zwischen die der liebe Gott sie geworfen hat, dann bleibt eben ein Husten übrig, und man ist froh, wenn es nur ein Husten und zwei brennende Waden sind.

Die Seele, ihr Lieben, die Seele ist nicht verschont geblieben. »Ming leev aal Kölle«, hat die alte Frau Freudenberger von oben gejammert (und hört seitdem gar nicht mehr auf damit), vom ersten Alarm an, der um Mitternacht kam, immer nur die vier Worte: mein liebes altes Köln. Ich habe nur an Omi und Opi gedacht (alles gut überstanden) und an Madame Céline (von ihr wissen wir noch nichts, der Salon ist völlig zerstört) und an Erich, Fritzi, Tilde und die anderen, aber ganz zuletzt an unser liebes altes Köln.

Als wir aus dem Keller gekrochen sind, habe ich die Edith auf den Arm genommen. Ich habe ihr die Augen zugehalten und sie erst abgesetzt, als wir wieder in der Wohnung waren, und in den Tagen danach haben wir sie und die kleine Toni nicht aus dem Haus gelassen, um ihnen zu ersparen, was eben möglich ist. Die Familie Räuber, die früher die Wäscherei an der Ecke hatte: alle hinüber, nur Vater Räuber hat überlebt, weil er beim Luftschutz Dienst hatte und nicht da war. Acht an der Zahl – aus einer Familie. Verkohlte und zertrümmerte Kinder – mit der kleinen Else hat unsere Toni den Tag vorher noch gespielt. Herr Räuber geht seit der Nacht die Straße auf und ab und redet vor sich hin. Gestern packte er mich plötzlich an den Schultern. Ich habe geschrien, aber er ließ nicht los und dann sagte er: »Kindchen, Kindchen, die ist doch so groß, die Unendlichkeit, so groß. Und unser Herrgott gibt dem Elschen nur drei Jahre davon, drei Jahre nur.«

Nein, das ist nichts für Kinder. Aber wir alle wissen, dass auch die Kleinsten sich daran gewöhnen müssen.

Unser Köln werdet ihr nicht mehr erkennen, wenn ihr zurückkommt. Wartet lieber 10 oder besser 100 Jahre, vielleicht haben wir es dann wenigstens ein bisschen abgewischt und ein paar hübsche Blumen und Büsche auf die Trümmerhaufen gepflanzt.

Nun aber, wie Vati früher immer gesagt hat: das Wichtigste zuerst und dann eins nach dem anderen und ordentlich der Reihe nach. Wir sind gesund und wir haben ein Dach über dem Kopf, wobei es eigentlich kein Dach mehr ist. Das haben sie nämlich weggeschossen. Unser Haus steht, aber ohne Dach und ohne drittes Stockwerk, weshalb die Freudenbergers nun erst einmal bei uns wohnen.

Sie haben so gut wie nichts mehr, weil sie gleich eine doppelte Ladung abbekommen haben: zuerst eine Sprengbombe und dann noch eine ordentliche Fackel obendrauf. Es ist ein Wunder, dass wir nicht alle im Keller verschüttet oder verbrannt worden sind. Alle haben geholfen. Die Leute vom Hilfsdienst und die Nachbarn (wenn sie nicht gerade ihre eigene Haut retten mussten) und am Ende auch die Feuerwehr: Wir in der Straße haben zusammengehalten und zumindest überall das Feuer gelöscht. Es war auch nicht so viel, wenn man es mit der Altstadt vergleicht.

Ansonsten: Trümmer und Ruinen, wohin du schaust. Sankt Aposteln, Sankt Gereon, Sankt Martin, Maria in der Kupfergasse – alle hinüber. Und wenn du es mit den Kirchen nicht so hast und dir lieber ein schönes Sommerkleidchen kaufen willst, musst du schon nach Bonn, aber zu Fuß, denn es fährt nichts mehr.

Zum Seidenhaus Cords am Neumarkt brauchst du nicht

gehen, denen hat der Tommy den Laden geschlossen. Den Kaufhof gleich mit und Jacobi, Peters, Fransky und van Norden genauso, ganz zu schweigen von den Unmengen von Wohnhäusern. Von nun an sind es die Besen und Schaufeln, die auf dem Schwarzmarkt am besten gehen. Die Wohnhäuser sind weg, das ganze Zeug ist weg und die Häuser, wo du das Zeug kaufen konntest – auch weg. Da können sie nun Berechtigungsscheine verteilen, so viel sie wollen.

Angeblich sind es Hunderte Bomber gewesen, einige sagen gar 1000. Alle fragen sich, wie es so viele Flugzeuge bis Köln schaffen konnten, ohne dass sie jemand aufgehalten hat. Wo war unser Führer, der im April noch so getönt hat? Natürlich sprechen alle nur hinter vorgehaltener Hand. (Franz, du schimpfst, das sehe ich geradezu vor mir, weil ich es einfach so herausposaune. Aber ich schreibe, wie es mir in den Sinn kommt, und außerdem gehen die Briefe über Onkel Hugos Amt!)

Im Rundfunk hat Goebbels gesagt, dass es alles nur Propaganda von den Engländern sei, 200 Flugzeuge wären es gewesen oder höchstens 300. HÖCHSTENS.

Dass ich nicht lache. Die Leute laufen in Scharen aus Köln weg, wer kann, geht zu Verwandten aufs Land. Wer weiß denn, wann sie wieder über uns herfallen?

Seit dem letzten Jahr sind wir es gewöhnt, dass es nach einem ordentlichen Angriff ein bisschen drunter und drüber geht, aber dieses Mal ist es auch nach fast einer Woche noch immer ein unvorstellbares Durcheinander. Es sind nicht nur ein paar Hundert oder Tausend, die von der Nothilfe durchgefüttert werden müssen, nein, Zehntausende sind es. Gestern habe ich gehört, wie Onkel Hugo mit Mutti geschimpft hat. Sie soll sich nicht so anstellen, weil wir nun die Freudenbergers einquartiert haben, wir hätten noch Glück, dass wir nur zu elf Personen die vier Zimmer teilen müssen. Ich habe mir die Frage verkniffen, ob er in der großen Wohnung in der Aachener Straße jetzt auch jemand zur Untermiete hat.

Eine Familie aus der Turmstraße ist auch noch bei uns untergekrochen, wir konnten es gar nicht verhindern und es ist auch in Ordnung so. Wo sollen die armen Leute auch hin? Es gibt noch keiner zu, aber Onkel Hugo muss es wissen, der sitzt bei der Partei doch mittendrin: 100 000 haben das Dach überm Kopf verloren, wenn nicht mehr.

Mutti überlegt, ob sie fortsoll, wenigstens mit den beiden Kleinen, weil ich gesagt habe, dass ich auf keinen Fall aus der Stadt gehe. Mutti hat böse geschimpft, aber jetzt mal ehrlich: Wer weiß denn, wo man hinkommt? Diese ganze Evakuierung ist doch auch ein einziges Chaos und am Ende müssen wir zurück und dann ist unsere Wohnung weg. Darauf nimmt nämlich niemand mehr Rücksicht. Was leer steht, holt sich jemand, und wenn es nicht einfach die Nachbarn tun, dann holt es sich irgendeine Stelle von der Partei oder die Volkswohlfahrt.

Oder hast du noch ein Plätzchen frei, Röschen? Da tät ich mich sofort auf die Socken machen.

Man darf den Humor nicht verlieren, nein, das darf man nicht und das tut eure Lene auch nicht. Den Humor nicht und die Hoffnung nicht.

Ich muss mit den Kleinen raus. Am Leipziger Platz gibt es um sechs Eintopf aus der Gulaschkanone, ohne Bezugsschein, einfach in den Blechtopf, Porzellan hat ja kaum noch jemand. Wenn ich unsere schmale Edith dabeihabe, gibt's eine Kelle extra.

Sorgt euch also nicht allzu sehr und seid sehr gegrüßt von den schmutzigen Kellerasseln aus eurem leev aal Kölle.

Eure Lene

Handschriftlich angefügt, nur an Rosi:

Nein, sorgen musst du dich nicht, aber ich habe nicht alles geschrieben, längst nicht alles, weil der Franz es nicht ertragen würde. Ich habe Angst, dass er einfach davonläuft, sich auf den Weg macht zu uns, egal ob er einen Schein hat oder nicht, und dann wäre er ein Deserteur, und du weißt, was sie mit denen anstellen.

Lene – Köln, 6. Juni 1942

Liebe Rosi,
nach einer Woche wissen wir hier immer noch nicht, wo unten und wo oben ist. Mit jedem Tag, ach, was schreibe ich: mit jeder Stunde, jedem Gang durch die Straßen sieht es ein jeder, dass unsere schöne alte Domstadt nie mehr sein wird, wie sie war. Noch ein solcher Angriff und wir sind überhaupt ganz vom Erdboden verschwunden, weg, ausradiert.

Hunderte sind tot, Tausende verletzt, Zehntausende ohne Dach über dem Kopf. Verkohlte Leichen lagen auf der Straße, noch immer wühlen die Helfer menschliche Überreste aus Schutt und Trümmern. Wer es überlebt hat, erfährst du oft durch die verzweifelten Nachrichten, die auf die Wände der Ruinen gepinselt wurden: »Familie Müller alle tot. Hedwig Bleifass nach Weiden verzogen. Lieschen

Soundso bei ihren Eltern. Hat jemand unseren kleinen Albrecht gesehen?« Und so weiter und so weiter.

Und wo der Erich ist, das weiß ich auch nicht, nicht einmal ob es ihn noch gibt. Ich gebe es zu: Das ist mir genauso schlimm wie die Sorge um die eigene Familie.

Strom, Wasser, Gas, Telefonleitungen – alles danieder. An ein Fortkommen mit der Tram ist nicht zu denken.

Am schlimmsten hat es die Innenstadt erwischt, die Altstadt, alles um die Ringe herum, die Oper und den Salon von Madame: Das Haus in der Flandrischen Straße ist nur noch ein Haufen Steine. Von Madame Céline haben wir noch nichts gehört. Wenn sie in der Wohnung über dem Laden gewesen ist oder im Keller, muss man nicht hoffen. Vielleicht hat sie sich in einen der Bunker retten können und hat nun einen Platz in einer der Unterkünfte gefunden, die sie für die Totalgeschädigten einrichten.

Unsere Kundin, die alte Frau Winter, ist tot, im Keller erstickt. Kannst du dir vorstellen, dass sie in ihrem Mantel 5000 Reichsmark und das Parteibuch von ihrem verstorbenen Mann gefunden haben? Eingenäht ins Futter. Jetzt weiß ich auch, warum ich sie seit anderthalb Jahren sommers wie winters selten ohne diesen muffigen Kamelhaarmantel gesehen habe.

Man hat sie am Durchbruch zum Nachbarkeller gefunden. Sie und ihre beiden Enkel, die ausgerechnet an diesem Wochenende bei ihr zu Besuch waren. Aus der Nähe von Bitburg. Stell dir das vor! Wie kann man auch nur irgendein Kind noch in diese Stadt kommen lassen, wenn es doch auf einem Bauernhof in der Eifel vor all dem bewahrt werden könnte?

Eines von den Stroheim-Mädchen hat es ebenfalls erwischt. Zum ersten Mal habe ich gesehen, dass die immer aufrechte Liesel eine Miene verzieht. Aber wenn deine Schwester stirbt, dann beugt es auch den straffen Rücken von einer BDM-Führerin wie der Liesel, und das ist auch gut so.

Die Schäden und das Leid sind so unfassbar, aber am schlimmsten für mich ist das, worüber keiner spricht, was viele nur im hintersten Eckchen ihres Herzens verstecken. Es ist das Gefühl, dass es uns nur recht geschieht. Das hat sich schon manches Mal bei mir eingeschlichen, als es von Bombennacht zu Bombennacht schlimmer geworden ist. Wenn man mit so einem Leid und Verbrechen gestraft wird, muss man doch etwas angestellt haben.

Das geht doch schon so lange so, und es war nur eine Frage der Zeit, bis es einmal richtig hart auf uns niederschlägt. Aber die meisten Leute wollen es immer noch nicht verstehen, sie sind fest in ihrem Glauben an den Führer, ein bisschen Gemecker, wenn's kein Fett und keinen Zucker und nur Muckefuck statt echten Kaffee gibt. Als ob Ersatzkaffee unser größtes Problem wäre! Aber wenn die Herren aus Berlin herkommen, um große Reden zu schwingen, dann stehen doch die meisten stramm.

Ich mag das nicht mehr, das kann ich dir sagen!!! Aber was soll ein Lehrmädchen aus dem Frisörsalon (den es nicht einmal mehr gibt) schon tun? Langsam verstehe ich, dass ein paar von uns am Leipziger Platz die Nase voll haben und nachts durch die Straßen streichen und Sachen an die Wände schreiben. Man muss die Leute endlich aus ihrer Verblendung aufwecken, sagen sie.

Beim Gedanken an die Liebigmanns ist mir das schon öfter durch den Kopf gegangen, aber ich habe den Gedanken

19 **Muckefuck:** Kaffee-Ersatz aus gerösteten Pflanzenteilen; Synonym für minderwertigen Kaffee

schnell verscheucht. Dann hat mir der Franz Dinge geschrieben, die ich kaum glauben wollte, aber es wird immer öfter gemunkelt, was wirklich mit den Juden im Osten passiert. Gemunkelt, keiner weiß, was wirklich ist, und man will es auch nicht genau wissen, man will und will es nicht und darf es nicht, sonst würde man gleich verzagen.

Doch ich bin nicht dumm! Sie haben den Juden zuerst ihre Geschäfte und Läden für einen Appel und ein Ei abgenommen, dann die Wohnungen und dann mussten sie selbst auch noch weg, aus dem Weg geschafft wurden sie, anders kann man es doch nicht sagen.

Wenn das einer liest, bin ich dran, das weiß ich wohl. Aber ich will das mal aussprechen. Es widert mich an, wie alles unter den Teppich gekehrt wird. Außerdem bleibt zu hoffen, dass die Herren und Damen im EL-DE-Haus in diesen Tagen etwas anderes zu tun haben, als in Briefen herumzuschnüffeln. Zum Beispiel Essen oder Hemden austeilen und dafür sorgen, dass wir wieder Strom haben.

Solche Gedanken gehen mir durch den Kopf, obwohl ich mich doch viel mehr darum kümmern sollte, wie es mit uns weitergeht.

Immerhin kam die Warnung in der Nacht zum vergangenen Sonntag rechtzeitig, obwohl es bei einer solch wahnwitzigen Gewalt am Ende schon fast egal ist. Wir waren kaum im Keller, da legte die Flak los, ein wahres Trommelfeuer. Wellen von englischen Flugzeugen, ich habe sie noch nie so laut gehört, und ich glaube, es waren größere als je zuvor. Immer wieder abwechselnd Spreng- und Brandbomben. Dann wird es endlich stiller, ein paar von uns rennen hinaus, ich hinterher, obwohl Mutti geschrien hat wie am Spieß. Edith und Toni hat sie an sich gepresst, ihnen die

Ohren zugehalten, und geschrien hat sie, bis die alte Frau Freudenberger ihr eine Ohrfeige gegeben hat. Wo du auch hinguckst, zündelt und brennt es. Das Haus gegenüber lodert, das Dach von unserem Nachbarhaus steht auch in Flammen. Da sind ein paar hoch, um zu löschen oder wenigstens rauszuschleppen, was noch geht. Da trifft uns fast der Schlag, weil im einzigen Zimmer, das noch nicht voll von Rauch und Flammen ist, zwei Frauen sitzen, Arm in Arm und lauthals betend. »Raus, raus«, schreit einer, und wo das Wasser und der Sand sind, und es gibt keinen. Und dann denke ich, dass der Dachstuhl natürlich direkt an unseren grenzt, und renne die Treppen wieder runter, vorbei an Leuten, die die Möbel und alles, was sie zusammenraffen können, nach draußen auf die Straße schleppen. Unten rufe ich Leute herbei, einen Nachbarsjungen und den Mönckmann, der auf Fronturlaub ist, und zwei Männer vom Hilfsdienst. Ich bin mir sicher, dass sie auf dem Weg zum Reichsbahnbunker in der Werkstattstraße waren, der Mönckmann hat doch bei der Reichsbahn gearbeitet. Ich lasse nicht locker und sie hören dann auch und helfen mir, bei uns oben im Haus – im Dachboden qualmt es auch schon, und zu allem Überfluss liegt eine Brandbombe, die nicht gezündet hat, auf dem Dachboden. Rolf Winterscheidt, der mit unserem Kalli in die Schule gegangen ist, packt sie und wirft sie aus dem Dachfenster, und ich hoffe, dass er nicht jemand auf der Straße damit erschlägt. Ach, es ist ein Wunder, dass sie nicht noch losgegangen ist. Man denkt die komischsten Sachen in so einem Moment. Irgendwie schaffen wir es, die Flammen zu löschen, und dann geht es schon weiter: Das Grollen der Flugzeugmotoren kommt wieder näher und jetzt donnert es erst richtig los.

Wir sind wieder runter in den Keller, es kracht und scheppert. Ich weiß sofort, dass das nicht weit weg war. Da hat mich mein Gefühl nicht getäuscht: Was wir gerade mit Müh und Not gelöscht und gerettet haben, ist nun von einer Sprengbombe zertrümmert worden. Freudenbergers haben NICHTS mehr, gar nichts, außer den Kleidern am Leib.

Es dauert alles gerade mal gut zwei Stunden, aber die reichen. Ich bin erstaunt, wie viele es einfach über sich ergehen ließen, keine Hand rührten, nicht für ihre eigenen Häuser und nicht für die, bei denen es vielleicht noch ein bisschen zu retten gab. In der Kölnischen Zeitung preist der Gauleiter natürlich schon lauthals, wie tapfer und mutig sich die unbeirrbaren Bewohner der Domstadt gegen den ungezügelten Terror der Engländer gewehrt haben. Davon habe ich allzu wenig gesehen. Die größten Helden sind natürlich die Vertreter der Ortsgruppe und die Hilfsdienste und alles, was irgendeine Uniform trägt.

Ach, Rosi, ich weiß es auch nicht, wie man es in solchen Zeiten richtig macht. Eine neue Zeitrechnung werden wir nun haben. Vorher und nachher. Gestern und morgen. Das Heute wird gestrichen. So schnell wie möglich.

Jetzt macht sich auf den Weg raus aus Köln, wer nur irgendwie kann. Mutti geht es gar nicht gut, weil die Brandwunden an den Waden nicht gut heilen. Sie hat sie sich zugezogen, als alles schon vorbei war, da ist sie losgetaumelt und in einen Haufen von brennendem Hausrat gerannt. Glücklicherweise hatte ich ihr die Mädchen schon abgenommen.

Die Ortsgruppe und die Stadtverwaltung tun nun alles, um die Folgen des Angriffs zu mildern, und vor allem dafür, dass die Stimmung nicht vollends umkippt. Aber was auf dem Boden liegt, kann auch nicht mehr kippen. Sonderzuteilungen von je 125 Gramm Fleisch und Wurst helfen dir auch nicht mehr, wenn du dein ganzes Hab und Gut verloren hast. Und wenn sie per amtlicher Bekanntmachung mitteilen, dass Textilien, Schuhe, Küchengeräte und Porzellan nur noch an Fliegergeschädigte mit entsprechender Karte ausgegeben werden (Ausnahme: Babywäsche, die bekommt weiterhin jeder!), dann nützt das weder den einen noch den anderen. Mit oder ohne Bescheinigung: Es gibt einfach nichts.

In anderer Hinsicht sind sie hingegen SEHR großzügig, das konntest du heute in der Kölnischen Zeitung lesen. Schankwirtschaften haben gefälligst den ganzen Tag über offen zu haben, sonst setzt es 50 RM Strafe für den Inhaber und Ruhetage sind auch gestrichen. Schöne Grüße, der Polizeipräsident. Wenigstens soll man sich ordentlich einen hinter die Binde kippen können, dann tut es alles nicht so weh.

Die Sondergerichte kennen nun keine Gnade mehr. Schon zwei Tage nach dem Unglück haben sie eine Frau aus der Beethovenstraße hingerichtet, weil sie sich Sachen genommen hat, die herumlagen. Mein Gott, das gehört sich nicht, ja, es ist sogar eine Schweinerei, aber sie deshalb aufhängen? Der Rauch ist noch über die Stadt gezogen und sie haben die Frau schon ins Jenseits befördert.

Drüben in der Mauenheimer Straße kochen sie sogar auf der Straße und backen Brötchen, die aber bestimmt zum größten Teil aus Sägemehl bestehen. An Mehl ist gerade gar nicht zu kommen, obwohl sie Himmel und Hölle in Bewegung setzen, um aus anderen Regionen wenigstens das Notwendigste nach Köln zu karren.

Und was tu ich, dein Lenchen? Ich stolpere über Trümmerhaufen und fühle mich so gar nicht mehr wie ein Lenchen, nicht einmal mehr wie eine Lene. Es ist jetzt so, als sei ganz plötzlich aus der Nippeser Göre von einem auf den nächsten Tag eine Frau geworden, die das Leben gesehen hat. Ohne Übergang. Die Jugend ist schon weggepustet, ohne dass ich sie mitbekommen hätte. Am Samstag beim Ausflug nach Bad Breisig war es noch da, dieses Gefühl, mit Erich. Auf der Rückfahrt hat er meine Hand gestreichelt, das hat er vorher nie gemacht, manches Mal habe ich gedacht: Lene, du bildest dir alles nur ein, dass er dich ein bisschen mehr mag. Nicht nur als Kameradin, mit der man ins Kino gehen oder ein Wanderlied singen kann. Besonders als er sich einfach so ins Süddeutsche davongestohlen hat, dachte ich, vielleicht war alles nur ein Hirngespinst. Aber dann am Samstag. Als seine Hand die meinige genommen hat, auf dem Rheindampfer, da wusste ich es auch ohne viel Gerede. Und dann hat er einfach nur gesagt, dass er nie wieder fortläuft, wenn … ja, wenn … ja, wenn … Dreimal versucht er es zu sagen und dann muss ich ihm helfen und lege den Zeigefinger auf seine Lippen und den Kopf auf seine Schulter. Dann legt er den Arm um mich, und ich spüre, wie viele Muskeln er hat, und denke, jetzt kann mir nichts mehr passieren. Und ich mache die Augen zu und er pfeift leise eine Melodie, das Tuckern des Schiffs, das Plätschern des Rheinwassers und der Arm um meine Schulter, nein, das sollte durch gar nichts gestört werden.

Darf man denn in diesen Zeiten die Augen einfach schließen und den Arm um deine Schulter spüren und sich fühlen, als wäre man mit ihm allein auf der Welt? Wo ihn dir eine Kugel oder eine Bombe fast jederzeit nehmen könnte?

Seit der Bombennacht habe ich keine Nachricht mehr

von Erich, und auch die anderen vom Leipziger Platz wissen nicht, was mit ihm ist. Aber so geht es vielen, und oft ist es ein Fehlalarm, weil in diesen Tagen ein jeder sich erst einmal um sich und seine Liebsten kümmern muss. Es schnürt mir das Herz zu, aber dann habe ich wieder so viel damit zu tun, mich um die Kleinen zu kümmern, um Mutti, um Verbandszeug und Brandsalbe, um etwas zu essen, dass ich wie betäubt einfach nur funktioniere.

Es tut mir so bitter leid, dass ich dir fast gar nichts Gutes schreiben kann, verzeih es mir, dass ich dir in deinem schönen Örtchen in Schlesien die Laune verderbe. Man findet auch einfach kaum noch Zerstreuung. Den Filmplast auf der Hohen Straße haben beim letzten Angriff im April ↗ schon die Flammen geholt, die Schauburg und das Agrippina sind nun auch hinüber. Das Café Wien und am Rudolfplatz das Café Franck: am Boden. Man sollte jetzt sein Geld in Kinos oder Kaffeehäuser stecken, das würde wenigstens in der Zukunft ein gutes Geschäft, wenn sie dir nicht gleich wieder zerbombt werden.

Stattdessen brühe ich uns nun einen Muckefuck, der leider im Moment fast nur noch aus Zichorien besteht. Dazu backe ich ein Kartoffelbrot, ein bisschen Rübensirup drauf, das ist in solchen Zeiten fast so gut wie eine Käsesahnetorte aus dem Café Wien. Siehst du, mich kriegt der Engländer nicht klein. Soll er doch Bomben werfen!

Kartoffeln gibt's übrigens genug, weil ich gestern und heute mit den Mädels vom BDM beim Schälen für die Notversorgung eingesetzt wurde. Zentnerweise Kartoffeln für die Gulaschkanone! Wie haben wir die Messer geschwungen, wie ein Kosakenregiment die Säbel, und jede von uns durfte am Ende fünf Kilo mitnehmen. Immerhin.

21 **Zichorien:** Pflanzen, aus deren Wurzeln Kaffee-Ersatz hergestellt wurde | 30 **Kosakenregiment:** Kosaken: kriegerische Reiterverbände aus den Steppengebieten Osteuropas, die unter anderem mit einem Säbel (Schaschka) bewaffnet waren

Schreib mir von Sonnenschein und Glück, von Liebe und vom blauen Himmel und den Sternen. Oder vielleicht von deinem jungen Herrn Ansgar. Hat er sein Versprechen gehalten und dir geschrieben?

Es grüßt dich von Herzen
deine Ruinen-Lene

Franz – im Osten, 9. Juni 1942

Liebe Lene,
noch immer habe ich keine Nachricht aus Köln und es will mich im Innersten zerreißen. Lebt ihr alle? Geht es euch gut? Habt ihr ein Dach über dem Kopf? Was ist mit Oma Stina und Opi? Ein Kamerad aus dem Bergischen hat bereits Nachricht von seiner Frau. Sie schreibt, dass sie in der Nacht den Feuerschein Kölns und am Tage die Rauchschwaden von weit her sehen konnten.
Gerüchte schwirren herum. Keiner weiß, was er für bare Münze nehmen kann. Wenn ich die Berichte im Radio höre, gibt es auch kein einheitliches Bild. Ihr daheim müsst wahrhaft wie die Helden um die Stadt gekämpft haben, ja, nun wissen wir endgültig, dass es nicht nur eine Front in diesem Krieg gibt. Die Heimatfront ist nicht mehr bloß ein Wort, das steht wohl fest. Hier macht ein neuer Witz die Runde: Feigling ist, wer sich von Köln an die Ostfront versetzen lässt. Uns Kölnern bleibt der Witz im Halse stecken.

Ich hoffe und ich bete, dass euer Schweigen einzig und allein an der Post liegt. Ich gehe einfach davon aus. Denn alles andere würde mich in die Verzweiflung treiben. Es war schon vorher schwer genug, aber jetzt hat es sicher auch die

Postämter erwischt, davon ist auszugehen. Einer der Kameraden hat erfahren, dass fast alle unsere schönen alten Kirchen hinüber sind, da wird es auch die Post getroffen haben. Ich weiß, es ist viel verlangt, aber wäre es nicht vielleicht eine Möglichkeit, dass du nach Bonn fährst, um die Post aufzugeben? Ich brauche ein Lebenszeichen von euch! Ein Telegramm geht auch! Wir marschieren fast jeden Tag voran, aber es kommt einiges durch zu uns. Manchmal eine Menge auf einmal, vorgestern ein Päckchen aus Hönningen und gleich 2 von Rosi. Sie ist ein echter Schatz, ja, das kann man nicht anders sagen. In einem waren Rasierklingen. Als hätte sie es geahnt. Ich brauchte sie dringend, aber ich wollte euch nicht bitten, schon gar nicht jetzt. Sie hat es erraten, vielleicht aus meinen Briefen. Ihr Mädchen lest ja immer zwischen den Zeilen und hört Dinge aus dem, was man sagt, von denen wir Männer gar nicht wissen, dass wir es sagen wollten.

Zeit für eine ordentliche Rasur bleibt uns kaum. 35 bis 40 Kilometer marschieren wir jeden Tag bei gar nicht gutem Wetter. Die Nächte verbringen wir im Zelt auf dem Boden, oft draußen und ohne ein Dach über dem Kopf. Stiefel und Hosen bleiben an. Manchmal hast du dich kaum hingelegt, und plötzlich ist es 3 Uhr morgens und schon heißt es: Auf, auf!

Der Feind ist seit mehr als 2 Wochen fort, obwohl es anfangs so aussah, als erlebten wir wieder eine Katastrophe hier im Osten. Was der Russe an Material auffahren kann, ist beängstigend und auch an Entschlossenheit fehlt es den Truppen nicht. Aber unseren unbedingten Willen zum Sieg unterschätzt der Feind wohl. Wir schließen den Ring um die Russen immer weiter, jetzt sieht es ganz umgekehrt nach einer Katastrophe für die anderen aus.

Gleich muss ich versuchen, die Augen ein wenig zu schließen. Die Kameraden schimpfen schon, weil das Licht noch brennt.

Mich quält die Angst um euch, aber ich will die Zuversicht nicht verlieren. Et hätt noch emmer jot jejange! So sehen wir Kölner das, stimmt's? Und es wird auch weiterhin gut gehen.

Dein Bruder Franz

PS: Wenn es unser Haus schlimm erwischt hat, musst du dir eine Bescheinigung beim Polizeipräsidium holen. Ich habe schon Urlaub beantragt, aber das dauert alles ewig. Sag, dass ich der Familienernährer bin, das ist ganz wichtig, auch wenn es nicht so ganz stimmt. Ihr tapferen Mädels zu Hause seid es doch, die die Kröten zusammenbringen. Da bin ich ganz stolz auf euch.

Rosi – Strehlen, 12. Juni 1942

Liebe Lene,
was sind das für Nachrichten, die hier zu uns dringen, auf allen Wegen – nur solche Katastrophen. Im ersten Augenblick denkt man: Was für ein großes Glück, dass es mit ein paar Brandwunden an den Beinen von deiner Mutti ausgegangen ist. Aber so zu denken zeigt, wie verrückt alles geworden ist. Weil man so viel Schreckliches erlebt hat, kommt es einem vor, als sei das eine gute Nachricht. Dass du dich mit deinem Erich vertragen hast, das ist eine richtig gute Nachricht. Da kannst du mir von dieser Scarlett mit ihrer Plantage und ihrer Schrotflinte vorschwärmen: Am

5 **Et hätt … jegange:** (kölsche Redensart) ›Es ist bisher noch immer gut gegangen.‹

Ende willst du doch einen Burschen, der dir den Kopf verdreht und starke Arme hat. Er wird bald seinen Kopf aus dem Staub strecken und sich schütteln und alles ist gut. Unkraut vergeht nicht, wird er rufen und dir einen Kuss zuwerfen, da bin ich mir ganz sicher.

Was du mir sonst von ihm schreibst, macht mir natürlich Sorgen, egal in welchem Umschlag du die Post verschickst. Du bist doch recht vorsichtig und lässt dich nicht in etwas hineinziehen? Es wird mit vielem Schindluder getrieben, das ist immer so, wenn eine große neue Sache entstehen soll, und das soll sie doch, das will ich immer noch glauben. Und vieles wird am Ende nicht so schlimm sein, du weißt, wie die Leute schwatzen und aus einer Mücke einen Elefanten machen. Wenn der Krieg erst vorbei ist, wird man sich an einen Tisch setzen und alles wieder ins Lot bringen, darauf müssen wir hoffen. Bis dahin muss sich ein jeder durchbringen.

Mir geht es hier fast noch wie im Schlaraffenland, obwohl sich in den letzten Wochen die Stimmung arg verschlechtert hat.

Die Einheimischen beschweren sich immer mehr, weil der Ort von Bombenweibern überschwemmt wird. Ja, so nennen sie uns Mädchen und Frauen aus dem Westen. Bombenweiber. Wenn du hören könntest, wie abfällig das aus ihrem Mund klingt. Wobei man zugeben muss, dass es tatsächlich immer mehr werden.

Die Oberschule für Jungen ist schon in die verlängerten Ferien gegangen und das Mädchengymnasium haben sie auch vorübergehend geräumt. Es gibt hier mittlerweile mehr Kinder aus der Kinderlandverschickung als welche aus der Gegend. Und ganz plötzlich sind auch bei uns die

9 **Schindluder getrieben:** (ugs.) übel umgegangen

Tische nicht mehr so üppig gedeckt. »Die holen uns das weg«, wird geschimpft, »alles geht nach da drüben, als ob der Schlesier nicht selbst schwer dran trägt.«

Der Ortsgruppenleiter musste auf dem Wochenmarkt auf einen Obstkarren steigen und eine ziemlich flammende Rede halten, von wegen der Volksgemeinschaft und dem Zusammenhalten, Arm in Arm an allen Fronten gegen die Bolschewiken und all das. Fast konnte man meinen, dass der Führer persönlich da oben steht, einerseits weil er das gleiche Bärtchen auf der Oberlippe trägt, aber auch weil er gefuchtelt und geschrien hat wie der Reichskanzler in der Wochenschau.

Irgendwie hat sich die ganze Menge dann wieder zerstreut und jeder zugesehen, dass er seine Eier und seine Rüben bekommt oder was er so brauchte. Die Frau vom Apotheker hat gezischt: »Wolln wir mal sehen, wie die Arm in Arm mit uns sind, wenn der Russe uns holt.« Ganz feindselig guckt sie mich dabei an. So denken hier viele, aber bis vor Kurzem hat sich keiner getraut, das einfach so zu sagen.

Frau Schlotzke ist sehr gut mit mir. Fast komm ich mir wie die Tochter des Hauses vor. Sie hat sich immer eine Tochter gewünscht. Wenn wir abends beisammensitzen, erzählt sie mir davon, wie sie lange vor dem Krieg in Berlin gewohnt hat. »Ick bin eene waschechte Bahliner Jöre«, sagt sie dann, obwohl man ihr das sonst nicht anhört. »Der Lothar hat mir vonna Bühne wech jeheiratet, bei'n Astoria-Girls hab ick die Beene jeschwungen, und die waren schöna als die von jroßen Divas aus die Ufa-Filme.«

Man darf es gar nicht laut sagen, aber die ehrbare Frau Schlotzke war eine ganz Verruchte, das behauptet sie jedenfalls. Alles unter dem Siegel der Verschwiegenheit. Hier im

Ort weiß natürlich niemand etwas davon und ihre Schwiegereltern schon gar nicht. Jetzt ist sie die Vorsitzende der NS-Frauenschaft und auf den Führer lässt sie nichts kommen. »Ick war erst knackige 17 Jährkens alt, da weiß man es nich so. Und der Lothar war noch inner Lehre, uff Kaufmann wollta machen, ins schicke Kaufhaus Wertheim hat Schlotzke senior ihn jeschickt.«

Ich glaube, die Frau Schlotzke musste dann heiraten, weil was Kleines im Anmarsch war, nämlich Lothar III., der ältere von den beiden Schlotzke-Brüdern. Lenchen, glaube mir, das sind mir die schönsten Abende, wenn Frau Schlotzke sich ein Likörchen (am liebsten trinkt sie selbst gemachten Eierlikör) einschenkt und ich am Küchentisch Bezugsmarken einkleben muss. Frau Schlotzke ist arg sorglos damit. Die dritte Reichskleiderkarte gilt zwar noch bis Ende des Jahres, aber man kann ja nicht am Silvesterabend die ganzen Schnipsel einkleben.

Mit mir hat sie jetzt jedenfalls eine, die alles nachhält. Das Kassenbuch führe ich auch schon.

Frau Schlotzke steht beim Einkleben hinter mir und trinkt und seufzt und kämmt mir die Haare und seufzt weiter, wie schön und deutsch mein Haar sei, im Astoria hätte man sie mir sicher zu einem goldenen Bubikopf geschnitten. Ihre Beine sind heute noch sehenswert, und wenn ich sie mit meinen vergleiche, weiß ich ganz genau: Ich wäre kein Revue-Girl geworden. Goldener Bubikopf hin oder her.

Aber was schwatze ich, wo du die wichtigste Nachricht noch gar nicht kennst: Du weißt ja noch gar nicht, dass Mama und das Walterchen vorige Woche hier angekommen sind. Sie wohnen in dem kleinen Gartenhäuschen neben den Kaninchenställen, was natürlich besonders dem

3 **NS-Frauenschaft:** Frauenorganisation der NSDAP, die 1931 gegründet wurde | 15 **Reichskleiderkarte:** 1939 eingeführte Bezugskarte (vgl. Anm. zu 37,15) | 23 **Bubikopf:** Kurzhaarfrisur für Frauen, besonders in den 1920er Jahren modern

Kleinen einen riesigen Spaß macht. Er steht den ganzen Tag am Gitter und schiebt Gras hinein. Zur Sicherheit habe ich die Türen der Verschläge verkeilt. Walterchen bringt es fertig, sie alle herauszulassen, und das Theater möchte ich nicht erleben. Wenn er wüsste, dass die puscheligen Hüpfer allesamt im Bratentopf landen – das gäbe ein Geschrei. Frau Schlotzke war über diesen Familienzuwachs nicht sehr begeistert, aber sie hat es hingenommen.

Immerhin hat Mama sofort eine Arbeit als Näherin bekommen, natürlich werden in der Firma Uniformen hergestellt, für etwas anderes dürfen die riesigen Stoffballen, die geliefert werden, nicht herhalten. Auf jeden Faden und jede Litze wird geachtet, und wenn auch nur ein Wäscheband verloren geht, kann dir das größten Ärger einbringen. Da merkt man, dass auch Uniformen ganz und gar kriegswichtig sein können. Man muss schließlich wissen, auf wen man schießen soll und auf wen nicht. Da gäbe es ohne Uniformen doch ein fürchterliches Durcheinander, sagt ihre Vorarbeiterin. Dann müssen wir ihnen die Uniformen wegnehmen, sagt darauf eine serbische Arbeiterin, dann höre das Schießen und der ganze Krieg bald auf. Das ist ihr nicht gut bekommen. Als Zwangsarbeiterin hält man besser seinen Mund. Mama sagt, sie sei am nächsten Tag nicht zur Arbeit gekommen und auch danach nicht mehr.

Serben gibt es hier ganz viele und sowieso begegnet man oft den langen Kolonnen von Arbeitern aus den Lagern. Irgendwer muss ja in die Steinbrüche und Bergwerke. Manchmal holt sich Frau Schlotzke auch ein paar Burschen in den Laden, wenn es schwere Arbeiten zu erledigen gibt. Für eine ordentliche Mahlzeit sind die Arbeiter ganz dankbar und mehr kosten sie dann auch nicht.

13 **Litze:** gedrehte oder geflochtene, schmale Schnur, die als Verzierung, Einfassung oder Rangabzeichen an Uniformen dient

Und damit du nicht ganz ohne Klatsch und Tratsch in Köln herumsitzen musst: Ich habe Post aus München bekommen. Ach, das verrate ich dir einfach nicht, ich lass dich auf glühenden Kohlen sitzen, dann freust du dich auf meinen nächsten Brief. Das tust du sowieso, das weiß ich doch, aber Frau Schlotzke ruft, was ihre Lungen hergeben.

Nur so viel: Dem jungen Baron ist das Röschen nicht gänzlich aus dem Sinn gegangen.

Herzallerliebste Grüße sendet dir

das *liebste* Fräulein Rosemarie (so schreibt mir nämlich der junge Herr Baron!!)

Lene – Köln, 18. Juni 1942

Liebe Rosi,
hier sind wir so sehr mit den alltäglichsten Dingen beschäftigt, wenn man bei all der Zerstörung noch von Alltag sprechen kann! Ich komme kaum hinterher mit dem Schreiben, obwohl ich weiß, dass ihr alle auf Neuigkeiten von uns wartet. Zuerst die beste aller Nachrichten: Meinem Erich geht es gut. Er hatte mir sofort nach der Katastrophe einen Nachbarsjungen mit einer Nachricht geschickt, aber der kleine Mistkerl hat zwar das große Stück Fleischwurst, das Erich ihm dafür gegeben hat, verschluckt, aber den Zettel für mich wahrscheinlich gleich mit. Doch nun hat Erich sich gemeldet: aus einem kleinen Dörfchen im Westerwald, wo eine Cousine von ihm hingeheiratet hat. Knapp 70 Kilometer, die ihm wie eine Weltreise vorgekommen sind, weil er das letzte Hab und Gut der Familie auf zwei Leiterwagen dabeihatte. Alles zu Fuß! Er hat zwei Tage nach dem

schrecklichen Angriff seine Mutter, seine beiden jüngeren Brüder, seine Tante und eine Cousine dorthin gebracht. Sie saßen in einer alten Wagenhalle drüben in Deutz fest, ihr Haus und das Nachbarhaus, wo seine Tante und Onkel wohnten, sind hinüber, der Onkel war auf Heimaturlaub und ist nun tot. Wäre er besser in Frankreich geblieben! Erichs Vater darf nicht aus der Stadt, weil er bei Ford arbeitet. Die Fordleute lassen sie nicht weg, keinen Schritt, aus Angst, dass die kriegswichtigen Betriebe dann bald leer stehen. Der Erich und sein Vater haben jetzt eine neue Unterkunft in einem Männerheim gefunden. Am liebsten hätte ich ihnen angeboten, zu uns nach Nippes zu ziehen, aber das geht natürlich nicht. Andererseits: Warum eigentlich nicht? Wo alles drunter und drüber geht, soll mir doch keiner mit Schicklichkeit und Anstand kommen.

So, das war die wichtigste Nachricht. Und jetzt muss ich dir erst mal den Kopf waschen. Warum? Wegen deiner – wie ich finde – sehr unbedachten Zeilen. Glaubst du wirklich und wahrhaftig, dass wir einfach abwarten können, bis alles vorbei ist?! Ich kann nicht glauben, dass du wirklich meinst, dass Leute, die ihre Meinung sagen, aus einer »Mücke einen Elefanten« machen. Und wie verblendet ist es denn anzunehmen, es komme »einfach so« alles wieder ins Lot???

Rosi, ich wundere mich ein bisschen über dich. Das ist nicht die unerschrockene und aufrechte Rosi, die ich kenne. Aber lass uns nicht über die Politik unsere Freundschaft entzweigehen, also schweigen wir lieber darüber. Aber ich bin nicht (!) deiner Meinung!

Um auf ein besseres Thema zu kommen: Liebstes Fräulein Rosemarie?! So schreibt der junge Herr Baron? Wenn du mich noch einmal auf die Folter spannst und mich dann im Ungewissen sitzen lässt, kriegst du ebenfalls einen großen Ärger. Dann komme ich nach Strehlen und lege dich eigenhändig übers Knie. Das schaffe ich, ganz bestimmt. Ich war schon immer kräftiger als du, auch wenn man es mir nicht ansieht.

Aber es kommt natürlich nicht infrage, dass ich von Köln weggehe. Ich bin und bleibe ein kölsches Mädchen. Wenn wir alle davonlaufen, wer soll dann auf unser Städtchen aufpassen? Außerdem haben wir Mutti endlich davon überzeugt, dass sie für ein paar Wochen zu den Hönningern geht. Ihr hat das gar nicht gepasst, da ist sie ganz wie ich. Aber Edith und Toni zuliebe hat sie es dann doch getan. Für zwei so kleine Mäuse ist dieser Schutthaufen hier ganz und gar der falsche Ort. Vatis Verwandtschaft war immer gut zu ihr, da gibt es keinen wie unseren Kalli, der die andere Familie hasst. Einer muss natürlich hierbleiben, auf die Wohnung aufpassen. Das bin ich.

Wenn man einmal weg ist, wer weiß, ob man sie nachher zurückbekommt. Von der Ortsgruppe kommen nämlich jetzt die Kontrolleure, um zu schauen, was noch bewohnbar ist und ob du nicht total Ausgebombte aufnehmen kannst, wenigstens vorübergehend, bis für die dann auch wieder eine endgültige Lösung gefunden wurde. Die Freudenbergers werden wir nicht so schnell wieder los, das steht fest, und wahrscheinlich bekommen wir auch noch andere dazu. Als wir die aus der Turmstraße aufgenommen haben, war es noch in Ordnung, weil wir sie vom Sehen kannten und es klar war, dass es nicht für lange sein würde. Jetzt sieht die Sache anders aus.

Angeblich haben sich 200 000 auf den Weg ins Umland

oder zu Verwandten gemacht (stell es dir vor, das ist ungefähr ein Viertel der Einwohner von Köln!), und trotzdem gibt es nicht mehr genug Unterkünfte für die, die bleiben wollen oder müssen. In der Eifel werden die Sommerfrischler aus anderen Gegenden nach Haus geschickt, um den Evakuierten aus Köln Platz zu machen. Onkel Hugo sagt, dass überall in den Behörden Tag und Nacht gearbeitet wird, damit die, die es verdienen, ihre Entschädigungen bekommen und außerdem die Leute auf den Straßen und Plätzen versorgt werden, wenigstens mit einer Schüssel Suppe.

Obwohl Onkel Hugo jetzt also fast rund um die Uhr arbeitet, sehe ich ihn recht häufig, zwar nicht mehr zu Hause am Küchentisch, dafür aber im Amt. Da schreibe ich mir Tag für Tag die Finger wund, zweimal war ich sogar schon bei seinem Vorgesetzten, Dr. Fischenich, zum Diktat. Ein widerlicher Kerl, der mir immer auf den Busen geschaut hat. »So schnell hat bisher kein Fräulein stenografiert und dann auch noch so ein frisches Ding!«, hat er gesagt und ich habe mich geekelt. Der Sabber ist ihm gelaufen.

Jedenfalls bringe ich morgen Mutti und die Kleinen nach Hönningen, alleine lasse ich sie nicht losziehen, das ist mir zu heikel. Aber es ist einfach besser so. In der Nacht hatten wir wieder Alarm, trotz der dichten Wolkendecke. Zwei Stunden hat es gedauert. Ein paar Flieger sind beharrlich über der Stadt gekreist, nur ab und zu hat einer versucht, durch die Wolken zu gucken, aber diesmal hat unsere Flak geschossen, was die Kanonen hergaben. Abwerfen konnten sie nichts über Köln, aber in und um Bonn muss es gebrannt haben. Hoffentlich, hoffentlich kommen sie nun nicht auch nach Hönningen! Das wäre es noch! Ans Aufgeben denkt

4 f. **Sommerfrischler:** Urlauber

der Tommy jedenfalls nicht, warum auch? Er kann ja nahezu ungehindert fliegen, wohin er will, und ein paar Mauern stehen schließlich noch, die er umschießen könnte.

Im Salon die Haare wegfegen, das ist für mich jetzt endgültig vorbei. Die traurige Nachricht kam vorgestern: Madame Céline hat die schreckliche Nacht nicht überlebt. Der Luftschutzkeller am Kaiser-Wilhelm-Ring ist glatt durchschlagen worden, gleich 25 Tote hat es gegeben, Madame gehört auch dazu. Samstags trinkt sie doch immer ein Gläschen Roten von der Ahr mit Frau Schnabel, die mit der kleinen Druckerei für Briefpapiere und Schreibwaren. Auf dem Heimweg konnte Madame sich so eben noch mit Frau Schnabel in den Keller flüchten, aber das hat sie nicht gerettet. Der Petrus wird ihnen am Himmelstor den Schwips verzeihen.

Kalli ist womöglich einer der Nächsten, die am Himmelstor anklopfen. Rosi, es ist furchtbar! Zuerst konnte er nicht schnell genug in das Lager in der Eifel kommen, jetzt, wo hier alles auf dem Kopf steht, will er unbedingt in Köln sein, weil er eigenhändig (und wenn nötig, im Alleingang) die Stadt vor dem bösen Feind beschützen muss. Er will ein Held werden, auch wenn es ihm den Heldentod bringt. Ein Kindskopp ist er, nichts anderes. Wir haben es ihm verboten, er soll nun bleiben, wo er ist.

Kuss und Gruß
deine Lene

Kalli – Köln, 20. Juni 1942

Liebe Lene,

deine Nachricht, dass ich in Vossenack bleiben soll, hat mich nicht mehr erreicht. Frau Freudenberger hat es mir gesagt. Ich bin nämlich längst wieder in Köln und war ganz erstaunt, dass ich euch nicht angetroffen habe. Zuerst hatte ich einen großen Schreck, weil ich glaubte, dass euch etwas passiert ist. Die Frau Freudenberger hat mir aber erzählt, dass ihr nach Hönningen gefahren seid und Mutti auch dort bleiben soll.

Ich konnte auf keinen Fall in der Eifel bleiben. Auch wenn Mutti nicht wollte, dass ich wieder nach Köln fahre, musste ich es tun. Sowieso glaube ich nicht, dass Mutti es verbietet. Gib zu, dass du dahintersteckst? Mutti hat mich in allen Briefen in der letzten Zeit immer gelobt. Sie ist stolz darauf, dass ich meinen Dienst tue. In solchen Zeiten braucht man jede Hand in unserer Heimatstadt. Dort auf dem Land haben wir doch nur so getan, als ob Krieg wäre, während man in Köln gegen den Terror der Engländer seinen Mann stehen muss.

So hat es mir der Sebastian Plötzsch geschrieben, mit dem ich in die siebte Klasse gegangen bin. Sein Vater ist jetzt im Bann für die Hilfskräfte der HJ zuständig, die mit dem SHD und der Polizei für Ordnung sorgen. Ich kann bei der Familie Plötzsch wohnen, die sind in Lindenthal noch einigermaßen verschont geblieben und wohnen in einem schönen Haus am Gürtel, mit Garten, da ist genug Platz, auch wenn sie im Anbau eine vierköpfige Familie aus Ehrenfeld aufnehmen mussten. Abends wird immer vom guten Geschirr gegessen, jeden Abend warm und mit Servietten aus weißem Stoff. Damit trau ich mich gar nicht mir den Mund abzuputzen.

Herr Plötzsch will dafür sorgen, dass ich bald auch an der Flak ausgebildet werde, darauf freue ich mich besonders. Vorerst helfe ich beim Bombenzählen und muss natürlich mit ran, wenn doch noch Leute unter den Trümmern gefunden werden. Das sieht dann nach drei Wochen nicht schön aus, aber irgendeiner muss die Arbeit tun. Das Bombenzählen ist sehr wichtig, sagt Herr Plötzsch. Wir müssen genau wissen, welche Schäden verursacht wurden. Es muss alles aufgeschrieben werden. Alles holen wir uns eines Tages zurück von diesen Verbrechern in London. Diesen Churchill werden wir uns schnappen. Dann kriegt er die Rechnung vorgelegt, bevor wir ihn vors Kriegsgericht stellen. Oder besser gleich an die Wand und kurzen Prozess.

Du siehst, dass ich hier gebraucht werde und meinen Dienst für Volk und Vaterland leisten muss. Und ich will es auch. Eines Tages, wenn wir den Krieg siegreich hinter uns gebracht haben, wird man nämlich fragen: Was hast du damals getan? Wo warst du, als dein Volk dich gebraucht hat? Und dann will ich nicht dastehen und sagen, dass ich in Hönningen die Beine ins Rheinwasser hab baumeln lassen oder in der sicheren Eifel nur Trockenübungen gemacht habe. Wenn du das von mir verlangst, ist das ein Verbrechen, das solltest du wissen. Fast so schlimm wie Wehrkraftzersetzung oder wenn man desertieren würde.

Also, gib Ruhe mit solchen Sachen und stachele Mutti nicht gegen mich auf. Es ist schlimm genug, dass du dich nicht selbst mehr für die Sache des Führers einsetzt. Zupackende Hände brauchen wir an allen Stellen.

Und wage es nicht, nach Lindenthal zu kommen und großes Tamtam zu machen.

Die Kleinen sollst du von mir grüßen und drücken und natürlich Mutti auch. Der schreibe ich aber selbst noch. Ich glaube, dass sie besser versteht, was für mich wichtig ist.

Heil Hitler!

Dein Karl Friedrich

Lene – Bad Hönningen, 22. Juni 1942

Lieber Franz,
es ist ganz schrecklich, dass uns die Reichspost gerade jetzt so furchtbar im Stich lässt. Hier von Hönningen aus geht die Post zwar noch hinaus in die Welt, aber wir wissen natürlich weniger denn je, wann sie irgendwo ankommt oder ob sie überhaupt ihr Ziel erreicht. Und dann kreuzt sie sich natürlich mit den Antworten, die ja weiterhin nach Köln adressiert sind. Deinen Brief vom 9. Juni habe ich dort noch erhalten und dir auch prompt mit einer Luftpostkarte geantwortet. Und vorher hatte ich dir auch geschrieben, direkt nach dem Angriff. Diesen Brief hast du wahrscheinlich nicht bekommen, er war mit Durchschlag an Rosi. Sie hat ihn bekommen, aber du wohl nicht.

Also noch einmal: Uns allen geht es gut, den Umständen entsprechend. Mutti hat sich auch wieder einigermaßen beruhigt, und ich habe es geschafft, sie mit den Kleinen nach Bad Hönningen zu verfrachten, wo ich im Moment auch bin. Das Haus in Nippes ist zwar getroffen worden, aber unsere Wohnung ist halbwegs heil geblieben. Die Fenster sind alle hinüber, ausgerechnet an diesem Abend sind wir flugs in den Keller und haben vergessen, sie zu öffnen. Es gab mehr als einen Treffer in der Umgebung, den Druckwellen haben die Scheiben nicht standgehalten.

In den oberen Stockwerken sieht es arg aus, das Dach ist offen, alles darunter verwüstet, und bei Regen können wir das Wasser gleich in Eimern sammeln, zum Brandschutz für den nächsten Bombenhagel, so löchrig sind die Decken. Onkel Hugo hat versprochen, dass er sich darum kümmert, während wir weg sind.

Eine Bescheinigung bekomme ich nicht, das habe ich schon versucht. Dafür sieht es bei uns nicht schlimm genug aus. Einen halben Tag habe ich beim Polizeipräsidium angestanden, in der falschen Schlange, ich habe mir die Haare gerauft! Du sollst es beim Regiment trotzdem beantragen, hier und da sind sie bei Kölnern mit den Urlaubsscheinen jetzt großzügig. Auf dem Rückweg habe ich geschaut, von wo gerade die Züge mit Verwundeten angekommen sind. Auch aus dem Osten waren welche dabei. Die haben sie aber nicht ausgeladen, weiter ins Saarland sollten die Verletzten gebracht werden, weil es in Köln nun wirklich genug Geschädigte gibt, die die Krankenbetten brauchen.

Es war kein schöner Anblick, nein, beileibe nicht, und die Angst um dich hat mich gepackt. Wir sind hier alle schon arg abgestumpft, man glaubt, dass man nun alles schon einmal gesehen hat. Deine Kameraden, die sie für eine Verschnaufpause aus den Waggons getragen haben – ich will es gar nicht beschreiben, denn in jedem Gesicht habe ich meinen Bruder gesehen, dich, lieber Franz, und es hat mich gequält, mehr als unser eigenes Leid.

Auch wenn wir uns an Tod und Verderben spätestens seit dem letzten Maiwochenende gewöhnt haben, macht mir etwas anderes solche Angst. So viele von den jungen Kerlen sehen aus wie alte Männer. Am schlimmsten sind die toten Augen. Tote Augen in grauen, alten Gesichtern, auch wenn viele kaum älter sind als du.

Du musst ganz furchtbar gut auf dich aufpassen, Fränzchen, hörst du?! Niemals will ich einen solch toten Blick bei dir sehen.

Uns fällt das Luftholen hier in Hönningen um einiges leichter, das kann ich dir sagen. Nur ein paar Kilometer den Rhein hinauf und die Welt wirkt auf den ersten Blick fast schon normal. Für uns Kölner ist es kaum zu fassen, aber es machen in den malerischen Örtchen des Rheintals immer noch Leute Ferien. Vorwiegend Soldaten auf Urlaub, meistens mit viel Lametta. Aber gut, auch die Herren Offiziere brauchen ihre Erholung, dabei sahen die oft ganz und gar nicht so sehr zerzaust aus. Da werden wohl Unterschiede gemacht, was die Urlaubsscheine angeht, den Eindruck werde ich nicht los. Meckern sollte ich nicht, schließlich können auch wir durch Onkel Hugos Stellung den ein oder anderen kleinen Vorteil genießen. Manchmal habe ich ein schlechtes Gewissen deswegen, doch dann frage ich mich wieder: Warum sollten wir nicht? Wir sind in Zeiten angekommen, in denen jeder sehen muss, dass er sich und die Seinen in Sicherheit bringt.

Tante Sofie und die anderen sind sehr freundlich zu uns, was man nicht unbedingt erwarten konnte. Seit Vati nicht mehr da ist, haben wir nur wenig Kontakt, eigentlich nur wenn die Tante uns in Köln besucht hat. Mutti ist da ja sehr zurückhaltend gewesen, und welche Sprüche unser kleiner Bruder von sich gibt, wegen Onkel Willi usw., das weißt du ja.

14 **Lametta:** eigtl. Christbaumschmuck; hier ugs.: Rangabzeichen und Orden an der Uniform

Tante Sofie hält sich wacker, obwohl sie eigentlich wenig zu lachen hat. Unsere Cousine Helga hat einen Jungen zur Welt gebracht, ein süßer Pummel mit pechschwarzen Haaren, den haben sie auf den Namen Siegfried getauft. Er kam schon als Halbwaise auf die Welt, denn Helgas Herbert ist gefallen, als Helga im achten Monat war. Jetzt hat sie ein Kind und ist Kriegerwitwe. Mit 20!

Vorerst brüllt der kleine Siggi gerne und laut und ist nur ruhig, wenn er etwas zu futtern kriegt. Die arme Helga kann einem leidtun. Tante Sofie muss alleine schauen, wie sie für alle was zum Beißen bekommt. Sie ist eine starke Frau, alle Achtung! Inzwischen hat sogar Vetter Theo den Stellungsbefehl bekommen. Irgendwo im Hessischen lernt er im Eiltempo, wie man ein Maschinengewehr bedient, und dann kommt er wohl zu den Pionieren, Richtung Osten, wie fast alle in diesen Tagen. Ihr seid dort schon so viele, irgendwann muss es doch genug sein, sagt man sich.

Und dann kommen auch die schlechten Gedanken, wenn man sich's genau überlegt: Vielleicht kommt stattdessen der eigene Bruder zurück, wenn ein neuer, frischer Mann an die Front geschickt wird. So sollte man nicht denken, nein, wirklich nicht. Schließlich haben diese Männer auch eine Schwester oder Frau oder Mutter.

Tante Sofie, die bewundere ich. Sie behält immer ein Lächeln auf den Lippen und arbeitet jetzt in der Bäckerei gleich hinter dem Rathausplatz. Erinnerst du dich noch an die? Goldsteins haben die geführt, aber das ist auch lange vorbei, sie mussten das Geschäft hergeben, wie alle Juden. Alles ist nun anders, nur der Geruch, der uns immer in die Backstube gelockt hat, den konnten weder der Engländer noch die Horden, die vor ein paar Jahren die Fenster einge-

15 **Pionieren:** Truppengattung, u. a. für den Bau von Brücken und Befestigungen oder für das Räumen und Verlegen von Minen zuständig

worfen haben, vertreiben, auch wenn's schon lange keinen Zimt oder Vanille mehr gibt.

Dem Schmülling, so heißt der neue Bäcker, geht's trotzdem bestens, weil er bis weit über Hönningen hinaus die Pflegeheime beliefert. Wenn Tante Sofie davon berichtet, verdüstert sich ihr rotwangiges Gesicht dann doch. Sie pferchen nämlich immer mehr von den alten und gebrechlichen Leuten und natürlich auch von den behinderten Insassen zusammen in ein Heim, dort in Andernach sind es doppelt so viele, wie sie voriges Jahr noch Betten hatten. Aber die Menge Brot bleibt immer gleich, und man fragt sich, wie die armen Leute damit auskommen sollen.

Ich bleibe nicht hier in Hönningen, sosehr mir die kleine Sommerfrische auch gefällt. Ich habe einfach nach ein paar Tagen schon Heimweh. Wer im Severinsklösterchen geboren wurde, den darf man nicht verpflanzen. Außerdem ist es gar nicht gut, die Wohnung alleine in den Händen der Freudenbergers zu lassen. Wenn ich Pech habe, stehe ich dann vor verschlossenen Türen, weil sie noch weitere Ausgebombte einquartiert haben. Schreibe mir also auf jeden Fall weiter nach Köln, ich werde dort die Stellung halten. Außerdem sagt der Gauleiter, dass jede deutsche Maid nun ihren Dienst für den Sieg leisten muss, womit er in erster Linie meint, dass Mutti und ich und so ziemlich jede Frau Granaten zusammenschrauben sollte.

Eine letzte Bitte habe ich: Du musst unbedingt Kalli ins Gewissen reden. Er hört überhaupt nicht mehr auf Mutti und auf mich schon gar nicht. Ich weiß, es war ein Hü und Hott, weil Mutti ihn zuerst unbedingt in Köln haben wollte, und nun soll er auf dem Land bleiben. Wir können aber mittlerweile sagen, was wir wollen, er tut, was er will. Statt

15 **Severinsklösterchen:** ein 1874 von einem katholischen Frauenorden gegründetes Krankenhaus in Köln

wenigstens nach Hönningen zu fahren, ist er nun in Köln, aber nicht zu Hause, o nein! Er hat sich in Lindenthal einquartiert. Erinnerst du dich noch an Herrn Plötzsch? Der war zu deiner Zeit noch ein kleines Licht, aber nun wird er ein immer größeres Tier, weil sie ihn an der Front mit nur einem Auge (links) und nur einem Arm (rechts) nicht mehr brauchen können. Der Kalli hofft, dass der Plötzsch ihn irgendwie schneller mitten ins Geschehen bringt, am liebsten würde er gleich morgen an die Flak und losschießen. Viel zu jung ist er für so etwas, aber das erkläre mal unserem Brüderchen.

Schreib ihm bitte und ganz deutlich! Dass du Beschwerde einlegen wirst, bei der HJ, beim Gauleiter, beim Führer höchstpersönlich oder was weiß ich, bei wem! Es bringt Mutti sonst um den Verstand. Am Ende wird es nichts nützen, der Junge ist völlig verblendet im Hirn, aber versuchen musst du es. Er nimmt aber auch alles wörtlich, was ihm an den Heimabenden von Leuten wie dem Plötzsch eingetrichtert wird. Als ob das alles gottgegeben wäre, was die Partei und der Führer uns abverlangen. Oma Stina erzählt doch von ganz anderen Dingen aus den Zeiten, bevor der Führer der Führer wurde, und auch du und sogar ich, wir können uns doch noch daran erinnern. Ich habe mit Ruth gespielt und mir sind nicht die Hände abgefault, wenn wir unsere Puppen gekämmt haben. Und von wegen raffgierig: Weggenommen hat sie mir auch nie etwas, im Gegenteil, ihren Puppenwagen wollte sie mir schenken, als meiner kaputtgegangen ist, weil ein gewisser Franz darin Ziegelsteine (geklaute!) gekarrt hat, um damit den Sockel seines Hühnerstalls zu bauen. Beim besten Willen kann ich nicht erkennen, warum der Jude der Untergang unseres Volkes sein soll. Vielleicht bin ich aber auch zu dumm dafür, eine Frisöse, nicht studiert, ja, nicht einmal mit einem Reifezeugnis. Wenn alle anderen (fast!) an die große Sache glauben, muss man es wohl auch tun, das scheint den meisten Leuten ein Gesetz zu sein. So als könnten so viele Menschen nicht irren! Warum eigentlich nicht?, frage ich da nur.

Mit gleicher Post schicke ich ein Päckchen los, natürlich verrate ich dir nicht, was drin ist, nur ein Tipp: Weißt du noch, als Bäcker Goldstein uns durch halb Hönningen gejagt hat, bis hinunter zum Rhein? Mit der Backform hocherhoben über dem Kopf und lauthals zeternd? Da war ich noch nicht einmal in der Schule und du noch auf der Volksschule …

Es grüßt dich ganz lieb
deine kleine Schwester Lene

Erich – Köln, 22. Juni 1942

Liebe Lene,
du kannst es mir glauben oder nicht, aber ich kann das kaum aushalten, wenn du so weit weg bist. Ich weiß selbst, dass meine Fahrt bis zum Bodensee viel weiter war, Hönningen ist wirklich nur ein Katzensprung. Trotzdem! Entweder gehen wir für alle Zukunft gemeinsam auf Fahrt oder wir lassen es bleiben, versprochen?

Habe ich gerade »alle Zukunft« geschrieben? Lene, du weißt, es ist mir schwer mit den schönen Worten. Aber das, was ich schreibe, meine ich auch so. Verflixt, mir ist das Herz aber auch mächtig durcheinander. Es ist wahrhaft ein ordentlicher Unterschied, ob man sich selbst auf den Weg macht oder dem anderen nachschaut, wie er langsam in der Ferne verschwindet. Man kommt sich so sitzen gelassen vor.

Die Sonne scheint nicht mehr so hell und der Rhein liegt stumpf und starr da, wenn du nicht da bist. Komm nur bald zurück, sonst muss ich dich holen und über die Schulter legen und bis nach Köln tragen.

Das Wohnheim, in dem mein alter Herr und ich seit beinahe drei Wochen hausen, trägt auch nicht gerade zur Aufheiterung bei. Wenn du gedacht hast, du wüsstest, wie Schweißfüße riechen können, komm uns hier besuchen. Oder lieber nicht, weil du durch ein Gewirr von Wäscheleinen kurven müsstest, mit Unterhosen, die wohl nie wieder so ganz sauber und weiß werden. Immerhin haben wir ein Dach über dem Kopf, was nicht jeder von sich behaupten kann. Es kann sich so auch niemand beschweren, wenn unsereiner jede freie Minute, die er nicht arbeitet oder schläft, draußen an der frischen Luft verbringt. Du weißt schon, wo, nicht wahr? Am Rheinufer in Mülheim bin ich nicht mehr so oft, weil es abends nach der Schicht bei Ford einfacher ist, von Niehl rüber nach Nippes zum Leipziger Platz zu fahren, zumal ich noch den alten Drahtesel von meiner Schwester habe. Er war arg zerbeult nach dem großen Angriff, aber ein Kollege aus dem Werk hat mir geholfen, das Rad zu reparieren. So doll geschickt mit den Händen bin ich ja nicht, das reiben sie mir leider mindestens jeden zweiten Tag unter die Nase.

Vater hat mich bei Ford mit einigem guten Zureden untergebracht, nur als Arbeiter, nicht als Lehrling, dafür machen mir die alten Geschichten zu viel Ärger. Ich will doch gar kein Werkzeugmacher werden, schon gar nicht LKW bauen, mit denen sie die Soldaten nach dem Osten karren. Bei jedem Fahrzeug, das raus auf den Hof und dann zum Verladen gefahren wird, denke ich mir: Hoffentlich ist es das letzte. Manchmal denke ich mir auch, dass man am besten die Verteilerköpfe abschraubt und in den Rhein werfen sollte. Das passiert angeblich auch. Es sind ja eine Menge Kriegsgefangene hier. Die für nichts schuften und dabei fast verhungern. Sie wohnen in Baracken direkt neben dem Werk.

»Manchmal ist es besser, nichts zu wissen«, sagt Vater, wenn ich darüber sprechen will. »Am Ende stehste ohne alles da, wenn sie dir keinen Lehrvertrag geben.«

Nachdem wir die Wohnung mit fast allem drin verloren haben, will ich ihm nicht noch zusätzlichen Ärger machen. Es rächt sich nun, dass ich mich im Jungvolk und später in der Schule nicht gefügt habe. Alles wussten die bei der Werks-HJ. Da ist nichts verborgen geblieben.

Mein Vater schärft mir jeden Tag ein: »Halt den Mund, Junge!« Das Abitur hätte ich mir schon versaut, und wenn ich hier jetzt nicht spure, würde ich nicht einmal eine Lehre abschließen, immer und ewig ein Hilfsarbeiter bleiben. »Eine Familie ernährste von so ’nem Lohn nicht.« Dann zwinkert er mir zu, und ich weiß genau, was er meint. Oder besser: wen er meint. Er hat nämlich das Foto gesehen, weißt du noch? Das Foto auf der Terrasse überm Rhein, wo wir die Kellnerin von dem Café beim Ausflug nach Bad Breisig gefragt haben, ob sie uns knipst? Ich trag es immer bei mir.

Ich gebe mir jedenfalls ordentliche Mühe, allein schon um nicht weiter aufzufallen. Für Semmel, der unser Betriebsobmann ist, kann ich sowieso machen, was ich will.

Es ist nie gut genug. Dann heißt es: »Beim nächsten Mal semmel ich dir einen, dass dir die Ohren sausen!« Daher hat er seinen Namen. Eigentlich heißt er natürlich nicht Semmel, sondern Kollhoff. Er droht übrigens nicht nur damit, er tut es auch, obwohl es eigentlich verboten ist. Der Lehrmeister sieht das gar nicht gerne, wenn der Semmel uns drangsaliert. Unser Meister ist ein feiner Kerl, obwohl er Parteigenosse ist und dafür sorgt, dass bei jeder Inspektion durch die Werksleitung hübsch geflaggt ist, alle in Reih und Glied stehen, den Arm hochreißen und den ganzen Kram. Manchmal habe ich den Eindruck, dass er es nur macht, damit wir ansonsten unsere Ruhe haben.

Ich hoffe, dass du bald wieder nach Köln kommst. Du fehlst mir so, Lene! Es ist einigermaßen ruhig hier. Alarm gibt's immer noch, aber oft sind es nur Überflüge oder Rückkehrer, die woanders ihre Last abgeworfen haben. Bis hoffentlich ganz bald also!

Und wenn du nicht kommst, pass auf, dann komme ich. So weit ist es schließlich nicht bis Hönningen. Leider muss ich samstags nun wieder bei der HJ antreten, schon um sieben in der Frühe, und dann heißt es Exerzieren, Schießdienst oder Geländeübungen. Immerhin gibt es auch ab und zu motortechnischen Unterricht, das bringt mir eigentlich am meisten. Und bei Aufmärschen kannst du deinen Esel demnächst in der Sonderformation der Motor-HJ anhimmeln.

Herzliche Grüße sendet dir
dein E.

21 **Exerzieren:** Einüben von militärischen Abläufen, Bewegungen und Handgriffen

Lene – Köln, 27. Juni 1942

Liebe Rosi,
du siehst, ich bin wieder in Köln. Onkel Hugo braucht mich im Amt, aber der eigentliche Grund ist, dass der Erich so süß geschrieben hat, da bin ich los und hab die Beine in die Hand genommen. Was sollte ich auch weiter in Hönningen? Ich muss doch zu Hause auf die Wohnung aufpassen!

Es war ein wildes Raus aus Köln und jetzt ist schon wieder ein wildes Rein nach Köln im Gange. Jeder macht es, wie er Kleingeld hat, obwohl man sich gar nicht mehr ohne Genehmigung von A nach B bewegen darf. Anfangs hieß es, alle Frauen und Kinder und Alten sollen raus aus der Stadt. Die Wohnungen und Zimmer sollten für Handwerker frei werden, damit sie alles schnell wieder auf Vordermann bringen können. Als ob man das alles jemals wieder hinkriegen würde!

Offiziell reden sie von 10 000 Wohnungen, die völlig zerstört sind, dazu 9000 schwer beschädigt und 75 000 leicht. 100 000 Menschen sollen obdachlos sein, kannst du dir das vorstellen? Notunterkünfte gibt es aber nur für ein paar Tausend.

Sehr langsam komme ich hier in Köln wieder zu einem normalen Leben. Letzte Nacht gab es Alarm und ich bin einfach in meinem Bett geblieben. Hinterher habe ich gehört, dass es ein Großangriff auf Bremen war. So heftig, dass es in ganz Westdeutschland Alarm gab!

»Normales Leben« heißt, dass ich morgens aufstehe, esse, was es gerade gibt, und zur Arbeit im Amt gehe durch eine Wüste aus Staub und Steinen. An vielen Stellen gibt es nicht mehr die Straßen, durch die wir beide einst gegangen sind, sondern Wege, die sich durch Trümmer bahnen. Aber man denkt nicht mehr jeden Tag darüber nach, sonst würde man verrückt.

Mit dem Essen ist es einigermaßen in Ordnung, obwohl du viele Dinge nur auf dem Schwarzmarkt bekommst. Das kann dich die Freiheit kosten, wenn du erwischt wirst, andererseits können sie ja nicht ganz Köln einsperren. Ein Ei kostet sage und schreibe eine ganze Reichsmark, Butter ist offiziell mit 1,80 RM angeschrieben, du bekommst sie aber nur für 20 RM.

Sonderzuteilungen aus dem Reich gibt es zur Genüge, sogar Zigaretten und Zigarren, jeder bekommt ein Stück Einheitsseife und 125 Gramm Seifenpulver, auch Schuhe haben sie verteilt, das beruhigt die Leute einigermaßen. Wer nicht akut fliegergeschädigt ist, wird allerdings für Textilien und Kleidung komplett gesperrt. Es hat einfach zu viele Läden und Kaufhäuser vernichtend getroffen, Lagerhallen ebenso, und wir sind hier nicht die Einzigen, die es hart mitgenommen hat.

Sie schiffen ganze Lastkähne voll aus Belgien und Holland herbei und verkaufen oder versteigern die Fracht. Möbel, Haushaltswaren, Kleidung – einfach alles. Es ist gar kein Geheimnis, von wem die Sachen stammen, dort machen sie es mit den Juden genau wie bei uns. Vorgestern sah ich ein paar der traurigen Gestalten, die noch mit dem gelben Stern in der Stadt herumlaufen, wie sie Küchengeräte und Kleider in einer Sammelstelle abgaben. Das ist der neuste Befehl: Juden müssen die Sachen für ihre arischen Mitbürger abgeben. Punkt. Widerspruch zwecklos. Ach Rosi, ich denke an deine Zeilen von neulich und muss es noch einmal sagen: Das ist nicht recht so, egal was in den

Verordnungen und Gesetzen steht. Anständig ist es schon gar nicht, ganz gewiss nicht, nein.

Gottes Glück, dass wir bisher kaum etwas verloren haben. Neulich habe ich ein wunderschönes Berchtesgadener Jäckchen gesehen, sehr gerne hätte ich es gehabt, weil wir Mädchen in der Gruppe so etwas gerne tragen, aber dann war ein Wäscheschildchen drin, das hatten sie wohl übersehen: M. Levinson stand darin. Du kannst dir denken, was das bedeutet. Natürlich habe ich es nicht genommen.

Vielleicht würde man am Ende in etwas herumlaufen, das der Irene Liebigmann gehört hat, man weiß es nicht!

Sogar die Plattenspieler samt Schallplatten, Fotoapparate und Operngläser müssen die Juden abgeben, und in der Zeitung steht, dass man mit der grünen Bezugskarte für Fliegergeschädigte Waren aus nichtarischem Besitz günstig erwerben kann. Nichtarischer Besitz! So hört es sich ganz harmlos an und keiner scheut sich zuzugreifen. Eine Schande ist es, das sage ich, auch wenn Onkel Hugo davon ein Magengeschwür bekommt oder sie mich wieder ins EL-DE-Haus vorladen. Das ist mir egal.

Auch der Erich und seine Familie sind ohne Wohnung. Erich wohnt mit seinem Vater in einem Männerheim, eigentlich ist es nur eine Baracke. Er hat Arbeit in den Ford-Werken gefunden, was ihn nicht gerade glücklich macht. Er wollte doch studieren, aber nun ist er Tagelöhner, anders kann man es nicht nennen. Wenn er Glück hat, nehmen sie ihn doch noch als Lehrling, dafür ist er nun sogar in die Motor-HJ eingetreten. Er hatte keine Wahl, auch wenn es bedeutet, dass er samstags zum Dienst antreten muss, um zum fünfhundertsten Mal »rechtsrum, Gleichschritt, marsch« zu üben oder auf die Pimpfe aufzupassen, die sich

4f. **Berchtesgadener Jäckchen:** gestrickte Trachtenjacke für Frauen

sonst bei den Schießübungen in den eigenen Fuß schießen. Manchmal meint man, sie wollten die Knirpse gleich nach der Volksschule zur Wehrmacht schicken.

Auch wenn wir deshalb dummerweise immer erst am Nachmittag loskommen, verschwinden wir dennoch sooft es geht aus der Stadt und treffen uns mit den anderen zum Wandern und Singen und die Welt Vergessen irgendwo in der Gegend um Köln herum. Oder wir verbringen wieder ein paar Stunden am Leipziger Platz und manchmal auch drüben auf der anderen Rheinseite am Mülheimer Ufer. Da werden wir immer mehr. Am Anfang war es eine überschaubare Truppe, auch ein paar Mädchen, die meisten in unserem Alter. Inzwischen sind es richtig viele. Jetzt kann man sie manchmal kaum noch zählen.

Wir haben alle keine rechte Lust mehr. Wer ehrlich ist, gibt es zu: Die ganze Sache geht nicht mehr gut aus. Laut aussprechen tut es kaum einer, man weiß ja nie, wer mithört. Es ist geradezu ein Witz, dass sie die Plakate aufhängen: »Pst! Der Feind hört mit.«

Viel schlimmer ist, dass der angebliche Freund mithört. In der Zeitung fordern sie einen sogar dazu auf. Man soll jeden melden, der zersetzende Sprüche macht und nicht mehr an den Endsieg glaubt oder dem Führer oder dem Gauleiter mal ordentlich die Meinung sagen will. Sogar vor den eigenen Geschwistern musst du dich in Acht nehmen, unser Kalli ist das beste Beispiel dafür. Inzwischen bin ich froh, dass er bei diesem Plötzsch und seiner vornehmen Gattin mit dem guten Geschirr wohnt.

Wenn der Erich und ich die anderen treffen und viele dabei sind, die wir nicht gut kennen, sind wir vorsichtig. Zu unserem engeren Kreis gehören Wutz und Hoppel und ein paar Jungen, außerdem die Nelly und Mucki und Fritzi sowieso. Manchmal kommen auch die Käthe und die Cäcilie aus Sülz herüber. Nur Tilde ist weg nach Thüringen, die Mutter hat sie nicht hierlassen wollen.

Ganz alleine sind Erich und ich leider nur selten. Frau Freudenberger verlässt ihr Zimmer in unserer Wohnung fast nie. Alles kriegt sie mit, und sie geniert sich auch nicht, ganz frech zu fragen, wenn ihr etwas blümerant erscheint.

Als wir deshalb die Tage mal ins Kino gehen wollten, kam wieder ein Alarm dazwischen. Der Angriff blieb zwar aus, aber der Abend war natürlich gelaufen.

Ob wir noch ein bisschen Spaß am Leben haben, scheint niemanden zu interessieren. »Man ist nur einmal jung«, hat Omi früher oft gesagt und genau das würde ich gerne den Herrschaften von der Partei auch sagen. Wenn das so weitergeht, ist unser »Jungsein« vorbei und wir haben es mit dem Sammeln von Alteisen oder bei der Kartoffelernte verbracht. Oder die Jungen an der Flak oder bei der Wehrertüchtigung. Bei allem geht es nur noch darum, ob man nützlich ist für den Krieg – an der Front oder an der Heimatfront.

Aber wir machen ihnen da einen kleinen Strich durch die Rechnung. Auch wenn sie uns den Streifendienst auf den Hals jagen! Dagegen, dass wir uns treffen und Gitarre spielen und singen oder am Wochenende ins Siebengebirge oder nach Rösrath zum Wandern oder zum Baden im Ammerländchen fahren, können sie nicht viel tun. Und auch nichts dagegen, dass wir in unserer Kluft herumlaufen, schließlich muss man doch froh sein, wenn man überhaupt ordentliche Klamotten hat. Sie schimpfen viele von uns zwar Bummelanten und behaupten, wir seien verwahrloste

Rabauken. Aber sie sollen doch froh sein um jeden, der noch auf den Beinen bleibt und nicht traurig und erschöpft in der Ecke hockt! Und das Singen wird wohl noch erlaubt sein, auch wenn wir natürlich nicht gerade das Liederbuch der HJ rauf und runter trällern. Ganz im Gegenteil.

Dabei sollte man sich natürlich nicht erwischen lassen.

Wenn wir im ganz kleinen Kreis, nur mit Hoppel, Wutz und Erich, sind, wird ganz offen gesprochen. Nelly und Fritzi halten sich meistens raus, aber ich – du weißt es – kann die Schnüss nicht halten. »Nur singen und wandern und dem Streifendienst eine lange Nase machen, das kann jeder«, ist mir einmal rausgerutscht. Da waren die Jungs ganz schön baff. Nur der Erich hat mich nachher, als er mich nach Hause gebracht hat, gefragt, was ich damit gemeint habe. Das wusste ich dann aber nicht, es war mir eben einfach so durch den Kopf gegangen. Er hat mich ganz lange und forschend angeguckt. Da habe ich ihm schnell einen Kuss aufgedrückt, nur auf die Backe, hübsch sittsam, das versteht sich. Rosi, ich sag es dir, ich wäre trotzdem fast in Ohnmacht gefallen. Es ging ja blitzschnell, und er hat so verdattert geguckt, dass ich gleich darauf grinsen musste. Wahrscheinlich denkt er nun, dass ich darin Übung habe, aber ich habe ihm gar keine Zeit gelassen, auch nur einen Pieps zu machen, sondern bin ins Haus und Frau Freudenberger in die Arme gelaufen. Den Kopf schüttelt sie da und knurrt irgendetwas von Moral und alten Zeiten. Ich weiß nicht, wie lange sie schon hinter der Tür gestanden hat, aber ich bin mir sicher, dass ich es bald erfahre.

Mir ist egal, was die anderen denken. Der Erich und ich, so viel will ich zugeben, sind jetzt so etwas wie ein Paar. Wenn ich den Krieg abwarten sollte oder bis ich volljährig

10 **Schnüss:** (kölsch) Mund

bin – wo kämen wir denn da hin? Der Krieg wird dauern, der ist nicht im Winter herum, wie Herr Goebbels es uns in jeder zweiten Rede, die er ins Radio bellt, weismachen will. Und wer von uns kann schon sicher sein, dass er oder sie jemals volljährig wird?

Wenn ich mit Erich zusammen bin, vergesse ich das alles um mich herum. Er ist kein geschwätziger Typ, manchmal muss man ihm jedes Wort aus der Nase ziehen, aber eigentlich gefällt mir das. Oft sitzen wir einfach nur auf einer Bank im Blücherpark oder gehen am Rhein spazieren, und dann zeigt er plötzlich zum Himmel, wo eine Wolke vorbeizieht. »Ein Pferd«, sage ich dann und er lacht und sagt: »Ein Drache.« Dann lacht er wieder und sagt: »Vielleicht doch ein Pferd«, und ich nehme seine Hand und wir lachen zusammen.

Verdreh jetzt nicht die Augen, versprich es mir, auch wenn ich es nicht kontrollieren kann!! Wir haben jetzt neue Spitznamen: Scarlett und Rhett. Du weißt schon, von der Plantage, aus dem Buch. Erich hat sich erst geziert, fand das ein bisschen kitschig, aber dann hat er mir zuliebe mitgemacht, aber nur wenn er Rhett Butler sein darf, hat er gesagt. Ich hätte lieber gehabt, dass er Ashley heißen soll, weil den liebt die Scarlett doch und er ist vornehm und ein guter Mensch. »Aber sie kriegt ihn nicht«, sagt der Esel (so sollte ich ihn jetzt gar nicht mehr nennen), und dass er lieber so verrucht und wild wie Rhett Butler ist, der sie dann haben darf, wenigstens ein bisschen. Es ist ein schönes Spiel.

Manchmal bewundere ich den Erich, er nimmt so viele Dinge ganz gelassen hin und beschwert sich selten über etwas. Als sie den Manne Plautz verhaftet haben, weil er in Schwarzmarktgeschäfte verwickelt war, da hat er dann doch ordentlich gewütet, aber das kann ich auch verstehen. Einer von Plautzes eigenen Boxern hat den armen Manne angeschwärzt, man kann es gar nicht glauben. Der Schuft hat fleißig die Stücke aus der Rinderhüfte gefressen wie alle anderen, weil er sonst nichts auf die Rippen bekam. Rinderhüfte, die Plautze für die Jungs besorgt hat! Plautze hat das Fleisch selbst nicht angerührt, nur für die Jungs hat er es »organisiert« und dann verpfeift ihn dieser Schweinehund. Ein Spitzel von der Gestapo, wie sich später herausstellte.

Ich weiß, dass dem Erich das Boxen doll fehlt, deswegen habe ich beim Sammeln fürs Winterhilfswerk (daran komme ich nicht vorbei und es ist ja für unsere Jungs an der Front), da habe ich also ein paar Kartoffelsäcke bei einem Gemüsehändler im Hinterhof gesehen und sie ihm abgekauft. Vier Reichsmark wollte der Mistkerl für ein paar schmuddelige Dinger haben. Ich hätte ihm am liebsten einen Vogel gezeigt, aber ich habe ihn ordentlich runtergehandelt. Die Säcke sind so dicht gewebt und robust und wie dafür gemacht, ich hoffe es jedenfalls, man macht ja nicht alle Tage einen Boxsack. Ja, genau: Einen Boxsack werde ich mit Oma Stinas Hilfe daraus nähen, mit Sand drin und mit einem Seil, und dann kann Erich ihn irgendwo aufhängen und drauf einschlagen. Nächsten Monat hat er Geburtstag, so lange muss ich noch dichthalten. Ich bin gespannt, was für Augen er dann macht.

Jetzt will ich aber die liebsten Grüße unter mein Geschreibsel setzen. Denn morgen, am Samstag, gleich nach Erichs HJ-Dienst, wollen wir uns wieder auf den Weg ins Freie machen, wir treffen uns mit ein paar Jungen und Mädchen aus Düsseldorf und Wuppertal, und dann heißt es: Ab in die freie Natur!

Aber obwohl wir erst am Mittag losziehen, muss ich trotzdem sehr früh aufstehen, denn ich habe Mutti versprochen, dass ich vorher noch die Schränke in der guten Stube ausräume und alles in Kisten verpacke, genauso alles, was sie in den Wandschränken im Flur verstaut hat. Eigentlich fast die ganze Wohnung. Sie hat mir eine endlos lange Liste gemacht und wahrscheinlich schaffe ich das gar nicht an einem Tag. Wir können die Sachen bei den Hönningern einlagern, wer weiß, wann es wieder kracht und ob wir wieder verschont bleiben. Sonst stehen wir eines Tages auch ohne alles da, sagt sie. Onkel Hugo hat den Kopf geschüttelt, aber er tut am Ende doch alles für Mutti. Er kann einen Opel Blitz besorgen, mit dem alles in einem Schwung transportiert werden kann, was er höchstpersönlich übernehmen will. Vielleicht sollten Onkel Hugo und Mutti doch heiraten, denke ich mir dann.

Es grüßt dich ganz herzlich (und natürlich auch deine Mama, die du ganz feste drücken sollst von mir)

deine Lene

Franz – im Osten, 29. Juni 1942

Liebe Lene,
was für ein segensreicher Tag. Endlich!!! Heute bekam ich gleich eine ganze Kiste mit Post: 4 Briefe, eine Postkarte und ganze 3 Päckchen, deines war dabei und dein Brief vom 22. Ich bin so froh, dass es für Mutti und dich und die Kleinen halbwegs glimpflich ausgegangen ist. Du glaubst nicht, wie viele sehr schlechte Nachrichten hier bei den Kameraden nun eingegangen sind und wie mir jeden Tag, den ich

12 f. **Opel Blitz:** Baureihe kleinerer und mittlerer LKWs von 1930 bis in die 1970er Jahre

keine Nachricht von euch erhielt, das Herz schwerer wurde. Das Warten ist am schlimmsten, wenn du nicht weißt, wie es deinen Lieben geht. Die Ungewissheit vernebelt dir den Kopf, sie kostet dich vielleicht sogar das Leben, weil du in deinen Gedanken nicht bei der Sache bist, was hier im Kampf fatale Folgen haben kann.

Deine rätselhafte Andeutung in dem Brief über den Inhalt des Päckchens war natürlich gemein und hinterhältig, aber längst nicht rätselhaft genug für deinen großen Bruder. Natürlich erinnere ich mich an Goldsteins Mohnplunder. Die Stücke waren noch frisch und saftig. Was für ein Glück, dass du sie so gut verpackt hattest und niemand den Inhalt erschnüffeln konnte.

Einen Spaß haben wir damit gehabt, das kannst du laut sagen. Und was für einen! Werner Zwerkheim (ich soll dich grüßen von ihm) hat seinen echten starken Bohnenkaffee herausgerückt und wir haben mit der gesamten Gruppe einen richtigen Kaffeeklatsch gemacht. Ich konnte die Kameraden nicht zusehen lassen, wie ich gleich sechs von den süßen Teilchen verschlinge, das geht gar nicht. Das handhabt hier jeder anders. Die einen bunkern, was sie kriegen können, die anderen helfen sich mit allem, was man hergeben kann. In meiner Gruppe wird glücklicherweise geteilt. Am Ende kommt für jeden ein Vorteil dabei heraus, gerade wenn mal Not am Mann ist mit irgendetwas. Im Moment sind das die Socken. Die Socken sind des Infanteristen bester Freund. Oder Feind. Und wenn dieser Feind sich mit den Stiefeln zusammentut, können die beiden dich fast umbringen. Aber von so etwas wollen wir lieber nicht sprechen, umbringen geht hier ganz anders. Jeder kann froh sein, solange ihm nur die Füße wehtun.

Zum Glück hatten wir schon zwei Ruhetage, na ja, Ruhe war nicht wirklich. Auch wenn wir nicht vorrücken, ist immer was los, aber wir haben uns in einem ehemaligen Mädchenpensionat einquartiert, ein richtiges Haus, richtige Betten, kaum Läuse, Wanzen und Flöhe und vor allem mit: einem Waschraum. Ich konnte mir zum ersten Mal seit fast vier Wochen die Füße waschen. Du kannst dir nicht vorstellen, was für ein Genuss das sein kann.

Es gibt gleich mehrere Neuigkeiten: Dein Bruder ist jetzt Gruppenführer. Ich weiß zwar nicht, ob ich das gut oder schlecht finden soll. Es ist viel mehr Arbeit und natürlich Verantwortung. Ob ausgerechnet ich dazu geeignet bin, das sei einmal dahingestellt. Ich bin ja hier mittlerweile einer der Dienstältesten, zumindest unter den Gefreiten. Die traurige Sache ist, dass es unseren bisherigen Gruppenführer getroffen hat, zwar nicht tödlich, aber heftig. Ein Schuss in den Hals, als wir mit ihm und drei Leuten zum Holzsammeln unterwegs waren. Wie aus dem Nichts kamen sie hinter einem Wäldchen hervor, mindestens acht oder neun Russen, die sofort losgelegt haben.

Wir haben zurückgeballert, was wir konnten. Es hat mich richtiggehend erschreckt, wie es sich anfühlte, als wir jetzt draufhalten und feuern durften. Du fühlst dich so befreit nach der langen Zeit des Marschierens und Abwartens. Und genau das hat mir Angst gemacht.

Wir haben geschossen und geschossen, und dann habe ich mich selbst gehört, wie ich den Kameraden zugebrüllt habe, was wir tun müssen. Sie sind ja noch viel jünger als ich. Unseren Gruppenführer habe ich mir dann über die Schulter geworfen. Wie wir es bis zu unserer Truppe geschafft haben – keine Ahnung. Die Kameraden müssen nachher ganz ordentlich von mir geredet haben, denn dein Fränzchen hat jetzt das Eiserne Kreuz 2. Klasse *und* das Infanterie-Sturmabzeichen in Silber bekommen. Und Gruppenführer bin ich geworden. Gruppenführer Meister – wie klingt das?

Es ist vorwiegend mehr Arbeit, das muss man sagen. Holz besorgen, Wäsche kochen, zusätzliches Essen organisieren (die Burschen kippen mir sonst aus den Latschen), sogar sonntags aufpassen, dass jeder nach Läusen sucht und die Wäsche in Ordnung hält. Gar nicht zu reden davon, dass du immer dafür Sorge trägst, dass alle Waffen gut in Schuss sind und alles ordentlich gepackt ist. Das Brüllen macht mir gar keinen Spaß. Als ob man nur Unteroffizier sein könnte, wenn man alle unter sich anschreit und vor denen über sich buckelt.

Bisher klappt es aber ganz gut. Außerdem lenkt es ein wenig vom Heimweh ab, wenn man so viel zu tun hat. Mit dem Aufwachen beginnt auch die Verantwortung, und sie endet erst, wenn mir die Augen am Abend vor Erschöpfung zufallen. Ganz hinten, wie ein Nebel, der sich nie ganz zurückziehen will, ist es aber doch da, dieses Gefühl, dass einem die Heimat verloren geht. Was für eine schreckliche Vorstellung, euch daheim, unseren Dom und den Rhein nicht mehr gesehen zu haben, wenn einem doch etwas zustößt. Ich kann nicht glauben, dass ich schon so lange fern von allem bin.

Die Sonnenwende liegt hinter uns, die Johannisnacht auch, jeden Tag wird es nun schneller dunkel. »Vor Johanni bitt um Regen, nachher kommt er ungelegen.« Erinnerst du dich noch daran? Das hat Opi immer gesagt. Durchs ganze Jahr geht er mit seinen Bauernweisheiten. Und um diese

2f. **Eiserne Kreuz … Infanterie-Sturmabzeichen:** Auszeichnungen für Soldaten für besondere militärische Verdienste und Tapferkeit | 27 **Johannisnacht:** Nacht auf den Johanistag (24. Juni), an dem die Geburt Johannes' des Täufers gefeiert wird

Zeit mussten wir mit ihm Kräuter sammeln, weil sie um Johanni viel stärker wirken, wenn man sie dann pflückt. Ich hoffe, seinen Bienen geht es wieder besser, du musst ihn unbedingt von mir grüßen und die Omi auch. Erzähl ihnen, dass wir ein ganzes Dutzend Bienenstöcke gefunden haben. Man muss sich natürlich auch auskennen und dank Opi tue ich das. Wir haben ordentlich Honig geschleudert.

Zu guter Letzt noch etwas, auf das ich dich ansprechen muss. Mutti schreibt, dass sie sich Sorgen um dich macht. Da fielen ein paar Worte, die gar nicht schön waren. Du würdest dich herumtreiben, schreibt sie, mit losen Mädchen, und Jungen seien auch dabei. Ihr würdet übers Wochenende auf Wanderschaft gehen? »Die Madam hält mich für blind und dumm«, schreibt Mutti. Wenn du glaubtest, sie wüsste nicht, was du treibst, hättest du dich aber geschnitten. Von einer Fritzi hat sie geschrieben. Ich kann gar nicht glauben, dass du kopfloses Zeug treibst, das passt doch nicht zu dir und aus all deinen Briefen schließe ich immer das Gegenteil. Was habe ich für eine Schwester, denke ich, wie du das zu Hause alles überstehst?! Du bist ja jetzt so etwas wie das Familienoberhaupt. Ein echtes Wunder, wie du Mutti und die Kleinen nach Hönningen verfrachtet hast. Aber Mutti macht sich Sorgen, vergiss das nicht, und sie will natürlich dein Bestes.

Also, tu mir den Gefallen und pass auf dich auf. Zu mir kannst du genauso frank und frei von der Seele sprechen wie zu Rosi, der du bestimmt alles erzählt hast, nicht wahr? Nun ja, ich nehme das zurück: Über manche Dinge ratscht und tratscht ihr Maiden dann doch besser nur untereinander, das verstehen wir Männer eben doch nicht alles.

2. Juli
So kann es gehen. Drei Tage hat der Brief nun in meinem Tornister gesteckt und er hat es sogar überlebt, bis auf die paar verschmierten Stellen. Ich hoffe, du kannst noch alles lesen. Neu schreiben kann und will ich ihn wirklich nicht. Am 29. habe ich den Bleistift hingelegt, um mit den anderen eine Zigarette zu rauchen und einen Schluck Apfelwein zu trinken, den der Werner organisiert hatte. Im Garten des Pensionats hängen Schaukeln an einer uralten Buche, und da haben wir geschaukelt und gealbert, so leise wie möglich, aber irgendwann waren dann doch alle da, sogar der Leutnant Vröstling, der einen Branntwein beigesteuert hat. Und dann haben wir albernen Quatsch geredet, auf der Gitarre gespielt. Aber schnell war der Spaß vorbei. In aller Frühe hieß es plötzlich: Abmarsch, im Galopp. Verschwinde wie der Furz im Winde, hätte Vati gesagt. Ohne eine Stunde Schlaf 50 Kilometer Marsch, am nächsten und übernächsten Tag auch. Woher sie so plötzlich mit solcher Gewalt kamen, keiner weiß es, jedenfalls hatten wir die Russen an den Hacken. Wo doch eigentlich wir die Jäger waren und die Russen die Gejagten. Das hat sich schnell gedreht.

»Nach Johanni Regen, der kommt ungelegen.« O ja! Es hat geschüttet, aus heiterem Himmel, und dann in einem durch. In einem Wald haben wir endlich Pause gemacht, in Erdlöcher haben wir uns eingegraben, weil sie uns vom Himmel und mit Panzern die Hölle heiß gemacht haben. Woher sie all das Gerät nehmen, man weiß es nicht, aber es ist kein gutes Zeichen. Wir saßen in dem Wald fest, völlig zermürbte Nerven vom grausamen Granatfeuer des Feindes.

Jetzt geht die Post raus, also gebe ich meine Zeilen auch

weg, auf die Reise, dass sie bald bei dir ankommen. Ich schicke dir auch wieder von meinem Geld.

Nimm dir meine Worte oben zu Herzen. Ich weiß, dass du keine Dummheiten machst, aber Mutti müssen wir das beweisen. Und wenn doch, dann kannst du mir vertrauen, dass ich immer zu dir stehe. Nun hoffen wir, dass dieser Krieg bald ein Ende nimmt. Das wird er, ganz sicher wird er das. Trotz der kleinen Rückschläge muss der Russe es bald einsehen. Wenn wir hier im Osten Ruhe haben, dann bricht auch an den anderen Fronten die Moral des Feindes bald ein.

Ganz liebe Grüße schickt dir
dein Bruder Franz

Lene – Köln, 4. Juli 1942

Liebe Rosi,
nun setze ich mich doch noch schnell an den Tisch und haue in die Tasten, obwohl mir die Augen fast zufallen, so spät ist es heute geworden. Morgen am Sonntag wollen Erich und ich ins Siebengebirge, die anderen haben sich alle schon heute auf den Weg gemacht, was wir beide nicht konnten. Erich nicht, weil er zum HJ-Dienst musste, und ich musste mich (immer noch – weil ich letztes Wochenende nicht alles geschafft hatte) um die Wohnung und die Sachen kümmern, die ich für Mutti in Sicherheit bringen sollte. Dabei bin ich auf Dinge gestoßen! Deshalb schreibe ich dir noch zu so später Stunde! Es gibt ganz und gar Unerhörtes zu berichten, noch kann ich es selbst nicht glauben.

Im ersten Moment wollte ich mich auf der Stelle auf den

Weg nach Bad Hönningen machen, so sehr hat es mich aufgeregt, den ganzen Rest des Samstags hat es mich umgetrieben. Der Erich hat mich zurückgehalten. Ich solle mich erst mal abkühlen, meine Wut verrauchen lassen. Sicher gebe es ganz vernünftige Erklärungen dafür. Auch jetzt, wo ich versuche, es dir zu schreiben, überkommen mich immer wieder der Zweifel und die Wut. Ja, es kocht und brodelt in mir, je mehr ich darüber nachdenke. Wie konnten sie mich so anlügen? Kalli, den ja. Die beiden kleinen Mäuse sowieso, die verstehen es erst recht nicht. Aber mich? Ich bin wirklich alt genug für die Wahrheit, schließlich bin ich auch alt genug, all das Elend hier in Köln zu ertragen und mich nicht unterkriegen zu lassen.

Vati ist tot. Mutti weiß es schon lange und Onkel Hugo auch, er hat ihr geholfen, es geheim zu halten. Aber Vati ist nicht den Heldentod für Führer, Volk und Vaterland gestorben, ach, wie mir diese Worte nun falsch und schrill im Kopfe dröhnen. Im KZ Sachsenhausen ist er ums Leben gekommen, an Tuberkulose gestorben, heißt es in einer Mitteilung, die ich unter den ganzen Briefen und Papieren gefunden habe, die Mutti tief hinten im Kleiderschrank mit den Wintersachen aufbewahrt hat. Du weißt, was das bedeutet? Wer nach Sachsenhausen kommt, hat irgendwelchen Dreck am Stecken, so heißt es, aber ich weiß genau, dass sie dorthin nicht die richtigen Verbrecher bringen. Mörder und Totschläger und Räuber und Betrüger wandern ins Zuchthaus, die sitzen im Klingelpütz und nicht im Konzentrationslager, das weiß doch jeder. Dort in Sachsenhausen sitzen die Politischen, die Kommunisten und alle, die auf den Führer und sein Vaterland pfeifen, so ist es. Warum mein Vati dorthin gebracht worden ist, verstehe ich nicht.

19 **Tuberkulose:** bakterielle Lungeninfektion, die unbehandelt zum Tod führen kann | 27 **Klingelpütz:** 1838 eröffnetes Gefängnis im Kölner Stadtteil Altstadt-Nord, 1969 abgerissen

Er hat mit solchen Leuten nie zu tun gehabt, jedenfalls weiß ich davon nichts. Nun ja, woher sollte ich es auch wissen? Als er nicht mehr nach Hause kam und es dann hieß, er sei mitsamt den vielen Kameraden in der Nordsee ertrunken, war ich doch auch fast noch ein Kind. Geweint haben wir und gebetet, mit Oma Stina sind wir jeden Nachmittag in die Kirche gegangen, der Kalli und ich, daran erinnere ich mich gut.

Mutti muss sich einige Mühe gegeben haben, um es geheim zu halten, aber wahrscheinlich steckt Onkel Hugo dahinter. Er hat doch schon immer ein Auge auf Mutti geworfen, und eine von einem Roten, das hätte gar nicht gut ausgesehen. Anders kann ich es mir nicht erklären. Oder wollte sie uns Kinder nicht so dastehen lassen?

Am meisten quält mich der Gedanke, was der Franz von alldem gewusst hat. Nie hat er ein Wort dazu verloren. Das wäre mir am schrecklichsten, wenn auch er mir die ganze Zeit etwas verschwiegen hätte. Das will ich am wenigsten glauben. Zuerst habe ich mit einem Brief an ihn begonnen, die ersten zwei Seiten, die ich in der Aufregung geschrieben hatte, habe ich in Stücke gerissen. Schade um das Papier, aber es ist mir klar geworden, dass ich ihn dort im Osten nicht mit so etwas belästigen darf.

Wenn er genau wie ich von Mutti für dumm verkauft worden ist, wäre es schlimm, was ich mit ein paar hastig und wütend hingeschriebenen Seiten anrichte. Es ist auch gar nicht wichtig, wer es sonst gewusst hat. Ich jedenfalls nicht, das ist wichtig.

Heute am Nachmittag war ich so unendlich froh, dass ich den Erich bei mir hatte. Zwar habe ich die Freudenbergers ständig um mich herum und Onkel Hugo hat mich im

Auge, aber dennoch fühle ich mich ohne Mutti und die Kleinen oft sehr allein. Bisher habe ich alles gut durchgestanden, sogar das größte Durcheinander. Doch die Angst um einen selbst und alle, die man lieb hat, das zehrt an einem. Es macht alles so schnell, jede Woche rennt dahin, als wäre es nur ein Tag, ja, ich glaube, wir werden mit jedem Monat, den dieser Wahnsinn anhält, schnell und schneller alt. Ist das nicht ein furchtbares Gefühl? Wir haben unser eigenes Leben noch gar nicht richtig begonnen und schon läuft es einem davon.

Der Erich hat gesagt, dass ich nicht so fürchterlich wütend sein und nicht über Mutti fluchen soll. Ganz sicher habe sie gute Gründe gehabt, und es sei doch gar nicht klar, was hinter ihrem Schweigen steckt. Es ist so lieb und verständnisvoll, wie er versucht, es mir leichter zu machen. Feste in den Arm hat er mich genommen, als mich Wut und Verzweiflung gepackt haben, und die Traurigkeit über Vatis Tod ist auch wieder da gewesen. Laut schluchzen und weinen musste ich. Sein Hemd war hinterher voll mit Rotze und Tränen, aber das hat ihm nichts ausgemacht. Dann hat er mir geholfen, die Kisten zu packen und alles für den Abtransport bereit zu machen.

Als Onkel Hugo am Abend mit dem Lastwagen gekommen ist, hat Erich sich schnell verdrückt. Aufgeladen haben ein paar ältere Hitlerjungen und ein schmieriger Kerl, durch dessen Gesicht sich eine schlecht verheilte Narbe vom Mundwinkel bis fast zum Ohrläppchen zog. Dem gehörte der Lastwagen. Am liebsten wäre ich einfach mit ins Fahrerhaus gesprungen, um mit ihm direkt nach Bad Hönningen zu fahren und Mutti zur Rede zu stellen. Dem Erich hatte ich aber versprochen, das nicht zu tun.

»Nix änderst du an den Sachen«, hat er gesagt, und dass ich mir nur das Wochenende im Nachtigallental vermiese, dahin wollen wir nämlich morgen. Er würde alles tun, um mich wieder auf andere Gedanken zu bringen. Er möchte wieder mein Lachen hören, hat er gesagt, das stünde mir besser als das verzweifelte Gesicht. Da hat er ganz recht, und deshalb werde ich jetzt die Augen zumachen und hoffen, dass ich sie geschlossen halten kann und mich im Bett nicht von einer auf die andere Seite werfen werde. Ich sage Gute Nacht, liebstes Röschen, auch dir wünsche ich die allerschönsten Träume in der weiten Ferne.

Dein Lenchen

Lene – Köln, 5. Juli 1942

Liebe Rosi,
der eine Tag voller Sorgen und mit wütendem Poltern in dir drin, und schon am nächsten strahlt die Sonne über dir, als wollte sie einfach alles mit ihren goldenen, warmen Strahlen wegwischen. Ja, auch das muss man lernen in diesen Zeiten: Hier und jetzt und heute, das ist wichtig. Die Dinge nehmen, wie sie gerade in diesem Augenblick sind, sich nicht übers Gestern grämen (obwohl mich diese Sache sicher noch lange beschäftigen wird und ich alles über Vati erfahren will, darauf sollte Mutti gefasst sein!!). Und sich vor allem nicht darum sorgen, was morgen sein wird, besonders dann nicht, wenn ein Tag von der ersten bis zur letzten Minute wie ein Traum erscheint.

Obwohl es zu Fuß ein ordentlicher Weg vom Männerwohnheim bis zu uns nach Nippes ist, stand Erich auf die

Minute pünktlich in aller Herrgottsfrühe vorm Haus. Geschrubbt und aufs Feinste herausgeputzt, das kann ich dir sagen. Die schnurgerade gescheitelten Haare glänzten noch nass, das dachte ich jedenfalls auf den ersten Blick. Aber sie waren nicht feucht vom Wasser, sondern von einer Pomade, die – wie sich herausstellte – ein ehemaliger Frisör aus seinem Schlafsaal nach eigener Rezeptur anrührt. Ich möchte wirklich nicht wissen, was dieser Kerl hineinmischt, denn echte Pomade bekommst du derzeit nicht. So viel kann ich dir schon verraten: Mein Esel wird dieses Zeug nie wieder anrühren, geschweige denn es in die Haare schmieren. Im Laufe des Tages hat die Sonne es zum Schmelzen gebracht und mit dem Schweiß ist es ihm übers Gesicht geronnen. Damit aber nicht genug: Das Zeug verfärbte sich dabei zu einer rötlichen Schmiere und der Erich sah nach ein paar Stunden wie ein Indianer aus. Na ja, nicht wie ein echter. Eher so wie Kalli, als der an Karneval einmal als Häuptling gegangen ist und sich das Gesicht mit brauner Schuhcreme eingerieben hat. (Da hat er noch einen klaren Kopf gehabt. Heute würde er nie und nimmer ein Indianerkostüm anziehen, denn das sind ja »Untermenschen«!!!)

Aber jetzt zurück zu dem Morgen, als die Pomade noch hielt und Erich bei mir ankam. Mein Herz hat so laut gepocht, als ich ihn sah. Er sah so gut aus! Ein paar Minuten habe ich mir meinen Rhett (kichere nicht!) einfach von oben vom Fenster aus angeschaut, in seiner besten Kluft, die zu einem solchen Ausflug einfach dazugehört. Bei der kurzen schwarzen Hose erinnert man sich gar nicht mehr daran, dass sie eigentlich von der HJ-Uniform stammt. Mit dem grün und weiß karierten Hemd, dem Halstuch und den Armriemen, an denen genau wie am Koppel aller mög-

5 f. **Pomade:** fetthaltiges, salbenartiges Produkt zum Pflegen und Frisieren von Haaren | 31 **Koppel:** zur Uniform gehöriger Gürtel zur Befestigung von militärischer Ausrüstung (Waffe, Spaten, Schutzmaske usw.)

licher Klimbim hing. Die Füße mit den weißen, bis auf die Knöchel heruntergerollten Socken steckten in Sandalen und um den Hals trug er ein breites Lederband mit seiner Mundharmonika daran. Die hielt er gerade in den Händen und polierte sie mit einem sauber gefalteten Taschentuch, wie er fast immer eins bei sich trägt.

Als hätte er gespürt, dass ich ihn beobachte, hebt er plötzlich den Blick und winkt hinauf. Das Grinsen in seinem Gesicht ist freudig und vor allem frech, sodass ich mir irgendwie erwischt vorkomme. Ganz bestimmt hat er die ganze Zeit durch die Wimpern nach oben gelinst und (voller Freude, das versteht sich!) beobachtet, wie ich ihn beobachte und dabei ein Gesicht wie eine verliebte Gans mache. Dabei weiß ich gar nicht, wie Gänse aussehen, wenn sie verliebt sind?!

Ach Röschen, mein liebes Röschen, an solchen Tagen weißt du sofort, schon am frühen Morgen weißt du es, dass es auch ein anderes Leben gibt. Ein normales Leben, in dem die Menschen nicht an Bomben und Tod denken und an gefährliche Geheimnisse und in dem sie nicht Angst vor morgen haben. Die Zuversicht dürfen wir uns nicht stehlen lassen, nicht wahr? Das merkst du dir. Ich weiß, es hört sich ein bisschen kindisch und albern an, aber wenn es mir düster wird ums Herz, lese ich jetzt immer ein paar von den schönen Stellen aus »Vom Winde verweht«. Das tröstet mich, es ist geradezu eine Medizin. Scarlett ist dann mein Vorbild, auch wenn sie ganz und gar nicht als eine liebenswerte Person daherkommt, das Gegenteil ist oft der Fall. Wie sie mit den Männern umspringt, die alle in sie verliebt sind. Und mit ihren vielen Negersklaven, die ihr die Sachen hinterhertragen. Aber sie weiß, was sie will, und packt die

Dinge an, und wenn sie durch den Krieg nichts mehr hat, dann schneidert sie sich einfach aus einem Vorhang ein neues Kleid, damit sie hübsch aussieht.

Ich habe jedenfalls schnell den Rucksack gepackt, allzu lang sollte man einen Burschen nicht vorm Haus warten lassen, oder? Immerhin konnte ich zwei Eier organisieren, ein paar Butterbrote, leider ohne Käse oder Wurst, sondern mit Rübensirup drauf und – nun halt dich fest – eine ganze Tafel Schokolade. Ich habe nämlich zufällig Frau von Heyle getroffen, die früher mindestens einmal im Monat zu uns in den Salon kam für eine Dauerwelle.

»Zufällig getroffen« ist allerdings falsch gesagt. Nein, wir hatten einen Termin, jawoll! Sie hat nämlich auch in Lindenthal böse was aufs Dach bekommen und wohnt vorübergehend bei ihrer Kusine dritten Grades hier in Nippes, was die Dame skandalös findet (so hat sie es ausgedrückt). Während ich ihr die Haare gemacht habe, regt sie sich in einem fort darüber auf. Nippes ist ganz und gar unter ihrer Würde, oje, oje, mit all den Arbeitern, die nach Schweiß und Schmierfett riechen.

Langer Rede kurzer Sinn: Ich mache ihr jetzt die Haare, obwohl ich bei Madame Céline immer nur zugucken durfte, was ich Frau von Heyle aber natürlich nicht gesagt habe. Daher die Schokolade. Und zehn Reichsmark. Die Dame sah nachher fast aus wie von Madame Céline hergerichtet. Nächsten Monat soll ich wieder ran, nicht schlecht, oder?

Über unseren Proviant konnten wir also nicht klagen, zumal ich auch eine Thermoskanne voll mit Muckefuck vorbereitet hatte, den haben wir schon vor unserer Ankunft in Königswinter während der Bahnfahrt fast ganz ausgetrunken. Die Fahrt hat allerdings auch einige Zeit gedauert, weil es zwischendurch Alarm gab und wir alle aussteigen mussten. Dann hörte man das Röhren von Motoren, aber keiner konnte genau sagen, von wo es kam, gesehen haben wir nichts. Vielleicht waren es Engländer auf dem Rückflug aus südlichen Gegenden oder eigene Verbände, wahrscheinlich hätten wir einfach weiterfahren können. Die Nerven liegen halt blank und so haben wir in einem kleinen Waldstück ein paar Kilometer vor Königswinter gehockt. Da habe ich gemerkt, dass es mir eigentlich völlig egal war, ob wir fahren oder wohin die Reise geht.

Mit Erich an meiner Seite sind auch die Ameisen (große rote Biester!), auf deren Straße wir uns gesetzt haben, völlig egal.

Na ja, ganz egal auch wieder nicht, wir haben uns dann doch lieber einen Baum ohne Ameisen gesucht und einfach dagesessen, und der Erich hat den Arm um mich und ich meinen Kopf an seine Brust gelegt, ganz leise hat er ein paar Töne gepfiffen und irgendwo hat ein Vogel geantwortet. Weißt du, so einfach ist das eigentlich, wenn man bis tief in den Bauch hinein glücklich sein will. Ein starker Arm, der Duft von Fichtennadeln und das pochende Herz von einem, der dich vielleicht genauso lieb hat wie du ihn. Oh, was hat sein Herz geschlagen, direkt an meinem Ohr!!

Irgendwann sind wir leider doch weiter. Als wir endlich angekommen sind, mussten wir uns auch schon sputen, weil wir zur Mittagszeit mit den anderen, die sich am Tag zuvor auf die Socken gemacht hatten, am Milchhäuschen verabredet waren. Ein Häuschen ist es ganz und gar nicht, sondern ein ausgewachsenes Restaurant für Ausflügler. Wenn du endlich wieder einmal in Köln bist, werden wir dorthin fahren, du und ich und der Franz und der Erich.

Wir essen dann Frankfurter Kranz oder Bockwürste mit Kartoffelsalat oder beides – nach dem Krieg, der ja nun so oder so irgendwann ein Ende haben muss. Mitten im Wald liegt es, eine wahre Idylle, mit Terrassen draußen und Sälen drinnen, wo man wunderbar sitzen und den lieben Gott einen guten Mann sein lassen kann. Und den Führer erst recht.

Obwohl das nicht ganz stimmt, denn draußen im Biergarten saßen selbstverständlich eine Menge Herrschaften in braunen Uniformen, Onkel Hugos Vorgesetzter aus dem Amt war leider auch da: Abteilungsleiter Fischenich mit einem jungen Ding, kaum älter als ich.

Ich wäre ihm lieber nicht über den Weg gelaufen, aber Wutz und Hoppel und Fritzi und alle anderen saßen an den einfachen Biertischen im hinteren Bereich, und wir mussten an ihm vorbei, einen anderen Weg gab es nicht.

»Guten Tag, Herr Dr. Fischenich«, habe ich ganz freundlich geträllert. »Ist das nicht ein schöner Tag für einen Familienausflug?«, habe ich hinzugefügt, und im selben Augenblick ist mir klar geworden, dass ein solcher Spruch gerade gar nicht passte. Das Mädel war ganz bestimmt nicht seine Nichte, als die er sie mir dann vorgestellt hat.

Der Erich hat sich einfach auf den direkten Weg zu den anderen gemacht und mich ziemlich streng angeguckt, als ich mich dazugesetzt habe.

»Uniformen hatten wir dieses Wochenende schon genug«, raunt Fritzi mir sofort zu. »Die Düsseldorfer sind nicht gekommen, weil der Streifendienst so ein scharfes Auge auf sie hat.«

Ja, wir waren wirklich ein paar weniger als sonst. Wenn wir über Nacht bleiben und mit den Zelten oder in einer

Scheune übernachten, sind wir manchmal 50, 60 oder noch mehr Jungen und Mädchen. Neulich waren es sogar über 100, stell dir das vor. Wenn Mutti das wüsste! Aber du musst dir keine Gedanken machen. Fritzi und Nelly und ich passen immer gut aufeinander auf, und sowieso, was sie alles über uns erzählen, dass wir Bummelanten sind und verwahrlost und lockere Mädchen – das stimmt alles nicht. Den Erich habe ich nicht einmal richtig geküsst, nur das eine Mal, ein Bützchen auf die Wange, das zählt doch kaum. Obwohl ich mir so sehr wünschen würde, dass er es einfach einmal ausprobiert.

Dann würde ich mich natürlich zieren und ihn von mir stoßen, aber sehr sanft. So, dass er es bestimmt noch einmal versucht und dann – ach, du weißt schon. In diesen Zeiten darf man nicht zu lange warten, sonst hat dir jemand den Liebsten weggeholt. Viele Männer zur Auswahl hat man ja bald nicht mehr.

Was mich darauf bringt, dass du lange nichts mehr von deinem Ansgar geschrieben hast. Hast du dem jungen Baron etwa den Laufpass gegeben? Das würde mich gar nicht sehr stören. Ich hoffe im Geheimen natürlich weiterhin, dass wir Schwägerinnen werden!

Ach, was habe ich den Tag genossen! Wir sind dann allesamt zum Drachenfels gelaufen, haben gesungen und getratscht und sind albern gewesen und haben es uns gut gehen lassen. Das Hurra war groß, als ich meine (Frau von Heyles!) Schokolade ausgepackt habe. Immerhin für uns Nippeser und ein paar wenige vom Volksgarten hat sie gereicht. Ein kleines Stückchen für jeden, einfach für den Geschmack. Ein lautes »Uaah!« und »Hmmm!« und »Lecker!« schallte über die Ruine der Burg Drachenfels hinweg, be-

9 **Bützchen:** (kölsch) Küsschen

stimmt hat man es bis Köln gehört oder mindestens bis Bonn.

Auf dem Rückweg haben die Jungs mit den Gitarren die Lieder angestimmt, die ein bisschen Ärger machen können, wenn man sie an der falschen Stelle singt. Harmlos sind diese Texte natürlich nicht immer, das gebe ich zu, aber bei »Junkers Kneipe« ist es kein Problem. Kaum einer merkt, dass wir es ein bisschen umgeschrieben haben:

In Junkers Kneipe bei Bier und Wein,
da saßen wir beisammen.
Ein guter Tropfen vom besten Hopfen,
der Teufel hielt die Wacht.
Wo die Fahrtenmesser blitzen
und die Hitlerjungen flitzen.
Und wir Edelweißpiraten schlagen drein,
was kann das Leben
uns denn noch geben,
wir wollen bündisch sein.

Wenn uns jemand entgegenkommt, kann man blitzschnell in den alten Text zurück und alles hört sich ganz harmlos an. Nun ja, wir selbst sehen natürlich nicht ganz harmlos aus, das kann man an solchen Tagen besonders sehen. Und erst recht wenn wir die Klamotten tauschen. Nein, nicht wir Mädchen untereinander, sondern die Jungs und die Mädchen. Da sage noch einer, uns Mädels würde eine zünftige Lederhose nicht stehen! Und die Jungs sehen mit Kopftuch und Röckchen auch herzallerliebst aus, ehrlich! Das machen wir natürlich nur, wenn wir unter uns sind!
Jetzt sehe ich dein Gesicht vor mir, wie es in deinem Köpf-

chen rattert und du dich fragst, was das denn soll. Das kann man schwer erklären. Ich weiß gar nicht mehr, wie wir auf die Idee gekommen sind. Vielleicht weil Fritzi und einer der Jungs sich gestritten haben, was Mädchen eigentlich bei unserer Truppe zu suchen haben, von *Piratinnen* sei schließlich nie die Rede, nicht einmal bei der Gestapo. Die ist übrigens nun wieder sehr interessiert an Leuten wie uns. Strom und Wasser fließen längst nicht überall mit Zuverlässigkeit durch die Leitungen, aber hinter dir herschnüffeln, das können sie schon wieder recht gut.

Du könntest nun einwenden, dass ich selbst eine Schnüfflerin sei, von wegen der Papiere aus der Kiste in Muttis Kleiderschrank. Das war jedoch erstens keine Absicht, und zweitens habe ich alles Recht der Welt, von dieser Sache zu wissen.

Ach je, jetzt ist es doch wieder da. So gut hatte ich es mir aus dem Kopf gehalten. Nun hoffe ich, dass ich nicht die ganze Nacht darüber grübeln werde. Morgen muss ich früh ins Amt, das habe ich Onkel Hugo versprochen. Aber ich habe einen Plan ausgeheckt, mit dem ich ihn um den Finger wickeln kann: Am Dienstag habe Mutti Namenstag, werde ich sagen, und dass sie sich ganz bestimmt über einen Besuch freuen würde – von ihrer lieben Tochter Lene und dem lieben Onkel Hugo, der uns dafür ein Auto besorgen soll (damit ich nicht wieder ganze Tage in einem Zug auf dem Abstellgleis warten muss). Beziehungen hat er doch genug. Mutti hat erst am 24. Namenstag, aber ich gehe davon aus, dass Onkel Hugo nicht so viel mit dem Heiligenkalender am Hut hat. (Hoffentlich!)

Ich drücke dich und wage ganz zum Schluss noch zu fragen: Kannst du irgendwo ein Mieder abzweigen? Ich kann

31 **Mieder:** Kleidungsstück für Frauen aus elastischem Material, das den Oberkörper stützt und formt

es bezahlen, du sollst nichts Verbotenes tun, du lieber Himmel, nein!!! Nur, hier bekommen wir es gerade nicht, und Oma Stina ist todunglücklich, weil das ihrige nun wirklich nicht mehr zu flicken ist. Sie braucht die größte Größe, du weißt, wie beleibt sie ist. »Ich bin beleibt, nicht dick!«, darauf besteht sie immer. Also, bitte ein Mieder für eine sehr liebe, beleibte Oma, geht das?

Liebste Grüße sendet dir
Lene

Lene – Bad Hönningen, 7. Juli 1942

Liebe Rosi,
ich weiß, dass du sehr gespannt bist, was ich dir aus Bad Hönningen zu berichten habe. Deshalb schreibe ich dir noch von hier, mit der Hand, denn die Schreibmaschine habe ich natürlich für diesen kurzen Ausflug nicht mitgenommen.

Mein Plan ist aufgegangen und ich habe ihn sogar noch ganz ausgefuchst verfeinert, du wirst staunen. Am Montag habe ich mich hinter Onkel Hugo geklemmt, er solle beim Abteilungsleiter einen Tag Sonderurlaub beantragen und einen Dienstwagen, damit wir Muttis Namenstag feiern können, was er dem Abteilungsleiter natürlich nicht sagen sollte. Onkel Hugo war skeptisch, ob es klappt, weil momentan so viel zu tun ist und die Dienstwagen ständig im Einsatz sind. Dank mir hat es tatsächlich geklappt. Den Antrag habe ich ihm gleich aus der Hand gerissen und bin höchstpersönlich damit zu Herrn Dr. Fischenich gestiefelt. Ja, genau: dem mit der reizenden Nichte aus dem Milchhäuschen am Sonntag. Die Idee war mir nämlich dort im Nachtigallental schon gekommen, dass wir am besten frech und dreist sein sollten.

Also, ich habe abgewartet, bis der werte Herr Fischenich seine Mittagspause antritt, und zack, bin ich *ganz* zufällig mit ihm im Flur zusammengestoßen. »Das ist aber ein Zufall«, habe ich kackfrech gesagt, wo man sich doch gerade am Wochenende noch getroffen habe. Und dann habe ich gleich losgelegt, dass *mein* Onkel überraschend zu einem wichtigen Treffen den Rhein hinauf müsse, von wegen Weingüter und Sicherstellung der Versorgung mit dem guten Roten von der Ahr für den Gauleiter und so weiter und so fort, habe ich geplappert, und im Übrigen: »Wie geht es der werten Nichte: Hat sie denn Spaß gehabt an diesem wunderbaren Tag im Siebengebirge?«

Ich sage dir, dabei habe ich nicht gerade wenig Muffensausen gehabt. Über mich selbst habe ich mich gewundert, als es mir über die Lippen flutschte. Der Fischenich ist im Amt nicht so ein riesengroßes Tier, aber in der Partei und der SA durchaus, das habe ich am ganzen Lametta an seiner Uniform schon am Sonntag gesehen. Aber das sage ich dir auch: Erwische einen von diesen Kerlen, wie er mit seiner angeblichen Nichte turtelt, und die Herren werden flatterig. Besonders wenn die werte Gattin des Abteilungsleiters es mit den Nerven hat und bekanntermaßen seit Monaten in einem Sanatorium in den Tiroler Bergen weilt.

Er hat nicht einmal auf den Wisch geguckt, sondern schnell seine Unterschrift daruntergekrickelt. Ich konnte es geradezu sehen, wie er mich innerlich verfluchte. Ich sollte aufpassen, dass ich seinen Zorn nicht auf mich ziehe, das ist klar, aber eigentlich habe ich selten etwas mit ihm zu tun,

26 **Sanatorium:** medizinische Einrichtung, Heilstätte für die längerfristige Behandlung chronisch Kranker

deshalb Schwamm drüber. Jedenfalls sind wir noch Montagnachmittag losgefahren, sodass Onkel Hugo sich in einer Pension unten am Rhein einquartieren und ich ziemlich überraschend bei Tante Sofie in der Tür stehen konnte.

Erst einmal war ich erstaunt, wie gesund und munter unsere Kleinen aus der Wäsche guckten. Das Edithchen ist schon immer ein blasses und schmales Ding gewesen, aber sogar ihr tut die Frische und der viele Schlaf gut. Der Toni sowieso, auch ihre Wangen hatten wieder Farbe. Es war ein Geschrei und Geplapper, obwohl ich doch kaum ein paar Wochen von ihnen weg war. Mit ihren kleinen Ärmchen haben sie mich halb totgedrückt. Mit dem Boot seien sie gefahren und hoch in den Weinberg seien sie geklettert und eine Weintraube hätten sie gepflückt, aber die sei noch ganz klein und sauer gewesen, und der Dackel von der Nachbarin habe Welpen, aber keiner wisse, wer der Vater ist, weil jeder von den Kleinen ein anderes Fell habe, mit Locken und ohne und braun und schwarz und … und … und … »Bleibst du hier, Lene?« – »Gehen wir morgen schwimmen, Lene?« – »Hast du uns was mitgebracht, Lene?« – so ging es in einem fort. In dem Moment habe ich gemerkt, wie ich die beiden vermisse! Es schnürt mir jetzt noch das Herz ein, während ich das schreibe.

Leider war die gute Laune sehr bald verflogen, weil ich nicht lange gewartet habe, um Mutti (natürlich ohne dass die Kleinen dabei waren) meinen Fund unter die Nase zu halten. Sie hat gar nicht versucht, sich herauszureden, und ein Donnerwetter – wie man es sonst von ihr erwartet hätte – hat es auch nicht gegeben. Sie hat nur nach dem Papier gegriffen, es einmal längs und einmal quer durchgerissen und ist auf den Stuhl in ihrer Dachkammer gesunken.

Die Sache ist die: Vati ist nie bei der Marine gewesen und ein Schiff hat er auch nie betreten, außer die Ausflugsdampfer, mit denen wir früher auf dem Rhein gefahren sind. Als Mutti ihn vor 22 Jahren kennengelernt hat, da hat er bei den Kommunisten mitgemacht, zuerst in Leipzig, wo er eine Lehre als Schriftsetzer machen sollte, bei Verwandten von Opa. Da hat er Kontakt zu den Roten bekommen, ist aber nie Parteimitglied geworden. Aber das Heimweh hat ihn zurück nach Köln getrieben und er wollte doch eigentlich studieren und Redakteur bei der Kölnischen Zeitung werden. Und das hat dann ja auch geklappt.

Den »Roten Meister« haben sie ihn früher wohl genannt, denn das war ihm alles ganz ernst mit dem Kommunismus und den Genossen und allem. Ordentlich geprügelt hat er sich mit den Braunhemden, die gab es nämlich, wie Mutti erzählt, auch schon in den Zwanzigerjahren, aber sie waren nicht an der Macht, und es gab wohl eine Menge andere Parteien, die jetzt alle weg sind. Nicht nur die Roten, die Kommunisten, sondern auch die Sozis haben sie beseitigt, so schnell es ging, nachdem der Führer an die Macht gekommen ist. Aber vorher hat Vati ja schon die Mutti kennengelernt und dann kam der Franz auf die Welt. Da war dann Schluss mit den Prügeleien gegen die Braunen und allem, in das er vielleicht noch verwickelt war.

Von seinen Genossen sind viele schon abgehauen oder sie sind untergetaucht, zerprügelt oder in den Lagern oder sonst wie verschwunden. Mutti hat auch um ihn gezittert, aber irgendwie hat er Glück gehabt, weil er in keiner Liste stand und kein Parteibuch hatte. Aber dann sind sie ihm doch noch auf die Schliche gekommen. Ein Unteroffizier in seiner Kompanie hat ihn erkannt, und was am schlimmsten

6 **Schriftsetzer:** damals Ausbildungsberuf; Person, die Texte von Hand oder mithilfe einer Setzmaschine für den Druck zusammenstellt

ist: Sie haben ihn sozusagen auf frischer Tat ertappt. All die Jahre hat er heimlich die Verbindung zu ein paar ehemaligen Genossen gehalten und von Flugblättern war die Rede.

Ich hatte mir fest vorgenommen, Mutti gehörig den Kopf zu waschen. Ja, ich ihr, und sie sollte nicht versuchen, mich wegen dem Herumschnüffeln in ihren Unterlagen dranzukriegen. Übers Herz gebracht habe ich es nicht.

Ihr sind die ganze Zeit die Tränen geflossen, wie sie dasaß, ein solches Häuflein Elend. Mir war ganz sonderbar dabei. Das ist alles verkehrt, habe ich für einen Augenblick gedacht: Ich bin doch diejenige, die heulen könnte. Fast hätte ich gesagt »Ich bin doch das Kind, das du betrogen hast.« Aber eigentlich hat sie mir leidgetan, das ist mir schnell aufgegangen. Ich weiß selbst, wie schwer es sein kann, wenn man mit Geheimnissen herumläuft, die einem eines Tages vor die Füße fallen können.

»Es hat niemand etwas davon mitbekommen, Lenchen«, hat sie gesagt. »Das war die Chance, nicht in Verruf zu geraten. Es hätte euch allen geschadet. Franz und dir und Kalli und sogar den Kleinen! Vielleicht hätten sie dich aus dem BDM geworfen und für den Kalli wäre es in der HJ auch nichts geworden.«

Auf den BDM hätte ich gut verzichten können, und den Kalli hätte es vielleicht vor all dem Unsinn, den sie ihm in den Kopf getrichtert haben, bewahrt. Andererseits sehe ich es an Erich, wie schwierig es ist, wenn man nicht treu auf Parteilinie marschiert.

Was bedeutet für dich Freiheit?, ging es mir durch den Kopf, Erichs Abituraufsatz und der Ärger, den er bekommen hat, als er die Frage ehrlich beantwortet hat.

»Und Onkel Hugo?«, habe ich Mutti gefragt, und sie

zuckt mit den Schultern und sagt, dass auch der nicht an Dinge rührt, die man besser in Ruhe lässt. Er weiß also auch Bescheid.

Jetzt tun fast alle so, als hätten wir gar keinen Vati gehabt, ja, als müssten wir uns sogar schämen für das, was er getan hat. Getan hat! Das hört sich an, als wäre er ein Verbrecher gewesen. Und wir schämen uns und schweigen darüber. Totschweigen nennt man das. Im wahrsten Sinne des Wortes. So kann es doch nicht gehen?

Wie sehr wünschte ich mir, dass du nicht so weit weg wärst. Sie fehlen mir so sehr, die Abende, an denen wir uns verdrückt haben und irgendwo am Rhein gehockt und über dieses und jenes geschwatzt haben und auch über die Dinge, über die man nicht schwatzen soll.

Jetzt sagst du sicher, dass ich doch den Erich habe. Ja, das stimmt, aber so gut er mir tut und so verständnisvoll er ist – es ist nicht das Gleiche wie mit dir, Rosi, das musst du mir glauben. Er ist ein Mann, und manche Sorgen und Gedanken, die einen mürbe machen, kann eben nur eine Frau richtig verstehen. Ach, mein Röschen, eine beste Freundin ist durch nichts und niemanden zu ersetzen.

Und es bedrückt mich doll, dass ich so lange nichts mehr von dir gehört habe. Manchmal frage ich mich, ob du es mir womöglich übel genommen hast, dass ich deine Haltung (von wegen aus einer Mücke einen Elefanten machen) kritisiert habe und die Sache mit dem »Wieder-ins-Lot-Kommen«. Röschen, wir sollten uns immer die Meinung sagen dürfen, das muss eine Freundschaft wie die unsere aushalten. Ich denke, es ist die Post schuld, dass ich keine Nachricht von dir hab. Ich mag mir nicht vorstellen, dass du bös mit mir bist.

Mir scheint es immer mehr so zu sein, dass in Zeiten wie diesen jeder für sich sorgt. So darf es jedoch nicht sein. Wenn jeder nur die eigene Haut rettet, dann laufen die Dinge so, wie sie es jetzt tun. Dann steht man am Ende da und schreit und jubelt und marschiert im Gleichschritt und sieht gar nicht, wie man sich den Klippen nähert. Bis man einen Schritt zu viel gemacht hat und mit zertrümmerten Knochen unten in der Schlucht liegt.

Ach, mein Röschen, mir schlägt das Herz bis zum Hals, das tut es oft in der letzten Zeit. Dann kann ich abends nicht einschlafen und liege Stunde über Stunde wach. Um uns herum ist nichts mehr, wie es war, keiner ist mehr wie vor dem Krieg. Alles verändert sich, wenn Menschen aufeinander schießen.

Bevor ich mich auch heute wieder von einer auf die andere Seite wälze, beschließe ich diese Zeilen.

Ich küsse und drücke dich.

Lene

Franz – im Osten, 9. Juli 1942

Liebstes Schwesterchen,
nun habe ich so lange nicht von dir gehört, und ich vermute, dass meine Briefe an euch irgendwo auf einem Feldpostamt herumliegen und vom Schimmel gefressen werden. Trotzdem schreibe ich unverdrossen weiter, denn oft ist es die einzige Ablenkung, die wir hier haben. Wo einem der Kopf steht, weiß man sowieso nicht mehr. Des Tags braucht man auch gar keine Ablenkung, da habe ich so viele Aufgaben als Gruppenführer. Ich weiß, dass ich auf keinen Fall

Offizier werden will, obwohl unser Kompaniechef das mehrere Male in die Runde geworfen hat, dass »der Meister zu mehr als einem Gruppenführer taugen täte …«. Darauf reagiere ich gar nicht.

Eiseskälte, durch den knöcheltiefen Schlamm marschieren oder bei Gluthitze und mit zu wenig Wasser voran, voran und voran und den Alltag als Soldat, das will ich alles hinnehmen. Ja, auf andere schießen und sehen, wie das Land und die Leute unter uns und unter den eigenen Truppen leiden, das ist Alltag wie früher ein Butterbrot schmieren und zur Arbeit gehen!

Selbst befehlen will ich es aber nicht. Und die Verantwortung für die jungen Burschen übernehmen, das auch nicht. Es kommen jetzt lauter kaum ausgebildete Kerle, von denen man gar nicht verlangen kann, dass sie die Nerven nicht verlieren. An manchen Tagen muss ich Unterricht an Waffen geben, die ich selbst erst zweimal in der Hand gehalten habe.

Zeit dafür ist kaum, weil wir weiter und weiter vorstoßen. Immer noch 40 und 50 Kilometer am Tag, nur noch wenige Märsche in dieser Art, dann stehen wir am Don, der mich etwas wehmütig an unseren guten Vater Rhein denken lässt.

Das hätte vor ein paar Wochen keiner gedacht, beim besten Willen nicht. Bei allen steigt die Hoffnung, dass wir das hier vor dem Winter erledigt haben. Zu schaffen machen uns die Angriffe aus der Luft. Immer wieder schickt der Russe uns Jagdgeschwader.

An manchen Tagen würde ich am liebsten in den Erdlöchern, die nicht selten unser Quartier sind, die Regenplane über mich ziehen und einfach nicht mehr aufstehen. Das

21 **Don:** 1870 Kilometer langer Fluss in Russland, der in das Schwarze Meer mündet

darfst du natürlich keinen Augenblick zu lange denken und schon gar nicht tun. Keinen Millimeter weichen wir zurück, auch nicht von den Gepflogenheiten und Abläufen, auch wenn sie dir noch so albern erscheinen.

Das Antreten zum Beispiel! Sobald Zeit dazu ist: aufstellen, stillgestanden, ausrichten. Dem ältesten Unteroffizier Meldung machen, der macht dem Feldwebel Meldung, der dem Spieß, der Spieß dem Leutnant und alles so weiter.

Die Strafen sind übel, schon bei den kleinsten Vergehen. Sturmgepäck packen: Brotbeutel, Spaten, Gasmaske, Stahlhelm, Gewehr, 2 Handgranaten, volle Patronentaschen. Wehe, du machst einen Fehler und ein Kochgeschirrdeckel ragt an deinem Rucksack nach rechts statt nach links! Dann heißt es Strafexerzieren, egal wie heiß es ist.

Wenn ich nachts zur Wache eingeteilt bin, gucke ich in den Himmel, und manchmal summe ich dann »Heimat, deine Sterne« und denke mir, dass das auch eure Sterne zu Hause sind, die ich da oben funkeln sehe. Einen Sternenhimmel hat es hier in klaren Nächten, das haut dich um. Klein wirst du dabei und fragst dich, ob sich da oben überhaupt jemand dafür interessiert, was wir hier anstellen, auch wenn es ein so schreckliches Gemetzel ist. Und wenn das Wetter schlecht ist und nicht ein einziger Stern zu sehen, dann stell ich mir vor, wie es sein könnte, nein, wie es wieder sein wird, sein muss: in einem warmen Bad liegen, sich mit flauschigen Handtüchern abtrocknen und einen weichen Schlafanzug anziehen, wie den, den ich noch zu Hause habe. In schneeweißer, kühler Bettwäsche schlafen, ein Frühstück mit allem Drum und Dran und einen Sonntagsspaziergang auf der Rheinpromenade. Siehst du, Lenchen, man tut, was man kann, um nicht zu verzweifeln.

8 **Spieß:** Hauptfeldwebel, Führer des Unteroffizierskorps einer Kompanie

Wenn ich den Brief nun anschaue, klingt er mir doch arg traurig. Sorge dich nicht, man muss auch traurig sein dürfen, Lenchen. Das sind Gefühle, weißt du. Die muss man spüren und haben, weil, wenn sie weg wären, dann wäre es wirklich schlimm. Wir müssen wacker durchhalten, bis der Sieg gekommen ist. Darauf dürfen wir hoffen, wo wir doch Sewastopol und damit die Krim eingenommen haben. Schließlich marschieren wir nach Osten und jagen die anderen, nicht umgekehrt. Das sind alles sehr, sehr gute Zeichen. Am Ende feiere ich Weihnachten mit euch Lieben in Nippes, so wird es sein, so *muss* es sein.

Von Mutti habe ich Post bekommen, kaum eine Woche war der Brief unterwegs. Natürlich freue ich mich über jede Zeile von ihr, aber es klingt alles immer sehr ähnlich, als ob sie nicht wüsste, was sie mir schreiben soll. Dabei interessiert mich jedes neue Wort, das die Toni endlich lernt, und jedes Abenteuer, das sie dort in den Weinbergen erleben.

Mutti macht auch Andeutungen, dass ihr euch böse gestritten habt über eine Sache, von der sie aber nicht schreiben will. Geht es wieder um Kalli? Oder hast du etwa Dummheiten gemacht? Muss ich mir womöglich um die Familienehre Sorgen machen? Jetzt schimpf nicht los, das war ein Scherz, ich weiß, dass ich mich auf dich verlassen kann. Gedanken mache ich mir trotzdem.

Ich lege meinem Brief auf jeden Fall eine Zulassungsmarke für ein 1000-Gramm-Paket bei, so könnt ihr in die nächste Sendung an mich ordentlich was reinpacken.

Allerliebste Grüße an dich und an alle, die an mich denken.

Dein Franz

Rosi – Strehlen, 12. Juli 1942

Liebe Lene,
die Zeiten sind verrückt, da muss ich dir recht geben, auch wenn wir hier in Strehlen gar nicht so viel davon merken. Die Soldaten mit Verbänden, die nach der Genesung im Lazarett noch ein paar Tage bei ihren Familien sein dürfen, die vielen Kinder aus der KLV – das sieht man auch hier. Aber keine Bomben und, wie soll ich es ausdrücken, auch keine »Geschichten«, wie du sie mir schreibst. Fast so etwas wie Frieden. Natürlich haben auch wir Bezugsscheine und all das, aber wir haben genug zu essen und uns gehen im Moment nicht die Mieder aus. (Hoffentlich passt das Modell, das ich dir in dem Päckchen dazulege, es ist jedenfalls 1-a-Ware!!)

Schon so viele Briefe von dir und ich habe noch immer nicht richtig geantwortet. Meine Postkarte hast du aber bekommen? Die mit den schönen Rosen vorne? Trotzdem: Schande über mich, Asche auf mein Haupt und was man sonst noch machen kann, um mich zu bestrafen.

Es hat natürlich überhaupt nichts (oder zumindest fast nichts) damit zu tun, dass ich dir gram bin, auch wenn mich deine scharfen Worte neulich etwas verletzt haben. Aber dann dachte ich, bei dir liegen die Nerven blank, das ist auch kein Wunder. Und als du in deinem letzten Brief geschrieben hast, es gehe nichts über eine beste Freundin (obwohl mir ein gewisser Esel ja wohl ordentlich Konkurrenz macht!), da bin ich dahingeschmolzen. Ja, auf unsere Freundschaft sollten wir nichts kommen lassen. Also Schwamm drüber.

Frau Schlotzke hat Nachricht aus Afrika bekommen, dass

21 **gram:** böse

der Ältere von den Schlotzke-Söhnen nicht mehr zurückkommen wird. Irgendwo in der Wüste in einem Ort, der Tobruk heißt, hat er sein Leben gelassen. »Im Sand verscharrt«, ruft Frau Schlotzke oft verzweifelt. »Das Eiserne Kreuz haben sie dem Jungen noch verliehen«, sagt sie zu einer Kundin und lässt die Dame dann mitten im Verkaufsgespräch stehen. Jetzt steht sein Bild auf dem Büfett in der guten Stube mit einem Trauerflor daran.

Gut, dass wir von solchen Dingen noch verschont sind, nicht wahr, Lenchen? Der Franz hat ja auch ein EK bekommen, zwar nur zweiter Klasse, aber immerhin: Dafür lebt er noch.

Was du über deinen Vater schreibst, ist wirklich ein Ding. Wer wäre auf die Idee gekommen, aber ich sage dir: Sei deiner Mutti nicht so böse. Was hätte sie tun sollen? Über den Wilhelmplatz laufen und allen mitteilen, dass ihr Mann ein Roter ist, ein Bolschewik, der sich freut, dass die Russen kommen? Und es ist doch auch alles eine ganze Zeit her, daran geglaubt, dass er zurückkommt, haben wir doch alle nicht mehr, oder?

Ich weiß, das ist so leicht gesagt, aber es nützt keinem etwas, wenn wir in die Vergangenheit gucken und uns an dem festklammern, was einmal war. Und schon gar nicht daran, wie es hätte sein können. Das tut nur weh, denn ändern können wir rein gar nichts mehr. Wir müssen alle nach vorne schauen, in die Zukunft. Das ist heutzutage unsere Pflicht. Es wird eine Zukunft geben, Lenchen. Ganz bestimmt auch eine schöne. Manchmal stelle ich mir das Leben vor wie die Regale in unserem Laden. Jeder von uns hat all die Fächer und Schubladen, aus denen er herausholt, was er braucht. Manchmal ist es ein zartes Seidenschlüpferchen

8 **Trauerflor:** schwarzes Stoffband als Zeichen der Trauer

und manchmal eine kratzige Wollunterhose. Unsere Zeiten fürs Seidene werden noch kommen.

Aber nicht zu weit in die Zukunft schauen, das ist auch wichtig. Nur in kleinen Schritten, von Tag zu Tag, von Woche zu Woche und vielleicht hier und da auch mal ins nächste Jahr. Keiner weiß, wann dieser Krieg zu Ende ist, also lohnt es nicht, sich darüber verrückt zu machen.

Ich überlege mir natürlich auch immer mal wieder, was hättest du getan, wenn dieser ganze Wahnsinn nicht über uns hereingebrochen wäre? Meine Lehre gemacht, zur Berufsschule gegangen, nach einem feschen Jungen geschaut, ach Gottchen, und bestimmt auch mal mit deinem großen Bruder getanzt. Du solltest ihm übrigens nichts über die Sache mit deinem Vater schreiben. Das täte ihm nicht gut, ganz bestimmt nicht. Er hat mich in seinem letzten Brief danach gefragt, weil deine Mutti Andeutungen gemacht hat.

Zu guter Letzt will ich deine Neugier noch befriedigen: Der junge Herr Ansgar schreibt mir ab und zu eine Postkarte, und zwar aus – ja, es ist kaum zu glauben! – Florenz in Italien, wo er auf der Piazza sitzt (das ist italienisch für »Platz«). Schöne Paläste und lauter antike Sachen besichtigt er und vor allem schaut er den jungen Damen nach. Dort heißen sie »Signorina«, und wenn ich ihn richtig verstanden habe, sind sie arg feurig mit klimpernden schwarzen Wimpern und Rundungen von oben bis unten. Du siehst, wenn ein Mann dir solche Geständnisse macht, braucht er dich eher als beste Freundin, der man einfach alles erzählen kann. Vielleicht sollte ich ihm das mal schreiben, dass ich die beste aller besten Freundinnen in Köln habe, samt einem großen Bruder, der alle Karnevalslieder auswendig weiß und sie auch noch besser als jeder andere singen kann.

Es sieht also ganz und gar nicht danach aus, als würde ich so bald einen Heiratsantrag bekommen. Man wundert sich, dass er nicht längst den Stellungsbefehl erhalten hat. Oder vielleicht muss man sich auch nicht wundern, weil die Herren »von und zu« bestimmt noch für später aufgespart werden. Hin muss am Ende aber jeder, danach sieht es aus. Ich gönne ihm die laue italienische Luft und die Signorinas und den kleinen starken, schwarzen Kaffee, dessen Namen ich wieder vergessen habe. Eine Tasse heiße Schokolade mit Franz (und mit dir) wäre mir sehr viel lieber.

Wahrscheinlich hättest du dafür gar keine Zeit, denn mit deinem Esel scheint es ja nun eine ernste Sache zu werden. Streite es gar nicht erst ab. Meine Lene hat neben all dem Gedönse und Gekrache im Gebälk und in der Familie und überall noch genug Zeit und Kraft, sich auf einen Burschen einzulassen. Soll ich dir was sagen? Das gefällt mir richtig gut. Dreifach gut. Das zeigt uns: Das Leben geht weiter.

Ein bisschen Sorgen mache ich mir, das will ich nicht verhehlen. Was tut ihr denn da auf euren Wanderungen? Das mit den getauschten Kleidern musste ich mir genauer vorstellen, und nun ja, ausziehen, umziehen, anziehen und in der Unterhose vor den anderen stehen! Ich hoffe, ihr seid wenigstens hinter einen Busch gegangen. Schicklich ist das nicht, das steht fest, aber wenn dein Esel bei dir war, konnte er ja auf dich aufpassen. Sei froh, dass du den hast!! Sich allein durchschlagen ist nicht so leicht.

Kennst du noch die Emilie, die Emmi, wie sie sich nennt, die nebenan bei uns gewohnt und früher auf das Walterchen und mich aufgepasst hat? Ich habe sie getroffen, auf dem Marktplatz, hier in Strehlen – ganz zufällig! Und jetzt halt dich fest: mit einem eigenen Lastwagen von Ford. Also, der gehört ihr nicht, aber sie fährt ihn, stell dir das vor! Die anderen Fahrer, das sind lauter Männer, ist ja klar. Sie ist die einzige Frau, die so ein schweres Ding fährt. Im Straßenbau, sagt Emmi, hat sie schon Kies und Zement gefahren, in der Eifel. Und dann Möbeltransporte von Belgien und Holland nach Aachen oder Köln. Die Frau steht wirklich ihren Mann, das kannst du laut sagen. Sogar in Nordfrankreich war sie, als der Krieg schon in vollem Gang war. Ihre ganze Truppe von Ford, Lastwagen mitsamt den Fahrern, ist verpflichtet worden, dort die Straßen wieder aufzuräumen, nachdem die Infanterie durch ist. Das Beste kommt aber noch: Die Emmi, die hat ein Kind, ein süßes Mädchen, eine Fotografie hat sie mir gezeigt, von der Taufe, der kleine Floh im Taufkleid auf dem riesigen Kotflügel von einem LKW, mit den ganzen Kerlen, die sonst in einer langen Kolonne mit Emmi auf den Straßen ordentlich Gas geben.

Und einen Mann will sie gar nicht. Nicht für das Kind und auch nicht für sich, außer sie liebt ihn wie verrückt, hat sie mir gesagt, wortwörtlich hat sie das gesagt. Nur weil einer ihr ein Kind angedreht hat, heirate sie den noch lange nicht. Dabei hätte er die Emmi genommen, sagt sie jedenfalls. Ich glaube, dass es ein Franzose war, den zu heiraten, wäre in diesen Zeiten wirklich nicht so gut gewesen.

Was gäbe ich drauf, eine unserer BDM-Führerinnen zu sehen, wenn ich ihr diese Geschichte erzählen würde. Der würden die Ohren flattern, das sag ich dir! Ich stell es mir schrecklich vor, ein Kind, ohne Mann, gar nicht kann ich es mir vorstellen, aber ein bisschen bewundert habe ich sie auch, wie sie mir das erzählt, an die Tür vom Fahrerhaus gelehnt mit einer Zigarette im Mundwinkel. So lässig bekommt das kein Filmstar im Kino hin.

Trotzdem solltest du jetzt keine voreiligen Schlüsse ziehen: Dem Erich schlägst du mal schön weiter auf die Finger, wenn er Dinge will, die die Burschen wollen. Alle wollen das, hörst du? Und schöne Augen machen sie dir. Du bist keine Lastwagenfahrerin, und im Moment hättest du nicht einmal deine Mutti, die auf das Früchtchen aufpassen würde.

Und noch eines zu der anderen Sache, mit den Fahrten und den Liedern und all dem, ich will hier nicht deutlicher werden, denn ich habe ja nicht so »praktische« Briefumschläge wie du. Sei bitte vorsichtig, so viel will ich dir sagen, und sei auch vorsichtig, was du so schreibst. Auch die schönen Umschläge von deinem Onkel könnten dennoch mal »Risse« bekommen, wenn du verstehst, was ich meine. Lenchen, pass auf dich auf.

Und schreib mir, ob das Mieder gepasst hat und was Oma Stina dazu sagt. Ach, auch deine liebe Oma fehlt mir. Ich muss einfach mal wieder nach Köln reisen.

Es grüßt dich herzlich
deine beste Freundin Rosi

Lene – Köln, 22. Juli 1942

Liebe Rosi,
zuerst die ganz und gar wichtigste Sache, denn jeder weiß: Ein Mieder, das zwickt und zwackt, ist der Untergang einer jeden Frau, jedenfalls wenn sie 76 geworden ist wie Oma Stina am Wochenende. Ich weiß, dass ich niemals in meinem ganzen Leben ein solch unbequemes Ding tragen werde, egal wohin die Speckrollen auf den Hüften auch quellen. Die Emmi, von der du mir geschrieben hast, trägt be-

stimmt auch keins, nein, eine Frau von heute tut das nicht. Ganz davon abgesehen, dass ich kaum eine kenne, die mit Speckrollen zu kämpfen hätte, nicht auf den Hüften und nicht sonst wo, weil man für Speckrollen ordentlich viel Zucker und Butter und Kuchen jeden Tag braucht. In die Gefahr kommen wir wohl nicht so schnell.

Also: DAS MIEDER SITZT PERFEKT! In Großbuchstaben! Was hat Oma Stina alles überstehen müssen in ihrem Leben, nun schon den zweiten Krieg und was nicht sonst noch alles. Aber kein Mieder zu haben, das war die Hölle für sie, nun ja, sie ist halt aus einer anderen Zeit. Jetzt wird sie dich lieben bis ans Ende aller Tage. Ich glaube, sie selbst hat dir auch eine Postkarte geschickt. Mehr kriegt sie nicht mehr hin, weil sie so schlecht sieht und auch eine Brille nichts mehr nützt.

Trotzdem haben wir sehr schön gefeiert, endlich einmal wieder im Schrebergarten. Es war schön, auch wenn wir nur ein etwas klägliches Häuflein Leute waren, wenn man es mit den vergangenen Jahren vergleicht. Immerhin wurde ein tolles Mittagessen gegrillt: Schweinebauch mit ordentlich Schwarte, und einer von Opis Gartennachbarn hat vom ollen Herrn Rübe tatsächlich zwei Hühner ergattert. Gegrilltes Huhn ist doch Oma Stinas Lieblingsessen, wir hatten es schon sehr lange nicht mehr.

Der Franz hat Oma Stina natürlich sehr gefehlt, aber mein kleiner Bruder war da, und der ging uns ordentlich auf die Nerven. An den kommt keiner mehr ran, keiner von uns jedenfalls. Führer hier, Führer da – etwas anderes gibt es nicht mehr für ihn. Wenn es irgendetwas Verrücktes gibt, wofür er sich freiwillig melden kann, dann tut er es. Und eines Tages will er dann in die Waffen-SS, das steht für ihn jetzt schon fest. Dabei hat Franz mir Sachen über die geschrieben, da wird einem richtig schlecht.

Als der Erich am Nachmittag in den Schrebergarten kam, um mich abzuholen, hat Oma Stina darauf bestanden, dass er auch ein Stück Schweinebauch mit Senf und Kartoffelsalat verputzt, und der Kalli hat gleich die Gelegenheit genutzt.

Was hat der vorlaute Bursche den armen Erich gelöchert! Auf Herz und Nieren wollte er ihn prüfen, das merkte man sofort.

»Melde dich doch gleich bei der Gestapo«, hätte ich ihm am liebsten gesagt. Aber den Mund habe ich gehalten. Es weiß doch niemand so ganz genau, zu was ein verirrtes Lichtlein wie mein kleiner Bruder in der Lage ist. Die ganze Zeit hatte ich das Gefühl, dass da etwas im Busch ist, gebibbert habe ich fast, dass der Erich irgendwann eine Bemerkung macht und diesem Rotzlöffel von Bruder einen einschenkt.

Hat er aber nicht. Mein Erich ist nicht blöd. Das steht fest. Irgendwann nimmt mich dieser freche Furz von einem Brüderchen doch tatsächlich zur Seite und flüstert mir zu, dass der Kerl aussähe wie die Bummelanten, die man jetzt immer häufiger in den Straßen antreffe. Die am Leipziger Platz herumlungerten und so weiter.

Und so weiter!

Drei Augenblicke hat er da geschwiegen und mich bedeutungsvoll angeschaut. »Bummelei ist Raub am Volkskörper«, sagt er dann. Mir ist fast die Spucke weggeblieben. Und Zersetzung sei das, man müsse sich in Acht nehmen, aber bei mir müsse man sich darüber bestimmt keine Sorgen machen. »Oder?«, fragt er dann ganz scheinheilig.

In dem Moment bin ich in die Luft gegangen, ich bin eben doch nicht so besonnen wie der Erich.

»Frag doch deine Freunde vom Streifendienst, die sich am Leipziger Platz herumtreiben«, ist es aus mir rausgeplatzt. »Haben die eigentlich nichts Besseres zu tun? Das ist genauso Bummelei, rauskommen tut am Ende genauso wenig!« Peng. Und ich Dussel musste dann noch zufügen: »Aber die Feiglinge trauen sich ja nur zu uns, wenn sie in der Überzahl sind und armdicke Knüppel dabeihaben.«

Was hat der Kalli da für Augen gemacht. Aber ich habe in dem Moment nur gedacht: Wo kommen wir hin, wenn ich vor meinem kleinen Bruder verheimlichen muss, mit wem ich mich auf offener Straße treffe? Das wäre doch ein Witz, oder? Es kann schließlich jeder sehen, der Augen hat.

Der Erich hat nachher mit mir geschimpft (und er hat ja recht), dass es besser ist, Jungs wie den Kalli nicht auf dumme Gedanken zu bringen. Ein bisschen unauffälliger zu sein, sei meistens sehr viel besser, als die Blicke auf sich zu ziehen.

Auf jeden Fall haben der Erich und ich uns dann schnell aus dem Staub gemacht und sind zu Manne Plautz nach Ehrenfeld. Wie war ich aufgeregt! Ich hab noch nie einen richtigen Boxkampf gesehen, ein paar Bilder in der Zeitung oder in der Wochenschau, aber so richtig, in echt, am Boxring noch nie. Und überhaupt war ich stolz, dass er mich mitgenommen hat, die Boxerei ist schließlich keine Sache für uns Mädchen, da sind die Jungs lieber unter sich.

Ein echter Kampf war es nicht, nur Training, wobei es aber am Ende schon ganz ordentlich zur Sache ging. Manne Plautz haben sie wieder aus dem Klingelpütz entlassen, einen ordentlichen Schrecken wollten sie ihm mit dieser Verhaftung wegen seiner Schwarzmarktgeschäfte einjagen. In seine Trainingshalle haben sie ihn aber nicht wieder gelassen, den Boxklub hat nun einer aus der Partei übernommen. Deshalb trainieren jetzt alle in der Baracke hinter der Lackfabrik, die sie im April ausgebombt haben. Ein schrecklicher Geruch herrscht da! Draußen angekokelte Farbreste und drinnen Schweiß aus Hemdchen und Sporthosen, die man mit Einheitswaschmittel bestimmt nie mehr sauber kriegt.

Die Jungs haben ziemlich überrascht geguckt, als ich hinter Erich in die Baracke gehuscht bin. Solchen Besuch kriegen sie nicht oft, und um ehrlich zu sein, sie waren nicht gerade begeistert. Aber wie die Jungs so sind: Sie haben sich sofort dreifach ins Zeug gelegt, sei es beim Seilspringen oder beim Training mit dem Sandsack, weil jeder einem hübschen Mädel einen Eindruck hinterlassen will. (Ja! Mit dem hübschen Mädel ist deine Freundin Lene gemeint!!)

»Vergiss die Rechte nicht«, schreit der Trainer, der einem seiner Jungs eine dicke Pratze aus Leder hinhält, »die Rechte, rechts, rechts, und ’ne Rolle, links nachsetzen. Beine, Beinarbeit, steh nicht rum wie ein Nashorn auf dem Heumarkt, Linke, Linke, Drehung, Schwinger und pardauz, jetzt hätte dir der größte Schwachkopf einen Leberhaken versetzen können.«

Röschen, und wie ich so gucke, kommt Erich hinter einer löchrigen Plane hervor, die als Umkleidekabine dient. In seiner Trainingshose und dem Leibchen und den hoch über den Knöchel geschnürten Boxschuhen – in dem Moment war ich sehr stolz. Da sah man, dass er ein Bursche ist, der sich schon ganz ordentliche Muskeln antrainiert hat. Was hat er auf den Manne Plautz eingedroschen, nicht direkt auf

19 **Pratze:** Schlagpolster, dass beim Boxen zum Trainieren benutzt wird | 22 **pardauz:** Ausruf der Überraschung; hoppla

ihn, sondern auf diese ledernen Pratzen. Am Ende war er verschwitzt wie die ganze Halle und gerochen hat er auch so, aber das hat mir gar nichts gemacht.

Eigentlich war ich ja froh gewesen, dass er damit aufgehört hat, sich mit anderen zu schlagen, obwohl er mir geschworen hat, dass richtiges Boxen gar nichts mit dem Gekloppe auf der Straße zu tun habe, wenn man auf die Horden vom HJ-Streifendienst trifft. Natürlich, hat er gesagt, hülfe es, wenn man weiß, wie man in Deckung bleibt und auch wie man mit einer schnellen Linken der Sache ein Ende setzen kann. Irgendwie hat er damit auch recht. Ich muss es zugeben, als ich ihn so vom Schweiß glänzend gesehen habe, wie er die Muskeln anspannen kann, und dabei seine ein wenig zugekniffenen Augen, die den anderen keine Sekunde aus dem Blick lassen, das hat mir doch gefallen. Es ist nicht schlecht, wenn man sich wehren kann, habe ich gedacht.

Der Franz hat mir neulich geschrieben, dass es manchmal guttut, wenn man endlich sein Gewehr abfeuern kann, nachdem man wochenlang auf der Lauer gelegen hat und nie weiß, wann es losgeht.

Die Soldaten haben wenigstens ihr Gewehr. Hier sitzt du im Luftschutzkeller und hoffst, dass sie nichts über deinem Kopf abwerfen, aber tun kannst du nichts.

Vielleicht sollte ich auch mit dem Boxen anfangen oder mit dem Ringkampf, was meinst du? Wir Mädels wüssten uns zu helfen, oder? Vielleicht würden wir aber auch gar nicht mit einem Krieg wie diesem anfangen.

Wie auch immer, nach dem Training haben draußen vor der Baracke der Wutz und der Hoppel und noch ein paar Jungen auf Erich gewartet. Sie haben sich nicht getraut reinzukommen, weil im Boxklub von Manne Plautz auch ein paar aus der SA und auch von den höheren HJ-Führern trainieren. Ja, so einfach ist das. Die einen aus der Partei lassen ihn einsperren, und das hindert die anderen nicht, sich die besten Tricks von ihm zeigen zu lassen.

Ein paar von den Jungen aus unserer Gruppe müssen sich auch in Acht nehmen. Zur HJ gehen viele von ihnen schon lange nicht mehr, und auch sonst machen sie, was sie wollen, und lassen den lieben Gott einen guten Mann sein. Den Jüngsten von Frau Schubert haben sie vor zwei Wochen verhaftet. Erinnerst du dich an sie? Sie war doch kurz unsere Handarbeitslehrerin und hat uns beigebracht, wie man akkurate Knopflöcher näht. Der ihr Schorsch ist in einen Keller gestiegen und hat ein paar Gläser eingelegte Birnen und Apfelmus geklaut, weil seine Mutter kaum noch weiß, wie sie die ganze Schar von Kindern satt kriegen soll, immerhin sieben an der Zahl. Und weil er zudem (wahrscheinlich aus demselben Grund) vor einiger Zeit aus dem Reicharbeitsdienst abgehauen ist, kennen sie jetzt kein Pardon. Einen *Volksschädling* haben sie ihn genannt und einen verdorbenen Menschen und getönt, dass man die Volksgemeinschaft von einem wertlosen Kerl wie ihm befreien müsse. Weißt du, was das heißt? Der Staatsanwalt verlangt, dass er an den Galgen kommt. Ausgemerzt gehören solche, so stand es im Westdeutschen Beobachter.

Ich gebe zu, der Junge klaut wie ein Rabe und nicht nur Sachen zum Futtern, aber der bräuchte mal ordentlich was hinter die Ohren, *das* fehlt ihm. Und wer soll das machen, wenn sein Vater schon ’39 im Feld geblieben ist?

Den Jungs, die vor der Baracke auf uns warteten, sah man

auf den ersten Blick an, dass etwas nicht stimmte, und auch der Erich hat es gleich gemerkt, weil die zufriedene Miene sofort aus seinem Gesicht verschwunden ist.

»Warte«, sagt er und will zu den anderen hinübergehen, aber ich warte einfach nicht, sondern gehe mit ihm. Nach ein paar Schritten sagt er noch einmal, dass ich warten soll, aber ich frage ihn: »Warum?« – »Ist besser so«, sagt er und guckt mich so flehend an, dass ich auf ihn höre und warte, während er mit den anderen redet.

Lass es dir gesagt sein, Röschen, bei nächster Gelegenheit werde ich ihm wohl klipp und klar sagen, dass er mich nicht mit zum Boxen nehmen muss, wenn er mich danach warten lässt, während »die Männer« (Männer! Dass ich nicht lache!) geheime Dinge besprechen. Ganz aufgeregt haben sie gewirkt und Wutz wurde sogar einmal laut und stampfte mit dem Fuß auf.

Den Kopf musste ich ihm dann viel schneller zurechtrücken, als ich gedacht hatte. Kommt der Erich nämlich zurück und sagt, er müsse ganz schnell weg – und das, wo wir uns doch vorgenommen hatten, den Abend am Rhein zu verbringen. So sehr hatte ich mich darauf gefreut: auf einer Decke liegen und in den Himmel gucken und dem Plätschern des Wassers lauschen und seine Hand halten. Wie habe ich mich aufgeregt und mit dem Fuß gestampft und er ist von einem Fuß auf den anderen getrippelt. Gewunden hat er sich, aber du kennst deine Lene, mir kommt man nicht davon, wenn ich etwas sehr, sehr will. Ich habe ihm den Kopf gewaschen, bis er herausgerückt ist mit der Sache: Um einen ordentlichen Packen Papier ist es gegangen. Der musste in Deutz abgeholt werden, und zwar noch an diesem Tag, weil es sonst anderweitig verwendet werden würde, und an über 1000 Blatt bestes Papier kommt man nicht so leicht heran.

Natürlich fragst du dich nun, wofür man so viel Papier braucht, damit könnte ich dir bis zum Sankt-Nimmerleins-Tag Briefe schreiben, aber um Briefe geht es nicht, das Papier wird nämlich für Flugblätter gebraucht. Vermutlich ahnst du schon, um was es geht und dass man mit dem Papier nicht einfach so über die Hohe Straße spazieren sollte. Da kommst du in arge Erklärungsnot, wenn dich eine Streife aufgreift und wissen will, woher du einen solchen kriegswichtigen Rohstoff (mittlerweile ist ja ALLES kriegswichtig) hast und noch viel schlimmer: was du damit anstellen willst.

»Dann gehe ich mit«, sage ich dem Erich einfach. »Das kommt gar nicht infrage«, antwortet er, und so geht es eine ganze Zeit hin und her, bis ich eine Idee habe. Die ist so gut, dass er einfach nicht Nein sagen kann: Wir nehmen den Kinderwagen von einer Nachbarin bei uns aus der Sechzigstraße. Auf ihren kleinen Moritz habe ich schon mal aufgepasst, als Veronika für Milch anstehen musste. Abends braucht sie den Kinderwagen sicher nicht. »Wir räumen alles aus«, sage ich, »und oben packen wir die dicke Decke drauf, und dann hängen wir noch eine Windel davor, weil noch so viele Fliegen herumsurren.«

So ist es aus mir herausgesprudelt. Erich ist überhaupt nicht zu Wort gekommen, so habe ich auf ihn eingeredet. Aber dann hat er irgendwann doch das Wort ergriffen und gemeint, dass er es nicht verantworten kann, mich in solche Sachen hineinzuziehen. Da habe ich gelacht, einfach nur gelacht.

Was er sich dabei wohl denkt? Mich in SOLCHE SACHEN

4 f. **bis zum Sankt-Nimmerleins-Tag:** scherzhaft für: nie

hineinziehen? Ich frage mich, ob er gar nicht gemerkt hat, dass wir alle schon mittendrin stecken, in diesen SACHEN. Seit ich weiß, was mit Vati passiert ist, stecke ich mittendrin, und nicht erst seitdem. Dass alles so nicht weitergehen kann, wissen alle, die ein bisschen Grips in ihrem Kopf haben, und das haben die meisten. Nur an Anstand fehlt es ihnen, das kann man wohl mit Fug und Recht behaupten.

Röschen, ich musste in letzter Zeit oft an die Frau Liebigmann und an Irene und an all die anderen denken, die jetzt weg sind.

Dass es in dieser Sache nicht gut steht, habe ich noch vorgestern am Bahnhof gedacht, als ich Oma zum Zug gebracht habe, die nach Nettersheim zu Onkel Oswald wollte.

Hunderte jüdische Leute warteten dort auf die Eisenbahnwaggons, auch die Irene Liebigmann und ihre Mutter, der Madame Céline vor ein paar Wochen erst eine Perücke gemacht hat, weil ihr doch alle Haare ausgefallen sind. Und Kinder waren auch viele da, ganz kleine und Babys. Ich weiß nicht, wie lange sie da schon standen. Frau Liebigmann sah so erschöpft aus, und als ich mit der Irene sprechen wollte, hat mich ein SS-Mann weggeschubst. Und nicht nur mich. Die Frau aus dem kleinen Laden direkt hinter dem Bahnhof wollte einem Baby ein Fläschchen geben, das hat so geschrien, und was macht dieser Kerl von der SS? Er schlägt es ihr aus der Hand und schreit die Frau an, sie soll das lassen oder gleich mit in den Zug steigen.

Ich habe Oma dann zu ihrem Bahnsteig begleitet, und als ich zurückkomme, sind die Leute alle weg. Frau Liebigmann, Irene, alle. Nur ihre Koffer standen noch da. Wie komisch, habe ich gedacht, warum lassen die einfach ihre Koffer hier, wo sie doch sowieso fast nichts mehr haben. Aber man fragt besser keinen.

Weit weg haben sie alle gebracht, in Waggons gesperrt, und wiederkommen sollen sie nicht. Davon wird jetzt gar nicht mehr nur gemunkelt. Wenn man den Leuten alles wegnimmt, was sie besaßen, dann sollen sie nie mehr wiederkommen, das kapiert doch jeder. Und scheinbar juckt es keinen, dass diese Leute auf Nimmerwiedersehen verschwinden. Verschwinden sollen sie, und jeder, der auch nur einen Küchenschrank von ihnen genommen hat, WILL die Leute auch nicht wiedersehen. Leute, die vorher deine Nachbarn waren. Oder Kunden oder Freunde, von denen du die Schulaufgaben abgeschrieben hast. Mutti hat auch oft gesagt, dass es immer ein Feuer gibt, wo Rauch ist, und dass die Juden ihren Teil dazugetan haben. Die Juden seien schon immer Geschäftemacher gewesen, die schönsten und teuersten Kaufhäuser hätten die schon immer in der Hand gehabt. Ja, das stimmt. Deswegen muss man trotzdem nicht den Liebigmanns alles wegnehmen und sie – nun, verjagen, wer weiß, wohin. Doch das ist es ja nicht alleine. Warum müssen wir uns zerbomben lassen und warum müssen unsere Männer, unsere Brüder, unsere Söhne im Feld bleiben, weil ein paar Leute glauben, dass der Krieg sein muss? Lebensraum im Osten soll er bringen? Dass ich nicht lache. Wir sind doch ohne diesen Lebensraum bisher gut klargekommen. Nur weil das ein paar Leute in Berlin beschlossen haben, lassen wir unsere Männer draufgehen? Statt zu jammern, dass der Engländer uns mit Bomben übersät, sollten wir endlich etwas tun, dass der Krieg so schnell wie möglich aufhört. Und deshalb soll keiner mehr kommen und sagen, in diese oder jene Sache soll ich nicht reingezogen werden. Ich stecke drin, in schlimmen Sachen. Wir alle stecken da drin!

Das alles habe ich auch dem Erich gesagt, richtig in Wut habe ich mich geredet. Ich weiß nicht, warum es gerade an diesem Tag so aus mir herausgeplatzt ist. Es war doch ein schöner Tag, im Garten und dann beim Boxen, und er sollte auch schön ausklingen, am Rhein, mit einer Flasche Bier, die ich extra für den Erich organisiert hatte. Und zwei Hähnchenschenkel hatte Oma Stina mir noch eingepackt.

Der Erich hat gar nichts gesagt, ganz erstaunt schaut er mich da mit seinen grünen Augen an und sagt: »Was da alles so vorgeht!« Mit dem Zeigefinger tippt er mir auf die Stirn, und dann schaut er sich um, ob keiner mehr in der Nähe ist, und nimmt mich an den Schultern. Er zieht mich ganz sacht an sich heran, und da weiß ich auch schon, was passieren wird, und es passiert auch. Ganz fest drückt er sich an mich, schaut mir in die Augen und kommt mit seinem Gesicht näher, bis seine Lippen fast meine berühren. Ich zittere und dann mache ich einfach schnell die Augen zu. Warum, weiß ich nicht, aber ich hab's schon hundertmal im Kino so gesehen.

Röschen, er hat ganz weiche Lippen. Wie ein teurer, dicker Samt, nur warm und ein ganz klein bisschen feucht. Mir haben die Knie gezittert und die Luft habe ich angehalten, viel zu lange, weil mir dann schwindelig geworden ist. Oder vielleicht war mir auch einfach vor Glück schwindelig. Dann hat er mich losgelassen und ich mache die Augen auf, und er ist knallrot im Gesicht, aber er strahlt mit mir um die Wette.

»Komm«, sagt er und fragt, wo in der Sechzigstraße wir den Kinderwagen holen müssen.

Mit dem sind wir rüber nach Deutz, der Erich und ich. Kein Wort haben wir gesprochen. In der Opladener Straße hinter dem Deutzer Bahnhof haben wir das Papier geholt, und ich habe den Kinderwagen über die Brücke geschoben und der Erich ist neben mir gegangen, wie zwei junge Eltern, die stolz ihr Baby ausführen. Ich habe auch wie eine stolze Mutter gelächelt. Mein Herz war jedenfalls randvoll mit guten Gefühlen. Bis zum Rudolfplatz ging unser Spaziergang, da haben Wutz und die Fritzi gewartet und die Lieferung übernommen. Mir war nicht ganz wohl dabei, den Kinderwagen von unserer Nachbarin einfach so aus der Hand zu geben, aber ich wusste ja, dass ich mich auf Fritzi verlassen kann. Die sind dann damit abgeschoben, wohin, das weiß ich nicht. Vielleicht ist das auch besser so bei solchen Sachen. Wenn nur wenige Leute den ganzen Plan kennen, kann auch nicht so viel ausgequatscht werden.

Der Erich und ich, wir haben uns dann verabschiedet, auch wenn mir das dieses Mal schwerer gefallen ist als jemals zuvor. »Jetzt haben wir aber gewaltig was auf dem Kerbholz, wir zwei beiden«, sagt er dabei. Mir ist ganz heiß und kalt geworden.

Du wirst mir doll den Kopf waschen, meine liebste Rosi, das weiß ich. Aber ich weiß auch, dass man sich aus DIESEN SACHEN nicht mehr heraushalten kann. Ich bin gespannt, ob ich bald eins von den Blättern, die ich durch halb Köln geschoben habe, in den Händen halten werde und was darauf steht. Ich muss nun noch warten, bis Fritzi zurückkommt und den Kinderwagen bringt, sie weiß ja gar nicht, wo sie ihn hinstellen soll. Sie wollte Steinchen an mein Fenster werfen, wenn sie da ist. Drück mir die Daumen, dass die Nachbarin mich dann nicht noch zu guter Letzt erwischt. Hoffentlich bleibt die Nacht ruhig, mit dem Alarm geht es ja immer weiter, als hätte der 31. Mai noch nicht gereicht.

Heute ist mir das aber alles schnuppe. Ich werde sowieso kein Auge zutun, und wenn doch, dann spüre ich sofort Samtlippen und Arme, die mich umschließen, und ein Gefühl im Bauch, dem auch der Tommy mit seinen Bomben nichts anhaben kann. Ich bin mir sicher, dass du mich ausschimpfen wirst, aber das macht mir gar nichts. Heute ist der schönste Tag in meinem Leben, den kann mir keiner mehr nehmen. Punkt und aus und basta.

Liebste Grüße aus dem guten alten Köln,
deine sehr verliebte Lene

Teil III
August – September 1942

»Als äußeres Zeichen ihrer Zusammengehörigkeit hatten die Jugendlichen ein Edelweiß gewählt, das als Abzeichen am Rock getragen wurde. Daneben trug man auch Totenkopfabzeichen, wie sie häufig von Angehörigen der bündischen Jugend getragen wurden. […] Auf Wanderungen trugen die Teilnehmer möglichst kluft-ähnliche Kleidung […] Bei den Zusammenkünften, die, wenn nicht im Freien, in den Anlagen des Leipziger Platzes in nahe gelegenen Gastwirtschaften stattfanden, wurden nicht nur Wanderfahrten geplant und Lieder gesungen, sondern auch Aktionen gegen die Hitler-Jugend besprochen, die man durchzuführen gedachte.«

Urteilsbegründung des Sondergerichts 2 beim Kölner Landgericht vom 15. September 1943 (Auszüge)

5 **Rock:** hier: Jacke

Lene – Köln, 1. August 1942

Lieber Franz,
es macht mich verrückt, dass man einfach nicht mehr weiß, wie es dir in der Ferne geht. Dein letzter Brief klang so traurig – und ist nun schon wieder drei Wochen her. Ich verlasse mich nicht mehr gerne auf die Wehrmachtberichte im Radio oder in der Zeitung. Da muss man mittlerweile sehr viel eigene Fantasie und fast ein sehr spezielles Wörterbuch haben, wenn man sich einen echten Reim machen will auf das, was sie einem da erzählen (oder weismachen). Wenn alles so hervorragend vorangeht, frage ich mich doch, warum all die Männer sterben, um die in den schwarz umrandeten Anzeigen getrauert wird. Das geht Schlag auf Schlag, sodass man gar nicht hinterherkommt.

Den Hanns-Joachim Esch aus der Florastraße haben sie erst vor einem halben Jahr eingezogen, Arbeitsdienst hat er nur ein paar Monate gemacht und dann war er auch schon in Frankreich, im Norden bei Brest. Gottes Glück, haben alle gedacht, im Westen, nicht an der Ostfront. Und nun haben ihn ein paar Kugeln aus dem Hinterhalt erwischt, Partisanen, sagt man. Du warst doch bei den Appelsinefunke mit ihm, oder? Ach, mein Franz, wir alle würden euch viel lieber wieder in euren Karnevalsuniformen sehen, das steht fest.

Man glaubt es nicht, aber seine Mutter hatte für die Todesanzeigen von ihm nicht einmal ein Foto mit Wehrmachtsuniform. Das musste der Mann vom Fotoladen retuschieren, ich wusste gar nicht, dass man so etwas machen kann. Sie haben einfach ein Porträtfoto von seiner Gesellenprüfung genommen und ihn quasi in eine Uniformjacke

21 **Partisanen:** Widerstandskämpfer, die nicht der regulären Armee angehören | 21 f. **Appelsinefunke:** die Kölner Karnevalsgesellschaft Nippeser Bürgerwehr von 1903, so genannt wegen ihrer leuchtend orangenen Uniformen

gesteckt, das war den Eschs wichtig, dass auch jeder sieht: Unser Hajo ist im Dienst für Führer, Volk und Vaterland davongerissen worden.

Man kann nichts und niemandem mehr etwas glauben, wenn sie sogar die Fotos den eigenen Wünschen und Vorstellungen anpassen.

Und noch jemand ist nicht mehr, Franz, es ist schrecklich, aber ich muss es dir sagen: Gestern kam die schlechte Nachricht von Tante Sofie: Unser lieber, verrückter Willi ist gestorben. Eine Lungenentzündung hat ihn weggeholt. Tante Sofie ist ganz außer sich, weil es so überraschend und schnell kam, kurz nachdem er von Andernach nach Hadamar verlegt worden ist. Die Tante war darüber ohnehin schon so ungehalten. Bis Hadamar ist es gut dreimal so weit, da konnte sie ihn doch gar nicht mehr so oft besuchen, ganz davon abgesehen, dass sie dafür sowieso kaum noch eine Genehmigung bekam. Und dass er so krank war, das haben sie ihr auch nicht gesagt. Es muss schlimm gewesen sein, so schnell, wie es gegangen ist. Und dann haben sie ihn auch noch gleich in Hadamar beerdigt, ohne zu fragen, ob die Hönninger ihn gerne bei sich auf dem Friedhof gehabt hätten. Nun kann die Familie sich nicht einmal um das Grab kümmern.

Aber auch ohne dass man ums Leben von seinen Lieben und vor allem von euch da draußen fürchten muss, ist es hier schwer, bei guter Laune zu bleiben. Unseren Feinden reicht es einfach nicht, dass sie Köln (und nicht nur Köln, rundherum sieht es nicht besser aus) zu einem so großen Teil in Staub und Asche gelegt haben. Den ganzen Juli über hatten wir einen Alarm nach dem anderen, letzte Woche fast jeden Tag auch Tagesalarm: am 23., 25., 26., 28. und am

29. Dann Rekord: gleich vier Mal Tagesalarm, ausgerechnet an meinem freien Nachmittag. Ein paar Freunde und ich waren zum Schwimmen und gerade auf dem Heimweg. Glücklicherweise konnten wir bei einer ganz netten Familie in einem hübschen Reihenhäuschen Zuflucht im Keller finden.

Zur Kaffeezeit kam dann der nächste Alarm, am frühen Abend noch einer. Nachher habe ich erfahren, dass sie nur ein paar Rheinschiffe beschossen haben, in der Trajanstraße ist auch ein bisschen was runtergekommen, aber sonst war es harmlos. Und so geht es immer weiter, gestern schien es dann doch ernster zu werden. Ein schrecklich langer Alarm von kurz vor ein Uhr in der Nacht bis vier Uhr, es war anstrengend, schon allein wegen der Länge. Von Norden kamen sie, einzelne Flugzeuge bis ins Stadtgebiet. Ein erbitterter Widerstand durch die Flakstellungen. Wir sind ziemlich lange oben geblieben, das war nicht vernünftig, ich weiß es, aber die Kleinen haben so gefroren. Im Keller ist es doch auch im Sommer sehr kühl und sie hatten so schreckliche Angst. Ja, die Kleinen – sie sind wieder in Köln. Mutti auch. Es hat sie nicht länger in Hönningen gehalten, obwohl ich mit Engelszungen geredet habe, dass es dort viel besser für sie ist, besonders für Toni und Edith, aber es war nichts zu machen. Mutti wollte einfach nach allem sehen: nach Kalli und mir, nach der Wohnung und wohl auch nach Onkel Hugo, denke ich mir. Was haben die Kleinen sich gefreut, an mich geklammert haben sie sich, und wir haben Karussell gespielt, bis ihnen schwindelig geworden ist. Natürlich ist es jetzt bei uns auch wieder ganz beengt, weil Herr und Frau Freudenberger bisher einfach keine neue Bleibe gefunden haben.

Jedenfalls lieferten sich die Flieger und die Flakstellungen richtige Duelle, der Himmel im Westen war übersät mit Flakgranaten. Der Nachbar hat auf dem Dach gestanden (das ist nun wirklich und wahrhaftig verrückt), und er schwört, dass er mindestens fünf Abschüsse beobachtet hat. Gestern am Tag war dann auch noch nicht Schluss: Ein Tommy hat es tatsächlich bis zur Innenstadt geschafft und ist abgestürzt, ganz in der Nähe von der Kölnischen Zeitung. Die Elfi aus unserem Büro hat es erwischt: Der Knall hat ihr in beiden Ohren das Trommelfell zerfetzt, sie hört jetzt nichts mehr und ist erst mal krankgeschrieben. Jetzt liegt die ganze Arbeit bei mir, kaum eine freie Minute finde ich noch. Was nun alles über meinen Schreibtisch wandert, das glaubt kein Mensch.

Auf jeden Fall habe ich Mutti schon gesagt, dass wir so früh wie möglich Kohlen und Briketts organisieren sollten, die Aussichten für den Winter stehen gar nicht gut, wenn man nicht vorsorgt. Um all solche Dinge muss ich mich kümmern, mein lieber Franz, auf Mutti ist kein Verlass.

Nun soll der Brief aber nicht nur traurige und sorgenvolle Nachrichten enthalten, eine gute habe ich doch noch für dich: Das 1000-Gramm-Paket ist schon unterwegs, wir haben es bestens zusammengestellt: Zucker, Bohnenkaffee, natürlich ein Paar Socken und Schokolade. Die Socken sind von Frau Freudenberger gestrickt worden, sie hat ja sonst niemand, den sie versorgen kann, aber die Wolle habe ich *besorgt* (du weißt schon, was ich meine). Es ist reine Schafwolle, ein bisschen kratzig, aber sehr warm. Selbst komme ich im Moment nicht zum Stricken, weil ich mit dem Erich und ein paar Freunden mit anderen Dingen beschäftigt bin, die vielleicht nicht kriegswichtig, sondern eher das Gegenteil sind.

Wie immer soll ich dich auch von allen anderen hier ganz herzlich grüßen, besonders Oma Stina und Opi tragen mir das immer wieder auf. Ich hoffe, dass ich es oft genug getan habe. Für alle Fälle sage ich hier also: Grüße, Grüße, Grüße und noch viel mehr Grüße von den lieben Alten, die sich bei all dem Durcheinander sehr gut halten. Opi hat damit gedroht, dass er persönlich bei der Wehrmacht »Rabatz machen« wird (das waren seine Worte!!), wenn sie dir nicht bald einmal Urlaub geben. Schließlich brauche er dich in der Skatrunde, weil du immer so zuverlässig verlierst. Was haben wir darüber gelacht, aber ich glaube, dass er das mit dem Rabatz ganz ernst meint. Wir müssen aufpassen, dass er es nicht wirklich tut und gehörig Ärger kriegt.

Liebste Grüße aus der Heimat sendet dir
dein Lenchen

Lene – Köln, 1. August 1942

Liebe Rosi,
nun will ich auch dir noch ein paar Zeilen in die Tasten tippen. Ich bin jetzt viel mit dem beschäftigt, was wir am Leipziger Platz aushecken. Ganz so einfach ist das alles nicht, man muss vieles bedenken und dann sehen, wie man es hinkriegt – ohne erwischt zu werden, darauf kommt es ja an. Außerdem hat man auch viel zu tun, wenn man sich so richtig schön in jemand verguckt hat. Schließlich muss man sich mindestens zehnmal am Tag sagen, wie lieb man sich hat, zwanzigmal, dass man ohne einander nicht mehr sein will, und dreißigmal, wie groß die Sehnsucht nach dem anderen ist. Oh, bitte lach nicht über mich. Ich wusste wirk-

lich nicht, wie sich das alles anfühlt. Als du und ich damals Franzens Gitarrenlehrer angehimmelt haben, das war alles nur kindische Schwärmerei, das verstehe ich nun. Diesmal ist es was Echtes, da kannst du Gift drauf nehmen! Nun bin ich heute erst einmal sehr unglücklich, weil mein Esel auf einen Lehrgang mit der Motor-HJ gefahren ist. Das lässt sich im Augenblick nicht vermeiden, ein bisschen muss er schon tun, sonst zieht er allzu viel Unmut der Ausbilder im Betrieb und vom Obmann auf sich, das ist sowieso ein scharfer Hund, der seine Augen überall hat. Außerdem behandeln sie ihn fast schon wie einen Lehrling, nicht wie einen Tagelöhner, das ist ein gutes Zeichen, da muss er sich ein wenig nach der Decke strecken, auch wenn das bedeutet, bei der Motor-HJ anzutreten. Vielleicht kommt er auf diesem Wege voran und kann irgendwann doch noch Ingenieur werden, auf jeden Fall lernt er jetzt Motorradfahren und ich sehe mich schon mit einem schicken Kopftuch und einer Sonnenbrille wie ein Filmstar im Beiwagen sitzen. Oder ganz sportlich hinten drauf mit den Armen um seinen Bauch geschlungen.

Franz habe ich eben auch geschrieben, dem kann man so natürlich nicht sein Herz ausschütten. Es ist ein unschönes Gefühl, wenn ich dem Fränzchen schreibe, ganz anders als sonst. Seit ich die Geschichte um unseren Vati weiß, kommt es mir so falsch und verlogen vor, ihm nichts davon zu sagen, was hier in mir vorgeht. Wir haben von ihm nun geraume Zeit nichts gehört, was einem immer gleich Sorgen macht. Allen anderen geht es aber genauso, wie ich in der Nachbarschaft höre. Wenn überhaupt Post aus dem Osten kommt, ist es alte, die schon länger unterwegs war.

Auch von dir höre ich so wenig. Mir ist ein bisschen bange, dass du gar nichts mehr von mir wissen willst, besonders nach meinem letzten Brief. Aber wir haben ja alle viel zu tun, jeder an seinem Platz.

Wenn du wüsstest, wie die Sache mit dem Papier ausgegangen ist, würden dir die Haare zu Berge stehen. Beim Gedanken daran muss ich lachen! Deine wunderbaren dicken blonden Zöpfe, wie sie strack und steif in die Höhe stehen. Ich hoffe doch, dass du sie noch hast, die Zöpfe meine ich? Hier schneiden sich immer mehr von den Mädels die Haare ab, weil das viel praktischer ist, wenn einem dauernd das Haarwaschmittel ausgeht oder das Wasser abgedreht wird. Mein letztes Schampon von Schwarzkopf habe ich längst aufgebraucht, das milde, was ich immer aus dem Salon mitnehmen durfte. Sogar mein Gestrüpp hat das ein wenig glänzen lassen. Jetzt ist man schon froh, wenn man keine kleinen ungebetenen Gäste hat.

Frau Freudenberger hat neulich Läuse gehabt, keiner weiß, woher, und wir anderen hatten Glück, dass sie die Biester nicht auch uns angedreht hat. Alles Auskämmen nützte nicht, ich habe ihr den ganzen Kopf abgesucht, aber am Ende musste sie doch zur Entlausung. Geweint und geschimpft hat sie, eine Schande sei das, was natürlich ein großer Unsinn ist. Eine Schande sind ganz andere Dinge, mit denen man in dieser Zeit zurechtkommen muss.

Über Läuse will ich dir aber gar nicht schreiben, sondern davon, dass ich schwer auf die Probe gestellt worden bin. Mein Erich hat nämlich ein anderes Mädel geküsst. So! Jetzt ist es raus. Na? Ach, jetzt würde ich gerne dein Gesicht sehen. Aber vielleicht ahnst du schon, dass das längst nicht alles ist, sonst müsste das Briefpapier voller Tränen sein, die dein betrogenes Lenchen beim Schreiben vergossen hätte.

12 **Schampon:** Shampoo

Habe ich aber nicht. Jetzt eins nach dem anderen, sonst denkst du noch, ich sei völlig verwirrt. Leider war ich nicht selbst dabei, deshalb muss ich mich darauf verlassen, was die anderen erzählen, allen voran natürlich mein Erich. Mir zittern jetzt noch die Hände, sodass ich fast die Tasten nicht treffe, wenn ich daran denke.

Aus dem Papier haben Wutz und Hoppel und die anderen Jungen (ja, auch ein gewisser Esel!) Flugblätter gemacht, gegen den Krieg und auch gegen die Partei und alles. Die Leute sollen sich Gedanken machen, dass wir den Krieg nicht mehr gewinnen können und wir alle in Zukunft für das, was wir gerade anstellen, zahlen müssen. Was man im britischen Rundfunk hört, darüber wie es wirklich und wahrhaftig aussieht an der afrikanischen Front, das stimmt nun gar nicht mit dem überein, was in der Wochenschau und im Westdeutschen Beobachter oder der Kölnischen Zeitung berichtet wird. Schimpf nicht, ich weiß, dass wir die BBC nicht anhören dürfen, aber es tun doch immer mehr.

Überall in der Stadt haben sie die Blätter ausgelegt, sogar vor den Polizeidienststellen und beim Ortsgruppenleiter hier in Nippes hat sie jemand auf den Treppenstufen des Hauses gefunden. Ganz frech sind sie aber im Hauptbahnhof geworden. Dort haben sie einen ganzen Stapel Blätter von der Kuppel heruntersegeln lassen. Einer, den sie den »Aap« nennen, weil er klettern kann wie ein Äffchen, ist hinaufgekraxelt und hat sie abgeworfen, zwischen all die Reisenden und die Soldaten, die wieder zurück an die Front mussten. Jetzt halte dich fest: Mein Esel hat dabei Schmiere gestanden. Zusammen mit einem Mädchen aus der Gruppe, die ich nur ab und zu bei einer Wanderung gesehen habe, hat er ein Liebespaar gespielt, mitten unter all den Leuten, stell dir das vor. Arm in Arm, als würde sie ihn in den Dienst verabschieden, und so getan, als würden sie sich küssen, haben sie auch. *Nur so getan!!*

Es ist ein guter Trick, weil man dabei dem anderen über die Schulter gucken und somit gemeinsam einen Blick in beide Richtungen werfen kann. Ich war natürlich erst einmal sehr empört, als er mir das erzählt hat, aber er hat mir fest versichert, dass es nicht echt war. Geschworen hat er es mir und ich will ihm das auch glauben.

Trotzdem war ich eifersüchtig, denn er hätte doch mich mitnehmen können. Dann wäre es viel echter gewesen, das garantiere ich dir. Und geärgert hat es mich, weil er mir wohl nicht zutraut, bei einer Sache wie dieser mitzumachen. Ja, eigentlich hat es mich deshalb mehr geärgert als aus Eifersucht, das muss ich zugeben. Das habe ich ihm auch gesagt. Wenn ich nicht gut genug bin für so etwas, dann müsse er sich überlegen, ob ich überhaupt die Richtige für ihn sei. Mir wurde ganz flau, als ich das gesagt habe. *Die Richtige für ihn sein.* Das klingt so, als wollten wir bald zum Standesamt gehen. Nach »das Jawort geben« klingt es, nach Ewigkeit und »bis dass der Tod euch scheidet«. Von so etwas war doch bisher gar nicht die Rede, und ich weiß gar nicht, ob es jemals so sein wird. Der Tod scheidet in diesen Tagen viel zu schnell die Leute voneinander.

Auf jeden Fall will ich unbedingt zum nächsten geheimen Treffen mitgehen. Das soll aber erst sein, wenn ein bisschen Gras über die Sache gewachsen ist. Nun ja, auf jeden Fall (wenn ich schon nicht dabei sein darf) werde ich die Aufrufe demnächst mit meiner Schreibmaschine ordentlich tippen, dann haben sie wenigstens keine Rechtschreibfehler und man kann sie gut lesen und ich bin dann zumindest ein bisschen beteiligt.

In der Zeitung haben sie zwar nicht über die Flugblätter berichtet, aber ich weiß von Onkel Hugo, dass es einige Aufregung gegeben hat. Bis nach Berlin ziehen die Dinge ihre Kreise. Wir ach so verlotterten jungen Leute machen denen ganz schön zu schaffen. Das wird nicht gerne gesehen, dass wir nicht mehr strammstehen und auch kein Altmetall sammeln oder mit der Betteldose fürs Winterhilfswerk herumlaufen. Ihr müsst doch alles tun, dass die Männer an der Front den Rücken frei haben für den Sieg, sagen sie. Wer an der Heimatfront nicht wacker seinen Mann steht, der betreibt Wehrkraftzersetzung, das ist genauso schlimm wie desertieren. Aber der Erich hat neulich, als wir abends am Leipziger Platz saßen, gesagt, dass unsere Pflicht jetzt ganz anders aussieht: dabei helfen, dem Ganzen ein Ende zu machen. Jeder Tag, den wir im Krieg statt im Frieden verbringen, macht alles nur schlimmer.

Mir ist ein bisschen schummrig geworden, als er so geredet hat. Richtig aufgeregt hat er sich, dagestanden hat er, mit geballter Faust hat er geredet, und ich habe gedacht, wenn man ihn vor ein Mikrofon stellte, könnte er auch auf einer Parteiversammlung oder im Rundfunk so sprechen. Er war unglaublich überzeugend in seiner Wut. Alle haben sich umgeguckt, ob wir wirklich unter uns sind oder vielleicht einer mithört, der gleich zur Partei oder zur HJ oder am Ende gar zur Gestapo rennt und uns verpetzt. Feind hört mit! Das trichtern sie uns doch überall ein und das gilt auch für uns.

Ein bisschen verwirren mich diese Dinge, das kann ich dir sagen. Einerseits bin ich ganz stolz auf den Erich, weil er so über die Dinge redet. Nur würde ihm natürlich in der Öffentlichkeit niemand zustimmen, die Angst vor den Folgen ist viel zu groß. Ich weiß das selbst am besten, wenn ich daran denke, dass sie Vati eingesperrt haben und es ihn das Leben gekostet hat. Ich glaube, Vati hätte der Erich gefallen.

In der nächsten Woche werden wir uns mit ein paar von denen treffen, mit denen man offen reden kann. Es soll beratschlagt werden, was wir in der Zukunft machen wollen. Mit ein paar Flugblättern ist es nicht getan, sagt der Erich, und ich glaube, er hat recht. Ich habe ihm gesagt, dass ich auch zu dem Treffen gehen will. Da hat er gemeckert, das kann ich dir sagen, von wegen, das sei nichts für Mädchen usw. Der Wutz und der Hoppel haben in das gleiche Horn getrötet. Da kennen sie uns Frauen schlecht! Fritzi und das Mädchen, das Erich geküsst hat (es war Mucki, wie ich jetzt weiß), werden auch dabei sein. Und ich auch! Denn wenn ich das Papier in einem Kinderwagen durch Köln schieben kann, werde ich wohl auch an einem geheimen Treffen teilnehmen können.

Es ist alles so aufregend, Rosi! Aber auch so wichtig. Ich hab das Gefühl, endlich mal etwas Sinnvolles tun zu können. Bestimmt kriege ich heute kein Auge zu, trotzdem sage ich jetzt Gute Nacht und drücke und herze dich!

Dein Lenchen

Erich – Tübingen, 3. August 1942 (Postkarte)

Liebe Lene,
wir sind hier gut angekommen und ich muss mich erst einmal an alles gewöhnen. Die Motorsportschule samt Unter-

kunft liegt am Galgenberg – sehr nette Adresse, oder? Von Berg kann allerdings keine Rede sein, es ist nur ein Hügelchen. Essen und Unterbringung sind gut. Meine Stube habe ich dir eingezeichnet, jetzt kannst du vorbeikommen und Steinchen ans Fenster werfen. Das wäre so schön!

Liebste Grüße sendet
dein E.

Franz – im Osten, 6. August 1942 (Luftfeldpost)

Liebe Lene,
ich freue mich über jedes Lebenszeichen von dir, aber beim letzten Brief habe ich mir ziemlich viele Sorgen gemacht wegen dieser Andeutung. Womit verbringst du deine Zeit, in was bist du verwickelt? Ich kann den Kontakt zu diesem Erich nicht wirklich gutheißen, Lene! Er zieht dich in irgendwas hinein, nicht wahr? Rosi ist auch ganz entsetzt, was du ihr schreibst. Ihr gegenüber warst du offenbar mitteilsamer. In der letzten Zeit habe ich schon öfter das Gefühl gehabt, dass sich bei euch, bei dir einiges verändert hat, aber ich wollte dich nicht bedrängen. Was weiß ich schon, wie es euch verlorenen Seelen zu Hause geht, ja, das ist das richtige Wort, verloren, denn keiner scheint mehr zu wissen, wo es langgeht. Aber deshalb darfst du auf keinen Fall den Kopf verlieren und schon gar nicht wegen einem jungen Burschen. Ja, auch das hat sie mir geschrieben. Und du weißt doch auch, dass es immer möglich ist, dass mehr Leute lesen, was du schreibst, als dir lieb sein kann. Das gilt auch für die Feldpost. Wir haben da bisher ein bisschen Glück gehabt, auch ich, denn wir dürfen gar nicht so viel

davon schreiben, was passiert und wo wir gerade sind und all das.

Es reicht ein blöder Zufall wie bei der Sache in Detmold im April. Ich habe Rosi schon geschrieben, auch per Luftpost. Dafür gehen die wertvollen Marken drauf, dir kann ich nun leider nur noch eine schicken, wir bekommen nur vier im Monat und die eine Zulassungsmarke für ein großes Paket. Denk daran, dass der Brief bei Luftpost nur 10 g wiegen darf, aber es spart mindestens zwei oder drei Tage, bis ich die Post in den Händen halte. Rosi soll dir ins Gewissen reden, das habe ich ihr gesagt. Vielleicht nützt das mehr als die mahnenden Worte von deinem ollen Bruder. Es wird wirklich Zeit, dass ich nach Hause komme, verdammt und zugenäht. O ja, verdammt und zugenäht! Ich bin sehr in Aufregung. Und ich soll dich nach der Geschichte mit Vati fragen, das schreibt die Rosi auch noch. Sie denkt, dass dich das ganz durcheinander gemacht hat, das und der Junge, der dir den Kopf verdreht hat. Diesem Erich, dem werde ich den Schädel zurechtrücken, das kannst du glauben. Und was ist denn los wegen Vati?

Genug der strengen Worte, viel Zeit habe ich nicht.

Wir sind seit ein paar Tagen in Stellung, nachts die Wache von 8 Uhr abends bis zum Morgengrauen, was aber nicht heißt, dass du den Tag verschlafen kannst. Dann stehst du noch mal für Stunden im Loch, Schlaf gibt es nicht viel. Nachts gehen wir 8, 9 oder 10 Runden in einem durch, keine Ablösung, das macht dich fertig.

Trotzdem geht es uns hier gerade einigermaßen gut, weil wir doch am Ende Oberwasser haben. Tante Sofie hat mir die Feldpostnummer von Vetter Theo geschickt, damit ich ihm ein bisschen gut zusprechen kann. Der Junge ist mit seinen 19 doch wirklich noch ein Kind, und er ist im Eiltempo nun auch an der Front gelandet, in Orel, das ist ein paar 100 Kilometer südwestlich von Moskau. Von uns aus wären es auf dem direkten Weg vielleicht 1000 Kilometer, es ist wirklich ein unfassbar großes Land, diese Sowjetunion.

Anfang Juli ist der Theo gleich in einen großen Angriff der Russen mit 400 Panzern geraten. Uns hat es zwei Bataillone gekostet, fast ganz aufgerieben. Von 1200 Mann sind 150 zurückgekehrt und der Theo hat Glück gehabt. Das war der schwerste Angriff, den die Russen je gemacht haben. Er schreibt furchtbare Dinge. Verwundete von uns verschleppen sie. Wenn sie das nicht können, verstümmeln sie die Männer, schneiden ihnen Hakenkreuze in die Brust. Ich glaube, die Menschen sind auf allen Seiten verrückt geworden.

Jetzt muss ich wirklich die Augen für eine halbe Stunde zumachen, dann geht's schon wieder raus, Runden, Runden, Runden drehen.

Mach mir keine Dummheiten dort in Köln, versprichst du mir das?

Und schick mir bitte eine Postkarte mit einem recht schönen Motiv vom Kölner Dom, am besten mit dem Rheinpanorama. Ich will sie einem Kameraden aus Deutz schenken. Der trug ein Bild von unserer heiligen Kirche immer im Soldbuch, ja, der eine trägt sein Liebchen am Herzen, der andere den Dom. Nun hat ein Granatsplitter das Soldbuch samt dem Dom zerfetzt, irgendwie hat es ihm das Leben gerettet, weil der Splitter nicht tief gedrungen ist. Aber nun hat er keinen Schutz mehr, also schick ihm den Dom, er hat keinen mehr in Köln, der es tun könnte.

Dein Bruder Franz

Lene – Köln, 8. August 1942

Mein Liebster,
anders kann ich dich doch gar nicht mehr ansprechen, denn es ist so: du bist mein Liebster und sonst nichts und niemand auf der Welt. So soll es immer bleiben, wenn es eben geht, hörst du? Deinen Lehrgang werde ich wohl überleben, es sind ja nur ein paar Wochen. Ein paar Wochen von einer Ewigkeit, die wir noch haben – so rede ich es mir schön. Durftest du denn schon einmal auf ein Motorrad steigen und so tun, als ob? Oder musst du noch auf einem Holzbock üben, damit du nicht umkippst? Lass mich ein wenig böse sein und scherzen, ich weiß doch, dass du auch vor den ganz schweren Maschinen keine Angst hast.

Ich hoffe, du schläfst wenigstens dort im Schwäbischen gut. Warum mussten sie euch so weit weg verfrachten? Mit dem Schlafen ist es hier wieder sehr schwierig, die letzten Nächte sind wir wie gewohnt alle in den Keller gewandert, Tagesalarme gab es auch, und sie haben den Verschiebebahnhof in Gremberghoven getroffen und einiges in Troisdorf – das Feuer konnte man bis Köln sehen. Alle machen sich schlimme Sorgen um Humpel, der doch bei der Reichsbahn in Gremberghoven lernt. Ich habe ihn ja nur einmal kurz gesehen, weil er wegen seinem Bein nicht so oft mit zum Wandern geht, aber wenn plötzlich einer von uns fehlt, ist es einfach für alle so ein sonderbares Gefühl. Irgendwie gehört man schon ein bisschen zusammen. Du kennst ihn doch schon ziemlich lange, oder?

Er ist nicht zu unseren Treffen gekommen, seit ein paar Tagen hat keiner Nachricht, und es geht das Gerücht, dass er beim Angriff verletzt wurde oder noch Schlimmeres. Wegen dem steifen Knie kann er sich ja nicht so schnell in Sicherheit bringen. Da alle ihn nur unter seinem Spitznamen kennen, kann man auch fast nichts in Erfahrung bringen.

Auf jeden Fall hat er den großen Auftritt des Reichspropagandaministers im Klöckner-Werk in Deutz verpasst, zu dem gute Hitlerjungen und Deutschen Mädel natürlich kommen mussten, picobello und gestriegelt in Uniform. Fritzi, Nelly und mich hättest du nicht wiedererkannt! Was war das für ein Auftrieb, fünfzehn- oder zwanzigtausend Leute waren da und haben gejubelt. Schon am Morgen standen die Fesselballons hoch am Himmel. Vielleicht hatten sie Angst vor Tieffliegern, die die gute Gelegenheit nutzen wollen. Es gab auch Tagesalarm, Flugzeuggebrumm haben wir gehört und ein paar ordentliche Explosionen. Bomben oder abgestürzte Flieger? Man weiß es nicht, den Dr. Goebbels hat es jedenfalls nicht abgehalten.

Liesel Stroheim ist vor Begeisterung fast in Ohnmacht gefallen! Sie hat es geschafft, dass wir beinahe ganz vorne stehen konnten, in der zweiten Reihe der BDM-Formation, nicht einmal einen Steinwurf weit vom Rednerpult weg. Die Luftangriffe, sagt der Herr Minister, müssen wir hinnehmen. Sie sind die »logische Folge« unseres siegreichen Vorrückens an der Ostfront. Je siegreicher dort, desto mehr Bomben hier, das muss ich unbedingt meinem Bruder Franz schreiben, der im Moment nicht gut auf mich zu sprechen ist. Leider hat Rosi ein bisschen geplaudert, und nun macht er sich Sorgen.

Es war wieder eine unglaubliche Begeisterung. Aus 15000 Kehlen wurde ihm zugejubelt und 15000 Arme wurden in die Höhe gerissen, nicht nur einmal. Einmal? Was schreibe ich? Tausendmal! Fritzi, Nelly und ich mittendrin. Fritzi hat nachher gesagt: »Alle waren begeistert. *Richtig* begeistert.« Dann sind wir schweigend nach Hause, während die anderen sich gar nicht mehr eingekriegt haben vor Glück. So oder so, wir waren brave und gläubige Anhänger des Führers und der großen Sache für das deutsche Volk. Das hat jeder gesehen. Manchmal frage ich mich, wie viele von denen – wie ich – die Begeisterung auch nur schauspielern. Vielleicht ist das alles hier nur ein großes Theater?

Aber das ist gar nicht so wichtig, denn es gibt auch bei mir Neuigkeiten, auch ich gehe bald auf eine Fahrt, die ich mir allerdings nicht ausgesucht habe. Ich bin ganz schrecklich wütend, denn ich habe die Aufforderung bekommen, zum Erntedienst einzurücken. Normalerweise geht das nicht so hopplahopp, das ist schon sehr merkwürdig. Onkel Hugo fand das auch komisch und hat gleich irgendwo angerufen, dann aber nur »Hm« und »Aha« in den Hörer gemurmelt. Schließlich hat er aufgelegt und zu mir gesagt, dass ich gehen und kein großes Geschrei veranstalten solle. »Man ist auf dich aufmerksam geworden«, sagte er, was nur bedeuten kann, dass mich jemand angeschwärzt hat.

Ich bin mir ziemlich sicher, dass Liesel Stroheim dahintersteckt oder mein kleiner Bruder, dieser Mistkerl, vielleicht hat der sie auch angestiftet. Wie kann es sein, dass zwei Menschen aus einer Familie so unterschiedlich sind wie Kalli und ich?

Man kann ihm nicht einmal zugutehalten, dass er so jung ist. Der Aap zum Beispiel, ich glaube, der ist kaum älter als Kalli und klettert hinauf in die Bahnhofskuppel. Der Aap durchschaut, wie der Hase läuft. Kalli müsste das doch auch kapieren?! Ich habe Mutti hoch und heilig versprochen, dass ich ihm nicht erzähle, was ich über Vati weiß, aber eigentlich sollte ich es tun, damit er begreift. Aber am Ende sagt er womöglich, es wäre Vati recht geschehen. Das ist Kalli zuzutrauen. Er wäre nicht der Erste, der den eigenen Vater oder die eigene Mutter (oder die eigene Schwester) ans Messer liefert.

Wenn es Liesel war, wird sie eines Tages die Quittung bekommen. Ich sollte nett zu ihr tun und anbieten, ihr die Haare zu machen, und dann lasse ich die Chemie zu lange drauf, wie damals bei der Lorenzen, als sie mit der Packung in den Keller musste. Das wäre eine schöne Rache.

Rache ist aber ein dummes Gefühl, das hat der Rotze gesagt, der jetzt öfter bei uns dabei ist. Wir nennen ihn so, weil immer ein feuchter Tropfen oben in seinem Schnurrbart hängt, aber sonst ist er wirklich ein fescher Bursche. (Ich hoffe, das macht dich jetzt ein bisschen eifersüchtig und du kommst ganz, ganz schnell zurück und forderst den Rotze zum Duell!)

Einen richtig schicken Schnurrbart hat er, nicht so einen schwarzen Klecks auf der Oberlippe. Wutz und ein paar von den Jungs haben ihn sich vorgenommen und auf Herz und Nieren untersucht, ob er auch wirklich zu uns passt und nicht mit den falschen Leuten plaudert.

Also kurz gesagt: Ich bin einerseits wütend, weil ich wegmuss, gleichzeitig aber sehr traurig, weil du so fern bist. Und ich jetzt auch noch in die Ferne muss. Wenn du meine Nachricht bekommst, bin ich vielleicht schon unterwegs in ein Dorf an der Ahr oder im Hunsrück oder noch weiter weg. Oder hinter Gittern, weil ich meine Wut an der Liesel Stroheim ausgelassen habe. Am liebsten würde ich an gar nichts mehr denken als an dich, aber sogar dann würden mir wahrscheinlich die Augen zufallen, und plumps, wäre ich eingeschlafen. Gar keine Ruhe bekommt man mehr, das macht doch die Seele und das Herz und die Nerven (besonders die!) ganz mürbe. Der Tommy entwickelt sich zum Frühaufsteher, vorgestern hatten wir doch tatsächlich schon um acht Uhr in der Frühe Tagesalarm, ganze zwei Stunden, in denen ich einfach unten vorm Haus gesessen habe, natürlich in der Nähe zur Kellertür. Man wird ein wenig lässiger, seit es wieder alle naselang jault und jodelt. Toni und Edith haben direkt vorne auf dem Gehweg Hüpfekästchen gespielt, ich habe ihnen ein wunderbares Feld mit Kreide aufgemalt, was auf dem Kopfsteinpflaster gar nicht so einfach war. Den Ärger mit dem Luftschutzwart nehme ich in Kauf, wenn die beiden Mäuse nur zufrieden sind.

Die alten Freudenbergers sind natürlich sofort in die Unterwelt abgetaucht, neuerdings mit einem Hündchen unter dem Arm, das ihnen zugelaufen ist. Ein Foxterrier ist der freche Kläffer, sagt Herr Freudenberger und füttert ihn mit allem, was wir nicht verstecken. Ich würde den kläffenden Vielfraß namens Flocki am liebsten zum Teufel jagen, aber für die alten Leute ist er nicht nur ein Kamerad, sondern vielleicht irgendwann einmal ein Lebensretter: Wir haben gemerkt, dass er besser als jede andere Luftwarnung funktioniert. Meistens winselt er schon lange vor den Sirenen herum und macht sich auf den Weg nach unten, die Freudenbergers hinterher. Der Alarm kommt manchmal so spät, dass sie es sonst nie bis in den Keller schaffen würden. Außerdem kann er Brandbomben und Luftminen unterscheiden. Bei den Minen bellt er, bei Brandbomben rennt er in den hintersten Winkel und versteckt sich.

Jemand wie Flocki kann man wirklich brauchen. Es ist

kein gutes Gefühl, wenn man sich auf den Alarm nicht verlassen kann. Es heißt, ein schwerer viermotoriger Bomber sei runtergekommen, drei Mann von der Besatzung hätten tot in den brennenden Trümmern gelegen, von einem habe man nur den Fallschirm gefunden. Der treibt sich nun sicher in Ehrenfeld oder bei uns in Nippes herum. Was für eine Vorstellung, wenn du dich ohne Lebensmittelkarten durchbringen musst.

Jetzt könnte es sein, dass ich nicht in Köln bin, wenn du wieder zurückkommst, das ist mir der schlimmste von allen Gedanken. Aber ich nehme dich in meinem Kopf mit und natürlich in meinem Herzen (und wie!). Ein bisschen romantische Gefühle, die halten einen über Wasser. So ist das jedenfalls bei uns Frauen.

Liebste Grüße und ein Kuss von
deiner Lene

Kalli – Berlin, 10. August 1942

Liebe Lene,
endlich hörst du wieder von mir, und das aus unserer Reichshauptstadt, die ich mit der kameradschaftlichen Hilfe von Herrn Plötzsch und der großzügigen Unterstützung durch den HJ-Bann Köln Ost nun endlich sehen durfte. Ich weiß, dass du es nicht gerne hörst, aber man darf nicht drum herumreden: Durch den Beistand von Bastis Vater habe ich die viel größeren Chancen auf meinem Weg zu einem aufrechten und stolzen Mitglied unserer nationalsozialistischen Bewegung.

Aber jetzt zu meiner Reise: Als wir in Berlin angekommen sind, wusste ich sofort, dass wir nirgendwo anders mehr erleben würden als in dieser großartigen Stadt. Das Brandenburger Tor, der Zoologische Garten, die Siegessäule und das Stadtschloss oder die Nationalgalerie – all das Großartige aus vergangener Zeit, das ist unglaublich. Herr Plötzsch sagt, das sind unsere Wurzeln, auf die muss man stolz sein, auch wenn ein Alter Fritz oder ein Bismarck dem Führer nicht das Wasser reichen können.

Wir haben alles besichtigt, was man gesehen haben muss. In die Reichskanzlei, wo der Führer Tag und Nacht im Kampf um den Lebensraum für unser deutsches Volk im Einsatz ist, durfte ich leider nicht hinein, das war schade. Der Flakturm im Volkspark Friedrichshain öffnete aber seine Tore für unsere Gruppe. Sie besteht aus den besonders verdienten Burschen und Mädels aus den Kölner Bannen. Ein kolossaler Bau, das sage ich dir: *kolossal*, einfach großartig! Man kann ein bisschen neidisch darauf sein. In Berlin liegt fast noch jeder Stein auf dem anderen. Kein Vergleich zu den Trümmern in unserer Heimatstadt. Weder der Russe noch der Engländer trauen sich dieses Bollwerk anzugreifen. Sie wissen ganz genau: Jeder Anflug auf unsere deutsche Hauptstadt wird sofort und ohne Gnade mit noch größerer Härte an allen Fronten beantwortet. Die Städte am Rhein und im Ruhrgebiet – das verstehe ich jetzt – sind so etwas wie gemauerte Panzersperren. Schutzwälle, die geopfert werden müssen zum Schutz des Reiches. In Europa sind wir schon weit gekommen. Das schreibt mir auch Franz immer wieder. Wir treiben den Russen nur so vor uns her. Es geht auf Stalingrad zu, das werden wir nehmen und zermalmen. Das wird den Verbrecher an der Spitze peinigen, trägt die Stadt doch seinen Namen. Das ist wichtiger,

7 **Alter Fritz:** Spitzname des preußischen Königs Friedrichs des Großen (1712–1786) | 7 **Bismarck:** Otto von Bismarck (1815–1898), Begründer der Deutschen Reichs 1871 und erster Reichskanzler (1871–1890)

als die Hauptstadt Moskau zu nehmen. Noch vor dem Herbst werden wir die Schmach des vergangenen Winters ausradiert haben, da bin ich ganz sicher. Das sagt auch Herr Plötzsch und auch der Reichsjugendführer. Wir singen nicht zum Spaß: *Heute gehört uns Deutschland und morgen die ganze Welt!*

Halte dich fest: Ich habe dem Reichsjugendführer die Hand geschüttelt. Zuerst war ich ein bisschen enttäuscht, weil, eigentlich sollte der Führer persönlich kommen und uns für unsere vorbildliche Arbeit danken. Alle Tage schüttelt man solchen Leuten nicht die Hand, was?

Außerdem haben wir das Zeughaus angeguckt, da waren die neuesten Beutestücke. Waffen und gepanzerte Fahrzeuge, alles, was der Feind stehen und liegen lässt, wenn er unsere Divisionen anrücken sieht.

»Eene knorke Sache!«, sagen die Berliner dazu, ja, die quatschen, wie ihnen der Schnabel gewachsen ist. Du verstehst sie manchmal kaum. Am Ende haben wir ordentlich Ärger gekriegt, weil der Vater vom Basti nicht gewusst hat, dass eine Berliner Weiße gar nicht eine Limonade ist, sondern ein Weißbier, in das sie Sirup kippen. Waldmeister oder Himbeere. Fast alle hatten einen ordentlichen Schwips, ganz besonders die Mädchen. Liesel Stroheim hat sich sogar in den Blumenkübel vor dem Café am schicken Kurfürstendamm übergeben. Ich gebe zu, dass ist kein sehr vorbildhaftes Verhalten für eine Mädelführerin.

Es zeigt wieder einmal, warum die Aufgaben der Jungen nicht von Mädchen ausgeführt werden können. Ihre Hauptaufgabe muss und kann nur darin liegen, dem Führer viele gesunde, rassereine Kinder zu schenken.

Du hast mir mit der Liesel Stroheim einigen Ärger berei-

7 **Reichsjugendführer:** Führer der HJ, seit 1940 Artur Axmann (1913–1996) | 12 **Zeughaus:** (militärisch) Lagerort für Vorräte und Waffen

tet, das muss ich dir leider noch sagen. Als ich sie ausgeschimpft habe wegen der Sache mit der Berliner Weiße und so weiter, hat sie sich sehr unverschämt gezeigt. »Du kannst die Bummelantin zu Hause in Nippes schön von mir grüßen«, hat sie gesagt, und dass ich mal hübsch meinen Mund halten soll mit so einer in der Familie. Du bist eine verlotterte Person und vielleicht sogar noch Schlimmeres, sagt sie. Und dass du dich herumtreibst, sogar mit diesen Edelweißpiraten, die nichts auf den Führer und nichts auf die Hitlerjugend geben. Keine Ordnung, keine Zucht kennen. Sie ziehen mit ihren leichten Mädchen durch die Wälder, wenn sie nicht faul in den Parks herumlungern. Obwohl ich selbst weiß, dass du durch diesen Erich womöglich in falsche Kreise geraten bist (ich hab es ja gleich an seiner Frisur erkannt!), habe ich dich in Schutz genommen und ihr gesagt, dass du bei Onkel Hugo im Amt tust, was du kannst. Eines muss ich dir sagen: Mach uns keine Schande! Immerhin bist du mit zum großartigen Besuch von Herrn Reichsminister Dr. Goebbels gegangen, die Liesel hat es mir erzählt. Aber sie hat es dir nicht abgenommen, dass du so begeistert bist. »Mir macht die nichts vor«, hat sie mehrmals gesagt.

Jetzt muss ich aber Schluss machen, liebe Schwester, denn morgen früh steht uns noch eine ganz besondere Aufgabe bevor: Wir dürfen zu Ehren von einem Staatsgast an einer Parade teilnehmen, dafür werden gleich die Uniformen gebürstet und die Schuhe gewienert. Ich muss jetzt noch Briefe an Franz und Mutti schreiben, vielleicht werden es auch nur Postkarten, weil ich jetzt schon an dich so viel geschrieben habe wie noch nie.

Heil Hitler!

Dein Karl Friedrich

Erich – Tübingen, 12. August 1942

Meine liebste Lene,
du bist ganz bestimmt auch meine Liebste, das will ich doch sagen, obwohl ich gar nicht daran denken darf, wie lieb ich dich habe. Dann geht mir alles durcheinander. Ich werde schon rot, wenn ich die paar Worte lese. Du bist viel besser im Briefeschreiben, deshalb musst du Geduld mit mir haben und nicht lachen, wenn du mein »romantisches« Geschreibsel liest. Über deinen ausführlichen Brief habe ich mich sehr gefreut. Ein bisschen schmunzeln musste ich, denn die Vorstellung, wie du auf einem Bauernhof die Gänse hütest, ist irgendwie komisch.

Weißt du eigentlich, dass wir uns heute auf den Tag 5 Monate kennen? Nun, *kennen* tun wir uns schon länger, von damals, als du mir mit deiner Freundin Rosi Streiche gespielt hast. Das hast du nicht gedacht, dass ich mich daran erinnere, was? Meinen Schulranzen habt ihr hinter den Hühnerställen versteckt und euch dann bekichert und mir »Langer Lulatsch!« und »Bohnenstange!« hinterhergerufen. Aber das meine ich nicht, ich meine natürlich, als du mir einfach so vor den Bauch gerannt bist, in der Rolandstraße. Das war am 12. März, das weiß ich so genau, weil ich meiner Tante in der Südstadt ein paar Veilchen gebracht habe und einen Kuchen, die hatte nämlich an dem Tag Geburtstag, und meine Mutter konnte selbst nicht hingehen, um ihr die Sachen zu bringen.

Aber ich hätte es mir auch so gemerkt und vergessen werde ich den Tag bestimmt nicht mehr. 5 Monate, und ich hätte gar nichts dagegen, wenn 500 daraus würden. Dann wäre ich fast 60 und wir hätten schon mindestens ein Dutzend

Enkelchen. Ach, was rede ich da nur, vielleicht muss ich den Brief doch noch einmal von vorne anfangen. Das wäre blöd, weil wir gleich in die Altstadt gehen, denn wir haben Ausgang, was aber nicht heißt, dass wir machen dürfen, was wir wollen. Auf jeden Fall will ich mir den Umschlag in die Tasche stecken und ihn flugs in einen Postkasten werfen. Wenn ich ihn vorne abgebe, dann muss er offen bleiben, weil hier alles mitgelesen wird, wir könnten ja ein Staatsgeheimnis verraten, zum Beispiel dass uns alle paar Tage das Benzin ausgeht. Deine Idee mit dem Parteiumschlag ist genial und hat bei deinem ersten Brief auch bestens funktioniert (er kam unversehrt hier an) – verlassen würde ich mich allerdings nicht darauf. Deshalb sei bitte vorsichtiger.

Der Piff, der im Stockbett über mir schläft, kommt aus Korschenbroich im Niederrheinischen. Der hat mich schon sehr gefoppt, weil ich abends nur mit so viel Geseufze in den Schlaf finde. »Der Erich hat ein Mädel«, hat er dann herausposaunt und ein paar schmutzige Sachen zum Besten gegeben, die ich dir aber lieber erspare.

Der Piff ist einfach ein Neidhammel, denn er ist derjenige, der zu jeder Zeit und überall von den Frauen schwärmt und schwadroniert und so tut, als hätte er sonst was auf dem Kerbholz, was das »schwache Geschlecht« betrifft. So spricht er nämlich von den Mädchen. Da hätte ich ihm am liebsten von meiner Scarlett O'Hara erzählt. Was die alles kann und was die sich traut und sowieso, wie stark die ist, was man ja auch sein muss, in Köln und überall, wo die Bomben fallen. Das habe ich dann lieber gelassen. Wie so oft gilt auch hier: Schweigen ist Gold! Dann kann dich auch niemand auf irgendetwas festlegen.

Das klingt nun so, als wollte ich mich nicht auf dich festlegen, aber das ist es ganz bestimmt nicht. Du weißt schon, wie ich es meine, nicht wahr? Du bist mei *herzigs* Mädle, so würden sie es hier in ihrer Mundart sagen.

Der Alltag ist hier leider wie immer, wenn unsere Freunde von der HJ das Sagen haben, auch diesbezüglich verstehst du sicher, was ich sagen will. Viel Tamtam und immer hübsch die Appelle und die Fahne und so weiter. Oft geht es zu wie auf dem Kasernenhof, bei der Wehrmacht stelle ich es mir kaum anders vor: Meldung machen, Kartenkunde, Geländebeschreibung – das gehört alles auch dazu. Wie du als Motorradschütze im Gefecht durchkommst, Geländefahren, Spähausbildung usf. sollen auch noch kommen. Aufs Geländefahren hätte ich große Lust.

Die Ausbilder sind in Ordnung, fast schon wie Kameraden und nicht wie Lehrer. Wenn einer ein langes Gesicht zieht, kümmern sie sich, außer du willst dich übers Essen beschweren oder über etwas aus dem Unterricht. Übers Essen muss man sich auch nicht beschweren. Leider dürfen wir nichts abzweigen und ins Päckchen nach Hause packen. Die Tage werde ich dir aber ein paar von den Salzbrezeln kaufen, die es hier alle naselang gibt, die schick ich dir ganz bestimmt. Am besten schmecken sie mit ein bisschen Butter oder Margarine oder einem Schmierkäse.

Hier in den Kursen gibt es viele, die nicht im Nationalsozialistischen Kraftfahrerkorps sind, auch nicht in der Partei. Sie brauchen wohl die Motorbegeisterten, egal was die sonst denken. Männer, die alles, was rollt, in Gang halten, sind wichtig. Burschen, die auf zwei Beinen dem Feind entgegenrennen, gibt es noch genug. Dann schon lieber Schütze auf einem schicken Kraftrad, als Pionier zu sein, der die Schützengräben ausheben muss.

2 **herzigs:** süßes, liebes

Im Verkehrs- und im Technikunterricht komme ich gut zurecht. Aufs Handwerk kommt es ihnen an, und das gefällt mir, obwohl ich immer noch lieber studieren würde. Ich sehe jedoch ein, dass man sein Fahrzeug nicht nur lenken können muss. Falls es mal nicht weiterwill, musst du auch selbst Hand anlegen und es reparieren können, das ist doch klar.

Hier könnte mich der Ehrgeiz packen. Du musst dir jedoch keine Sorgen machen, an meiner Einstellung zum großen Ganzen ändert das gar nichts. Damit fängt man mich nicht so schnell.

Beim Fahrtraining konnten sie mir bisher allerdings noch nicht viel Neues beibringen. Ich bin bei meinem Opa schon als kleiner Dötz auf dem Sozius gefahren und später auch alleine. Viel Unterschied zum Fahrradfahren macht es außerdem auf einem Kraftrad nicht, nur schneller ist es. Am Anfang musst du gut aufpassen, sonst flitscht die Maschine plötzlich ohne dich los. Und in den Kurven musst du dich immer in die richtige Richtung lehnen, also *in* die Kurve legen und nicht *gegen* sie stemmen.

Was du mir vom Humpel erzählt hast, hört sich gar nicht gut an. Du musst mir sofort schreiben, wenn du etwas von ihm hörst, egal ob es gute oder schlechte Nachrichten sind. Ich kenn ihn schon so lange. Wenn einer Hilfe braucht, ist der Humpel zur Stelle, du kannst dich 100 Prozent auf ihn verlassen. Ganz davon abgesehen, dass er bei den anderen Sachen wichtig für uns ist. Auf so einen schmächtigen Krüppel achtet keiner, den übersehen alle. Seinen richtigen Namen könnte ich dir aber nun auch nicht sagen. Du weißt schon, warum, das muss ich dir nicht erklären.

Wenn so etwas passiert, ist das natürlich ein Nachteil,

14 **Dötz:** (kölsch) kleines Kind | 14 **Sozius:** Beifahrersitz auf Motorrädern

vielleicht müssen wir darüber für die Zukunft einmal nachdenken. Der Aap und ein paar von den anderen haben gesagt, dass wir auf die Dauer mit dieser Geheimniskrämerei nicht weitermachen können. Entweder man vertraut sich oder nicht. Sie haben sogar vorgeschlagen, eine richtige Vereinigung zu gründen.

Der Wutz hat zuerst gelacht und gesagt, dass wir den Verein dann womöglich beim Amtsgericht eintragen lassen sollten oder was? Aber das ist Quatsch, das hat der Aap auch nicht gemeint. Nicht einen solchen Verein, aber doch so etwas wie einen Klub mit Statuten, damit jeder weiß, worauf er sich einlässt, wenn er bei uns mitmacht.

Bei den Düsseldorfern hat es schweren Ärger gegeben, kurz bevor ich weg bin, einer von ihnen hat wohl gebeichtet. Ein paar von ihnen gehen nun ins Kloster. Du musst in der nächsten Zeit vorsichtig sein, versprich mir das!

So, meine Liebste (!), im Flur trappeln sie alle herum. Gleich geht es los. Ich bin gespannt, wen wir in der Nacht zurücktragen müssen und wer nur noch durchs Fenster hinten im Küchentrakt hereinbugsiert werden kann. Ich werde natürlich der bravste von allen sein und ganz bestimmt keinem herzig Mädle schöne Augen machen.

Dein Liebster E.

Rosi – Strehlen, 15. August 1942

Liebe Lene,
ich sag es ganz frei heraus: Mir hat es fast den Atem verschlagen, als ich deinen Brief, der heute kam, gelesen habe. Ich hoffe und bete, dass du solche Sachen nicht auch noch in

andere Himmelsrichtungen verschickst, schon gar nicht an Franz, dem ich dann doch ein wenig davon andeuten musste, damit er dich ermahnt!

Wir sind so lange beste Freundinnen, und ich dachte, dass ich niemanden besser kenne als dich. Nun muss ich daran zweifeln. Hast du denn aus der Sache im April rein gar nichts gelernt? Willst du dir und mir und E. und allen anderen, über die du so leichtfertig schreibst, gewisse Herrschaften auf den Pelz jagen? Du darfst auf keinen Fall so freizügig in deinen Briefen an Franz berichten, die Feldpost wird doch mitgelesen! Mag sein, dass es keiner schafft, all die Millionen von Briefen an unsere Soldaten zu kontrollieren, nicht einmal annähernd, das ist mir klar. Wenn es jedoch der Teufel will, trifft es ausgerechnet einen von diesen, die du gerade herumschickst. Weißt du denn sicher, ob dein Trick, die Briefe in den offiziellen Umschlägen aus dem Büro von Onkel H. zu schicken, dich wirklich schützt?

Du musst, musst, musst einfach vorsichtiger sein. Ich habe es seit einiger Zeit geahnt, dass sich bei dir etwas anbahnt, seit du E. kennengelernt hast allemal. Jetzt betrachte ich es als meine heilige Pflicht, dich vor größtem Unheil zu bewahren, denn das alles kann gar nicht gut gehen. Der Bursche mag ein lieber Kerl sein, aber dass er dich in solche Sachen hineinzieht, das geht auf keinen Fall.

Lene, du weißt, dass ich immer treu zu dir stehen würde. Wenn du mit ihm durchbrennen wolltest, täte ich euch verstecken und ich würde euch Geld geben oder dir einen Brautschleier nähen.

Aber hier hat der Spaß nun wirklich ein Ende, hörst du? Wenn es anderen Leuten an den Kragen gehen kann, hilft auch die beste Freundschaft eines Tages nichts mehr.

Ich will dir anrechnen, dass es drunter und drüber geht in einem, wenn man verliebt ist. Alles kann man damit jedoch nicht rechtfertigen. Schalte deinen Kopf ein, liebe Helene Meister!! Stell dir vor, was passieren könnte? Nach allem, was du über deinen Vati herausgefunden hast. Das alleine reicht, um dich und Kalli um jede Zukunft zu bringen. Denk auch an die Kleinen, was mit denen passieren könnte.

Du weißt, wie die da oben es halten: Der Apfel fällt nicht weit vom Stamm. Die ganze Sippe nehmen sie sich vor, wenn es hart auf hart kommt. Der Kalli hat vielleicht noch Glück, so wie er sich für den Führer und seine Hitlerjugend ins Zeug wirft, aber deine Mäuse, Edith und Toni, die würden sie euch einfach wegnehmen, in ein Heim stecken.

Lene, bitte, vom Herzen und mit aller Liebe, sei mir nicht böse. Wenn ich eines Tages nach Köln zurückkomme, will ich dich nicht im Zuchthaus besuchen oder an noch schlimmeren Orten. Denk an die Sondergerichte, denk daran, wie entschlossen sie jeden zur Verantwortung ziehen, der der großen Sache im Weg steht.

Und denk vielleicht auch an mich. Ich bin wegen deiner Briefe hier in Schlesien gelandet und habe mir etwas aufgebaut. Ich möchte meine Lehre beenden, ich möchte in der Nähe meiner Familie bleiben. Bitte bring mich nicht wieder in Gefahr!

Ich kann dir nun nicht mehr schreiben, weil wir gerade Verkaufszeit haben. Frau Schlotzke ist glücklicherweise heute und morgen in Breslau. Ihr jüngerer Sohn ist verletzt (Gott sei Dank *nur* verletzt – ihren Großen hat sie ja schon verloren!) und wird nach ein paar Tagen im Lazarett nahe Breslau zur Erholung nach Hause entlassen. Emmi hält vorne im Laden Wache, damit ich dir schnell ein paar Zeilen schreiben konnte. Sie muss gleich mit ihrem mordsmäßigen Lastwagen wieder los, zurück nach Köln mit einem Abstecher nach Mainz. Übermorgen sollte sie wieder in der Heimat sein und ich gebe ihr meinen Brief mit. Das ist schneller und zuverlässiger und ganz bestimmt sicherer als mit der Reichspost. Sie hat mir versprochen, dass sie den Umschlag an dich höchstpersönlich überbringt. Hoffentlich tust du bis dahin nichts Dummes oder hast du es in der Zwischenzeit vielleicht schon getan?

Lenchen, noch einmal bitte ich dich: Nimm mir die klaren Worte nicht übel. Ich hatte in der Vergangenheit immer ein offenes Ohr, aber jetzt heißt es: Vorsicht ist die Mutter der Porzellankiste. Wer heutzutage die Teller zerschmeißt, kriegt keine neuen mehr, weg sind sie, unwiederbringlich. Wenn du schon nicht auf dich selbst achtgeben willst, so gib wenigstens auf andere acht!

Es grüßt dich besorgt
Rosi

Lene – Köln, 18. August 1942

Meine liebe, liebe beste Freundin auf der Welt,
die Emmi hat mir deinen Brief persönlich überbracht, eine tolle Person ist das, das merkt man auf den ersten Blick. Auf eine Tasse Muckefuck wollte sie nicht bleiben, so eilig hatte sie es. Sie hat es schnell von euch dort in Schlesien bis ins Rheinland geschafft, und die meiste Zeit hat sie am Ende verloren, weil ihr bei Frankfurt ein Motorschaden zu schaffen gemacht hat. Ein guter Tag, dachte ich zuerst, weil auch

vom E. ein so schöner Brief aus Tübingen gekommen ist, mit so lieben Worten.

Aber dann habe ich deinen geöffnet und bin so schlimm erschrocken, dass ich mich erst einmal hinsetzen musste.

Was du mir geschrieben hast, tut mir in der tiefsten Seele weh, ja, das ist so und ich muss es dir schreiben, ganz auf dem normalsten aller Wege, mit der Hand und auf dem schönen Briefpapier, deinem Geschenk, von dem ich nur noch ein paar Blätter habe.

Du hast mir einen gehörigen Schreck eingejagt, nicht nur wegen der Befürchtungen, die du darin äußerst. Auch deine Vorwürfe, dass ich unvorsichtig bin und alle gefährde, nehme ich so hin. Ganz unrecht hast du damit natürlich nicht, obwohl ich kaum glaube, dass diese Leute die Zeit haben, jede Zeile von zwei jungen Dingern wie uns zu lesen. Das kann ich mir beim besten Willen nicht vorstellen.

Das will ich natürlich nicht, jemanden in Gefahr bringen, das liegt mir so fern wie nur irgendetwas. Wirklich schlimm erschreckt hat mich der Gedanke, dass unsere Freundschaft an dieser Sache Schaden nehmen könnte. Auch nur der kleinste Kratzer an ihr täte mir bitter weh, das musst du mir glauben.

Andererseits bin auch ein bisschen ärgerlich, nein, wenn ich es recht überlege, sogar sehr ärgerlich. Du magst ja recht haben, dass es nicht immer ganz vernünftig ist, was ich tue, aber manchmal muss man vielleicht unvernünftig sein und nicht nur an sich und sein eigenes Wohl denken. Das würde ich dir gerne mitgeben, dich scheinen all die Dinge ja nicht so zu berühren. Ich könnte nun auch sagen: Liebe Rosi, mach die Augen auf!

Herrje, deine Worte machen mich ganz ratlos, weil ich

gar nicht weiß, was ich nun tun soll. Keine Briefe mehr von dir zu bekommen, das wäre mir so schlimm! Aber nicht minder traurig wäre es, wenn ich dir meinerseits nicht mehr anvertrauen könnte, was mich umtreibt. An manchen Tagen sind es diese Worte und Zeilen, die mir die Gewissheit geben, dass es noch eine Welt gibt, die anders ist als das, was wir täglich erleben. Wenn man es niederschreibt, ist es aus dem Sinn, aber es ist auch davor bewahrt, dass es vergessen wird. Gleichzeitig fühlt es sich manches Mal an, als ließe man die Luft aus einem Dampfkessel, der jeden Augenblick bersten könnte. Ach, ich weiß, das klingt alles sehr durcheinander, ist es auch, weil ich dir doch oft das Ohr mit belanglosen Dingen vollplappere. Jedoch gerade auch das muss sein, weil ich sonst das Gefühl habe, verrückt zu werden. Es *ist* eine schlimme Zeit, das wirst du doch zugeben? Wenn man niemand mehr sagen kann, wie es in einem drinnen aussieht. Wenn man die Wahrheit nicht sagen kann. Denn da bin ich mir inzwischen ganz sicher: Alles muss ein Ende haben, so bald wie möglich, und es ist fast schon eine Pflicht, dass man es offen und ehrlich ausspricht und alles dafür tut. Nein, keine Angst, ich hüte mich davor, deutlicher zu werden oder irgendetwas zu schreiben, das dir Angst machen könnte.

Ach, Röschen, mehr wage ich jetzt gar nicht zu erzählen. Natürlich werde ich dir weiterhin schreiben und du mir bitte, bitte auch. Jeden Tag, wenn nötig, und möglichst auch mehrmals. Die Emmi soll unsere Botin sein, auch wenn sie sich nur alle zwei Wochen auf den Weg zu dir in Strehlen macht, dann kann ich wieder frei Schnauze erzählen. Diesen hier soll sie auch mitnehmen. Ich habe ihre Kölner Adresse und werde ihn ihr bringen. Und zu deiner Beruhigung: Der Erich und ich haben auch schon darüber gesprochen. Wir reden und schreiben auch nicht mehr so offen und haben uns Worte ausgedacht, die wir benutzen können, ohne dass einer merkt, was wir meinen. Wenn jemand einkassiert wird, geht er »ins Kloster«, und wenn einer geplaudert hat, nennen wir es »beichten«. Die Kerle von der Gestapo sind die »Mönche«, und wenn es um unsere Aktionen oder ein Flugblatt geht, dann ist es »sündhaftes Zeug«. Dass sie uns dann für ganz unbeirrbare Anhänger des Heiligen Vaters in Rom halten, nehmen wir in Kauf. Deswegen wird wohl niemand eingesperrt.

Ich umarme und herze dich, ich tu's immer und ewig, ob du es willst oder nicht.

Deine Lene

PS: Ich muss zum Erntedienst, darüber habe ich nun gar nichts geschrieben, weil es unter diesen Umständen auch gar nicht mehr wichtig ist. Eigentlich müsste ich sogar schon da sein, dann hätte ich deinen Brief gar nicht bekommen. Ein paar Tage habe ich noch herausgeholt, aber morgen geht es los. Ich schicke dir die Adresse und bitte, bitte schreib mir dann.

Lene – Mittelhof, 22. August 1942

Lieber Franz,
es ist doch ein wahres Tollhaus, in dem wir leben. Die ganze Welt ein einziges Tollhaus, nur leider weiß niemand, wer die Verrückten sind und wer die Wärter. Manchmal wird man doch schrecklich müde.

Auch mit denen, die mir lieb sind, geht es nicht alles gut. Mit Rosi liege ich entzwei, weil sie sich Sorgen macht, aber das will ich nun hier nicht alles wiederholen. Kalli lässt mich vor Wut schier platzen. Und Mutti gibt mir Rätsel auf und macht mir mit ihren Plänen mächtig Kummer, aber eins nach dem anderen.

Du hast dich bestimmt schon über den Absender gewundert?! Und darüber, dass ich mit der Hand schreibe? Meine Erika konnte ich nämlich nicht mitnehmen. In einem winzigen Dorf bin ich gelandet. Jetzt geht es mir, wie es der Rosi in Detmold ergangen ist. Ich bin eine Bauernmagd, wer hätte sich das vorstellen können. »O du schöner Westerwald, über deine Höhen pfeift der Wind so kalt«, sag ich nur. Wenn ich bis zum Winter hierbleiben muss, erfriere ich sicher, Sibirien ist bestimmt nicht schlimmer!

Und wem habe ich das alles zu verdanken? Oh, Franz, du ahnst nicht, welche Wut in mir tobt über Kalli, der sich immer mehr zu einem der Verrückten entwickelt. Nicht nur dass er mir schreibt, die Aufgabe von uns Frauen bestehe darin, dem Führer gesunde und rassereine Kinder zu schenken!!! Und dass ich eine Bummelantin sei und was nicht noch! Nein, jetzt hat er es (gemeinsam mit dieser Liesel Stroheim) doch tatsächlich geschafft, dass ich einen Marschbefehl zur Erntehilfe bekomme. Anders kann man das nicht nennen, wir kommen uns fast vor wie Soldatinnen, nur dass wir kein Gewehr, sondern die Mistgabel schwingen. Ich fange an, meinen kleinen Bruder zu hassen! Ich bin fest davon überzeugt, dass er die Finger im Spiel hatte.

Ich gebe zu, einen Vorteil hat es hier auf dem Land: Die ersten Nächte habe ich wie ein Murmeltier geschlafen, ob-

13 f. **O du schöner Westerwald …:** Lied aus dem Jahr 1932, auch unter dem Titel *Westerwaldlied* bekannt, in der Wehrmacht ein beliebtes Soldatenlied

wohl wir uns einen großen Raum über den Ställen teilen müssen – zu 15 Mädchen, von denen hat mindestens die eine Hälfte Heimweh und der Rest Heuschnupfen oder Albträume. Manche haben auch alles auf einmal.

Bisher konnte ich mich um solche Sachen drücken. Weder in einen Rüstungsbetrieb musste ich noch in die Ernte oder als Hilfskrankenschwester in ein Lazarett oder zu was man uns noch brauchen kann. Das ist in Kallis Augen ja nicht allzu viel. Das sollte man ihn einmal fragen: Warum die vielen Frauen, die nebenbei noch zu Hause die Familie zusammenhalten, zu nichts zu gebrauchen sein sollen – wo sie doch in Massen an den Fließbändern von Krupp und Klöckner und Ford stehen. Dann können die doch alle nach Hause gehen, oder? Da möchte ich sehen, was dann passiert. Das wollen wir uns auch gar nicht wünschen, denn sie tun es doch alle, weil die Männer den Krieg ohne sie gar nicht führen und noch viel weniger gewinnen können.

Aber wer nietet dann die Spatentaschen für die Pioniere und setzt die Patronenhülsen zusammen oder was dort sonst zu tun ist. Und die anderen fahren die Straßenbahn und tragen die Post aus, und wenn uns das Dach überm Kopf weggeschossen wurde, räumen sie auch den Schutt weg. Dafür reichen wir dummen Weiber aus.

Ach, nun rede (oder vielmehr: schreibe) ich mich selbst in Rage und am Ende um Kopf und Kragen, wie Rosi befürchtet. Sie hat mich arg geschimpft, aber das soll sie dir lieber selbst erzählen.

Franz, ich weiß doch, dass ich so vieles gar nicht schreiben sollte, aber wenn ich meine Sorgen und Gedanken dir oder der Rosi oder dem Erich nicht schreiben kann, dann platze ich.

Es ist doch nicht so, dass ich nicht meinen Beitrag leiste. Ich ernähre fast unsere Familie, zum großen Teil jedenfalls, weil Mutti es immer wieder an den Nerven hat und nirgendwo lange in Anstellung bleibt. Unser kleiner Bruder ist in keiner Weise irgendeine Hilfe, denn den triffst du gar nicht mehr zu Hause an, er ist ja nun fest bei diesem Plötzsch mit dem feinen Service und dem vornehmen Ausdruck untergekommen. Mutti erlaubt es ihm, sie findet es sogar gut. Solange er wenigstens in Köln bleibt.

Nebenher verdiene ich mir mit dem Frisieren ein paar Mark, damit schaue ich, dass die kleinen Mäuse nicht zu kurz kommen. Da kommt gar nicht so wenig zusammen, denn Frauen bleiben auch im Krieg eitel.

Das alles leiste ich trotz großer Müdigkeit, denn den ganzen Monat über hört es mit dem Alarm gar nicht auf, auch wenn anschließend nur wenig runterkommt. Oft sind es Geschwader, die es auf andere Städte rundherum abgesehen haben, oder sie sind auf dem Rückflug aus dem Süden.

Über all das wollte ich aber eigentlich gar nicht schreiben. Zwei andere Dinge sind mir viel wichtiger, dass ich vor Kummer fast verrückt werde. Zum einen habe ich gehört, wie Mutti mit Oma Stina über unsere beiden Kleinen gesprochen hat. Wenn ich es richtig verstanden habe, will sie Edith und Toni weggeben. Ich fasse es nicht! Nicht in die Kinderlandverschickung, sondern schlimmer: Sie hat von Adoption gesprochen! Onkel Oswald in Nettersheim soll sie nehmen. Seine Autowerkstatt ist sogar im Krieg eine Goldgrube und wird es nachher bestimmt noch mehr sein, weil es weit und breit nur diese eine gibt. Und seine zweite Frau Thekla kann keine Kinder kriegen. Franz, was soll ich tun? Adoptieren heißt, dass sie für immer weg sind, das darf doch nicht sein, oder? Natürlich wird es ihnen auf dem Land besser gehen, aber wir sind eine Familie und müssen zusammenbleiben, egal ob Mutti es an den Nerven hat oder das Essen knapp wird. Wenn wir alle auseinandergerissen werden, das geht doch nicht?! Es ist schlimm genug, dass dieser Krieg so oft einen endgültigen Schlussstrich zieht. Er holt sich, wen er will. Da müssen wir wenigstens dort, wo wir es können, alles tun, um beieinanderzustehen. Irgendwie müssen wir es schaffen, uns um Edith und Toni zu kümmern. Vorübergehend könnten sie woanders hin, zum Beispiel nach Hönningen. Mutti will sie aber nicht dorthin geben, weil das die Verwandtschaft von Vati ist und Vati –

Ach Franz, ich muss dich nun etwas fragen, was mir schrecklich schwer auf dem Herzen liegt, obwohl ich eigentlich abwarten wollte, bis du endlich auf Urlaub kommst. Um Vati geht es dabei. Ich mag es mir gar nicht vorstellen, dass du es auch wusstest und mir verschwiegen hast, das kann nicht sein. Er ist tot, die Bescheinigung liegt schon lange vor, und er ist nicht bei einem Kampf in der Nordsee für Führer, Volk und Vaterland gefallen, o nein, ganz im Gegenteil könnte man sagen. Er ist im KZ gestorben – er war ein Roter! So, nun ist es heraus, aber ich kann es nicht länger bei mir behalten. Schreib mir bitte, bitte: Wusstest du, was mit unserem Vati war? Ja oder nein? Ich nehme es dir nicht übel, das verspreche ich. Aber ich muss es wissen.

Es drückt dich (wie gerne würde ich das wirklich und wahrhaftig und mit den Armen und nicht nur mit den Gedanken) deine kleine Schwester, die sich jetzt gar nicht mehr klein fühlt,

Lene

Lene – Mittelhof, 23. August 1942

Lieber Erich,
nun hast du sicher schon gedacht, dass ich dich gar nicht mehr im Herzen habe. Aus den Augen, aus dem Sinn – so sagt man doch! So ist es aber ganz und gar nicht, obwohl es in meinem Kopf (und leider auch in meinem Herzen) schwirrt und flattert, als drehte ein ganzes Geschwader von Bombern darin seine Runden. Drunter und drüber geht es, wo du hinschaust, und ausnahmsweise ist es nicht der Tommy, der den Hauptärger veranstaltet, zumal ich seit einer Woche davon nur noch wenig mitbekomme.

Hier gibt es wirklich nichts. Es ist das Ende der Welt. Auch wenn es nicht einmal 100 Kilometer von Köln entfernt ist. Ich weiß gar nicht, ob es hier eine Postkarte zu kaufen gibt, damit ich dir dieses winzige Nest aus windschiefen Fachwerkhäusern zeigen kann. Wir sind über 20 Mädel aus Köln und wohnen alle überm Kuhstall auf dem größten Bauernhof der Gegend. Genau wie du schlafe ich nun in Stockbetten. Auf Stroh, das sie in alte Bettbezüge gestopft haben. Es knistert und pikst die ganze Nacht, die dann meistens schnell vorbei ist. Um fünf Uhr weckt uns die Bäuerin, indem sie zwei Milchkannen aneinanderschlägt, sodass du glaubst, die Flaksplitter knallten aufs Wellblechdach von Opis Schuppen im Schrebergarten. Meistens kommt der Hahn ihr aber zuvor. Er heißt übrigens August und er hasst mich. Immer wenn ich in meinen Holzpantinen über den Hof stapfe, jagt er mich und versucht mich zu picken. Wenn jemand dieses hinterhältige Federvieh eines Tages mit verdrehtem Hals hinter den Schweineställen findet – du weißt, wer die Täterin war.

27 **Holzpantinen:** hinten meist offene hölzerne Schuhe

Um fünf Uhr werfen sie uns also aus dem Stroh, dann waschen wir uns, zum Frühstück gibt's Brot mit Margarine und Marmelade. Beim Bauern am Tisch gibt es natürlich gute Butter, das ist klar. Nun gut, ich will nicht über das Essen klagen, es ist einfach, aber es gibt reichlich und viel Obst, weil wir Kirschbäume haben und Pflaumen, Birnen und Äpfel. Das mag ich sehr. Außerdem gibt es einen Gemüsegarten, mit dem könntest du halb Nippes durchfüttern. Ganz zu schweigen von dem ganzen Viehzeug. Im Räucherhaus hängen allerlei Würste, Speckseiten, Schinken … ach, ich will dir ja eigentlich nicht den Mund wässrig machen …

Wir brauchen aber auch ordentlich zu futtern, weil es nach dem Frühstück und dem Fahnenappell (glaub nicht, dass ich hier davon verschont bliebe!) ab zur Arbeit heißt, und dann schuften wir, bis die Sonne untergeht. 12, 14 Stunden am Tag werden es oft, am Ende spürst du jeden Knochen und jeden klitzekleinen Muskel. An den ersten beiden Tagen haben wir Kohlen geschippt, der schlaue Bauer hat schon genug für zwei Winter gebunkert. In den nächsten Tagen lernen wir noch allerlei auf dem Hof, heute geht es den armen Schwarzbraunen zum ersten Mal ans Euter, jawoll! Ich lerne melken. Ich musste sehr lachen, als unsere Stubenälteste es uns gesagt hat, weil ich doch immer so über Rosi gelästert und sie aufgezogen und darüber Witze gemacht habe, wie sie mit einer Milchkanne in jeder Hand über den Hof watschelt. In diesen Holzpantinen watschelt man wirklich wie eine Ente, es sind furchtbare Dinger und sie scheuern einem schrecklich an den Knöcheln – und Hühneraugen kriegt man gewiss auch davon. Herrje, ich möchte deine Augen sehen, wenn du mich hier besuchst! In meiner hübschen Uniform mit der weißen Bluse und dem blauen Leinenkleid und sonntags mit der feinen Schürze! Nächste Woche werden wir aufs Feld geschickt, zum Runkelrübenziehen. Mein Rücken tut mir schon beim Gedanken daran weh.

Zum Schreiben komme ich nur, weil heute Sonntag ist und ich gesagt habe, dass ich unbedingt in den Gottesdienst gehen will, und dann schnell abgebogen bin und mich in eine Schankwirtschaft gesetzt und meine Schreibmappe ausgepackt habe. In Mittelhof selbst wäre das natürlich nicht möglich, aber der Bauer liegt über Kreuz mit dem Pfarrer von Sankt Marien, und deshalb werden wir alle auf einen Pferdewagen gepackt und in den nächstgrößeren Ort gefahren.

Ich muss nur sehen, dass ich fertig bin, bevor die Männer und Burschen zum Stammtisch hereinstürmen, den es gleich nach dem Hochamt gibt. Der Wirt guckt schon ganz knurrig, aber das ist mir egal.

Dabei weiß ich doch gar nicht mehr, was ich eigentlich schreiben soll oder besser gesagt: schreiben darf! Du hast es ja selbst in deinem Brief angedeutet, aber das ist längst nicht alles. Ich bin ganz über Kreuz mit der Rosi, jedenfalls glaube ich, dass es so ist, ganz sicher bin ich mir nicht. Sie hat mich nämlich so richtig arg geschimpft, dass ich ihr Dinge schreibe, die man nicht schreiben sollte und die Folgen haben könnten. Der Gedanke, dass mein Geplapper jemand Schaden einbringen könnte, ist ganz schrecklich. Andererseits müssen die Dinge doch hinaus, ich würde verrückt, wenn ich immer nur nichtssagende Postkartengrüße schicken dürfte.

Aber vielleicht ist es besser, wenn wir vorsichtiger sind. Was du mir zu dem Klub geschrieben hast, ist nun auch nicht gerade harmlos, das kann man nicht sagen. Und auch über die Düsseldorfer sollte man dann nicht sprechen. Ach, und über nichts, was einem wichtig ist.

14 **Hochamt:** feierliche Form der katholischen Messe

Mein liebster Liebster, du fehlst mir so. Kannst du dich nicht flugs in den Sattel von einem schneidigen Motorrad schwingen? Vom Schwabenland in den Westerwald, das muss für einen tüchtigen Motor-Hitlerjungen doch ein Klacks sein?! Was würden die Maiden auf dem Hof und noch mehr die Trampeltiere vom Dorf für Augen machen?

Ein herrliches Gerede gäbe das. Leider auch Ausgangsverbot für den Rest meiner Zeit hier, und was dir für so einen Ausflug blühen würde, das will man gar nicht wirklich wissen. Ein bisschen Tratsch haben wir hier auch: Die Rotraud aus der Reihe ganz hinten in unserer Baracke weint sich seit der ganzen Woche die Augen rot. Sie ist überfällig, falls du weißt, was das bedeutet. Nun krieg keine roten Ohren, aber so ist die Natur. Wenn man nicht achtgibt und euch bösen Buben nicht immer feste auf die Finger haut, dann fliegt der Klapperstorch bald seine Runden.

Lene Meister, was schreibst du bloß für Sachen? Aber da siehst du es wieder: Ich kann die Dinge nicht bei mir behalten. Was raus muss, muss raus. Nun ja, ich werfe dir einen dicken, dicken Handkuss runter ins Württembergische. Und der Klee, den habe ich für dich gepresst und mit dem vierten Blatt ein ganz klein bisschen geschummelt. Glück soll es dir trotzdem bringen.

Dein Lenchen

PS: Ich hoffe, du kannst meine Handschrift lesen. Ich durfte die Schreibmaschine nicht mitnehmen. Mit der Hand zu schreiben habe ich fast schon verlernt.

Zweites PS: Schau einmal unter die Briefmarke.

Lene – Wissen a. d. Sieg, 23. August 1942 (Postkarte)

Meine liebe Rosi,
gerade habe ich dem Erich geschrieben, und als ich den Brief einwerfen will, sehe ich, dass man hier im Gasthof Postkarten kaufen kann. Mich hat fast dasselbe Schicksal ereilt wie dich: Ich diene dem Führer jetzt als Arbeitsmaid auf einem Bauernhof. Nun könnte ich ein paar Ratschläge von dir gut brauchen, so wie in deinem letzten Brief. Die nehme ich sehr, sehr ernst, das kannst du mir glauben. Wissen hat einen riesigen Sandberg (im Hintergrund siehst du ihn), eine Adolf-Hitler-Str. und ein Schloss – mehr nicht. Hoffentlich geht es dir gut, ich denke oft an dich.

Deine Lene

Erich – Tübingen, 29. August 1942

Liebstes Lenchen,
ich habe dein zweites PS natürlich auf der Stelle befolgt und musste darauf herzlich lachen. Mein Rat an dich tolle Geheimagentin lautet: Du musst die Tinte zuerst trocknen lassen, weil Spucke feucht ist und alles verwischt. Es fehlen also ein paar Buchstaben, aber ich reime es mir sicher ganz richtig zusammen, wenn ich aus dem Rest zwei Worte mache: dicker Kuss. Den sende ich dir auch, aber nicht verklebt und verstümmelt, sondern einen Handkuss, fest hinweggepustet, wie ein Wirbelwind, sodass er ganz bestimmt über die Höhen vom Westerwald hinweg bei dir ankommt. Am liebsten würde ich gleich hinterherstürmen, das weißt du, aber du weißt auch, was passiert, wenn ich mich hier unerlaubt entferne.

Unser abendlicher Ausgang in die Tübinger Altstadt letztens hatte ein wüstes Ende. Rate einmal, wer (natürlich!) am meisten über die Stränge geschlagen hat? Der Piff! Einen Schoppen nach dem anderen hat er die Kehle hinuntergeschüttet, dann kam es, wie es kommen musste: Er ist den schwäbischen Mädle zu aufdringlich geworden, und wir hatten großes Glück, dass wir nicht in unseren Motor-HJ-Uniformen ausgegangen sind und somit unerkannt blieben. Gläser wurden zerschlagen, Stühle kippten und prompt schrillten die Pfeifen von einer Streife, aber der tolle Piff konnte kaum noch auf den Beinen stehen. Da habe ich ihn mir einfach über die Schulter geworfen, er hat Zeter und Mordio geschrien, gezappelt und mit den Fäusten auf meinen Rücken getrommelt, aber am Ende habe ich ihn doch in eine schmale Gasse gezerrt und ihm den Mund zugehalten, bis die Streife unverrichteter Dinge davongezogen ist. Ein bisschen kenne ich mich mit dem Streifendienst aus, nicht wahr? Aber das habe ich dem Piff natürlich nicht gesagt, sondern ihn durch das Küchenfenster ins Schulungshaus gehievt und ihm einen Eimer neben das Bett gestellt, den hat er auch gleich mehrmals gebraucht bis zum Morgen.

Da hab ich nun einen Freund gewonnen, so kann es gehen. Meine Post wird der nun garantiert nicht durchs ganze Haus posaunen!

Wenn die Rosi dich ein bisschen geschimpft hat, darf man ihr nicht böse sein. Ich habe es dir ja auch schon gesagt. Viele Sachen kann man auch so formulieren, dass es jeder lesen kann. Das sollten wir vielleicht in Zukunft mehr beherzigen.

Nun muss ich aber hinunter auf den Hof. Wir haben Großreinemachen, alle Automobile werden auf Hochglanz

4 **Schoppen:** Glas mit einem viertel oder halben Liter Wein oder Bier | 12 f. **Zeter … geschrien:** lautstark geschimpft, protestiert

gebracht, weil wir nächste Woche bei einer Parade mit dem hiesigen Gauleiter und lauter großen Köpfen aus Berlin mitfahren.

Ich drücke und küsse und herze mei Mädle.

E.

Lene – Mittelhof, 30. August 1942

Meine liebe Rosi,
es ist mir gar nicht gut damit, dass wir so wenig voneinander hören. Es fühlt sich so einsam und verlassen an, das kannst du mir glauben. Vorher hatten wir auch Zeiten, in denen wir nicht alle paar Tage einen lieben Gruß voneinander in der Hand hielten, aber das war ein ganz anderes Gefühl, wo man doch wusste: Die Rosemarie ist in Gedanken öfter bei dir und es sind gute Gedanken. Jetzt mache ich mir Tag für Tag Sorgen, dass es nicht mehr so sein könnte, was ich aber gar nicht glauben möchte.

Ich will alles von dir wissen, wie es dir dort im fernen Schlesien geht, was deine Gastmutter (so kann man sie doch fast schon nennen) tut, ob sie den schlimmsten Schmerz über ihren gefallenen Sohn schon verwunden hat oder ob es gar noch neue schlimme Nachrichten gegeben hat. Und das Walterchen? Freut dein Brüderchen sich an den Karnickeln und füttert sie fleißig mit Löwenzahn? Näht deine Mutter immer noch Uniformen?

Vor allem anderen weiß ich auch gar nicht, ob der junge Baron noch Briefe schreibt oder ob es in Strehlen gar einen feschen Burschen gibt, der ein Auge auf dich geworfen hat, oder ob du einem mit klimpernden Wimpern nachschaust?

Mir selbst ist es im Herzen am Morgen himmelhoch jauchzend und abends zu Tode betrübt und zwischendrin wechseln sich die Zustände hundertmal ab. Die Arbeit hier ist wirklich schwer, für manch ein Mädel von uns auch zu schwer. Schon in den ersten Wochen haben sich zwei krankgemeldet, und eine ist – rums – vom Heuboden gestürzt, weil sie mit einem schweren Ballen Stroh das Gleichgewicht verloren hat. Sternchen hat sie gesehen und liegt mit einer Gehirnerschütterung und einem gebrochenen Bein im Krankenhaus.

Über mich selbst bin ich ganz erstaunt. Ich hasse zwar jede Sekunde, die ich hier schuften muss, aber es macht mir trotzdem gar nicht so viel aus. Wo ich doch solche Arbeit nicht gewöhnt bin! Dauerwellen ausbürsten oder Listen für Onkel Hugo tippen, das sind nun wirklich keine großen Anstrengungen.

Viel schwerer geht es mich an, dass ich den Erich nicht hier habe oder nicht mal mit ihm auf Wanderfahrt (nicht mehr dazu, ich verspreche es!) gehen kann, nicht einmal am Wochenende. Ach, mein Röschen, ich bin verliebt, verliebt, verliebt!

Manchmal wache ich am Morgen auf und habe von ihm geträumt, auch von seinen Lippen, diesen wunderbar weichen Lippen. Jetzt erhebe nicht den strengen Finger! Ein zarter Kuss auf die Lippen muss doch erlaubt sein, oder?

Du musst dir keine Sorgen um mich machen. Ich bin nicht dumm, das weißt du doch. Außerdem werden wir hier auch ganz besonders gut betreut, was unsere Sittsamkeit angeht. In unserem Schlafsaal, der ansonsten eine ziemliche Bruchbude ist, hängt nicht nur ein Kruzifix, sondern auch eine hübsch verzierte Holztafel der NS-Frauenschaft, und darauf steht:

»Halte dein Blut rein,
es ist nicht nur dein.
Es kommt von weit her, es fließt weit hin
und alle Zukunft liegt darin.
Halte rein das Kleid
deiner Unsterblichkeit.«

Du wirst es nicht glauben, aber um die sorgsam gestickten Worte und die Standarte der Frauenschaft ranken sich nicht nur Veilchen, Kornblumen und Efeu, sondern auch die schönsten Edelweißblüten, die ich je gesehen habe. Liebe, Treue und Tapferkeit seien mit uns, o ja!

Hast du eigentlich meine Postkarte vom vergangenen Sonntag schon bekommen? Früher haben wir uns die wunderbarsten Bilder geschickt, vom Dom und vom Rhein oder vom Drachenfels, aber nun ist man ganz froh, wenn man einfach eine Fotografie von einer Straße schicken kann, in der noch jeder Stein auf dem anderen liegt. Du musst mir auch einmal eine Karte von Strehlen schicken, ich will doch wissen, wie es dort aussieht. Oder lass ein schönes Foto machen von eurem Laden mit Frau Schlotzke und allem Drum und Dran.

Die Leute hier auf dem Land empfinden die Dinge jedoch ganz anders. Den Bauern ist alles einerlei. Seit die Juden weg sind, funktioniert der Landhandel mit dem Vieh gar nicht mehr gut, auf die konnte man sich verlassen, sagt unser Bauer, und jetzt stehe man da und wisse oft nicht, wohin und woher mit dem Vieh. Beschweren tut er sich na-

10 **Standarte:** kleine, viereckige Fahne, Banner

türlich nicht. Hauptsache, die Runkeln sind dick, die Schweine sind dick und seine Herta ist dick, und das ist sie. Acht Kinder hat sie auf die Welt und jedes hat ihr einen neuen Wulst unters Kinn oder auf die Hüften gebracht. Man könnte ihr schon das zweite Mutterkreuz verleihen! Gebe der liebe Gott, dass ich eines Tages bei dreien Schluss machen kann. Zwei Jungs und noch eine kleine Prinzessin, die ich verwöhnen und verziehen darf.

Später, später, später – nach diesem verdammten Krieg!

Von unserem Franzel habe ich seit drei Wochen nichts gehört. Ist bei dir Post von ihm angekommen? Wir wissen viel zu wenig, was dort im Osten gerade passiert. Die 6. Armee hat wohl endgültig den Don überschritten, nur sechzig Kilometer von Stalingrad entfernt sind sie, und der General Paulus hat die Belagerung ausgerufen. Das lässt der Stalin sich ganz bestimmt nicht so einfach gefallen. Und unser Franz ist mittendrin.

Ich sage dir, wenn sie Stalingrad eingenommen haben, dann muss er endlich auf Heimaturlaub kommen, und das kann nur eine Sache von ein paar Wochen sein, ach was, vielleicht können wir es in Tagen zählen, auch wenn der Widerstand vom Russen bestimmt nicht zu verachten sein wird. Am Ende wollen wir aber glauben, was sie uns aus Berlin sagen. Wir haben es doch vor zwei Wochen gesehen, an der französischen Küste, wo der Feind so kläglich gescheitert ist. Noch so einen Landungsversuch werden sie nicht wagen. Wir sollten einfach mit dem Westen zufrieden sein, das denke ich mir manches Mal. Wäre das nicht viel besser? Frankreich, Belgien und Skandinavien und vielleicht Polen, aber dieses Russland, das bringt uns kein Glück. Der Franz schreibt, dass alles so rückständig sei und die Bauern so arm.

Du siehst, ganz hinterm Berg sind wir hier auch nicht. Die Heeresberichte lese ich natürlich immer, wenn ich sie irgendwie in die Hand bekomme. Samstags gehen wir alle zusammen zu einer Filmvorführung, natürlich mitsamt der Wochenschau vorher. Die Filme habe ich fast alle schon gesehen, in Köln sind wir denen hier ein bisschen voraus. Einen Volksempfänger haben wir auch im Schlafsaal, abends dürfen wir Musik hören, das ist besser als nichts. Montags sitzen immer alle beieinander, wenn es heißt: »Für jeden etwas. Zwei bunte Stunden«, wir wünschen uns auch schon mal ein Lied, für eine von uns oder, noch besser, für unsere Brüder und Väter an der Front. Für den Franz habe ich mir natürlich etwas von Willi Ostermann gewünscht, aber es hat noch nicht geklappt. Stell dir das nur vor, wenn er dort in der Ferne plötzlich hört: »Und seine kleine Schwester Helene grüßt ihren Bruder, den Gefreiten Franz Meister, mit ›Heimweh noh Kölle‹…« Es würde ihn zerreißen vor Freude. Wünsch du dir doch auch etwas für ihn, bitte! Einen schmissigen Schlager, etwas, das richtig gute Laune macht. Die brauchen wir, die gute Laune, auch wenn es nun drüben im Osten so richtig losgeht. Mehr als 500 Bomber hat unsere Luftwaffe dem Stalin über seine eigene Stadt geschickt und sie haben alles in Trümmer gelegt. Jetzt müssen wir es zu Ende bringen, denn dem Stalin, dem wird nichts mehr gut und teuer sein. Schon gar nicht unser Dom und unser Nippes und alles drum herum. Man fragt sich natürlich, was man am Ende mit einer ganz kaputten Stadt anfangen will, weil auch all die vielen Fabriken, die es dort an der Wolga gab, hinüber sind.

Wir müssen, müssen uns bald wieder in die Arme schließen, meine liebste Rosi, so geht es nicht weiter. Krieg hin

7 **Volksempfänger:** Radiogerät, das ab 1933 verkauft und zur Verbreitung von NS-Propaganda benutzt wurde.

und Krieg her, ein bisschen Privatleben brauchen wir. Und Urlaub, zusammen, bald.

Die Glocken läuten, und die Kerle, die sich im Hochamt das »Großer Gott, wir loben dich« gespart haben, poltern schon auf der Straße (ich sitze nämlich mal wieder am Sonntagvormittag in der Wirtschaft). Gleich werden sie hier das Frühschoppen-Bier stemmen, also Schluss für heute.

Deine Lene

Franz – im Osten, 4. September 1942

Liebe Schwester,
nun hast du sicher sehr lange nichts von mir in der Hand gehalten, aber ich habe fleißig geschrieben, das darfst du mir glauben. Vor drei Tagen bekam ich einen ganzen Stapel Briefe und wunderte mich schon, als der Kamerad, der die Post geholt hatte, mir dieses Übermaß an schönen Worten aus der Heimat überbrachte. Das dachte ich jedenfalls, dass es so sei. Welch ein Irrtum! Es waren alles Briefe von mir, die ich in den letzten drei Wochen geschrieben habe, es ist einfach nicht zu fassen. Bitter beschwert habe ich mich darüber, eingebracht hat es mir nur einen Tag und eine Nacht im Karzer, weil ich den Oberfeldwebel angegangen bin, und das sollte man nicht tun. Nicht körperlich, nein, aber ich habe ihm recht ordentlich den Kopf gewaschen, ich weiß auch nicht, wie es so mit mir durchgehen konnte. Sich so zu verhalten, ist schon fernab von der Front ein Unding, aber hier, wo es darauf ankommt, dass jeder ein sauber geöltes Rädchen in dieser Maschine gegen den Russen ist? Und dabei hatte ich noch Glück. Und am Ende hat es auch

21 **Karzer:** Arrestzelle, Haftraum

ein Gutes gehabt: Den Gruppenführer bin ich los, dafür wollen sie mich nicht mehr haben, einem »disziplinlosen Halunken« (ja, so hat er mich genannt) vertrauen sie keinen Zug an. Aber ich kann dir sagen: Mit der Disziplin wird es einem schwer und schwerer, wenn dir tagsüber der Schweiß in den Stiefeln steht, über 40 Grad haben wir hier, und deine Sachen werden gar nicht trocken, so schnell schwitzt du sie wieder voll. Der Gruppenführer ist nun Vergangenheit, nun gut, ich bin ganz froh darum, mir hat das Befehlen keinen Spaß gemacht, das sollen andere tun.

Immerhin konnte ich ein bisschen von meinem guten Ruf zurückgewinnen, weil ich im Tross gestern einen Wagen, der schon aufgegeben worden war, wieder in Schwung gebracht habe.

Zwei Räder waren hinüber, und ich habe einfach ein Panzergeschütz, das die Russen zurückgelassen haben, genommen und für Ersatz gesorgt. Der Oberfeldwebel ist eigentlich kein schlechter Kerl, das wusste ich auch vorher schon. So wie er mich hart bestraft hat, hat er mich dann auch gelobt.

Ich schicke nun nicht mehr alles, was ich geschrieben habe, ein zweites Mal, vieles hat sich inzwischen auch überholt. Wie wir voranmarschieren, das liest du sicher in den Zeitungen oder hörst es im Radio. Es sind harte Kämpfe, das kann ich euch sagen, hart, unerbittlich, aber nun endlich wieder seit einiger Zeit erfolgreich für uns. Wir sind über den Don, haben Stalingrad in Sichtweite, liegen direkt davor, aber der Russe widersetzt sich, das kann ich dir sagen. Die Erschöpfung ist bei allen groß. Seit Wochen schlafen wir draußen, manche Nacht einfach so auf dem Boden, tagsüber die Hitze, schwitzen, schwitzen, und dann das

Ungeziefer, es macht jetzt jedem zu schaffen. Es gibt hier keinen einzigen Mann mehr, der nicht die Läuse, Wanzen, Flöhe (so groß wie Stecknadelköpfe!) und mittlerweile auch die Krätze hat. Die ist am schlimmsten. Hast du sie einmal aufgekratzt, ist alles verloren. Wenn es sich entzündet, hast du den richtigen Spaß. Das ist besonders schlimm, weil ich fast nichts mehr mein Eigen nenne. Mein Tornister war auf einem Lastwagen, der von den russischen Tieffliegern beschossen wurde, Teufelskerle sind das, das muss man ihnen lassen, die würde man sich für unsere Luftwaffe wünschen! Ich habe nun nur noch die Wäsche, die ich bei mir trug, und den Mantel, den ich nachts als Kopfkissen benutzt hatte. Ich brauche also *alles*: Hemden, Unterwäsche, Socken, und auch meine Handschuhe sind hinüber. Dicke Handschuhe, die sind wichtig, schon in wenigen Wochen könnte ich sie bitter brauchen. Lasst die Leckereien lieber erst einmal weg, nutzt das Gewicht für die Kleidung, eine 1000-Gramm-Marke habe ich erst in drei Wochen wieder.

Eine schlechte Nachricht habe ich vom Josef Reuter. Er ist vor zwei Wochen gefallen, nun wird er nicht auf dem Melaten-Friedhof ruhen, wie es sein Wunsch war. Ein armes Holzkreuz in der russischen Steppe muss es für ihn nun tun. Und den Kameraden, für den ich die Postkarte vom Kölner Dom haben wollte, den gibt es auch nicht mehr, es hat ihn gleich ein zweites Mal erwischt und dieses Mal richtig. Wenn du die Karte schon geschickt hast, werde ich sie ihm an sein Kreuz heften, so hat er in der Ferne doch noch ein bisschen Heimat.

Es sind traurige Zeiten, Lene, sehr traurige.

Zu guter Letzt will ich noch auf deine Frage antworten, ich hatte es bereits in einem der Briefe getan, die zurückge-

20f. **Melaten-Friedhof:** Kölner Zentralfriedhof im Stadtteil Lindenthal

kommen sind. Auch wenn es viel besser wäre, darüber persönlich miteinander zu sprechen, sollst du in dieser Sache nicht ohne eine Antwort bleiben. Du bist fast erwachsen, du stehst deinen Mann, daheim und jetzt auch auf diesem Bauernhof, und ich bin sicher, dass du verständig genug bist, um einzusehen, dass es nicht anders ging. Reinweg belogen habe ich dich nie und will es auch jetzt nicht, da du so direkt fragst.

Ja, Mutti hat mir damals gesagt, was mit Vati passiert ist. Wir hätten es dir sicher unter anderen Umständen bald erzählt, aber du warst fast noch ein Kind. Du weißt, wie sehr unsere Mutti von allem mitgenommen wird, sie wollte kein Risiko eingehen, dass die Information die Runde macht. Wenn ich ihre Briefe lese, wird mir manches Mal ganz anders, sie ist nicht aus so hartem Holz geschnitzt wie du. Ich weiß auch beim besten Willen nicht, ob es am Ende nicht sogar besser ist, wenn die beiden Kleinen zu Onkel Oswald gehen. Es muss ja nicht gleich für immer sein. Wenn der Krieg bald ein Ende findet, können sie zurückkommen, sie sind noch so jung. Es dauert nicht lange, dann erinnern sie sich später gar nicht mehr daran, dass sie woanders gewesen sind. Trotzdem habe ich Mutti davon abgeraten, weil ich weiß, dass du alle in Köln zusammenhalten willst. Du siehst, wie viel ich auf meine kleine Schwester höre, wie ernst ich dich nehme und dass ich eines weiß: Ohne dich, du große Lene, sähe es in Köln schlechter aus. Also wirst du auch jetzt den Kopf und das Herz und deine Nerven beieinanderhalten, dessen bin ich mir ganz sicher. Das sind die Zeiten, sie fordern sehr viel von uns. Wir müssen zueinanderstehen, das verstehst du doch. Auch wenn das eine oder andere sich anders entwickelt, als wir es uns erhofft haben.

An Vatis Beispiel kannst du aber auch noch etwas anderes lernen: Du siehst, zu was die Dinge führen können. Es ist redlich und ehrenvoll, mit dem eigenen Kopf zu denken und sich nichts vormachen zu lassen. Du weißt schon, was ich meine. Denk an meinen Brief, den der Werner Zwerkheim dir gebracht hat. Es ist nicht alles im Reinen, das weiß nicht nur der liebe Gott, sondern jeder, der mit offenen Augen herumläuft, aber du musst dir genau überlegen, was du mit deinen neuen Freunden, mit denen du dich jetzt so oft »herumtreibst« (wie Mutti schreibt), tust. Ja, Mutti hat mir auch davon geschrieben, nicht nur die Rosi. Auch Tante Sofie aus Hönningen. Denke nicht, dass es keiner bemerkt. Tu, was dein Gewissen dir sagt, aber tu es vorsichtig. Mehr will ich dazu nicht sagen. In Mittelhof bist du wohl sicher, also hoffe ich, dass du recht lange dortbleibst. Es schickt dir die besten Grüße, von ganzem Herzen

dein Franz

Rosi – Strehlen, 5. September 1942

Liebe Lene,

es ist doch gar nichts, im Streit mit dir zu liegen, aber glaube mir, ich habe mit guter Absicht so harte Worte gewählt.

Mein Schreck über deine Briefe, für die ich dich so ausgeschimpft habe, hatte einen guten Grund. Die Mutter von Mathilde Fröhlich arbeitet als Briefträgerin. Die Mathilde ist eins von den Mädels, mit denen ich mich ein wenig angefreundet habe, und von Hildchen, wie sie genannt wird, weiß ich, dass die Postboten ordentlich mitarbeiten müssen, wenn es um Briefe von bestimmten Leuten geht.

So viel zu der netten Briefträgerin, mit der man ein Schwätzchen am Gartenzaun hält und ihr auch von mancher Sorge oder Freude erzählt! Mein Gott, ich kann verstehen, dass einem das Herz in die Hose rutscht, wenn die Herren in den Ledermänteln und Schlapphüten in der Amtsstube auftauchen und es von dir verlangen, aber schlimm bleibt es doch. Man kann halt niemandem vertrauen. Sie sortieren die Briefe aus und geben sie einem Mittelsmann, und schon einen Tag später bekommen sie die Umschläge zurück, völlig unversehrt, kein Mensch käme darauf, dass jemand sie geöffnet hätte.

»Mein Gott«, habe ich zum Hildchen gesagt und ganz albern getan, »am Ende stehe ich auch auf der Liste!« Darauf sagt das Hildchen bierernst: »Hast du denn etwas zu verbergen?«, und schaut mich grimmig an. Was bin ich da rot geworden, aber dann lacht sie und ruft ebenso albern wie ich: »Ach, das wüsste ich doch! Dann würde das Muttchen mir ganz bestimmt den Umgang mit dir verbieten.« Ich habe mich dann nicht getraut, sie zu fragen, ob sie ihr Muttchen nicht einfach mal fragen könnte. Das hätte mir doch allzu verdächtig geklungen. Jetzt verstehst du mich hoffentlich noch besser. Damals auf dem Gutshof war es ein dummer Zufall. Es ist ja auch nicht weiter viel passiert, aber wenn das Hildchen mir keinen Bären aufgebunden hat, dann fordert man das Schicksal heraus, wenn man nicht vorsichtig ist. Gerade wenn man schon einmal auffällig geworden ist. Ob ihr nun mit euren »Mönchen« und dem »sündhaften Zeug« davonkommt – wer weiß es, wir wollen es einfach hoffen.

Glaube mir, ohne deine Briefe möchte ich auch nicht sein. Ich bin so froh, dass du mir weiterhin schreibst, und sei ganz gewiss, dass ich alles von dir wissen will, denn am schlimmsten ist die Ungewissheit. In jeder Hinsicht macht sie mich verrückt. Lieber weiß ich die raue und graue Wahrheit, dann kann ich mich auf die Dinge einstellen.

Der Franz hat mir geschrieben, dass die Sache mit deinem Vati nun raus ist. Verurteile ihn nicht, er hat gute Gründe dafür gehabt, es zu verschweigen. Ach Lene, was hättest du damals denn damit anfangen sollen? Da waren wir mit unseren Kinderspielen beschäftigt, dumme Gänse, die durch Nippes und Ehrenfeld gehüpft sind. Nur ein paar Jahre sind vergangen und nichts ist mehr wie damals. Also, sei ihm nicht böse, dem Franz, er wollte nur Dinge von dir fernhalten, die du nicht verstanden hättest.

Dass sie dich nun aufs Land verfrachtet haben, geschieht dir nur recht. Jetzt erfährst du am eigenen Leib, wie es mir ergangen ist. Es ist eine redliche Aufgabe, den Acker für Volk und Vaterland zu bestellen, aber wir Stadtkinder sind für so etwas nicht geschaffen, das kannst du sicher bestätigen.

Uns geht es hier gut, es wäre wirklich eine Sünde, sich über unser Auskommen hier zu beschweren. Mama macht aus allem das Beste, sie ist mit dem Walterchen in eine ganz kleine, aber eigene Wohnung gezogen und verflucht nicht mehr den Tag, an dem es uns nach Schlesien verschlagen hat. Sogar eine ordentliche Arbeitsstelle hat sie gefunden, eine, die ihr gefällt: als Servierdame im ersten Café am Platze, mit einer Spitzenschleife im Haar und einem gestärkten Schürzchen. Auf das Schleifchen könnte sie verzichten, sagt sie, aber sie sieht recht stattlich und außerdem zehn Jahre jünger damit aus.

Leider will es der Frau Schlotzke so gar nicht besser gehen. Sie findet nach dem Tod ihres Ältesten nicht zu ihrer frechen Berliner Schnauze zurück. An manchem Tag riecht man, dass sie nicht nur am Abend zu viel vom selbst gebrannten Schnaps getrunken hat, sondern auch in der Nacht und am Morgen. Ein Glück, dass sie mich hat. Ich halte ihr das Geschäft in Gang. Nur wenn etwas unterschrieben werden muss, dann gehe ich zu ihr und bin beharrlich, bis sie es getan hat. Wie lange dauert es wohl, bis man den Verlust des eigenen Kindes überwunden hat? Vielleicht geht das nie, ja, da bin ich mir sicher. Aber irgendwann muss man weiterleben.

Vom jungen Baron habe ich nun einige Zeit nichts gehört, im Gegenteil, mein letzter Brief ist zurückgekommen, unzustellbar. Das lässt einen natürlich erzittern, auch wenn er nicht mein Herzallerliebster ist. Wenn ich an ihn denke, habe ich ganz sicher nicht so ein Flattern im Bauch wie du mit deinem Erich. Aber Sorgen macht man sich, obwohl das alles nichts heißt in diesen Zeiten. Ich hoffe, er denkt an mich und gibt ein Lebenszeichen von wo auch immer.

Von anderen Burschen kann gar keine Rede sein, obwohl ich wenigstens ein paar Mädel kennengelernt habe, mit denen ich ab und zu an meinem freien Tag (mittwochnachmittags bleibt der Laden geschlossen) oder am Sonntag zum Tanz gehen oder ein Picknick machen kann. Die Burschen sind doch alle weg im Arbeitsdienst oder an der Front. Und die anderen sind Kindsköpfe.

Es gibt also nicht allzu viel zu berichten. Grüße die Gänse und Schweine von mir und füttere sie hübsch fett, dann gibt es dieses Jahr auch einen ordentlichen Weihnachtsbraten. Du musst die Dinge immer von der schönen Seite sehen!

Deine Rosi

Kalli – Köln, 8. September 1942 (Telegramm)

Mutti schwer verletzt. Komm sofort heim. Heil Hitler. Kalli

Lene – Mittelhof, 8. September 1942 (Luftpostkarte)

Lieber Bruder, Mutti liegt im Franziskus-Krankenhaus, mit einem Flaksplitter zwischen Nacken und Schulter. Es sieht nicht gut aus. Sie ist nicht in Lebensgefahr, aber wann sie wieder auf die Beine kommt, weiß der Himmel. Der Doktor jedenfalls weiß es nicht. Vielleicht dauert es Wochen. Ich fahre gleich nach Köln und kümmere mich, aber wenn sie nicht arbeiten kann, sieht es bald düster bei uns aus. Ein bisschen verzweifelt, aber der Kopf bleibt oben,

deine kleine Schwester Lene

Lene – Köln, 10. September 1942

Mein lieber Erich,
nun bin ich schneller wieder in Köln angekommen, als ich es erwartet hätte, und die Umstände sind nicht so, dass ich froh darüber bin. Mutti liegt im Krankenhaus, von einem Flaksplitter getroffen, ein fast handgroßes Stück hat es ihr in die Schulter getrieben, knapp unterhalb vom Nacken. Wenn er von vorne gekommen wäre, hätte es ihr die Schlagader zerrissen und sie wäre nicht mehr unter uns.

Es ist am Freitag passiert, am frühen Abend. Mutti war im Stadion, wo der Abschluss vom großen HJ-Sportfest stattfinden sollte, bei dem der Kalli mitgemacht hat. Mittendrin kam der Alarm, viel zu spät, die Flak schoss schon wie verrückt, und alle sind weg, Mutti mit Kalli zusammen Richtung Lindenthal, wo Kalli bei den Plötzschs wohnt. Aber sie hat ihn in der Menschenmenge, die vom Stadion aufgebrochen ist, verloren, wusste die Adresse nicht und wollte dann weiter nach Nippes. Herrgott noch mal, sie hätte doch irgendwo Unterschlupf suchen können? In Lindenthal haben sie mehr als genug Platz in den Kellern, all die hübschen Häuser, in denen eine oder höchstens zwei Familien wohnen! Aber sie sagt, sie wollte lieber einen Bunker aufsuchen.

Die Leute sind aber auch inzwischen alle verunsichert, was die Warnungen angeht. In den vergangenen Wochen, als ich weg war, haben sie die Warnpläne geändert, vielleicht damit es nicht mehr so oft Tagesalarm gibt. Es fliegt ja nun eine Menge an uns vorbei nach Süddeutschland, immer weiter voran geht es, bald ist sicher auch der Osten des Reiches dran, dann nehmen sie sich Dresden und Leipzig und alles andere vor. Vielleicht lassen sie uns hier dann endlich in Ruhe.

Viele sind ganz und gar unzufrieden mit den neuen Warnungen, viel zu knapp sind die Zeiten. Bei der neuen »kleinen Warnung« in drei Schüben geht alles so schnell, bis die Flak auch schon rattert – da schaffen wir es nicht einmal von oben hinunter in den Keller.

Hier in Nippes war es ein furchtbares Durcheinander, weil Mutti nicht nach Hause gekommen ist und die Freudenbergers, die auf die Kleinen achtgegeben haben, doch schon so alt sind und nicht wussten, was sie machen sollten. Erst am Montag kam eine Nachricht, wo Mutti eingeliefert worden war, und dann hat der Kalli mir telegrafiert.

Gut, dass ich mich mit der Bäuerin ein bisschen angefreundet habe, die hat allen gut zugeredet und ich durfte die nächste Eisenbahn nehmen. Ich musste doch nicht nur nach Mutti, sondern vor allem nach den Kleinen sehen! Die Bäuerin hat das verstanden, sie hat mich sogar mit dem Pferdewagen zum Bahnhof gebracht und mir einen Korb mit Wurst, Käse, Schinken und Eingemachtem mitgegeben, dazu zehn Eier und einen Liter Milch. So etwas kann man brauchen in Nippes, das sage ich dir. Mit den Lebensmitteln ist es nicht viel besser geworden. Zucker und Mehl gab es noch im Vorratsschrank, nun werde ich den Kleinen einen Kuchen backen, Süßes hilft immer, wenn die Sorge groß ist. Mit ins Franziskus-Krankenhaus kann ich sie nicht nehmen, Mutti sieht noch so zerschunden aus, das macht den Mäusen nur Angst.

Ich bin also in Köln und bleibe auch hier, keine zehn Pferde kriegen mich hier weg, da kannst du sicher sein. Also, mach dich so bald wie möglich auf den Weg. Und lass dieses Mal die Briefmarke in Ruhe, ich küss dich einfach so.

Und hier ist niemand ins Kloster gegangen, entweder haben die Düsseldorfer nicht gebeichtet oder es war alles ein blinder Alarm. Unseren Freunden geht es gut, wir haben uns aber alle schon getroffen, bis auf Humpel, von dem es immer noch keine Spur gibt. Ich bin sehr froh, dass ich nun wieder mit den anderen zusammen bin. Alle sagen, dass wir aufbrechen müssen zu neuen Zeiten und das auch allen zeigen sollten. In den nächsten Tagen werden wir uns etwas ausdenken.

Dein Lenchen

Lene – Köln, 11. September 1942

Lieber Franz,
nun ein paar ausführliche Worte, aber viel Zeit bleibt nicht. Alles um mich herum ist ein Heidendurcheinander. Mutti hat es arg getroffen. Das Splitterstück im Nacken ist tief eingedrungen und steckt ganz nah an der Wirbelsäule. Zuerst hat der Doktor sich gar nicht getraut, es zu operieren, aber es musste ja raus, und jetzt sagt er, dass alles wieder in Ordnung kommt, wenn Mutti sich gut auskuriert. Ich habe ein schlechtes Gewissen, weil der Doktor auch gesagt hat, dass sie viel, viel zu dünn ist. In der letzten Zeit hat sie nicht ordentlich gegessen, ach, Franz, sie gibt gar nicht auf sich acht. Immer ist sie so traurig, neulich sagt sie, dass ein dunkler Nebel um sie herum ist.

Warum folgt sie auch nicht den Luftschutzvorschriften? Sie wollte zum nächsten Bunker und nicht in irgendeinen Keller, hat sie gesagt, weil überall gemunkelt wird, dass der Tommy sich schon wieder neue, bessere Bomben zusammenbastelt. Aus dem Ruhrgebiet hören wir, dass sie die neuen Luftminen jetzt *Wohnblock-Knacker* nennen. Ganze Straßenzüge bläst ein einziger von diesen Krachern kaputt. Die Sprengkraft ist gar nicht so schlimm, das hat der Kalli mir erklärt, der kennt sich mit all diesen Dingen ja besser aus als manch ein Soldat. Die Druckwellen sind es: Die Leute kommen dabei ganz elend um. Von außen siehst du den Leichen nichts an, aber innerlich hat es ihnen die Lungen zerfetzt.

Jedenfalls hatte Mutti furchtbare Angst, dass sie im Keller keinen Schutz mehr findet, und deshalb ist sie auf der Suche nach einem Bunker in der Gegend herumgeirrt, als es sie erwischte. Es ist inzwischen aber wirklich so: Es sterben mehr in den Kellern als draußen. Wenn sie nach der Luftmine Sprengbomben oder Phosphorkanister abwerfen, ist so ein Keller eine Falle, das leuchtet einem ein.

Tja, auch wenn es sehr wehtut und ich mir schlecht vorkomme: Jetzt, wo Mutti im Krankenhaus liegt und ich irgendwie unseren Lebensunterhalt verdienen muss, ist es wohl doch besser, wenn wir Edith und Toni nach Nettersheim zu Onkel Oswald geben. Die Kleinen können dort besser betreut werden und sind auch sicherer. Mutti hat alles vom Krankenbett aus eingefädelt, und ich habe dann mit Onkel Oswald telefoniert, er wird den beiden einen herzlichen Empfang bereiten, dessen bin ich sicher. Ich hätte sie lieber zu den Hönningern gegeben, das ist nicht so weit und nicht so fremd, warum sie nun unbedingt zu Onkel Oswald sollen – ich verstehe Mutti einfach nicht. Aber Onkel Hugo wird wohl auf sie eingewirkt haben. Ihm ist Vatis Familie wohl ein Dorn im Auge. Also füge ich mich mit Herzschmerzen. Morgen ist es schon so weit, dann kommt Onkel Oswald und holt sie am Deutzer Bahnhof ab. Es ist mir ein schrecklicher Gedanke, weil alles zerbricht und auseinanderläuft. Du dort im Osten, Mutti im Krankenhaus, die Kleinen bei fremden Leuten, für die Mäuse ist der Oswald ein Fremder! Und dann der Kalli. Auch wenn er noch in Köln ist, so ist er doch weit, weit weg von uns allen. Ich glaube, er will gar nicht mehr zu unserer Familie gehören, das Gefühl habe ich oft. Wir sind ihm nicht das Beispiel von einer arischen Familie, wie sie ihm vorschwebt, obwohl wir es durch und durch sind. Das habe ich doch gesehen, als ich die Papiere von Vati gefunden habe. Nur der gute alte Willi war ein wenig aus der Art geschlagen.

Deinen Brief habe ich erst hier in Köln vorgefunden, wahrscheinlich hast du aus Gewohnheit an die Kölner Adresse geschrieben und nicht nach Mittelhof. Er hat mich nicht mehr überrascht, weil auch die Rosi schon gewusst hat, wie deine Antwort auf meine Frage ausgefallen ist. Die Post war schneller bei ihr als bei mir. Was ich davon halten soll, weiß ich noch gar nicht, weil sich hier alles immer wieder überschlägt und von einem Tag auf den anderen nichts mehr gilt, was gestern gegolten hat. Deine Gründe verstehe ich natürlich, aber trotzdem ist es mir ein Stich ins Herz, dass du nicht ganz ehrlich zu mir warst oder mir nicht die volle Wahrheit gesagt hast. So fühle ich mich manchmal sehr einsam auf der Welt, aber ich will nicht in so traurigen Gedanken versinken.

Außer der Rosi und dem Erich bist du doch der einzige Mensch auf der Erde, dem ich mich noch nahe fühle. Weniger sollten es nicht werden. Jetzt schimpfe nicht, natürlich liebe ich die kleinen Mäuse heiß und innig, aber sind doch Kinder. Und zu Mutti kein Wort, sie würde es nicht verstehen. Sie soll den Hugo heiraten, aus und Schluss. Dann wird das sowieso eine neue Familie, für Kinder mit ihm ist es noch nicht zu spät. Vielleicht ist das der beste Weg. Alles wird neu, wenn wir nur den Krieg hinter uns haben. Ewig kann das nicht mehr dauern, ganz einfach weil es keiner mehr lange durchhält. Die Leute in Köln sind ziemlich am Ende, und ich habe das Gefühl, dass man seltener Parteiuniformen sieht auf der Straße, und ich wundere mich manches Mal, wie oft du gehässige Bemerkungen hörst. Onkel Hugo hat gesagt: »Du musst Angst haben, dass du keine Ohrfeige kriegst, wenn du einen mit einem ordentlichen ›Heil Hitler!‹ begrüßt.« Das mag ein bisschen übertrieben sein, aber die Stimmung ist nicht gut, nein, das ist sie ganz und gar nicht. »Aber wir greifen durch«, sagt auch der Chef von Onkel Hugo, der Dr. Fischenich. Es heißt, dass es immer mehr Verhaftungen gibt, ja, es wird durchgegriffen.

Ich habe mich gleich dort im Büro gemeldet, um wieder als Tippfräulein zu arbeiten, aber Onkel Hugo hat schon einen Ersatz, ein nettes Mädel mit dicken roten Wangen. Sie hat mich an die Töchter vom Bauern in Mittelhof erinnert.

Nun muss ich sehen, dass ich alsbald eine Arbeit finde, wir brauchen das Geld dringender denn je, jetzt, wo Mutti ausfällt.

Das Päckchen mit den wichtigsten Kleidungsstücken, die du brauchst, schicke ich gleich morgen los, zumindest das, was ich so auf die Schnelle auftreiben kann. Du kriegst ja hier kaum noch etwas über dem Ladentisch, auch wenn du Bezugsmarken hast. Oder es gibt nur die falschen Dinge. Bei der Unterwäsche darfst du dich nicht wundern, dass der Name von Herrn Freudenberger drinsteht. Es ist alles erste Qualität und vieles davon hat er noch nie getragen. Frau Freudenberger hat sie mir gegeben. Sie sagt, immer nigelnagelneue Unterwäsche zu haben, das sei eine Marotte von ihm, und ihr Mann hat mehr als genug, die kann er sein Lebtag nicht auftragen. Die Freudenbergers steuern herzlich wenig zum Haushalt bei, da kann man die Unterhosen nehmen.

Alle Welt bunkert jetzt für den Winter, aber bei uns ist die Vorratskammer leer, erst recht der Kohlenkeller. Sie müssen dich doch endlich mal auf Urlaub lassen. Kann man nicht einen Aufschlag auf den Sold bekommen, wenn man der Familienernährer ist? Das wärest du doch, wenn die Mutti nicht bald auf die Beine kommt?

Pass sehr gut auf dich auf, großer Bruder, bitte ziehe immer schön den Kopf ein, wenn der Russe die Kugeln sausen lässt. Unsere glorreiche Armee holt sich dieses Stalingrad gewiss bald und dann kommst du endlich nach Hause. Weihnachten muss es sein, hörst du? Wenn du Weihnachten nicht kommst, dann stecken wir eine Strohpuppe in eine Uniform und prosten ihr zu und tun so, als ob du es wärst. So ein Stroh-Franzel kann uns wenigstens nichts von der Weihnachtsgans wegfuttern.

Deine Lene

Lene – Köln, 15. September 1942

Liebe Rosi,
deinen letzten Brief nach Mittelhof habe ich gerade noch bekommen, als ich dort zum Bahnhof geeilt bin. Du siehst, ich bin wieder in Köln, weil es Mutti bei einem Angriff erwischt hat, ein Flaksplitter. Bevor dir das Herz stehen bleibt: Sie ist schwer verletzt, aber sie kommt wieder auf die Beine. Bald weiß ich aber nicht mehr, wo mir der Kopf steht, ob ich überhaupt noch einen habe.

Jetzt habe ich ein wenig Zeit und schreibe dir gleich, auch wenn die Emmi erst in ein paar Tagen wieder auf Tour geht und es dann sicher etwas dauert, bis du meine Zeilen in der Hand hältst. Emmis Töchterchen wird nämlich ein Jahr alt. Und Emmi hat ja keinen Vater für das Kind, also muss sie als einziger Elternteil wenigstens zu dem Geburtstag von ihrer Kleinen da sein, das ist ja klar!

Wie sie das alles so alleine hinkriegt! Ja, man glaubt es kaum, dass sich eine das traut. Aber nun gut: Sie ist ja auch

Lastwagenfahrerin und schlägt sich von Frankreich bis nach Polen durch, das hat sie mir erzählt. Fast an einem Stück ging die Tour, nur zwischendrin hier etwas abladen und dort etwas aufladen und so weiter. Jetzt will sie aber eine Woche bei der kleinen Maus bleiben, es ist wirklich ein Mäuschen (die Emmi hat mir ein Foto gezeigt).

Ich bin so froh, mein liebes Röschen, dass sich die Dinge zwischen uns wieder eingerenkt haben, dass ich nun verstehen kann, warum du so streng mit mir warst. Und ich ahne, dass du auch ein klitzekleines bisschen Verständnis für mich hast. Vielleicht haben wir bisher Glück gehabt, das mag sein, denn die Jolante Kallig, die seit dem Januar die Post austrägt, ist doch eine gute alte Freundin von Mutti. Sie hat Mutti sogar gleich am nächsten Tag im Franziskus-Krankenhaus besucht.

Wenn ich dir von der Samstagnacht erzähle, wirst du gleich wieder mit mir schimpfen, und wie, aber ich kann nicht anders. Du wirst mich vielleicht für völlig verrückt erklären, aber man muss in diesen Zeiten verrückt sein, verrückte Dinge tun, wenn man nicht wahnsinnig werden will.

Du stimmst mir doch zu, dass man nicht gegen sein Gewissen handeln darf, oder? Ein schlechtes Gewissen ist kein gutes Ruhekissen, das hat Oma Stina immer gesagt, und sie meinte damit viel harmlosere Sachen als das, was nun in unserem Deutschen Reich vorgeht. Das sind Dinge, die man nicht einfach so lassen kann.

Meine Freunde, mit denen ich mich am Leipziger Platz treffe, sagen das auch. Wir gehen jetzt immer öfter ins Gasthaus Miebach bei uns in Nippes, ins Hinterzimmer, weil nun schon oft 100 oder mehr von uns auf dem Leipziger Platz herumlaufen und man den Überblick verliert. Man muss ja ständig damit rechnen, dass auch welche dabei sind, die uns aushorchen sollen. Der Besitzer vom Miebach denkt genauso wie wir, das glaube ich jedenfalls. Wer hier im Viertel so eine Kneipe hat, der war früher sicher ein Roter.

Mit dem Wandern und dem Liedersingen ist es nämlich nicht mehr getan, das war doch nur zum Spaß und weil wir keine Lust auf das dumme Marschieren in der Hitlerjugend hatten. Es mag dich erschrecken, aber eines ist für uns ganz gewiss: Wir laden schwere Schuld auf uns, wenn wir nicht mit offenem Auge durch die Welt gehen und auch verkünden, was wir sehen. Und dass es so nicht weitergeht, das müssen wir auch sagen. Eines Tages wird bestimmt jemand fragen, was du und ich und der Erich und all die anderen getan haben, als wir gesehen haben, was sie mit den Menschen anstellen.

Als ich zurück aus Mittelhof gekommen bin und Mutti so daniederlag, der Kalli in seinen wirren Ideen versunken, die Kleinen weg (wir haben sie nun doch vorläufig (!) nach Nettersheim gegeben), der Franz im Osten und all die Menschen, die wir nie mehr wiedersehen werden, da stand ich hier, allein, schleppte Eimer mit Sand für den Brandschutz ins Obergeschoss, weil sich wieder jemand dort oben bedient hatte, ich stand da und dachte, dass alles auseinanderfällt, zersplittert, zermalmt wird wie nach einem Volltreffer der Tommys. Wir brauchen sie gar nicht, unsere Feinde, um alles zu zerstören. Das tun wir doch selbst ganz unvergleichlich gut.

Ich weiß gar nicht, warum es mich nun so überkommt, vielleicht waren es die vielen Abschiede. Als meine kleinen Schwestern da an der Hand von Onkel Oswald standen, den sie doch gar nicht gut kennen, ganz tapfer haben sie geschaut und dann doch geweint, wie sie die Nasen an die Scheiben vom Abteil gedrückt haben, es war so schrecklich. Sehe ich sie jemals wieder? Man darf daran mehr Zweifel haben als Hoffnung, dass es so sein wird. Auch wenn wir hier mit den Bomben viel weniger zu tun haben als zuvor, wissen doch alle, dass es nur ein bisschen Ruhe vor dem nächsten Sturm ist. Wir hören doch alle Feindsender, auch wenn sie es noch so sehr unter Strafe stellen. Die Bomber fliegen, jeden Tag und jede Nacht, und wenn sie nicht uns hier in Köln ins Visier nehmen, dann eben andere Städte. Gestern haben sie Bremen hart getroffen, heißt es. Rotze aus unserer Gruppe sagt, dass sie oft nicht richtig treffen, weil sie einfach vom Kurs abkommen, und dann geht es über Troisdorf oder Wesseling oder Bonn runter. Irgendetwas treffen sie immer, zumindest hier im Kölner Raum oder besser noch im Ruhrgebiet, wo eine Stadt an die nächste grenzt.

Da stand ich also am Bahnhof in Deutz, wo die Züge ins Bergische abfahren, und hatte mir gerade die Augen trocken gewischt, und da sah ich Fräulein Herz (Weißt du noch? Meine Tipplehrerin!) mit einem ausgebeulten Rucksack und einem Köfferchen, schwarz und kaum größer als ein Blatt Papier, und ich habe es sofort erkannt. Darin war ihre Reiseschreibmaschine. Eigentlich musste sie die schon lange abgeben, im letzten Winter hat sie mir bereits davon erzählt, aber sie hatte sie glücklicherweise behalten und mir noch Unterricht gegeben.

Einsteigen konnte sie jedenfalls nicht, weil ein SS-Mann mit ihr herumschreit: »Ein Gepäckstück, die Anweisungen waren doch klar und deutlich!«, das hat er immer wiederholt, aber das Fräulein Herz ist ganz ruhig geblieben, und dann hat sie mich gesehen, ist auf mich zugegangen, hat mich an sich gedrückt und mir ihren Rucksack gegeben. »Pass gut auf dich auf«, hat sie gesagt und: »Denk daran, Lene Meister, Übung macht den Meister.« Sie hat lieber die Reiseschreibmaschine behalten als ihren Rucksack mit den anderen Habseligkeiten. Eingestiegen ist sie und ich bin schnell nach Hause gelaufen.

Rotze sagt, jetzt bringen sie alle weg. Selbst wenn du mit einem Arier verheiratet bist, nützt es dir auch nichts mehr, und selbst wenn du schon 20 Jahre zur heiligen Kommunion läufst oder zu den Evangelischen übergetreten bist. Alle, die keinen sauberen Stammbaum haben, holen sie weg und schicken sie in den Osten, und was dort mit ihnen passiert, das weiß keiner – oder will keiner wissen. Ich habe der Irene Liebigmann doch geschrieben, mir hatte das keine Ruhe gelassen, dass sie alle wegkommen und man nichts mehr von ihnen hört. Ich wusste, dass sie mit ihrer Mutter ins Lager nach Theresienstadt in der Tschechoslowakei gekommen war, weil sie doch eigentlich zu den besseren Leuten gehörten, aber dann kamen die Briefe zurück. Der Rotze sagt, dass es noch viel schlimmere Lager gibt. Einige munkeln, dass sie gar nicht zum Arbeiten dorthin geschickt werden, sondern böse Sachen mit ihnen passieren.

Es nimmt einfach kein Ende, wer hätte denn gedacht, dass jemand wie Selma Herz (ich weiß jetzt ihren Vornamen, der stand auf dem Rucksack) weggeschafft werden muss, weil sie uns hier den Lebensraum wegnimmt. So posaunen sie es in ihren Reden alle drei Tage hinaus. Man mag das Radio gar nicht mehr einschalten.

Da steht der Rucksack nun vor mir. Ich weiß gar nicht, was ich damit machen soll.

Am Samstagabend bin ich dann zum Leipziger Platz und habe die anderen getroffen, Wutz, Hoppel, Rotze und auch die Mädchen. Mir war noch ganz blümerant wegen der Kleinen und wegen Fräulein Herz, wie sie gegangen ist, mit ihrer Schreibmaschine, hoffentlich hilft das Ding der armen Frau, vielleicht kann sie sich auch dort, wo sie sein wird, damit nützlich machen. Und dann ergab ein Wort das andere und spät in der Nacht sind wir losgezogen. Die haben sich gewundert, morgens, da kannst du dir sicher sein. Überall haben wir es mit Farbe und Kreide an die Wände geschrieben, es war so aufregend, das kann ich dir sagen. Du sollst nun nicht denken, dass es einfach nur ein Spaß war, weil wir da ein Kribbeln spüren wollten, etwas so Verbotenes zu tun, nein, das war es wirklich nicht.

Ganz ernst haben wir es gemeint: »Heil Navajo«, haben wir geschrieben und: »Die bündische Jugend«. Das mit den Bündischen reizt die hohen Herren besonders, da bin ich mir sicher, weil sie doch denken, sie hätten alles, was früher für uns junge Leute aufregend und spannend war, unter ihre HJ-und BDM-Fittiche gezwungen. Und das konstantinische Kreuz haben wir überall hinterlassen, weil man es so schnell hinschreiben kann, du weißt schon: das P und X übereinander. Die meisten von uns gehen ja gar nicht mehr in die Kirche, aber das Christuszeichen, das wird im heiligen Köln vielleicht doch den einen oder anderen zum Nachdenken bringen, haben wir gedacht. Und hoffentlich zum Grübeln darüber, ob diese Schmierereien da wirklich von »Halunken« oder »Piraten« stammen, mit oder ohne Edelweiß.

Ein paar haben es sogar ans EL-DE-Haus gemalt und an die Kriminalpolizei und auch ans Wehrbezirkskommando am Rheinufer. Am Hauptbahnhof haben sie es sogar hinter

15 **Navajo:** Spitzname für die Kölner Edelweißpiraten | 16 **bündische Jugend:** vgl. Anm. zu 190,18

dem Rücken von einem Polizeibeamten getan. Die Jungen fanden das natürlich besonders abenteuerlich, aber ich habe ihnen gesagt, dass es dumm ist. Man muss mutig sein, aber nicht tollkühn, und ich werde mir in Zukunft ganz genau anschauen, wen wir bei solchen Sachen mitnehmen.

Ja, das wird erst der Anfang gewesen sein, auch der Rotze sagt das.

Du musst mir aber nun schwören, dass du dazu kein Wort an meinen Bruder schreibst. Ich werde dem Erich auch nichts schreiben, vielleicht sage ich es ihm, wenn er wieder in Köln ist. Er hält gar nichts davon, dass wir Mädchen uns in diese Sachen einmischen, oder vielleicht mag er auch nur nicht, dass *ich* dabei bin, weil er Angst um mich hat.

Die Fritzi macht noch ganz andere Dinge. Gemeinsam mit einem anderen Mädchen hat sie neulich ganz ordentlich mit einem Feldwebel auf Heimaturlaub scharwenzelt, drüben auf der anderen Rheinseite im Poller Strandbad, wo es das kleine Lokal gibt, in dem wir vor zwei Jahren auch einmal gewesen sind. Da kennt sie keiner, haben die Mädels sich gedacht, hier in Nippes hätten sie sich das nicht getraut. Sein letzter Tag vom Heimaturlaub war es. Sie wollten ihn betrunken machen und unvorsichtig, du weißt, wie die Männer sind, wenn dein Rocksaum ein bisschen hochrutscht und deine Bluse obenrum recht spack sitzt und Dinge verspricht, die jeden Mann blind machen. An seine Waffe wollten sie ran, das war der Plan. Ein ganz verrückter Plan, wenn du mich fragst.

Fritzi hat nicht lange Reden gehalten, sondern so lange mit dem Soldaten poussiert, bis dem blümerant geworden ist. Am nächsten Tag hat er einen dicken Schädel und keine

17 **scharwenzelt:** sich einschmeichelt, beliebt macht | 25 **spack:** eng, straff | 30 **poussiert:** flirtet

Waffe mehr gehabt, und F. hat angegeben und gesagt: »Ich musste nicht einmal meine Jungfräulichkeit opfern!« Was haben die Jungs mit roten Ohren dagesessen! Ich glaube, einige wissen nicht einmal, was Jungfräulichkeit ist, aber wie man sie verliert, darüber haben sie die dollsten Ideen.

Gott sei Dank hat einer von ihnen dann das Schießeisen in den Rhein geschmissen, weil alle Muffensausen gekriegt haben. Schmierereien sind eine Sache, eine Wehrmachtspistole eine ganz andere! Stell dir vor, sie hätten das Ding bei einem von uns gefunden!

Da habe ich sehr schlimm mit der F. geschimpft, weil wir alle das ablehnen. Du kannst doch nicht »Die Waffen nieder!« rufen – mit einer in der Hand.

Der Rotze sagt das auch, der ist ja auch Pazifist, weswegen er gesucht wird. Das ist doch ein Witz, dass sie einen verfolgen, der einfach nur für den Frieden ist. Der Rotze jedenfalls durchschaut alles, das finde ich sehr beeindruckend an ihm, und er kann Reden halten, fast wie der Goebbels und der Grohé, mit richtig Schwung und Schmackes, über die Gerechtigkeit und die Gleichheit von allen Völkern, egal ob man Arier ist oder Jude oder Neger oder ein Polack oder ein kölscher Föttchesföhler. Solche Sachen sagt er oft, da müssen alle lachen, obwohl es so ernste Dinge sind. Wenn man sie mit ein bisschen Humor sagt, gehen sie einem viel leichter in den Kopf und auch ins Herz. Was der Rotze alles gelesen hat, all die dicken Bücher, er hat fast immer eins dabei. Über meinen Schmöker mit Scarlett O'Hara und ihrer Plantage hat er nur gelacht, aber das habe ich ihm nicht übel genommen. Er ist ja ein Politischer, die haben für so etwas keinen Sinn.

Ich hoffe, dass der Erich bald zurückkommt. Er ist alles,

19 **Grohé:** vgl. Anm. zu 13,7 | 21 **Polack:** Pole (abwertende Bezeichnung) | 22 **Föttchesföhler:** (kölsch) Po-Grabscher (»Fott«, »Föttche«: Hintern)

was ich noch habe, so ist mein Gefühl oft. Und du, du bist das natürlich auch, was täte ich ohne dich. Aber das ist ganz anders, das verstehst du? Was am Ende längeren Bestand hat? Die Liebe zu einem Burschen oder das feste Band einer Freundschaft, wie es zwischen uns gespannt ist?

Ach, wenn ich jetzt hier an diesem Tisch sitze und schreibe, ganz allein – Mutti nicht da, die Kleinen weg, der Franz, mein lieber Vati, alle weg, selbst Onkel Hugo macht sich rar und Kalli sowieso, nur die Freudenbergers mit ihrem Hund schnarchen nebenan. Dann wünsche ich mir so sehr, dass du hier wärst und wir all das gemeinsam durchleben könnten, durchleben und oft auch durchstehen, aber auch durchlachen, denn das dürfen wir nicht verlieren, das Lachen. Oder wenigstens ein gemeinsames Lächeln, das muss uns doch noch bleiben, oder? Aber jetzt wird mir schon wieder so jämmerlich ums Herz, auch weil ich Angst hab, was du zu all dem sagst, was ich dir geschrieben hab, und ob du es verstehst und ob du in etwa so denkst wie ich. Was, wenn du jetzt nicht mehr antwortest? Ich fühle mich plötzlich klein, das will ich nicht. Ich will die starke und auch ein bisschen verwegene Lene sein, wie Samstag in der Nacht. Ich muss.

Es drückt und herzt und grüßt dich
Lene

Lene – Köln, 17. September 1942 (Postkarte)

Lieber Erich,
schau einmal, was ich gefunden habe! Die Postkarte, die wir bei unserem Ausflug auf den Drachenfels gekauft haben, wo wir Alarm hatten und alle aussteigen mussten und

wir dann in den Ameisen saßen. Ach, was gäbe ich darum, wenn wir bald wieder von solchen kleinen Biestern gepiesackt würden, du weißt schon, was ich meine? Schreib mir bitte, sooft du kannst, und wenn es nur ein kurzer Gruß wie dieser hier ist. Ich komme auch nicht so oft dazu, wie ich es mir wünsche. Es ist doch sehr viel, um das ich mich hier kümmern muss. Einen Briefmarkengruß sendet dir

L.

Franz – im Osten, 19. September 1942

Liebe Lene,
deine Postkarte und deinen Brief habe ich nun bekommen und mit dieser Post einen bösen Schrecken. Was ist passiert, wie geht es Mutti, ist es schlimm oder habt ihr sie schon wieder zu Haus? Es ist so furchtbar, dass ich für euch daheim fast nichts tun kann, außer von meinem Sold zu schicken und euch nicht noch zusätzliche Sorgen zu bereiten. Es ist eine wahre Völkerschlacht jetzt, ein großer und endgültiger Schlag, den wir hier versuchen.

Vor ein paar Tagen haben wir uns noch den Weg durch weite Sonnenblumenfelder gebahnt, ein Bild, das in dieser Zeit verrückter nicht sein könnte. Die im Wind wankenden schönen und mancherorts drei Meter und höher gewachsenen Blumen mit ihrem freundlichen gelben Blütenkranz, und wir durchpflügen sie, kaum guckt die Kommandantenluke der Panzer oben hinaus. Sie warten darauf, dass man sie erntet und Öl aus ihnen presst. Ich musste an euch denken: Wo ihr so wenig Fett habt, würdet ihr euch über das Öl sicher freuen.

Aber jetzt ist es so weit. Der Russe hat sich mit tief gegliederten Stellungen verschanzt. Bunker für Bunker müssen wir sie herausbrechen, dauernd Sperrfeuer durch die russische Infanterie, aber wir machen sie müde. Irgendwann müssen sie aufgeben. Jetzt haben wir eine kleine Pause, ich muss den Bleistift aus der Hand legen und helfen, an einer Schanze, sonst sind wir zur Nacht völlig ungedeckt. Dann müssen wir zur Verpflegungsstelle, ich bin dran, das ist immer ein gefährlicher Weg, der am Ende mit einem Eintopf belohnt wird, den du, meine Liebe, sicher auf der Stelle ausspucken würdest. Ich muss los, leider, schreibe später weiter!

22. 9. 42
Lenchen, das glaubt die Welt nicht, was aus einem Weg zur Verpflegungsstelle werden kann. Uns wurde der Rückweg abgeschnitten, es ist ein Vor und Zurück, immer wieder. Fast 3 Tage waren wir abgeschnitten, in einem Keller haben wir uns vergraben, im wahrsten Sinne, weil uns nichts anderes übrig blieb, als den Eingang zuzuschaufeln. So konnten wir uns den Feind vom Hals halten. Immerhin hatten wir für den ganzen Zug das Essen dabei, Eintopf, wie ich es gesagt habe, und sogar mit ordentlich Fleisch drin, leider vom Pferd, du weißt, dass man mich mit Sauerbraten und solchen Sachen eigentlich jagen kann, aber hier isst du alles. Wir haben die glorreiche 62. Armee in den inneren Verteidigungsring getrieben, jetzt wird es schwer für sie, und wir wagen es, ein bisschen Hoffnung aufkeimen zu lassen. Mit 200 000 Mann sind wir hier und es wäre doch gelacht, oder?

Es ist jedoch ein Krieg, wie wir ihn gar nicht kennen, und

zum Leidwesen der vielen jungen Kameraden sind wir auch nicht dafür ausgebildet. Ein grimmiger Häuserkampf ist es, das kannst du wörtlich nehmen. Jedes Haus müssen wir uns einzeln holen oder besser gesagt: jede Ruine, denn eigentlich ist von der Stadt und ihren Fabriken und den Straßen und auch von den schönen Dingen (falls es sie hier jemals gegeben hat) nichts mehr zu erkennen. Wie die Ratten kriechen wir durch die Trümmerhaufen und die Schluchten zerstörter Häuser, auf der Suche nach dem nächsten Kellerloch, das wir einnehmen können, dauernd auf der Hut vor Scharfschützen. Jetzt ist es eine andere Sache. Jetzt kämpfst du Aug in Aug, wörtlich, Lenchen, es ist wörtlich gemeint. Du weißt, wen du tötest. Nicht wie bisher, wo du aus der Deckung irgendwo nach vorne geschossen hast, auf dass es irgendeinen von ihnen trifft, bevor er dir seine Kugel schicken kann.

Doch ich habe einen Schutzengel und das wird auch so bleiben. Am vorigen Tag schlägt eine Bombe nur ein paar Meter neben mir in die Straße oder vielmehr in das, was noch davon übrig ist. Drei Pferde hat es umgehauen, tot, aber mir hat es nur die Brust zusammengedrückt, in der Nacht darauf ein Artillerieeinschlag neben dem Haus, wo wir uns einen Schlafplatz gesucht hatten. Überall ist die Erde umgepflügt, Trichter und Einschläge, wohin du schaust. Nachts graben sich viele in die Erde ein, es geht nicht anders.

Die Nacht kommt. Lene, sie kommt hier wie ein Vorhang, der hinuntersaust, weißt du noch, wie früher, wenn wir mit den Eltern in die Nachmittagsvorstellung vom Millowitsch gegangen sind. So kommen hier die Nächte, hell oder dunkel, so sieht es hier aus. Licht dürfen wir nicht machen, das ist wie ein Todesurteil, eine Einladung für die Scharfschützen und die Granaten. So schreibe ich auch heute nicht meine lieben Grüße unter das schmutzige und verwischte Papier. Wenn es so weitergeht, kannst du gar nicht mehr lesen, was ich die Tage gekritzelt habe, es ist ja sowieso schwierig, weil ich immer nur hockend auf den Knien schreiben kann.

Ich werde jetzt auch als Melder eingesetzt. Aus unserer Einheit sind so viele aufgerieben worden, dass es an Männern in allen Bereichen fehlt. Gestern hat es fast 30 Kameraden auf einen Schlag erwischt, die sich in einem Keller verschanzt haben. Die Sowjets wollten sie zwingen, sich zu ergeben, aber sie haben sich wacker gewehrt, das ganze Haus lag schon in Trümmern und dann reichte am Ende eine Sprengladung. Vorgestern hat es schrecklich zu regnen angefangen, bitterkalt ist es mit einem Schlag geworden. Wo du gehst und stehst, versinkst du bis zu den Knöcheln im Schlamm, auch mit dem Motorrad bleibst du alle naselang stecken.

Vorm Feldpostamt, zu dem ich einige Male mit dem Krad musste, stapeln sich die Säcke mit der Post, nicht ein paar Dutzend, sondern Hunderte prall gefüllter Säcke. Da wundert es einen nicht mehr, dass fast nichts hier ankommt, wo ich doch immer so voller Sorge auf eine Nachricht von euch warte. Nur eine Karte von Kalli habe ich bekommen, der wohl in einer ganz anderen Welt lebt als du und Mutti und die Kleinen. Die ihr ja jetzt aufs Land gebt, das ist gut. Weg von all den Gefahren. Wenn wir den Sieg errungen haben und alles wieder gut ist, holen wir sie zurück, das ist doch klar.

Die Kämpfe hier sind nicht mehr zu beschreiben. Vor ein

8 **Melder:** auch Meldegänger; Soldat, der Nachrichten oder Befehle (zu Fuß) überbringt | 20 **Krad:** Kurzwort für Kraftrad, Motorrad

paar Wochen haben wir gefeiert, wenn wir 30 oder 50 Kilometer gewonnen haben, nun sind wir froh, wenn es eine Straße um die andere vorwärtsgeht. Um den Hauptbahnhof hat es ein so hartes Ringen gegeben, dass man glaubte, nur dieses schon zerschossene Gebäude entscheidet nun den Krieg. Vielleicht ist es so, man weiß es nicht. Es wird viel gemunkelt und geflüstert, aber wir werden siegen, wir müssen, müssen es!

Jetzt werde ich diese Blätter doch in den Umschlag stecken, vielleicht kann ich den dann bei einer nächsten Fahrt direkt am Feldpostamt zu dem schmuggeln, was hinausgeht. Wir müssen es einsehen: Jetzt brauchen wir in den Flugzeugen jeden Zentimeter für Nachschub, auch Munition, denn damit sieht es gar nicht mehr so gut aus. Die Post muss da zurückstehen.

Also grüß bitte alle von mir, natürlich die Kölner, besonders Oma Stina, die ist doch so voller Sorge, und natürlich auch die Hönninger. Ich komme nicht mehr dazu, allen zu schreiben. Ich schreibe ihnen nie von den Dingen, die uns hier so arg rannehmen, das muss nicht sein. Du bist die Einzige, auch der Rosi will ich das Leben nicht schwer machen. Versteh mich nicht falsch, schwer machen will ich es dir auch nicht, o nein, aber du weißt am besten, dass man manchmal einfach herausmuss mit den Dingen. Wenn die Angst mich erfasst, dann singe ich die alten Karnevalslieder, und wenn sie mir einfach nicht mehr einfallen wollen, dann erdichte ich mir neue. Jetzt will ich mit ein paar aus unserem Zug einen Tee kochen, wir haben in einem Keller gleich einen ganzen Sack gefunden. Oberstleutnant Sollmansen, der aus einer Hamburger Kaufmannsfamilie stammt, sagt, dass es ein edler Darjeeling ist. Wir haben uns ein bisschen abgezweigt, der Rest ist an den Tross gegangen, so haben wir alle etwas davon – wenn es genug Wasser gibt, das ist nämlich auch knapp.

Lenchen, pass auf dich auf, ich tue es auch hier. Jetzt können wir bald auf Weihnachten schauen, da werden wir beieinandersitzen, ganz bestimmt!

Dein Bruder Franz

Lene – Köln, 24. September 1942 (Luftpostkarte)

Mein lieber Bruder,
damit du dir nicht allzu große Sorgen dort in der Ferne machst: Mutti geht es besser, auch wenn sie noch im Krankenhaus bleiben muss und danach sicher in Kur geht. Dafür werde ich sorgen. Sie muss sich ausruhen. Die Kleinen sind in Nettersheim und ihnen geht es gut dort! Mehr und schöne Geschichten aus unserem alten Köln schreibe ich dir bald. Stell dir vor: Ich soll bei der Straßenbahn arbeiten und ich freue mich sogar darauf! Pass gut auf dich auf, jeden Tag, was sage ich: jede Minute!

Dein Lenchen

Erich – Tübingen, 24. September 1942

Liebe Lene,
nun habe ich dir schon dreimal geschrieben in den letzten 14 Tagen und wusste gar nicht, ob du meine Nachrichten bekommen hast und noch gut mit mir bist. Du bist aber auch so schnell von hier nach dort unterwegs – Köln, Hön-

ningen, Mittelhof und wieder Köln, wie soll man dich da bloß einfangen? Deine Postkarte vom 17. ist nun aber da und natürlich habe ich gleich unter die Briefmarke geschaut und bin nicht enttäuscht worden. Ganz vorsichtig habe ich sie über Wasserdampf abgelöst, du hättest sehen sollen, wie sich das Grinsen in meinem Gesicht von einem Ohr zum anderen gezogen hat. 1000 Briefmarkengrüße sende ich nun auf der Stelle zurück. Mindestens. Dass du sie dieses Mal ganz schnell und sicher bekommst, dafür sorgt mein Kamerad Roland, der sich morgen auf den Weg nach Köln macht, dem gebe ich meinen Brief mit.

Aber das ist noch nicht alles. Ab der kommenden Woche mache ich jeden Montag Dienst auf der Schreibstube, das ist zwar langweilig, aber dort gibt es ein Telefon. Wenn eine gewisse Zuckerschnute aus Köln zwischen acht und zwei Uhr am Vormittag eine Telefonzelle findet und den Fernsprecher 3769 in Tübingen anwählt, wird sich ein Esel mit einem lauten »i-aaah« melden. Nun, ganz so wird es nicht sein, denn es kommt sehr darauf an, wer gerade noch im Bureau herumlungert, es ist nämlich gleichzeitig so etwas wie das Vorzimmer des Leiters der Motorschule. Ein paar Sätze werden wir sicher wechseln können, vielleicht auch ein paar viele Sätze. Was sagst du?

Von meinem Alltag hier weiß ich dir sonst gar nichts Neues zu erzählen, weil der Dienst und die Aufgaben schnell ein bisschen langweilig geworden sind. Immer wieder der Drill, den wir auch sonst kennen, aber immerhin auch viel Unterricht und praktische Übungen. Ich habe tatsächlich einen Opel Blitz in Gang gekriegt, an dem sich alle anderen die Zähne ausgebissen haben. Die Ausbilder machen mit Absicht etwas kaputt und wir müssen den Fehler

20 **Bureau:** (franz.) Büro

suchen. Der Blitz war ein altes Modell von 1930, mit so einem wurden früher bei uns die Briketts gebracht. Dem ist damals der Seilzug von der Bremse gerissen, die hatten nämlich noch keine hydraulischen Bremsen. Deshalb kannte ich mich damit aus! Der Ausbilder hat geguckt, das kann ich dir sagen. Ansonsten bringen sie uns bei, wie man das Getriebe und die Motoren auch bei der allerschlimmsten Kälte in Gang hält. »Deutsche Motoren müssen in Sibirien schnurren«, blökte er dann, und der Piff sagte, dass ihn das nicht interessiere, er wolle nur Rennen fahren – was solle er denn in Sibirien? Piff ist wohl der einzige Bursche hier, der nicht verstanden hat, warum wir hier sind.

Sibirien, habe ich ihm gesagt, das liegt in der Sowjetunion. Kapierste: Heute gehört uns Deutschland und morgen die ganze Welt, habe ich ihm gesagt. Er ist aber eigentlich ein ganz guter Kerl und wir haben uns ein bisschen angefreundet. Einmal, als wir Ausgang hatten und der Piff wieder viel zu tief ins Weinglas geschaut hatte, fing er doch tatsächlich auf dem Nachhauseweg, während die Hitlerjugend gerade vorbeilärmte, lautstark an zu singen. Ich hab einen ordentlichen Schreck bekommen, weil ich das Lied kannte, wir haben es doch auch schon einmal geschmettert. Da grölte der Piff nämlich:

Wilde Gesellen vom Sturmwind durchweht,
Fürsten in Lumpen und Loden,
ziehn wir dahin, bis das Herze uns steht,
ehrlos bis unter den Boden.

Einen Augenblick dachte ich, er ist einer von uns, aber viel Zeit zum Denken blieb dann nicht, weil eine wilde Jagd durch die verschlafene Altstadt von Tübingen losging. Am Ende haben wir uns im Keller von einer Schreinerei versteckt und sind erst knapp vorm Morgengrauen wieder auf dem Galgenberg durch unser Küchenfenster gekrochen, das wird jetzt zur Gewohnheit.

Ganz zum Schluss gibt es eine freudige Nachricht: Der Lehrgang endet vielleicht schon im Oktober. Viele hier haben nämlich den Stellungsbefehl bekommen, auch einige Schüler, vor allem aber sehr viele der Ausbilder, die gedacht haben, in so einer Motorschule seien sie sicher, denn das sei ja kriegswichtig. Geschnitten. Kriegswichtig bist du bald nur noch an der Front. Daran wollen wir aber nicht denken. Ich denke lieber an deine süßen Lippen, auf die ich dich jetzt sehr doll bütze, wenigstens in Gedanken. Und dann kneife ich dich in deinen süßen Allerwertesten und tanze mit dir eine Polka, immer rundherum, bis uns schwindelig wird.

Dein E.

PS: Keine Sorge, ich kann gar keine Polka tanzen und auch keinen Walzer und überhaupt habe ich zwei linke Füße. Aber den Rest, den mache ich, das kannst du mir glauben. Und denke daran: Montag!!! Fernsprecher 3769!

Lene – Köln, 29. September 1942

Liebe Rosi,
nun musst du aber endlich zu einem Besuch in deine alte Heimat kommen, denn dann könntest du eine große Überraschung erleben, wenn du am Bahnhof aus der Eisenbahn

steigst und die nächste Tram nach Nippes nimmst. Nein, der Dom steht noch, das ist nicht die Überraschung. Aber: Vielleicht verkauft dir eine junge Dame das Billett für die Straßenbahn (ganz sicher ist es eine Frau, denn männliche Schaffner gibt es kaum noch welche). Und diese junge Dame wird dir sehr bekannt vorkommen, und dann erkennt die Schaffnerin dich und beide fangen wir an zu kreischen vor Freude: »Lenchen!« und »Röschen!«, werden wir rufen, und du wirst sagen »Nenn mich nicht Röschen!«, denn das magst du ja nicht, aber ich tu es trotzdem immer wieder. Ich werde eine Ermahnung bekommen, weil, eine ordentliche Schaffnerin kreischt nicht los und fällt den Fahrgästen nicht um den Hals, auch wenn es ihre beste Freundin ist, die sie seit über einem Jahr nicht mehr gesehen hat. Einen Fahrschein musst du selbstverständlich trotzdem lösen, sonst werden wir beide wegen Betrugs auf der Stelle verhaftet.

Ja, ich habe eine neue Arbeit, das musste auch sein, weil »von nüs kütt nüs«, das sagte schon immer die alte Frau Winter – Gott habe sie selig. Erst einmal ist es für vier Wochen, dann werden wir weitersehen.

Wenn du also am Dom in die Linie 11 steigst, triffst du vielleicht mich, besonders wenn es sehr früh am Morgen ist. Kurz nach fünf in aller Herrgottsfrühe geht es nämlich los, das ist gar nichts für eine Schlafmütze wie mich. Wenn es dann auch noch Alarm gegeben hat in der Nacht (und das gibt es meistens), sind meine Augen so dick wie ein aufgegangener Hefekloß, und ich muss aufpassen, dass ich in der ersten Stunde nicht vom Wagen falle. Was soll ich in diesem Krieg denn noch alles werden? Dem Onkel Hugo seine Listen getippt, der Frau Lorenzen die Haare gebürstet, gera-

3 **Billett:** Fahrkarte | 19 **von nüs kütt nüs:** (kölsch) ›von nichts kommt nichts‹

de noch in den Ackerfurchen gestanden und die Rüben gezogen und nun: »Die Fahrscheine, bitte!«

Es ist gar nicht die schlechteste Arbeit. Ich kassiere die Fahrgelder und gebe Auskünfte und haue den Burschen auf die Finger, wenn sie glauben, dass der Po der Schaffnerin im Preis inbegriffen ist. Wenn's gegen acht Uhr voll wird, muss man seine Augen und Hände wirklich überall haben. Es gibt viele, die glauben, in Kriegszeiten gäbe es die Tram für Luft und einen frechen Spruch. Nur wenn auf jedem zweiten Platz ein Kriegsversehrter sitzt, dann wird es mir ganz anders. Morgens, wenn es noch sehr ruhig ist, schaue ich sie mir oft an, die Leute im Waggon oder an der Haltestelle. Müde sind sie alle, wer ist das nicht heutzutage, aber in den Augen und den Gesichtern, da kann man viel erkennen – oder ich denke es mir aus. Was für einen Brief die Frau mit den künstlichen Margeriten am Hut wohl in den Händen hält, der sie so beseelt zum Lächeln bringt. Was der einarmige Zeitungsmann in einem fort vor sich hin murmelt, nichts Gutes, das ist sicher, sonst würde es sich anders anhören. Um den Stumpf gebunden, wo sein linker Arm mal war, trägt er eine leere Konservendose mit einem Holzdeckel und einem Schlitz darin, da kann man ihm die Münzen reinstecken, und dann zuckt er mit der Schulter, es scheppert und er weiß genau, ob's ein falscher Fuffziger war.

Ich bekomme auch Trinkgelder, gar nicht so selten. Für einen Eisbecher oder ein paar Süßigkeiten reicht es immer und an guten Tagen springt ein Kinoabend für zwei mit einer Brause dabei heraus.

Nur wenn es mit dem Alarm losgeht, wäre ich lieber bei Onkel Hugo im Amt oder wenigstens zu Hause in Nippes. Ich muss den Leuten helfen und danach selbst sehen, dass ich einen Platz in einem Keller finde. Da siehst du dann, wer sich das Menschsein bewahrt hat, wer nur an sich denkt oder wer anderen Schutz anbietet. Der Oma über die Straße helfen? Das ist gestrichen, wenn die Sirenen gehen.

Die meisten von unseren Fahrern sind aber ganz abgebrüht: Es wird einfach bis zum nächsten Bunker weitergefahren, was im Ernstfall auch mal hübsch danebengehen kann. Wenn der Alarm uns zu Hause überrascht, lauf ich immer öfter nicht mehr in den Keller, sondern versuche es bis zum Bunker zu schaffen, aber man muss schnell sein.

Für Onkel Hugo ist die bequeme Zeit nun auch vorüber. Er hat den Stellungsbefehl bekommen. Damit hat keiner gerechnet, Mutti habe ich es noch nicht erzählt und er auch nicht. Er lässt sich jetzt selten sehen, mit den beiden scheint es nicht zum Besten zu stehen. Mutti geht übrigens bald in ein Erholungsheim an die Ostsee, damit sie wieder auf die Beine kommt.

Mir ist es zu Hause oft ganz schrecklich zumute ohne Mutti und die Kleinen. Die alten Freudenbergers tun so, als gehörte die Wohnung ihnen, der schreckliche Köter mit seinem Gekläffe geht mir auf die Nerven, und zu allem Überfluss streiten sich alle neuerdings um die Plätze an den Glühbirnen, wenn wir im Luftschutzkeller hocken. Die einen wollen ihre Illustrierte blättern, die andere die Bibel lesen oder die Tischläufer weiterhäkeln, die sie Weihnachten ihrer Oma schenken wollen.

An Weihnachten mag ich gar nicht denken, ich bin mir fast sicher, dass es der zweite Heiligabend ohne den Franz sein wird. Vielleicht auch ohne Mutti und sicher ohne die Kleinen. Mutti liegt seit vier Wochen im Franziskus, manchmal scheint es mir, als wollte sie gar nie mehr aus diesem Krankenbett aufstehen, auch wenn sie das Zimmer mit lauter jammernden Gestalten teilen muss.

Am Wochenende war ich mit der Fritzi und ein paar von den anderen Mädchen im Königsforst, nur für ein paar Stunden sind wir durch den Wald gestreift. Zuerst noch auf den Wegen, aber dann hat es uns gepackt und wird sind pfeifend und jodelnd quer hindurch, haben uns auf eine Lichtung geworfen und das Moos gerochen und durch das Dach aus Blättern in den Himmel gestarrt und lauter dummes Zeug geredet. Meistens landen wir dann doch bei einem Thema. Nicht wen die Fritzi geküsst hat oder ob der Erich – na, du weißt schon, was ich meine. Nein, wir stellen uns vor, was wir nach dem Krieg tun werden. Die Fritzi möchte auf Reisen gehen, immer ihren Fotoapparat im Gepäck, ach, was sage ich: nicht im Gepäck, sondern *in der Hand*, man sieht sie fast nie ohne und mittlerweile hat sie im Keller sogar eine eigene kleine Dunkelkammer, wo sie ihre Fotos eigenhändig entwickeln kann. Fotoreporterin, das will sie werden. Und die Elsa will einen eigenen Laden eröffnen, in dem sie nur die allerbesten Pralinen verkauft und Schokolade und einfach alles, was süß ist. Man sieht ihr an, was ihre große Vorliebe ist, ich kenne keinen normalen Menschen, der in diesen Zeiten Speckröllchen hat wie sie. Und Wurstfinger, dick und patschig. Für das, was Fritzi und ich sonst so machen (pst!), interessiert sie sich überhaupt nicht.

Als wir auf der Lichtung gelegen haben, bin ich plötzlich ganz traurig geworden. Mir ist rein gar nichts eingefallen, wovon ich träumen könnte, für später, nach dem Krieg. Drei kleine Esel hätte ich gerne, das weiß ich, und du weißt natürlich, wer der Vater-Esel sein soll. Zwei Jungs und ein Mädchen. Doch, es sollen Jungen dabei sein, denn nach diesem Krieg wird es keinen weiteren Krieg mehr geben, mindestens bis ins nächste Jahrhundert hinein, das geht gar nicht anders. Nun haben wir nach nicht einmal 20 Jahren die zweite große Schießerei bekommen, in der die ganze Welt übereinander herfällt, das muss reichen für die nächsten 100 Jahre.

Aber vorstellen konnte ich es mir doch nicht. Die Elsa sagte, dass sie genau sieht, wie sie auf der Neusser Straße morgens ihr Geschäft aufschließt und die Törtchen und die Marzipanschnecken und die Trüffel aus Champagnercreme in der Theke herrichtet und dem Lehrmädchen Anweisungen gibt (das kann sie sicher gut, andere herumscheuchen!). Die Fritzi hat von Bergen in Tibet geschwärmt, als wäre sie schon dort gewesen, und dass sie schönere Aufnahmen als die Riefenstahl macht.

Ich konnte mir meine Zukunft aber gar nicht vorstellen. Nur dass es zwei Jungen und ein Mädchen sein sollten, das war aber mehr ein Wunsch als ein Blick in die Zukunft. Ich sah es einfach nicht vor mir!

Anmerken lassen habe ich es mir nicht, ich wollte den anderen nicht den schönen Tag verderben. Richtig Angst habe ich am Abend bekommen, als ich wieder alleine war, weil ich gedacht habe: Vielleicht kannst du es dir nicht vorstellen, weil es nicht passieren wird. Mein Gott, keiner weiß, wer diese große Schießerei überleben wird! Aus unserer Klasse in der Volksschule ist jetzt das halbe Dutzend voll. Vor knapp drei Wochen hat es Düsseldorf und Neuss so böse erwischt, und da ist der Kurt Neuber ums Leben gekommen, das haben wir gestern erfahren. Kurti mit den Segelohren, genau der. Den Bombenhagel hat er gut überstanden, aber dann hat er mit der HJ beim Löschen geholfen und ist von einer einstürzenden Mauer erschlagen worden. 27 waren wir in der Klasse, erinnerst du dich? Jetzt sind sechs tot. Kein Wunder, wenn man nicht an die Zukunft denken will. Ach, was schreibe ich da? An die Vergangenheit wird man auch nicht denken wollen. Wir sind vielleicht die Einzigen, die sich nicht an ihre Jugendzeit werden erinnern wollen. Es ist, als ob es keine Zukunft und keine Vergangenheit mehr geben darf, nur noch ein Heute.

Rosi, liebe Rosi, weg mit diesen Gedanken. Ein dummes Zeug rede ich da. Vielleicht liegt es daran, dass wir letzte Woche den Herbstanfang hatten, jetzt fallen die Blätter bald und die Tage werden kurz und kürzer. Da fühle ich mich ab und an ein wenig schwermutig.

Es drückt und herzt dich
deine Lene

PS: Jetzt hätte ich es fast vergessen: Der Erich sitzt nun dort in Tübingen montags auf der Schreibstube und ich kann ihn anrufen oder es zumindest versuchen. Gestern hat es noch nicht so gut geklappt, es gab irgendeine Aufregung dort und ein großes Gerenne. Immerhin ein paar Worte konnten wir wechseln und uns ein paar heimliche Küsse zuflüstern. Das ist doch besser als nichts.

Erich – Tübingen, 30. September 1942

Liebste Lene,
was ist es für eine Freude gewesen, dass ich vorgestern deine Stimme zumindest am Telefon hören konnte. Es war eine sehr gute Idee, mich freiwillig für den Dienst in der

Schreibstube zu melden. Viele sind scharf darauf, weil man eigentlich nicht viel zu tun hat, aber mir ist das sehr langweilig. Da wienere ich noch lieber die Motorräder oder fege die Stuben aus. Es ist ein großes Opfer, das dein Esel da bringt für seine liebste, freche Kölner Schnute! O ja!

Ach, lass mich ein bisschen scherzen. Natürlich würde ich jedes Opfer bringen und der Bürodienst ist nicht wirklich eines. Nun kann ich mich jeden Sonntagabend darauf freuen, dass die Woche mit den zarten Tönen von meinem Mädchen aus der Heimat beginnt, die dann aus der Telefonleitung klingen. Sammele nur immer ordentlich viel Kleingeld, damit wir lange plaudern können.

Außerdem kriege ich hier so ganz am Rande das eine oder andere mit, wenn unser Vorgesetzter und der Tübinger Kreisleiter die Tür zum Büro nicht schließen. Das sind alte Spezis aus Kindertagen, die reden ziemlich offen miteinander, und zwar so, dass es die anderen Herrschaften von der Partei besser nicht hören.

Es tut mir leid, dass wir nicht richtig offen sprechen können. Mein Rat ist, dass du kommenden Montag am besten kurz nach zwölf anrufst, wenn das dein Dienstplan bei der Straßenbahn zulässt. Dann gehen die anderen in die Kantine, und ich kann behaupten, dass ich erst noch irgendeinen Stapel Papiere abheften muss. Hier wird viel abgeheftet, das sage ich dir. Ordentliche Löcher in die ganzen Sachen machen, das ist die wichtigste Fähigkeit, die man in einer solchen Schreibstube haben muss. Und sie bloß nicht in den falschen Ordner stecken.

Lenchen, ich habe noch einmal gut darüber nachgedacht, was du mir über deine Freundin Rosi und den Ärger, den ihr hattet, erzählt hast. Lass es dir an dieser Stelle auch von

16 **Spezis:** Freunde, Kumpel

mir gesagt sein: Die Rosi hat in vielen Dingen recht. Du musst ein bisschen vorsichtiger sein, und am liebsten wäre es mir auch, wenn du dich von den Freizeitaktivitäten, die du mit Wutz und Hoppel und den anderen betreibst, fernhältst. Wenigstens bis ich wieder in Köln bin.

Ich habe meine Kontakte nach Köln, auch wenn es schwierig ist, sie von hier aus zu halten. Man ist auf uns aufmerksam geworden, schon seit einiger Zeit, auch wenn man davon nicht immer etwas merkt. Es wird fleißig gesammelt und manch einer hilft dabei. Es wird viel geplaudert, du verstehst, was ich meine. Du solltest auch bei diesem Rotze aufpassen. Eigentlich kennt ihn keiner so richtig. Große Reden schwingen – das kann manch einer. Aber was steckt wirklich dahinter?

Und was die Post angeht, da hat deine Freundin voll und ganz recht. Auch hier geht kaum etwas ans Postamt, was nicht vorher gelesen worden ist. Ich sehe nun montags schließlich die Stapel, die kommen und gehen und manchmal ziemlich lange in der Schublade beim Chef liegen. Deswegen darfst du dich auch nicht wundern, wenn du plötzlich eine Woche oder zwei nichts von deinem Esel hörst.

Wenn ich dir privat schreiben will, muss ich es jedes Mal hinausschmuggeln und irgendwo einwerfen und hoffen, dass es keiner merkt. Bei Briefen voller Liebesschwüre ist das alles kein Problem, vielleicht nur ein bisschen peinlich, wenn sie allzu heißblütig daherkommen. So was bekommst du dann im Waschraum von irgendeinem Heini, der es mitgekriegt hat, vorgejodelt und meistens artet es dann in eine ordentliche Schlacht mit den nassen Waschlappen aus. Nun ja, irgendwie muss man schließlich für ein bisschen

Spaß und Abwechslung sorgen. Man langweilt sich doch recht schnell, weil es immer die gleichen Dinge sind, die man hier tun muss.

Mir ist auch der Lesestoff ausgegangen. Wir haben hier ein paar Regale mit Büchern, die man sich ausleihen kann, aber du kannst dir vorstellen, was das so ist. Eine tolle Geschichte habe ich entdeckt, sie spielt in der Zukunft, im 21. Jahrhundert, das Buch heißt »Wettflug der Nationen«  und der Schriftsteller Hans Dominik. Am letzten Wochenende habe ich es fast ganz ausgelesen, es geht um einen Wettflug rund um die Welt und einen genialen Erfinder, Professor Eggerth, und seine geheimnisvollen Stratosphärenflugzeuge, unglaubliche Fluggeräte, die können die dollsten Dinge. Von diesem Eggerth gibt es noch zwei weitere Geschichten, vielleicht kannst du bei Frau Kruger mal für mich schauen, ob du sie besorgen kannst. Die Mutter von Fritzi, sie verkauft doch Bücher und kann sie vielleicht bestellen. Hier in Tübingen habe ich es schon versucht und sie nicht bekommen. Am besten gebraucht, damit es nicht so teuer wird. Wenn sie etwas anderes von diesem Dominik hat, nehme ich es auch.

Eine schlechte Nachricht habe ich leider auch noch, ich würde es dir am liebsten gar nicht schreiben, aber irgendwann erfährst du es ja doch: Wir bleiben nun doch mindestens den ganzen Oktober hier, vielleicht sogar den November. Du sollst jetzt aber nicht weinen oder wütend mit dem Fuß aufstampfen, denn ganz zum Schluss gibt es auch noch etwas, das dich freuen wird.

Ein Wochenende im Oktober bekommen wir die Erlaubnis für eine Heimfahrt, das ist doch etwas, oder? Das müssen wir genau planen, nicht dass du ausgerechnet an diesem

Wochenende die ganze Zeit mit der Straßenbahn herumfahren und nach Fahrscheinen fragen musst.

So, gleich muss ich in die Stadt und den ganzen Packen Briefe und Karten seit Montag zur Post bringen und da werde ich meinen Umschlag natürlich auch dazuschmuggeln.

Einen Kuss und die allerbesten Grüße sendet dir

dein Esel

Teil IV
Oktober – Dezember 1942

Bleibe meine gute Kameradin, sag es mir, dass du mich nicht vergisst. Hab ich einen Platz in deinem Herzen, weiß ich, wo für mich die Heimat ist.

Schlager 1942, gesungen von Willy Schneider – Text: Schwenn-Schaeffers, Musik: Hans Carste

Rosi – Strehlen, 4. Oktober 1942

Liebe Lene,
ich müsste dir jeden Tag von Neuem den Kopf ordentlich waschen, aber ich sehe ein, dass es keinen Zweck hat. Heute bekommst du meine Zeilen tief in der Nacht, weil mir das Herz viel mehr überquillt, als ich dachte, dass es möglich wäre. Und einen Schwips habe ich auch.

Ich hoffe, Frau Schlotzke hat es nicht gemerkt. Geschimpft hat sie auf jeden Fall, weil ich erst um ein Uhr in der Nacht nach Hause gekommen bin, und auch dem *jungen Baron* hat sie ordentlich was hinter die Löffel gegeben – natürlich nicht wirklich, nur mit Worten. »Da könnse viermal een von und zu sein!«, hat sie ihm gesagt. »Dit Frollein Rosemarie is in meene Obhut, dit sach ick Ihn'n.«

So hat sie mit ihm geredet!

Am Freitag stand er nämlich vor der Tür, der Ansgar, oder besser gesagt, ein mächtiges Auto, ein Cabriolet stand da auf der Straße, und ein Offizier stieg aus, die ledernen Handschuhe in der einen Hand, die Uniformmütze unter den Arm geklemmt, und Frau Schlotzke fiel fast in Ohnmacht, als er ihr die Hand küsst und nach dem Fräulein Rosemarie fragt, ob er sie entführen darf. Frau Schlotzke hat das alles mordsmäßig gefallen, das kannst du glauben. Ewigkeiten habe ich sie nicht mehr so verschmitzt grinsen sehen, wie sie es kann, wenn es etwas zu tratschen gibt. Nein, antwortete sie, Entführungen seien nur mit vorherigem Antrag erlaubt. Der Ansgar hat ziemlich dumm aus der Wäsche geschaut und gestottert, dass es noch nicht um eine Verlobung gehe, und da hat Frau Schlotzke schallend gelacht. »Ich glaube, der Herr versteht da was falsch. Antrag

12f. **Da könnse … ick Ihn'n:** (berlinisch) ›Da können Sie viermal ein von und zu sein! … Das Fräulein Rosemarie ist in meiner Obhut, das sag ich Ihnen.‹

mit drei Durchschlägen und einem Stempel hab ick jemeint.«

Ich hab alles aus dem Hinterzimmer belauscht, dann habe ich ihn endlich befreit und bin nach vorne gegangen. Durch die Zähne gepfiffen hat er, als er mich gesehen hat. Jawoll!

Lenchen, ich dachte, dass ich nie wieder etwas von ihm höre. Als er so dastand, war ich ganz von den Socken, und dann habe ich auch einen großen Schreck bekommen, weil auf seinem Auge eine schwarze Klappe saß, verwegen sah das aus, aber da wusste ich natürlich, warum er in der Gegend war. Im Lazarett ist er gewesen, das Auge ist wohl verloren. Nach kaum zwei Wochen im Osten hat es ihn erwischt, aber davon hat er gar nichts erzählen wollen, dann hat ihm gleich die Stimme versagt, nur einmal hat er gemeint, am liebsten wäre es ihm gewesen, wenn's ihm beide Augen zerrissen hätte, dass er all das Furchtbare nicht mehr sehen muss, das hat er mir aber erst spät in der Nacht am Samstag gestanden.

Die Frau Schlotzke hat mich nämlich am Freitag nicht gehen lassen, weil wir einen ordentlichen Schwung Ware bekommen hatten und alles sortiert und eingeräumt werden musste, aber den Samstag, den hat sie mir freigegeben. In dem schicken Automobil, ab nach Breslau sind wir gefahren. Bummeln waren wir, eine Seidenblume hat er mir gekauft und ich hab sie auf der Stelle an mein Jäckchen geheftet. Mehr habe ich ihm dann aber nicht erlaubt, weil er immer, wenn ich mir etwas angeschaut habe, seine Geldbörse zücken wollte.

»Was soll es«, hat er gesagt, »es ist nur Geld, und morgen ist es vielleicht zu spät, um es auszugeben.« Morgen ist

Sonntag, habe ich gesagt, und dass sonntags alle Geschäfte geschlossen haben, aber ich habe natürlich verstanden, was er meinte. Er hat den Marschbefehl bekommen, für Montag, nach Berlin und dann wieder in den Osten. Das Auge ist nicht einmal ganz verheilt, ein Glasauge soll er bekommen, aber erst später, haben sie ihm gesagt.

Er weiß noch nicht, wohin es dieses Mal geht, wieder nach Russland, befürchtet er, weil seine Division schon schlimm ausgeblutet ist. Ausgeblutet, so hat er es gesagt: ausgeblutet. Schrecklich, weil man es doch so sehr wörtlich nehmen muss. Am Nachmittag haben wir uns einen Film angeschaut, aber darin ging es nur um Fußball, ich habe  schon vergessen, wie er hieß. Dass die Lucy Millowitsch  darin mitgespielt hat, eine ganz kleine Rolle nur, das ist mir in Erinnerung geblieben. Es war auch egal, welchen Film sie gespielt haben. Ich glaube, wir wollten nur eine Stunde einfach so im Dunkeln sitzen, ungestört. Am Abend hat er mich in ein feines Lokal eingeladen, da war ich ganz falsch angezogen und geschämt habe ich mich, aber er hat die Blicke von den Leuten gar nicht beachtet. Auf dem Rückweg sind wir an einer Kirmes vorbeigekommen, da war ein Tanz, und ich hab gerufen, dass er anhalten soll, so lange war ich nicht mehr auf einer Kirmes.

Wir haben die Zeit vergessen und ein starkes Bier nach dem anderen getrunken, fast in den Graben wären wir gefahren.

Ich weiß, dass du nun vor Neugier fast platzt. Soll ich dich auf die Folter spannen? Nein, das tue ich nicht. NEIN. Wir haben uns nicht geküsst. Der Ansgar hat es nicht einmal versucht, nicht im Kino und nicht beim Tanz und nicht, als wir einen Schwips hatten.

Das war auch gut so. Ich will nicht um ihn zittern, so wie ich es schon um Franz tue. Ich werde den Franz nicht heiraten, Lenchen, das schlag dir aus dem Kopf. Jedoch schreiben wir uns schon so lange, man weiß so viel voneinander, da zittert man um einen, egal ob man ihn heiraten oder küssen will oder nicht.

Es war einfach ein wundervoller Abend, Lene. Jetzt fallen mir die Augen zu und meine Kerze ist auch ganz heruntergebrannt. Gleich nehme ich die Verdunklung vom Dachfensterchen und lasse es offen stehen, damit die Herbstluft mir schnell das Pilsener aus dem Körper treibt. Das Steppbett hat Gänsedaunen, die halten mich warm, weil ich ordentlich durchgefroren bin. Auf dem Rückweg haben wir kurz vor Wansen an der Ohle angehalten, das ist nur ein paar Kilometer von hier, fast dort, wo ich manchmal hinradle, um mit den Mädels ein Picknick zu machen. Da haben wir gestanden und auf den Fluss geschaut und er hat eine Zigarette geraucht und sehr geseufzt. Es tue ihm leid, dass alles so ist, wie es ist, hat er gesagt. Ich habe gelacht. »Dafür kannst du nun wirklich nichts«, habe ich gerufen, recht laut, weil ich doch den kleinen Schwips hatte, »keiner kann etwas dafür, auch ein waschechter junger Baron nicht!« Auf ihren Gütern, da können sie alles bestimmen, aber in der Welt, da sind wir am Ende alle gleich. Was für Dinge man manchmal sagt! Ich bin ganz durcheinander. Nein, nicht verliebt, aber der Ansgar mit seinem traurigen Blick zum Abschied – er geht mir nicht mehr aus dem Kopf. »Pass auf dich auf«, hat er dort am Fluss gesagt. »Pass gut auf dich auf.«

Und das sage ich dir jetzt auch: Pass gut auf dich auf, Lenchen, pass wirklich gut auf dich auf. Ich sage es dir immer wieder, damit höre ich nicht auf, denn ich weiß, dass man es dir viel mehr sagen muss als mir.

Deine Rosi

Rosi – Strehlen, 6. Oktober 1942

Meine liebe Lene,
ein paar Zeilen nur, mehr kann ich nicht, weil mir die Hand immer wieder so schlimm zittert und das Schluchzen mir alles zerreißt und mir die Tränen schon seit Stunden über die Wangen laufen und laufen und nicht aufhören wollen. Gestern haben sie es im Ort herumgetratscht, aber ich habe nicht hingehört, weil das Getratsche, das mögen sie hier noch mehr als bei uns im Veedel nach dem Karneval.

Zuerst haben sie das Auto gefunden, ein paar Kilometer hinter Wansen ganz nah am Ufer der Ohle, gleich unterhalb der Brücke, auf der Ansgar und ich gestanden und geschaut haben, wie das Flüsschen dahinzieht nach Breslau, von wo wir gerade gekommen waren. Vielleicht hat er sich da wieder hingestellt, nachdem er mich nach Hause gebracht hat. Er hat es nicht mit seiner Wehrmachtspistole getan, die lag im Auto, und ein paar Briefe, auch einer an mich. Lieber gehe er in den Freitod, hat er geschrieben, lieber das als zurück in den Krieg. Davonlaufen wäre keine Lösung für ihn, das wäre eine Schande, aber der Freitod, das sei für einen wie ihn eine ehrenvolle Sache. Herrgott, als ob irgendein Sterben ehrenvoll sein könnte. Die Männer sollen aufhören, uns das weiszumachen. Aus Köln habe ich auch schon solche Geschichten gehört, von Tante Traudl, dass die Männer sich lieber das Leben nehmen, als wieder zurückzumüs-

12 **Veedel:** (kölsch) (Stadt-)Viertel

sen, wenn der Heimaturlaub zu Ende geht. Glauben konnte ich es nicht.

Gar nichts gemerkt habe ich an unserem schönen Abend. Nicht dass es so schlimm war. Nur ab und zu hat er so traurig geschaut, aber das tun wir doch alle schon einmal in diesen Zeiten. Jetzt wird mir klar: Mit mir wollte er seine letzten Stunden verbringen, er wusste es, weil er alles schon aufgeschrieben hatte. Ein Kettchen aus Gold mit einem goldenen Kleeblatt, vierblättrig, das hatte er dazugelegt und geschrieben, dass es mich beschützen soll. Was muss er einsam gewesen sein, wir kannten uns doch gar nicht gut. Ich kann hier nicht mehr bleiben. Nie mehr will ich diesen Fluss sehen, nie wieder.

Rosi

Lene – Köln, 12. Oktober 1942

Liebstes Röschen,
deine Briefe vom 4. und 6. brachte mir die Jolante Kallig (sie ist vertrauenswürdig, keine Angst) beide heute. Mir sind die Tränen geflossen, als ich sie gelesen hatte. Im ersten war alles noch so schön und dann dieser Schrecken. Das lässt einen an allem und jedem in der Welt zweifeln. Das ist schlimmer als alles andere, und ich frage mich, wie selbstsüchtig kann ein Mensch denn sein, dir das anzutun? Ja, ich bin böse auf diesen dummen blaublütigen Kerl, böse und wütend, und ich würde es ihm gerne noch hinterherschicken. Man soll nichts Schlechtes über die Toten sagen, das will ich auch nicht. Sicher war seine Verzweiflung ganz schrecklich groß, aus den Briefen vom Franz lese ich es auch

immer wieder, natürlich oft nur zwischen den Zeilen. Er versucht, so gut es geht, alles nicht *so* schlimm klingen zu lassen, gelingen tut es ihm nicht.

Lass es dir gesagt sein: Dich trifft keine Schuld, nicht die geringste. Auch der Ansgar, sosehr ich ihn dafür noch prügeln möchte, auch er trägt keine Schuld, fast muss man ihm dankbar sein, dass er den Mut besitzt, ein Zeichen gegen die Sinnlosigkeit des Krieges zu setzen. Trotzdem durfte er das nicht dir, meinem Röschen, antun, das durfte er nicht, dafür wird er gestraft werden, von Gott oder von wem auch immer, der da drüben das Sagen hat.

Röschen, vergiss nie, dass wir zwei kölsche Mädchen sind. Wir halten etwas aus! Mach dir keine Vorwürfe. Einen, der nicht mehr auf der Erde bleiben will, den rettest du auch nicht durch gutes Zureden. Er hatte alles geplant und du musst es genau umgekehrt ansehen: Seine letzten Stunden hätte er nicht schöner verbringen können als mit dir. Stell dir vor, wie viele jetzt sterben und nicht mehr die schönen Dinge tun können, viele, die gar keine Wahl haben, weil die Bomben oder eine Kugel vom Russen sie plötzlich aus allem hinausreißen, aus Streit und Liebe und Leid, ohne dass sie ihre Dinge noch in Ordnung bringen können. Dein junger Baron hat es also sehr gut gehabt, vielleicht ist das sogar sein gutes Recht, auch wenn er dich so arg in Tränen gestürzt hat.

Kopf hoch, meine gute alte Freundin, Kopf hoch, mehr kann man nicht sagen. Ich fühle es jeden Tag tiefer, wie wichtig es ist, dass wir einander stützen und halten. Ob es nun unser Geliebter ist oder die beste Freundin oder der Bruder, nur wenn wir alle zueinanderhalten, können wir all das überstehen.

Am Vormittag habe ich noch mit meinem Erich am Telefon gesprochen und war vor Freude ganz und gar doll, weil er am kommenden Wochenende für zwei ganze Tage nach Köln fahren darf. Ein paar Stunden später hat man schon wieder die Tränen in den Augen, wenn man solche Geschichten hört und liest wie die deinige.

Wie gerne würde ich dich jetzt in die Arme schließen und dir ein paar dicke Kartoffelpuffer in ordentlich viel Fett ausbraten, mit einem dicken Klecks Apfelmus darauf. Opas Garten gibt gerade so einiges her, das ist das Gute am Herbst. Ein Teller voll Reibekuchen nach Oma Stinas Rezept, das vertreibt jeden Schmerz. Pack dein Köfferchen, und wenn die Emmi wieder bei dir haltmacht, dann verstecke dich auf ihrer Ladefläche. Auf nach Kölle, hier wartet dein Lenchen und es nimmt dich dann fest in den Arm und lässt dich nie mehr los.

Deine Lene

Rosi – Strehlen, 18. Oktober 1942 (Postkarte)

Liebes Lenchen, du bist ein Schatz, deine Worte haben mir so gutgetan, aber es fällt mir so schwer, den Kopf oben zu halten. Es ist doch etwas anderes, wenn es einem so nah kommt, wie es mit Ansgar passiert ist. Wenn ich vor einem Briefbogen sitze, ist es plötzlich ganz leer in mir. Deshalb sei weiter gut mit mir, auch wenn es nur ein kurzer Kartengruß ist.

Dein Röschen

Lene – Köln, 19. Oktober 1942

Mein lieber Franz,
was habe ich für einen Schreck bekommen, weil am Freitag ein Brief an dich zurückgekommen ist – unzustellbar! Ich muss gestehen, dass ich gleich die Hönninger und auch Mutti in der Kur verrückt gemacht habe mit zwei Telegrammen, nur die Rosi nicht, die hat es im Moment schwer genug. Sie haben mich beruhigt, weil sie Post von dir hatten.

Es ist ein bisschen ruhiger geworden. Vergangene Woche sah es noch einmal böse aus. Der Rundfunk ist schon früh ausgefallen, da wussten wir, bevor die erste Sirene heulte, dass etwas im Anflug ist. Alle sind in die Keller und Bunker, das Schlimmste haben wir erwartet, getroffen hat es dann aber hauptsächlich fast alles um Köln herum. Troisdorf, Wesseling, Bonn. Ein Grauen! Das sagen alle. So wie für uns im Mai.

Unser Luftschutzwart sagt, sie flogen unverschämt tief und genau auf diese kleinen Ziele, nach einer neuen Methode. Vorher haben sie die oft nur zufällig getroffen, weil sie sich verirrt hatten. Angst macht mir, dass die Flak nur hier und da geschossen hat. Es war doch eine riesige Menge am Himmel. Kann unsere Flak nicht mehr? Haben sie die woandershin gebracht? Ein bisschen ist auch hier eingeschlagen. Die Kinderscharlach-Baracke hat es getroffen, glücklicherweise gab es nur Leichtverletzte, vom Lindenthalgürtel bis zur Aachener Straße sind wieder einmal alle Scheiben hinüber. Ich kann mir vom Waggon in der Straßenbahn aus ja alles wunderbar anschauen, auch wenn es außerhalb von Nippes ist.

Am Wochenende habe ich einen schönen Ausflug in die Eifel gemacht und dabei auch unsere kleinen Mäuse bei Onkel Oswald besucht. Wie zwei kleine Maden im Speck fressen sich unsere Schwesterchen dort dick, das ist eine wahre Wonne. Wenn man es so betrachtet, konnte ihnen nichts Besseres passieren. Rund und rosig sind die Backen, aber froh? Nein, froh sehen sie nicht aus, und die Kleine macht wieder ins Bett, was ihr immer ganz schrecklich peinlich ist.

Onkel Oswalds neue Frau stöhnt furchtbar darüber, dabei hat sie eine Haushälterin, die eigentlich die ganze Arbeit macht. Isolde heißt sie, aber die Mädchen nennen sie Isi. Sie ist eine herzensgute Frau, tut alles, hat aber traurig dagestanden, als die Kleinen mich so überfallen haben mit allem Gekreisch und Lene hier und Lene dort.

Onkel Oswald spaziert stolz in seiner SA-Uniform herum. Seinen fetten Wanst, den verdankt er nicht zuletzt (nein, zuallererst!) seinen besten Beziehungen zur Partei. Ich will gerecht sein: Natürlich verdanken auch die Mäuse ihre Speckbacken dieser Tatsache.

Was müsst ihr doch dort alles ertragen, um uns den Lebensraum zu beschaffen, den wir alle brauchen. Ein heroischer Kampf ist es, das musst du wissen, so hören wir es jeden Tag im Rundfunk. Und jeder einzelne Mann, der ihn kämpft, ist auch heroisch. Ein Held bist du, damit du es weißt. Darauf sollst du dir aber nichts einbilden, großer Bruder, hörst du?! Sei mir nicht allzu heroisch, lass auch den anderen ein bisschen übrig vom Heldentum.

Ich würde dir gerne Dinge schreiben, die dich wirklich und wahrhaftig aufheitern und dir das Herz erwärmen, aber es gibt nicht allzu viel davon.

Weihnachten ist nicht mehr weit und wir wollen dich hier bei uns unterm Baum sehen, nicht irgendwo in der Kälte im Osten. Sollten jedoch alle Stricke reißen, schick ich dir mit dieser Post gleich ein hübsches Päckchen, fast alles ist von Onkel Oswald: Speck, Fleischwurst, Puddingpulver mit Vanille- und Schokogeschmack, das gute von Dr. Oetker!! Und Zigaretten, auch wenn du das Rauchen aufgegeben hast. Vielleicht kannst du einem Kameraden eine Freude machen. Wir wissen doch: So etwas erhält die Freundschaft, und was könnte dieser Tage wichtiger sein. Oder du kannst etwas dagegen eintauschen.

Auf keinen Fall eintauschen darfst du den wunderbaren Eischwerkuchen, den die gute Frau Isolde dir gebacken hat. Aus fünf Eiern, ein ordentlicher Brocken ist es geworden, und zwar nicht mit Margarine, sondern mit echter guter Butter. Falls euer Koch ihn nachbacken will: Die Eier wiegen und alles nach dem Gewicht der Eier dazu. Zucker, Butter, Mehl und zum Schluss Nüsse und Rosinen.

Jetzt versprich mir, dass du in diesem Stalingrad sehr gut auf dich aufpasst. Alles, was wir in den Wehrmachtberichten lesen, hört sich danach an, dass man auf sich aufpassen muss.

Die herzlichsten Grüße sendet dir
deine Lene

Lene – Köln, 20. Oktober 1942

Mein lieber, lieber Erich, nun bist du gerade einen Tag weg, und überall in mir pocht schon wieder die allergrößte Sehnsucht so sehr, dass ich kaum denken kann und den Leuten dauernd den falschen Fahrpreis abknöpfe. Es war ein so schöner Ausflug zu deinen »Schwägerinnen«, ich werde die Erinnerung an den Tag noch lange, lange im Herzen tragen. Briefmarkengruß L.

Lene – Köln, 24. Oktober 1942

Meine liebe, gute Rosi,
über jede kleine Zeile von dir freue ich mich, ob es ein Kärtchen, ein ganzer Roman (dafür bin ich ja eher zuständig) oder nur ein »Pieps!« ist. Und wenn es nicht geht, dann geht es eben nicht.

Am vergangenen Wochenende war doch tatsächlich der Erich in Köln, freitags spät in der Nacht ist er angekommen und hat beim Wutz geschlafen. Am Samstag stand er in aller Herrgottsfrühe vor der Tür, da konnten wir sofort aufbrechen und in die Eifel fahren, nach Nettersheim, um meine kleinen Schwestern zu besuchen. Das musste sein, auch wenn ich am liebsten das ganze Wochenende nur mit Erich alleine irgendwo gesessen und ihn verliebt angeguckt hätte. Man wird ein dummes und kopfloses Huhn, wenn im Bauch und im Herzen alles drunter und drüber geht. Die kleinen Mäuse haben sich jedenfalls doll gefreut, wir haben herumgetobt und mit der Haushälterin von Onkel Oswald einen Kuchen gebacken und sind abends mit Leckereien bepackt wieder nach Köln gefahren.

Weißt du, was das schönste Gefühl an allem war? Als wir losgefahren sind und ich mich entschuldigt habe, weil ich den Kleinen den Besuch schon versprochen hatte, bevor ich wusste, dass er kommt, da hat er gesagt: »So gehört es sich doch, Familie geht vor, und mit den kleinen Schwägerinnen sollte man sich gut stellen.« Dabei grinst er breit und kriegt rote Wangen und klingt so unvorstellbar sicher, dass wir einmal eine Familie werden.

So weit sind wir noch nicht, habe ich trotzdem geantwortet. Schwägerinnen! Die Edith und die Toni, diese kleinen Mäuse. Doch wenn ich ehrlich bin, wünsche ich mir genau das. Ich will dir gar nicht vorschwärmen, wir hatten einfach einen unbeschwerten Tag, auch wenn er sich am Montag dann in aller Frühe wieder auf den Weg machen musste.

Vorher haben wir uns am Sonntag aber alle noch in der Gaststätte Miebach getroffen und es tatsächlich getan: unseren Klub gegründet. Fünfzehn sind wir an der Zahl, eine waschechte Satzung haben wir uns gegeben, natürlich erst nachdem wir endlos darüber geredet haben, was darin stehen soll und was nicht, aber davon erzähle ich dir lieber ein anderes Mal, wenn ich der Emmi wieder etwas mitgeben kann. Morgen am Sonntag gehen wir wieder auf kleine Fahrt, nur für einen Tag nach Altenberg soll es gehen. Ich freue mich schon darauf, mit den anderen ordentlich loszuwandern und die Klampfe zu schlagen und dazu aus vollem Halse zu singen »Wir lagen vor Madagaskar« und was uns sonst noch so aus dem Herzen quillt. ↗

Meine liebe Rosi, gehab dich wohl im fernen Schlesien, schreib, wann du willst, und sei es wieder nur ein Kärtchen.

Deine beste Freundin Lene

22 **Klampfe:** (ugs.) Gitarre

Lene – Köln, 3. November 1942

Liebe Rosi,
wie geht es dir? Hast du den furchtbaren Schmerz nun wenigstens ein kleines bisschen verwunden, den dieser Baron dir angetan hat? Du musst es hinter dir lassen, ganz schnell, denn wir haben alle keine Zeit, uns an diese Schrecken zu klammern. Vorwärtsschauen, nur noch vorwärts, das ist es, was wir sollten, nein: müssen!

Mir lastet einiges auf der Seele, aber ich kann es dir erst jetzt schicken, wo sich die Emmi wieder auf den Weg nach Osten macht. Ich habe dir ja geschrieben, dass wir unseren Klub gegründet haben, ja, fast so etwas wie einen Verein. Den Klub der Edelweißpiraten. Der Erich hat oft geschimpft, dass sie uns so nennen: Piraten! So bezeichnen uns die von der Gestapo nur, weil sie Kriminelle aus uns machen wollen, hat er gesagt. Aber nun wollen wir uns doch so nennen und stolz darauf sein. Natürlich nur im Geheimen, aber immerhin. Und dass wir es geheim halten müssen, das steht fest, das weißt du ja am besten. Ein paar von den Jungen ist das wohl irgendwie zu Kopf gestiegen. Sie haben prompt ein Weinlager geplündert und sich ihre Beute gleich hinter die Binde gegossen. Das ist gar nicht gut, weil mit so etwas auf dem Kerbholz dürfen wir uns nicht beschweren, wenn sie uns als Verbrecher verschimpfen.

In unserem Klub wollen wir für ganz andere Dinge eintreten, schon bald, wenn es nach Rotze und dem Aap geht. Es gibt die wildesten Pläne, ein paar haben sogar schwadroniert, sie wüssten, wie sie an Sprengstoff kämen, im Munitionslager am Neusser Wall im alten Fort X, das wäre eine

Leichtigkeit. Einen richtigen Lageplan hatten sie auf einen Zettel gekritzelt. Wir sind aber gegen so etwas, ganz streng, das haben alle im Klub geschworen.

Ich weiß nicht, ob wir mit all dem schon viel zu weit gegangen sind, weil sich dann prompt etwas sehr Dummes zugetragen hat. Ich traue mich gar nicht, es dir zu schreiben. Was wirst du wieder mit mir schimpfen!

Am Wochenende sind wir sonntags Richtung Altenberg aufgebrochen, die Fritzi war dabei und unsere Jungs aus Nippes, der Aap auch und natürlich Rotze, den ich jetzt immer im Auge habe, weil Erich mich vor ihm gewarnt hat. Ein paar Jungen aus Bickendorf, Kalk und Longerich waren auch noch mit dabei.

Ich will es dir nicht zu genau beschreiben, sonst wird die Schimpfe noch schlimmer, aber in einem kannst du dir ganz sicher sein: Wir waren die Bravsten von der ganzen Welt. Gesungen haben wir und marschiert sind wir (natürlich nicht im Gleichschritt, das mag sein). Ich gebe ja zu, dass man uns von Weitem an unserer Kluft erkennt, all die Jungen in Lederhosen und mit den Gitarren im Anschlag, und laut sind wir auch, und dann ist es passiert: Ein Trupp von Hitlerjungen hat uns aufgegriffen. Ich bin sicher, dass sie auf der Suche nach uns waren, ein Zufall konnte das nicht sein, ganz bestimmt nicht.

Die Papiere wollten sie sehen, der Atze, der Hoppel und der Wutz und ein paar Jungs aus Kalk standen sofort stramm, die Fäuste geballt, und eins der Mädchen hielt den Ast von einer Fichte, den sie als Wanderstock benutzt hat, fest in der Hand. Alle waren bereit.

Es waren viele, so viele, dass sie ganz bestimmt nicht zufällig da herumliefen, und die Stelle war auch gut ausgesucht. Der Rotze hat alle beschwichtigt, worauf der Anführer von den anderen gemeint hat, dass der Rotze wohl *unser* Anführer sei. »Den haben wir nicht«, ruft der Wutz darauf. »Einen Anführer brauchen wir nicht«, fügt Hoppel hinzu, und ich konnte den Mund nicht halten und hab gemeint, dass wir einfach nur lustige Wandersleute sind und sie uns aus dem Weg gehen sollen. Da hättest du mal die Gesichter sehen sollen. Die von den anderen sowieso, aber auch unsere Leute haben ziemlich aus der Wäsche geguckt, weil ich mich eingemischt habe. »Was hast du denn hier zu sagen«, hat einer von den anderen gerufen, und der Hoppel, dieser kleine Furz, sagt doch auf der Stelle: »Genau!«

Plötzlich ist dann doch ein Knüppel geflogen, ob von uns oder von denen, das wusste nachher keiner mehr, weil blitzschnell alle ineinander verkeilt waren und sich ordentlich geprügelt haben. So eine Keilerei hat es schon lange nicht mehr gegeben, wir gehen dem Streifendienst doch in der letzten Zeit lieber aus dem Weg. Wir hätten es auch an diesem Tag besser getan, weil sie einfach viel mehr als wir waren und dann auch noch Verstärkung kam. Am Ende haben die vom Streifendienst dann leider, leider Oberwasser bekommen. Sie haben uns alle aufgeschrieben! Und nun, Rosi, halt die Luft an. Was meinst du, wen ich dann entdeckt habe? Ganz hinten in der letzten Reihe von denen versucht sich die ganze Zeit einer zu verdrücken, der zieht sich die Uniformmütze tief und tiefer ins Gesicht und sucht den Waldweg mit noch tiefer gebeugtem Kopf nach irgendwas ab. Erst habe ich ihn gar nicht beachtet, weil ich mit denen ganz vorne viel zu viel zu tun hatte, aber dann habe ich ihn erkannt: Kalli. Mein eigener Bruder! Ich dachte, ich sehe nicht recht! Aber wenn ich es im Nachhinein betrachte, wundert es mich gar nicht mehr. Er ist immer allzu gerne dabei, wenn es drum geht zu zeigen, wie der Hase läuft.

Nach meinem ersten Schreck habe ich überlegt, ob ich nicht dreist »Hallo, Brüderchen!« rufen soll. Na, der hätte Augen gemacht! Ich habe es dann doch gelassen, weil ich nicht wusste, für wen das schlimmer ist – für ihn oder für mich.

Es blieb uns nichts übrig, die haben von allen den Namen und die Adressen notiert. Dass all das bei den Mönchen landet, daran zweifle ich keine Sekunde. Jetzt muss ich mir fast schon wünschen, dass der Tommy dort bald einen ordentlichen Treffer erzielt.

Die Sache mit Kalli ist ein dickes Ding. Am nächsten Tag stand er in aller Herrgottsfrühe vor der Tür, bevor ich zur Arbeit gehen konnte. Woher er wusste, dass ich jetzt bei der Straßenbahn bin und schon so früh losgehe, das weiß ich nicht und das macht mir erst recht Angst. Lässt der mich bespitzeln? Ich sehe ihn ja kaum noch, seit er bei den Plötzschs wohnt. Dass er jetzt beim Streifendienst mitmacht, ist schlimm genug. Nicht mehr lange, dann finden wir ihn im EL-DE-Haus wieder – nicht in den Zellen unten im Keller, sondern oben hinter einem der Schreibtische. Es ist eine böse Sache, dass sie unsere Namen aufgeschrieben haben. Es wäre besser gewesen, wenn wir uns alle ganz am Anfang schnell in die Wälder geschlagen hätten, das habe ich mir nachher gedacht. Nun, nachher ist man immer schlauer.

Am schlimmsten ist aber, dass sehr wahrscheinlich in unseren Reihen einer ist, der uns verraten hat und es vielleicht auch immer weiter tut.

Ich hab dir ja schon geschrieben, wie viele wir inzwischen sind, und es werden immer mehr, hier am Leipziger

Platz, aber auch im Volksgarten – und drüben auf der anderen Rheinseite sieht es nicht anders aus. Das wurmt die bei der HJ sehr, denn wir sind unübersehbar, an unserer Kluft erkennst du uns schon von weit her. Unsere Gitarren, die sind wie Schlagstöcke für sie. Nicht weil wir damit prügeln, sondern weil jeder erkennt: Hier wird eine andere Melodie gespielt. Für die HJ sind wir ein rotes Tuch. Das bringt den Stier auf der anderen Seite ordentlich in Wallung. Dabei wollen die allermeisten von uns gar nichts anderes als einfach ein bisschen Freiheit und frische Luft schnuppern.

Weil wir so viele sind, müssen wir nun richtig aufpassen. Da mischt sich schnell einer darunter, mit dem der Ortsgruppenleiter ein Schwätzchen hält oder der auch bei der SA die Bierflasche klingen lässt.

Du kannst dir vorstellen, wie Fritzi und alle, die unsere Familie kennen, geguckt haben. Den Kalli haben viele natürlich erkannt! Angeschaut haben sie mich, als hätte ich etwas damit zu tun. Gott sei Dank ist Fritzi mir zur Hilfe gekommen, hat ihnen erzählt, was für einer der Kalli ist und dass er und ich schon lange über Kreuz miteinander liegen. Trotzdem habe ich den Eindruck, dass mich seitdem manch einer misstrauisch beäugt. Und ich ertappe mich auch dabei, meine Kameraden genauer zu beobachten. Es ist furchtbar! Die aus dem Ruhrgebiet und aus Wuppertal und Düsseldorf sind schon öfter zur »Beichte« geladen worden, da wirst du irgendwann mürbe, auch wenn sie dir nicht auf die Finger hauen. Daran erinnere ich mich nur allzu gut. Aber was soll es, unsere Namen haben sie ja jetzt sowieso. Ich habe mich gar nicht getraut, dem Erich gestern bei unserem Montagstelefonat davon zu erzählen, er würde sicher böse mit mir schimpfen und dann wärt ihr schon zu zweit.

Denn deine Worte höre ich schon: »Vorsicht, Lenchen! Pass auf dich auf!« Auch wenn du natürlich recht hast, muss ich dir doch eines sagen: Wenn wir unsere Brüder und Männer und Liebsten wiederhaben wollen und sie nicht durch eine verdammte Kugel aus der eigenen Pistole oder aus der vom Russen oder Engländer oder vom Amerikaner oder wem auch immer verlieren wollen, dann müssen wir auf uns aufpassen, aber wir müssen auch mutig sein, Rosi!

Ja, das müssen wir, damit nicht mehr so ein schreckliches Unglück wie mit deinem Baron passiert. Wir dürfen die Verzweiflung nicht gegen uns selbst richten, das steht aber fest! Gar nicht zu reden von dem, was im Osten passiert.

Von unserem Franz habe ich so wenig gehört. Wahrscheinlich liegt es wie immer an der Post, aber sag mir doch, von wann deine letzte Nachricht von ihm ist und was er geschrieben hat! Sie sind jetzt in Stalingrad, mitten in dieser Stadt und müssen schlimm kämpfen. Wie durch ein Wunder ist er immer noch ohne eine schwere Verletzung geblieben, dafür müssen wir alle dankbar sein. Oma Stina zündet jede Woche eine Kerze bei der heiligen Maria an, vielleicht hilft es. Wir sollten alle wieder lernen, wie man betet. Gleich packe ich ihm noch ein Päckchen, er hat doch an Mariä Empfängnis Geburtstag (am 8. Dezember, denke daran und schreibe ihm unbedingt!!). Ich schicke es lieber sehr rechtzeitig ab, damit er es auch wirklich am 8. in den Händen hält. Für Weihnachten mache ich es genauso, auch wenn ich die Hoffnung nicht aufgeben will, dass wir hier in Nippes zusammen »Stille Nacht« singen.

Dein Lenchen, das dich feste drückt!!

Rosi – Strehlen, 9. November 1942

Liebe Lene,
was soll ich nur sagen? Bei dir sind Hopfen und Malz verloren, es ist dir nicht mehr zu helfen, mehr will ich nicht sagen. Du bist ein hoffnungsloser Fall, und wir können nur beten, dass du entweder bald zur Besinnung kommst oder einfach alle zu sehr beschäftigt sind, als euch Wandervögeln hinterherzuspionieren.

Du fragst, ob ich es verwunden hätte, was »dieser Baron« mir angetan hätte? Das klingt mir sehr hart und ganz so, als trüge Ansgar die Verantwortung für die Dinge, die passiert sind. Das glaube ich jedoch nicht mehr und bin – da wirst du nun erstaunt sein – mehr und mehr deiner Meinung, was die Verhältnisse angeht. Nur glaube ich, dass wir nicht viel daran ändern werden. Ich habe mich in die Arbeit gestürzt und gebüffelt, denn im nächsten Frühling kann ich vielleicht schon mit den Prüfungen beginnen. Frau Schlotzke meint, dass ich einen Antrag auf eine Verkürzung der Lehrzeit stellen könnte, so seien die Zeiten, da dürfe man sich nicht allzu lange damit aufhalten, als Lehrmädchen den Laden auszufegen. Wenn ich nicht im Laden gestanden habe oder über den Büchern gesessen, habe ich an dem gearbeitet, was du in dem Päckchen findest. Eigentlich solltest du es erst zu Weihnachten bekommen, aber dann habe ich mir gedacht, dass es dich schon vorher wärmen soll, bevor der Winter kalt und tief sein wird. Erst gestern habe ich, während im Radio die Rede des Führers im Münchner Löwenbräukeller zu hören war, die letzten Quasten befestigt. Es ist aus ganz neuer Wolle gestrickt.

Du wirst es gar nicht gerne hören, das weiß ich, aber wie

28 **Quasten:** Büschel von zusammengefassten Fäden, die der Verzierung dienen

der Führer da geredet hat, habe ich mir gedacht, dass uns nur noch hilft, wenn wir daran glauben, was er uns sagt. Nicht nur glauben, nein, wünschen müssen wir es uns. In Stalingrad sind es nur noch ein paar kleine Plätzchen, die uns nicht gehören, das waren seine Worte und das *müssen* wir glauben. Ich will es auch glauben, denn das heißt, dass es nicht mehr lange dauern kann. Dann kommt unser Franz und alles wird wieder wie vor dem Krieg. Viel Post habe ich von ihm auch nicht mehr bekommen, aber er wird bald wieder mit dir und deiner Mutti und uns allen in Köln im Karneval schunkeln oder lieber zuerst die Kerzen am Weihnachtsbaum anzünden.

So wollen wir es glauben, verstehst du mich, Lene?

Oder vielleicht ist es noch besser, wenn du hierher zu mir kommst. Steig auf Emmis Lastwagen und komm. Ich habe das ungute Gefühl, dass es in Köln nicht mehr lange sicher für dich ist. Tante Traudl hat mir geschrieben, dass eure »Mönche« wieder sehr aktiv sind und viele mit allen Mitteln zum wahren Glauben bekehren wollen. Du weißt, dass manch einer auf Lebenszeit ins Kloster geht und ihm dort auch das Lebenslicht ausgepustet werden kann. Höre auf deine beste Freundin, willst du das tun?

Deine Rosi

Franz – im Osten, 11. November 1942

Meine liebe Schwester,
jetzt höre ich schon seit vier Wochen nichts und gar nichts mehr aus der Heimat, was nur daran liegen kann, dass die Briefe nicht mehr bis in diese Hölle auf Erden weiterge-

bracht werden, wo doch jeder Flug von unseren tapferen Kameraden der Luftwaffe den Einsatz ihres Lebens fordert. Etwas anderes als Bunker und Erdlöcher haben wir nicht mehr. Alle wünschen sich zurück in die verlausten Quartiere in den Bauernhütten, auf die wir noch vor ein paar Wochen geschimpft haben. Vor Ungeziefer und Dreck zu starren, das spürst du kaum noch. Sämtliche Empfindungen in uns sind erstarrt. Fühlen darfst du nichts mehr, sonst reißt es dir das Herz und die Seele aus dem Leib.

Wir rücken immer noch Haus um Haus vor, manches Mal auch Stockwerk um Stockwerk. Um ein großes Getreidesilo wird wie verrückt gekämpft, du glaubst es nicht, aber das hohe Gebäude wird von allen Seiten beschossen, von Russen und von uns, es ist gleich mehrfach besetzt. Je nachdem in welchem Stockwerk du landest, schaust du in den Lauf eines Maschinengewehrs der Sowjets oder einer unserer Männer wirft dir eine Handgranate in die Arme.

Wenn es so weitergeht, werden wir von der Roten Armee hier eingeschlossen, das befürchten alle, und einige sagen, dass es schon so weit ist, wir es aber noch nicht gemerkt haben. Dann wird alles noch schwieriger, mit der Feldpost sowieso, alles geht dann nur noch durch die Luft. Versorgung, Verletzte ausfliegen, alles. Wenn es überhaupt noch ein Entrinnen gibt.

Angst hat hier längst niemand mehr, die Wünsche werden ganz klein und unerfüllbar: einen Schluck kühle frische Milch, eine Unterhose, für die du dich nicht schämst, oder einfach nur ein paar Minuten Ruhe. Kein Donnern, keine Schüsse, keine Schreie von Männern, denen du nicht mehr helfen kannst, wenn es unsere sind, oder nicht helfen darfst, wenn's ein Roter ist. Und es trifft viele. Wenn wir jedes Haus so erobern sollen, ach, daran will ich gar nicht denken.

Uns geht der Nachschub aus, schon lange, aber der Russe, der kennt sich in diesem Gelände aus, und wo einer verreckt, da wachsen zwei neue aus der Erde, so scheint es einem.

Aus Hönningen habe ich auch schon so lange nichts mehr gehört, das macht mir Sorgen. Die letzte Post war dein Päckchen mit den Unterhosen vom alten Freudenberger, und stell dir vor: Mutti hat aus Bansin geschrieben. Mir war gar nicht klar, dass sie auf Usedom ist, wie schön, es hat mich so gefreut, weil wir dort doch unseren letzten Urlaub vor dem Krieg verbracht haben, mit Papa und allen. Sie steht oft auf der Seebrücke in Heringsdorf, schreibt sie, und zum Tanztee im Swinemünder Kurhaus war sie auch. Das ist gut, sie soll bleiben, solange es eben geht. Von meinem Sold schicke ich dir, ich brauche ihn hier nun wirklich nicht mehr. Mutti schreibt, dass du jetzt bei der Straßenbahn die Billetts abknipst, das hört sich doch nach einer guten Tätigkeit an. Natürlich drängt sie mich, dass ich dir schreiben soll, dass du wieder nach einer Lehrstelle Ausschau hältst. Man soll immer selbst seinen Mann stehen können, auch als Frau, das sehen wir gerade nur zu gut. Aber du weißt das selbst und entscheidest für dich. Das habe ich ihr geschrieben.

Im Moment haben wir alle andere Sorgen, denke ich. Immer wenn ich in meinen Gedanken bei euch bin, in Köln, mit dem Blick auf den Dom oder mit den Füßen im Rhein oder beim Schunkeln im Karneval mit der Pappnas im Gesicht, dann wächst in mir die Zuversicht. Die will und werde ich nicht verlieren. Wir haben es schwer hier, das kann keiner mehr verleugnen, aber ich habe den festen Willen, mich nicht unterkriegen zu lassen. Solange Oma Stina

Socken für mich strickt und ihre Gebete in Sankt Marien zu unserem Herrgott schickt, kann mir nichts passieren. Ein bisschen helfen würde ein großer Topf von Opas Honig. Was machen die Ossendorfer Bienen? Haben sie sich beruhigt und ordentlich für uns gesummt und gebrummt? Wenn es nicht viel gibt, dann behaltet es bloß. Bevor ich es vergesse: Mir geht auch das Briefpapier aus, kannst du mir welches schicken? Umschläge sind es auch nicht mehr viele, ein paar habe ich noch von einem Kameraden, den es erwischt hat, aber sie haben Blutflecken, die kann ich nicht nehmen. Bald gibt es hier nichts mehr, das keine Blutflecken hat.

Verzeih mir meine düsteren Gedanken, Lenchen. Ich wünsche mir so sehr, wieder Licht zu sehen und das Lachen von unseren kleinen Mäusen zu hören. Die Gedanken an dich und Edith und Toni sind oft das Einzige, was mich vor der Verzweiflung bewahrt. Der Herrgott im Himmel sei gnädig mit uns und mache dem hier ein Ende.

Dein Bruder Franz

Lene – Köln, 13. November 1942

Mein Röschen,
ich habe dein Päckchen und deinen Brief erhalten. Die Tränen sind mir gekommen aus Freude und auch aus Gram, weil ich mir nicht so recht erklären kann, was du mir dazu geschrieben hast, über das, was du am Radio gehört hast. Ich habe es auch gehört, weil die Freudenbergers ganz gebannt am Volksempfänger gehockt haben. Sie haben doch Anfang der Zwanzigerjahre in München gewohnt und den

Putsch von Hitler miterlebt. Putsch*versuch*, muss man ja sagen, es ist damals ja noch kläglich gescheitert. Dass man daraus geschlagene 19 Jahre später immer noch einen Gedenktag macht, wundert einen doch, oder?

Nun gut, ich musste dann beim Lesen deiner Zeilen auch lächeln, weil du so schön unsere geheimnisvollen Worte benutzt hast.

Ich kann gar nicht verstehen, dass du es alles für bare Münze nimmst, was du da gehört hast in der Rede. Oder nehmen willst? Ich will es jetzt gar nicht weiter breittreten, aber du weißt doch selbst, dass das alles nicht stimmen kann. Am selben Tag hat es sich in Afrika gegen uns gewendet, und auch wenn wir uns nun den Rest von Frankreich genommen haben, muss man doch nur die Augen öffnen.

Einmal gut durchrütteln würde ich dich am liebsten, aber besser ist es, ich sage dir einfach nur danke, danke, danke! Tausend Mal danke sage ich dir für dieses wunderbare Geschenk. Was bist du für ein gutes und liebes Wesen, dir eine solche Mühe zu machen. Du hast doch bestimmt Wochen dafür gebraucht?!

Ein Berchtesgadener Jäckchen, aus *neuer* Wolle gestrickt, die nicht vorher eine kratzige Unterhose oder ein verfilzter Pullover gewesen ist, so etwas ist hier natürlich schwer zu bekommen. Es passt mir wunderbar, und es betont bestens die Figur, die zwar nicht die von einem Filmstar ist, sich aber durchaus sehen lassen kann.

Du hast dir so große Mühe gegeben mit den Kleinigkeiten, die Mausezähnchen am Kragen und dann die Quasten an den Kordeln sind dir so gut gelungen, ich könnte das nicht mit meinen zwei linken Händen mit je fünf Wurstfingern dran.

28 **Mausezähnchen:** Kantenform von Strick- oder Häkelarbeiten mit kleinen Zacken

Der freche Flocki ist gleich an mir hochgesprungen und hat versucht, einen von den Troddeln zu erwischen. Den Pantoffel hat er darauf zu spüren bekommen, das kann ich dir sagen.

Sei ganz gewiss: Ich werde es in Ehren halten. Vielleicht trage ich es auch nur sonntags und auf Fahrt natürlich. Und es saust mit mir immer in den Keller, wenn es wieder jault und brummt und donnert am Himmel. Der November ist bisher ganz und gar ruhig, kaum einmal Alarm, man mag es gar nicht glauben.

Um den Erich mache ich mir gerade Sorgen. Am Montag konnte ich nicht mit ihm telefonieren, weil sich am Fernsprecher in der Schreibstube plötzlich eine andere Stimme meldete, und das war keiner aus dem Lehrgang, alt und schneidend klang er, und er wollte unbedingt wissen, wer ich denn sei. Da habe ich ihm gesagt, dass ich mich verwählt hätte und ob da nicht das Sanitätshaus Bollinger sei und wann ich endlich meine Stützstrümpfe bekäme. Lache nicht, das war das Erste, was mir eingefallen ist, ich war noch nie eine gute Lügnerin. Wenigstens konnte er nicht sehen, wie mir die Ohren glühten. Nachher habe ich gedacht, dass ich einfach hätte sagen sollen: »Helene Meister hier, ich würde gerne meinen liebsten Schatz sprechen.« Aus und gut! Aber wer weiß, wie peinlich meinem Esel das gewesen wäre.

Es ist manchmal gar nicht leicht, bei Laune zu bleiben, wo doch die dunklen Monate mir sowieso zu schaffen machen. Deine Lene ist ein Kind der Sonne, braucht ihren Schein am liebsten rund um die Uhr. Seit einer Woche haben sie leider die Schichten bei der Straßenbahn verlängert. Bis ich die Fahrscheine abgerechnet habe, ist es jetzt dunkel

2 **Troddeln:** Büschel von zusammengefassten Fäden, die der Verzierung dienen

draußen – und im Dunkeln gehe ich auch morgens los. – Nun komme ich doch wieder ins Schwatzen, die Emmi ruft schon, sie muss los, oder vielleicht geht ihr auch Frau Freudenberger auf die Nerven, mit der sie in der Küche eine Tasse Muckefuck trinkt, jedenfalls soll sie den Dank an dich auf jeden Fall noch mitnehmen.

Liebste Grüße sende ich dir, auch von Mutti aus der Kur, von der war heute etwas in der Post. Es geht ihr viel besser, sodass sie bald wieder hier in Köln sein kann. Auch von Oma Stina, die von deinem Jäckchen ganz hin und weg sein wird. Die Augen machen es bei ihr nicht mehr, mit dem Häkeln und Stricken ist es vorbei. Nun sitzt sie da und langweilt sich schrecklich, wogegen ich wenigstens alle paar Tage etwas tue. Dann lese ich ihr nämlich vor, und du wirst nicht glauben, was sie sich gewünscht hat! Jawoll, nun lese ich noch einmal die ganze Geschichte von Scarlett und Rhett und Ashley und ihrer Plantage. Sie schnieft und seufzt auf jeder zweiten Seite, aber sie hat doch Freude, und Opi sitzt daneben und schält Kartoffeln oder kocht Rote Bete ein, davon haben wir dieses Jahr für den ganzen Winter.

Also, jetzt endgültig, die liebsten Grüße und noch einmal tausend Dank!

Dein Lenchen

Lene – Köln, 22. November 1942

Lieber Bruder,
endlich haben wir wieder ein Lebenszeichen von dir! Das schrieb sich früher so leicht: ein Lebenszeichen! Man sagte es einfach so dahin, aber heute wiegen die Worte so viel

schwerer. Es ist bittere und ganz ernste Wahrheit. Für dich ist es vielleicht ein kleiner Trost, dass wir in Köln nun schon den ganzen November in Frieden und vor allem *in Ruhe* leben – an einer Hand konnte man die Luftalarme abzählen. Somit geht es allen gut, wir sind bei bester Laune, jeder trägt sein Päckchen. Von Mutti hast du ja gehört, den kleinen Mäusen geht es in Nettersheim sowieso gut, und unser Kalli – na, du kannst dir denken, dass er voll aufgeht in seinem Glauben an Führer, Volk und Vaterland. Wir brauchen wohl alle etwas, an das wir glauben können, fest und unerschütterlich. Manchmal wünsche ich mir, ich könnte das auch so ohne jeden Zweifel. Egal an was oder an wen. »Nun aber bleibt Glaube, Hoffnung, Liebe.« Erinnerst du dich daran? Das ist aus dem Korintherbrief, es ist Oma Stinas Lieblingsvers aus der Bibel. Weißt du noch, wie sie uns die kleinen Bilder mit den Engeln und den Sprüchen ins Gesangbuch gelegt hat? »Aber die Liebe ist die größte unter ihnen«, so heißt es dann weiter, das habe ich nicht vergessen, auch wenn ich schon seit Jahren nicht mehr in die Kirche gehe. Wenn uns Glaube und Hoffnung verloren gehen, hält uns doch die Liebe, mit der wir zueinanderstehen, über Wasser. Aber ich lasse mir auch die Hoffnung nicht nehmen. Vor allem darauf, dass du bald Urlaub bekommst und wir dich hier mit allem, was wir im Sommer eingekocht haben, aufpäppeln können. Und mit Opas Honig, es ist nicht viel dieses Jahr, aber beste Qualität. Ich schicke dir ein Glas und natürlich das Papier und zu allem Überfluss auch noch die Schokolade, von der ich nicht weiß, wo Oma Stina sie herhat. Also, ich weiß natürlich, dass sie von Brinkmeier am Wilhelmplatz stammt, aber wie Oma es geschafft hat, sie dem Kerl abzuschwatzen, das weiß ich nicht. »Man kennt sich, man hilft sich«, hat Oma nur gesagt, mit diesem Lächeln, das ihr ganzes Gesicht in die wunderbaren Runzeln wirft – der kölsche Klüngel eben.

Franzel, mein Franzelchen, pass auf dich auf und komm bald nach Hause.

Dein Schwesterchen Lene

Lene – Köln, 23. November 1942 (Postkarte)

Mein lieber Erich, ich werde ganz verrückt und tu kein Auge mehr zu, obwohl wir den ganzen Monat fast keinen Alarm hatten. Schon wieder haben wir heute nicht telefoniert, bist du wohlauf, ist etwas passiert?

Deine Lene

Erich – Tübingen, 30. November 1942

Liebstes Lenchen,
ich habe nicht viel Zeit, um dir zu schreiben, weil ich mich nur für ein paar Minuten von meiner Gruppe davonmachen konnte. Ich habe so getan, als müsste ich ganz dringend aufs Klo.

Du hast dich bestimmt gewundert, dass ich nicht mehr ans Telefon in unserer Schreibstube gegangen bin, und daraus wird wohl auch nichts mehr. Als ich am Montag zum Dienst antreten wollte, haben sie mich einfach weggeschickt, ein ganz sonderbares Gesicht haben sie gezogen, und nachher hat der Piff mir gesteckt, dass die Mönche im Haus gewesen sind und es wildes Gerede gegeben hat. Sie

3 **Klüngel:** Netzwerk, um sich gegenseitig zu helfen und Vorteile zu erlangen

haben auch die Schlafsäle unter die Lupe genommen, die Sachen von allen angesehen, aber kein sündhaftes Zeug gefunden. So dumm ist nicht einmal ein Esel, dass er ausgerechnet hier etwas herumliegen lässt. Aber die ganze Aktion macht mir kein gutes Gefühl, du kennst die Gründe. Es geht etwas vor. Weißt du etwas von den anderen? Ich habe gehört, dass bei euch etwas vorgefallen ist, in Altenberg, vom Wutz habe ich auf Umwegen eine Nachricht bekommen. Du warst auch dabei, nicht wahr? Ist bei dir alles in Ordnung?

Dein E.

Erich an Lene – Tübingen, 6. Dezember 1942
(Telegramm, aufgegeben von Peter »Piff« Rodewald)

War zwei Tage im Kloster und habe viel nachgedacht. Alle sollen beichten und für ihre Sünden büßen. E.

Lene – Köln, 8. Dezember 1942

Liebstes Röschen,
nur ein paar Zeilen, weil es mir gar nicht gut geht und ich auch nicht das schreiben kann, was ich will. Du hattest mit all deinen Befürchtungen recht. Ich habe einen schlimmen Tag erlebt, fast alle von unserem Klub haben sie geholt, aber ich hatte Glück, weil sie uns Mädchen einfach nur für liederliche Weiber halten, aber uns sonst nichts zutrauen. Mehr kann und darf ich nicht schreiben. Ich mache mir auch Sorgen, weil ich so lange nichts von dir gehört habe. Natürlich frage ich mich, ob du auch Besuch von gewissen Leuten

hattest. Vielleicht ist ja auch nicht alle Post ganz bis dahin gelangt, wo sie hinsollte. Ich werde verrückt vor Sorge um die anderen, um E. und um dich.

Deine Lene

Erich – Tübingen, 15. Dezember 1942

Meine liebste Lene,
jetzt überschlagen sich die Dinge, und ich weiß gar nicht, wie ich es dir erklären soll. Ich hoffe, du hast meine Nachricht bekommen und du weißt, was mir passiert ist. Alle fahren nach Hause, und der Piff hat versprochen, dir diese Zeilen zu bringen. Er muss sowieso über Köln, wenn er nach Hause ins Niederrheinische fährt. Er ist ein guter Kerl und hat schon das Risiko auf sich genommen, dir das Telegramm zu schicken.

Es macht mich seitdem ganz wahnsinnig, dass ich nicht weiß, was mit dir ist. Hast du die anderen gewarnt? Und dich selbst in Sicherheit gebracht? Mein Kontakt nach Köln ist völlig abgebrochen, ich weiß gar nichts.

Eines kann ich dir sagen: Es waren keine schönen Tage, die hier machen es genauso gut und gründlich wie bei uns am Appellhofplatz. Ich bin wacker standhaft geblieben, aber am Ende gab es nur die Möglichkeit, zu beichten oder sich freiwillig zu melden. Wie der Reuters Josef und wie jetzt sicher auch noch einige von uns.

Aber ich habe standgehalten! Nichts gesagt! Vielleicht hatten sie nicht genug Handfestes, Beweise, du verstehst schon. Es hat ordentlich Prügel gesetzt, so wünscht man es keinem.

21 **Appellhofplatz:** Sitz der Kölner Gestapo-Zentrale (vgl. Anm. zu 31,27

Ich werde in den Fliegerhorst Oldenburg geschickt, es ging alles ganz schnell. Wenn du dich freiwillig zur Luftwaffe meldest, lassen sie dir viel durchgehen, allemal, wenn du die Offizierslaufbahn anstreben willst. Vielleicht geht das gar nicht, ohne Abitur, mit den Problemen, die ich hatte. Sie wussten vielleicht auch nicht alles, vielleicht war es ganz gut, dass ich gerade nicht in Köln, sondern hier war.

Ich weiß es nicht, aber ich habe einfach die Luftwaffe angekreuzt auf dem Wisch, den ich ausfüllen musste. Die Luftwaffe, überhaupt die Wehrmacht, das ist eine ehrbare Sache, dafür kann man niemanden verurteilen, auch wenn wir alle gegen den Krieg sind.

Es war hoffnungslos, es *ist* hoffnungslos, das sagen alle.

Wir sind aufgeflogen, das steht fest. Es heißt, dass es ein junger SA-Mann aus Longerich war, der sich bei uns eingeschlichen hat, aber natürlich spricht niemand offen darüber. Ich habe immer noch den Rotze im Verdacht. Eigentlich kennt ihn doch keiner richtig, ach, wer weiß es schon, man kann ja niemandem vertrauen.

Was sie uns vorwerfen werden, ist Hochverrat und Wehrkraftzersetzung, darauf steht mindestens das Zuchthaus oder gar der Tod, und es schert sie überhaupt nicht, dass keiner von uns erwachsen ist. In Hamburg haben sie in der vorigen Woche einen Jungen unter die Guillotine gelegt, der Feindsender gehört und auch verbreitet hat, was er da hört. Ein Jahr jünger als ich war er, stell dir das vor.

Du wirst böse mit mir sein, weil ich mich so schändlich aus dem Staub mache, aber das muss ich in Kauf nehmen. Nicht für mich, für uns, das musst du mir glauben. Ich will leben und hoffen, dass wir in besseren Zeiten gemeinsam unseren Weg gehen werden.

Sie werden ganz und gar unerbittlich sein. Sie tun alles, um Geständnisse zu kriegen, und am Ende werden sie auch bekommen, was sie wollen. Kaum einer hält das durch, und ich bin nicht mutig genug dazu, nicht tapfer, das mag sein. Ich mache mir so furchtbare Sorgen um dich. Und Vorwürfe, die mache ich mir auch, das kannst du glauben. Ohne mich wärst du in alles das gar nicht hineingeraten.

Es wird ja Zeiten geben, in denen niemand mehr etwas von dem, was wir jetzt erfahren, wissen will und es auch vergeben und vergessen sein wird. Wenigstens die Chance möchte ich haben. Ich werde zurückkommen, und dann wünsche ich mir, dass du diesen Ring, den ich beilege, trägst. Er ist schmal und nur aus Silber. Bitte, bitte nimm ihn von mir. Mich jedenfalls wird er feste an dich binden. Ich tue alles, um vorher noch einmal nach Köln zu kommen, das verspreche ich, schließlich haben wir doch bald Weihnachten. Ob sie es zulassen, das kann ich dir nicht versprechen, und wenn ich es auf eigene Faust mache, dann ist es fast wie Fahnenflucht, was dann passiert, weißt du.

Eine Feldpostnummer kriege ich erst später, lang wird es nicht dauern, denn viel Zeit bekommen wir nicht, dann geht es los an die Front. Der Piff muss los, ich kann dir nicht mehr schreiben. Behalte mich lieb!!! Bitte, erst wenn wir wieder voreinanderstehen, darfst du mir den Ring zurückgeben. Ich wünsche mir natürlich alles andere, nämlich dass du ihn behältst und mir verzeihst.

Dein E.

Rosi – Strehlen, 18. Dezember 1942 (Postkarte)

Liebe Lene,
du kannst dir denken, dass mein Herz bis zum Halse schlägt. Hier ist alles in Ordnung, leider fährt unsere Emmi im Moment nicht, weil ihr kleines Würmchen eine schlimme Grippe erwischt hat, es ging auf Leben und Tod. Bis Silvester braucht Frau Schlotzke mich noch, dann mache ich mich auf die Fahrt nach Köln. Mach mir um Gottes willen keine Dummheiten, ich bin bald bei dir.

Deine Rosi

Lene – Köln, 24. Dezember 1942

Mein liebster Esel,
was ist das nun für ein Weihnachtsfest? Ohne den Franz sitzen wir hier. Mutti ist wieder da und sogar deine kleinen Schwägerinnen hat Onkel Oswald aus Nettersheim gebracht. Der Baum ist schön geschmückt, fast wie vor dem Krieg, nur mit fünf Kerzen, aber immerhin. All das kann mich nicht trösten und kurz vor der Bescherung ging auch noch die Sirene. Es war dann nur ein bisschen Schießen in der Ferne, aber im muffigen Keller haben wir wieder alle gehockt. Herr Freudenberger hat das alte Koffergrammophon mit hinuntergenommen und »Stille Nacht« abgespielt und »O Tannenbaum«, und wir haben mit zugeschnürter Kehle mitgesungen und versucht, uns nichts anmerken zu lassen, wegen der Kleinen und weil man auch irgendwann so tun muss, als wäre alles gut. Für die Edith und Toni habe ich Püppchen genäht, aus Stoffresten und mit Hirschhorn-

21 **Koffergrammophon:** tragbares Gerät zum Abspielen von Schallplatten

knöpfen von Opas Sakko (für die Augen). Die haben sich riesig darüber gefreut!

Dass du mich ohne einen Gruß und mindestens einen Kuss einfach hier hast sitzen lassen, das kann ich kaum verwinden. So komme ich mir vor. Sitzen gelassen. Wohin soll ich denn nun meine Post überhaupt schicken? An Herrn Erich Esel, Fliegerhorst Oldenburg? Oder doch noch nach Tübingen? Oder kommst du wenigstens auf ein paar Tage nach Köln? Zum Jahreswechsel vielleicht, damit wir ins neue Jahr feiern können, egal was es bringt?

Oder geht es wirklich gleich ab in den Osten oder wo auch immer du deinen Dienst für Führer, Volk und Vaterland antrittst? Ich weiß doch, wie es zugeht dort an der Front, in jedem Brief von meinem Bruder Franz lese ich es, und nun auch noch du. Meinen Brief bringe ich zu deinem Vater, vielleicht erfahre ich von ihm etwas mehr, obwohl ich mir auch darauf keine Hoffnung mache.

Nein, nein, nein, mein Liebster, was schreibe ich da für ein dummes Zeug. Wenn die Wut und die Verzweiflung einen überkommen, geht doch alles durcheinander. Aber da gibt es auch noch dieses verrückte Herz in deiner Lene, das sagt ganz etwas anderes, ich weiß doch, wie die Dinge laufen in diesen Zeiten und dass du es (weiß Gott!!) nicht freiwillig tust und eigentlich alles ganz anders willst. Deinen Ring nehme ich und hüte ihn, an den Finger stecke ich ihn mir jedoch nicht, o nein!!! Das sollst *du* tun, da darf das Schicksal oder eine russische Gewehrkugel nicht dazwischenfunken.

Mein Gott, in was für einen Schlamassel wir geraten sind! Uns in Köln hier ist es schlimm ergangen, kurz vor Nikolaus haben sie alle geholt.

Mein Erich, nun wollte ich forsch und hart mit dir sein, aber es will mir nicht gelingen. Nein, in meinem Herzen sieht es ganz anders aus. Nicht forsch, nicht stark. Dafür brauche ich wohl ein paar Tage. Ich küsse und drücke und presse dich ganz fest an mich. Wenn du zurückkommst, werden wir sehen, was daraus wird.

Deine Lene

Lene – Köln, 31. Dezember 1942

Liebe Rosi,
gleich bringe ich diese Zeilen zu deiner Tante Traudl, die mir hoch und heilig versprochen hat, den Brief zu vernichten, wenn irgendetwas Unvorhergesehenes passiert. Deine Postkarte habe ich bekommen, aber wer weiß, was passiert, bis du endlich hier bei uns in Köln bist.

Wenn der Brief in die falschen Hände gerät, könnte es mich und alle, die ich liebe, Kopf und Kragen kosten, aber ich muss dir einfach berichten, wie es zu all diesen Dingen gekommen ist. Was auch immer passieren mag, du sollst wissen, was deine gute Freundin auf dem Kerbholz hat und was nicht.

Vorweg will ich dir sagen, dass ich selbst davon überzeugt bin, nichts verbrochen zu haben, was gegen Vernunft und Anstand verstößt. Aber beides zählt nichts mehr, nicht wenn man den falschen Herren in die Hände gerät. Eines musst du mir versprechen: Berichte meinem Bruder von allem (natürlich nicht per Post), wenn ich es aus irgendeinem Grund nicht mehr können sollte.

Oder willst du vielleicht nun wirklich nichts mehr von

mir hören? Ich hoffe, dass es nicht so ist, auch wenn es fast so gekommen ist, wie du befürchtet hast.

Sie haben mich nach den Weihnachtsfeiertagen nun doch abgeholt. Dieses Mal war es keine Vorladung, abgeholt haben sie mich, wie eine Verbrecherin in eins von ihren schwarzen Autos gestoßen. Ich habe gesehen, wie die Leute in den anderen Häusern von den Fenstern weggetreten sind.

Es ist weitaus schlimmer gewesen als bei meinem ersten Besuch dort im Mai. Vielleicht war es ganz gut, dass ich ein bisschen wusste, was auf mich zukommt, dann erschüttert es einen nicht mehr ganz so schlimm.

Erst einmal so viel: Ich bin jetzt wieder in unserer Wohnung in der Sechzigstraße. Vier Tage haben sie mich im EL-DE-Haus behalten, ordentlich Angst wollten sie mir machen, das kannst du glauben. Immer wieder haben sie gefragt und gefragt, wer alles dazugehört, was wir getrieben haben, wo die Flugblätter sind, wer sie druckt und so Sachen, von denen ich nun wirklich gar nichts wusste: Was es mit dem Überfall auf einen Güterzug mit Lebensmitteln auf sich habe? Woher wir den Sprengstoff kriegen wollten?

Da musste ich doch schlucken und rot geworden bin ich sicher auch. Von dem Sprengstoff war nur einmal die Rede, und ich habe gleich gegrübelt, wer dabei war und wer es verraten konnte. Mit Sprengstoff wollten wir aber nichts zu tun haben. Die anderen Sachen, die wir gemacht haben, da würde ich zu stehen, aber was nützte es denn, wenn man den Krieg und die Bomben mit Dynamit bekämpfen wollte?

»Ich sehe dir doch das schlechte Gewissen an«, schreit der eine von den Gestapomännern, der mir nicht einmal seinen

Namen gesagt hat, und dann ging es immer weiter und der andere stand hinter mir an der Tür und hat immer wieder einen Schlagstock in seine Hand klatschen lassen. Bei jedem Lufthauch habe ich gedacht, jetzt passiert es, jetzt haut er mir damit auf den Kopf. Dann musste ich stundenlang in einem kleinen Zimmer sitzen, wo ich gehört habe, wie sie andere rangenommen haben. Das hat sich viel schlimmer angehört, Schreie habe ich gehört, aber ich habe nicht erkannt, ob es einer von uns gewesen ist.

Am Ende haben sie mich in den Keller gebracht und in eine Zelle geschubst.

Und dann die ganze Nacht in diesem kalten Keller mit sechs anderen Frauen, die mich mit Bemerkungen begrüßen, die auch nicht gerade Mut machen. Zwei Fremdarbeiterinnen beten die ganze Zeit auf Polnisch. Eine Frau sieht schlimm mitgenommen aus, die Hände hat sie verbunden. Sie nimmt sie gar nicht von den Augen. Soviel ich in der Dunkelheit erkennen kann, hat sie ein ordentliches Veilchen.

»Geplündert hat sie«, zischt mir eine andere zu, so böse, dass mir angst und bange wird. Wenn man selbst im Gefängniskeller sitzt, sollte man nicht die empörte Madam spielen, denke ich mir, aber ich halte den Mund. Aus einer der anderen Zellen hört man jemanden weinen, so herzerweichendes Wimmern. Das hat mir am meisten die Furcht in die Knochen getrieben.

Als sie mich wieder nach oben geholt haben, war es schon dunkel draußen. Auf dem Gang vor der Tür haben sie mich wieder warten lassen, die ganze Zeit musste ich stehen, und nach einer schrecklich langen Zeit ging eine Tür auf, hinter der es auch wieder ein Getöse gegeben hat, und zwei Gestapomänner schleppen jemand auf den Flur, unter jedem Arm hält ihn einer, weil er nicht mehr auf den eigenen Beinen stehen und gehen konnte, und ich erkenne ihn erst auf den zweiten Blick, weil er grün und blau geschlagen ist, aus einem Ohr läuft das Blut und aus der Nase und ein Auge ist ganz zugeschwollen: der Rotze. Da wusste ich, dass der Rotze uns sicher nicht ans Messer geliefert hat. Der Erich hatte mich ja vor ihm gewarnt, aber vielleicht war das einfach aus Eifersucht gewesen.

Ich weiß nicht, ob er mich gesehen hat, das Kinn hing ihm auf der Brust. Ich hab mir nichts anmerken lassen.

Und dann ging alles von vorne los, aber sie haben mir wenigstens nichts angetan. Ob ich den kenne und jenen, lauter Namen, die mir unbekannt waren, bis sie gesagt haben: »Oder kennst du den besser als Wutz?« Da wusste ich, dass einer geredet hatte. Wenn sie unsere Spitznamen zu den echten Namen wussten, musste jemand schwach geworden sein, vielleicht nun doch der Rotze, gerade eben, bevor sie ihn rausgeschleppt hatten.

Ich hab den Kopf geschüttelt, wenn ich etwas gesagt hätte, hätten sie gehört, dass ich lüge. Dann haben sie allerhand Papiere hervorgeholt, das Gekritzel mit dem Plan war auch dabei, wo der Sprengstoff im Fort X angeblich war, und all die Bilder, Fotos, ich habe sie sofort erkannt, von Fritzi waren die, eine Menge Fotografien, sie legt ja ihre Knipskiste fast nicht aus den Händen. Da waren wir alle drauf, der Wutz, der Hoppel, der Aap und der Esel natürlich auch, einfach alle. In unserer Kluft, mit den Gitarren, auf einem schmust die Käthe mit dem Atze, und da war auch eins von denen, wo wir die Kleider getauscht haben, die hat die Fritzi im Sommer gemacht.

»Deine Freundin ist ein bisschen gesprächiger gewesen«, sagt dann einer, der mich furchtbar erschreckt hat, weil ich ihn im Schatten von einem Aktenschrank gar nicht gesehen hatte. Der sah ziemlich vornehm aus, jedenfalls hatte er einen Anzug mit Weste an, aus einem feinen Stoff, den du nicht so leicht auf Kleiderkarte bekommst, gut geschnitten. »Der geht es jetzt besser als dir, schöne Geständnisse bringen ein mildes Urteil, wenn es so weit ist«, sagt er. Aber ich falle darauf nicht rein, auch wenn ich Angst habe, dass Fritzi vielleicht doch geredet hat.

»Für was soll ich denn verurteilt werden?«, sage ich und nehme meinen Mut zusammen. »Fürs Wandern und Singen?«

Wie aus heiterem Himmel platscht da seine flache Hand auf meine Backe, gebrannt hat es und mir den Kopf fast über die Schulter geschleudert. Jetzt bist du dran, habe ich gedacht, aber geschworen habe ich mir, dass er prügeln kann, solange er will. Und an Vati habe ich gedacht, was sie mit ihm gemacht haben. Vati hätte auch nie jemanden verraten.

Das sagt sich so leicht, Röschen! Ich weiß nicht, wie lange ich durchgehalten hätte. Zum Glück bin ich nicht so richtig auf die Probe gestellt worden.

Vielleicht würde mich eine Nacht unten in der Zelle gesprächiger machen, sagt der Kerl, und der andere, der die ganze Zeit schweigend an der Tür gestanden hat, schubst mich wieder hinunter zu den Frauen. Die Frau mit den verbundenen Händen war nicht mehr da und die Polinnen hatten das Beten aufgegeben.

Zuerst habe ich gedacht, dass sie mich doch jeden Augenblick rausholen und gehen lassen, aber den Teufel haben sie getan. Also rufe ich und schlage an die Tür, aber da springen die anderen auf und zerren mich zurück. »Nicht machen«, redet die eine der Polinnen auf mich ein und die andere bietet mir ihren Platz auf der einzigen Pritsche an. Ein einziges schmales Holzgestell für vier Frauen, ohne Decke oder irgendetwas. Und später haben sie noch drei weitere Frauen gebracht. Sieben waren wir insgesamt. Die Polinnen heißen Arjona und Tamka, das erfahre ich später, und ich bin froh, als sie wieder anfangen mit dem Beten. Verstanden habe ich nichts, aber es war so beruhigend, wie sie murmelten. Röschen, eines sage ich dir: Du kannst stur sein und dich da oben bei den Kerlen vielleicht dumm stellen, aber irgendwann kriechen dir zuerst die Kälte und das Feuchte in die Knochen und dann die Angst.

Dann haben wir uns irgendwann aneinandergeschmiegt, obwohl die Mädchen nicht gut rochen und ich Angst vor dem Ungeziefer hatte, das die Fremdarbeiter meistens mit sich herumtragen. Den ganzen Tag haben die Kerle mich schmoren lassen, bis es wieder dunkel geworden ist. Dann sind sie wiedergekommen, meinen Namen haben sie gerufen. Alle anderen haben gezuckt, sind froh gewesen, dass es nicht ihr Name war. Nach vier Tagen durfte ich gehen. Einfach so. Lange darüber nachgedacht habe ich nicht, losgelaufen bin ich, gleich zu Oma Stina, und sie hat mir heißes Wasser gemacht, in die alte Badewanne aus Blech hat sie mich gesteckt und immer wieder heißes Wasser aus dem großen Kessel dazugegossen, aber warm wird es einem nach so etwas so schnell nicht mehr.

Nichts haben sie aus mir herausgekriegt, darauf bin ich stolz. Kein Name ist gefallen, kein einziger. Die Jungen halten sie alle fest, sie sollen vor den Richter. Gott gebe, dass es kein Sondergericht ist, denn dann wären sie verloren. Es

31 **Sondergericht:** Gericht, das zur schnellen Verurteilung von politischen Straftaten genutzt wurde und harte Strafen verhängen konnte

heißt, dass einige nach Brauweiler kommen, in die Besserungsanstalt, am Ende gar ins KZ nach Moringen? Man muss mit allem rechnen.

Wie es jetzt weitergehen soll, weiß ich nicht. Ich ahne, dass es noch nicht das Ende ist.

Der Erich hat den Kopf aus der Schlinge gezogen, indem er sich an die Front gemeldet hat. Einen Ring hat er geschickt, auf ihn warten soll ich, aber ich weiß beim besten Willen nicht, wie das alles ausgehen soll. Jetzt ist er weg, ich habe nicht einmal eine Feldpostnummer von ihm. Ein paar Zeilen habe ich ihm geschrieben und sie seinem Vater gebracht, der wohnt ja immer noch drüben in Mülheim im Antonius-Männerheim.

Du hattest recht, als du mich so ausgeschimpft hast. Ein dummes Ding, so kannst du mich schelten. Nein, nicht, schimpfe nicht mit mir. Ich weiß, ich hätte auf dich hören sollen.

Die Dinge, die ich dir seit dem Frühjahr über meine neuen Freunde geschrieben habe, sind nicht die *volle* Wahrheit gewesen. Belogen habe ich dich nie, um Gottes willen, das würde ich niemals tun, aber ich habe dir auch nicht alles geschrieben. Ich war doch in meinen Briefen schon viel vorsichtiger, als du gedacht hast.

Ja, wir sind die Edelweißpiraten, oder besser gesagt: Die Gestapo und die Herren bei Gericht und vom Streifendienst, die alle nennen uns so, weil sie in uns »verkommene Subjekte« sehen (genau so stand es in der Zeitung). Kriminelle, die sich wie die Piraten mit ihren Schiffen am Volkseigentum bereichern, ein gesetzloser und vogelfreier Haufen.

Frei sein, ja, das gebe ich zu, das wollen wir! So haben wir es auch in unsere Satzung geschrieben. So etwas haben wir nämlich: Regeln, die wir für unseren Klub festgelegt haben. Gesetze, die für uns gelten. Aber es sind andere Regeln als die in der HJ oder im BDM, o ja!

Das einzig Richtige ist, dass wir uns das Edelweiß als unser Erkennungszeichen ausgesucht haben. Hoch oben auf den Bergen, dort, wo nur noch der Himmel über uns thront, dort wächst es, und man muss sich schon anstrengen, wenn man es finden will.

Jetzt ist es aber mit der Freiheit vorbei. Zuerst wurden in Düsseldorf viele von unseren Freunden verhaftet, mit denen wir oft zusammen gewandert sind. Wir wissen nicht, ob die uns Kölner verraten haben oder ob es ganz jemand anderer war. Einige sagen, die Gestapo hätte einen Spion in unseren Reihen gehabt, einen, der alles haarklein erzählt hat. Ich kann mir das nicht vorstellen, wir haben so gut aufgepasst. Ich will es auch nicht glauben.

Wie soll man denn leben, wenn man niemandem mehr vertrauen kann?

Vielleicht hat mich sogar mein kleiner Bruder angeschwärzt? Wenn man seinen Freunden nicht über den Weg trauen kann und nicht einmal dem eigenen Bruder, dann läuft etwas schief in diesem Reich, das liegt doch auf der Hand. Und es ist kein Wunder, wenn man dann nicht mehr an unseren großen Führer glaubt.

Und schon gar nicht an den Sieg in diesem verfluchten Krieg. Röschen, keinen Abend schlafe ich ein, ohne den Franz und alle seine Kameraden ins Gebet einzuschließen, besonders den Franz, das gebe ich zu, aber auch die anderen, denn kein Mann sollte mehr für diese verlorene Sache seine Gesundheit oder gar sein Leben opfern.

Der Franz hat ein solches Glück gehabt, dass er den letzten Winter überstanden hat, ein zweites Mal darf man es nicht herausfordern, das Schicksal, aber du weißt, welche Nachrichten wir aus Stalingrad bekommen, da ist es fast aus mit der Hoffnung, aus und vorbei.

Ja, so kennst du mich nicht: deine Lene, die noch nie viel mit Weihwasser und Kirchengeläut und auch nicht mit den mahnenden Predigten vom alten Pfarrer Frohmut anfangen konnte (da ist sie auch ihrem Vati gleich). Ja, ich bete. Das lernt man in diesen Zeiten. Nicht auf den Knien, vor niemand würde ich mich hinknien, das sollte doch ein für alle Mal vorbei sein. Gott will das bestimmt auch gar nicht. Einfach so spreche ich mit ihm und sage: »Bring mir den Franz zurück. Und den Erich, diesen Esel, der sich freiwillig beim Schlachter meldet. Und den ich doch so lieb hab.

Bitte, lieber Gott, bewahre ihn vorm Schlimmsten. Ob einer ein Roter ist oder das Edelweiß trägt, das interessiert dich doch nicht, oder, lieber Gott? Ich verspreche nicht, dass ich nach dem Krieg, wenn du meine Bitten erhört hast, immer in die Kirche gehe, das verspreche ich nicht, weil ich weiß, dass du das gar nicht willst. Deine Barmherzigkeit ist unendlich, hat es im Kommunionsunterricht geheißen. Wenn das so ist, dann bitte, bitte: Gib mir jetzt ein Stück von dieser Barmherzigkeit.«

Ich bin mir sicher, das Beten hilft, muss helfen. Zumindest hilft es mir in diesem Augenblick. Ob unsere Flugblätter jedoch geholfen haben, unsere Sprüche auf den Häuserwänden? Dessen bin ich mir gerade nicht mehr so sicher. Für einige von uns haben sie alles nur noch schlimmer gemacht.

In der nächsten Zeit wird es keine Schmierereien und Flugblätter mehr geben. Nicht von uns jedenfalls. Vielleicht von anderen, ja, darauf hoffe ich, dass immer neue kommen, die genauso denken wie wir, das ist meine Hoffnung. Denn die Jugend, die ihren eigenen Kopf behalten will, die gibt es immer wieder und wieder.

Die im EL-DE-Haus wussten sogar, wo wir unser Papier versteckt haben und woher es stammte.

Ich möchte wissen, wer das alles verraten hat, ja, ich möchte es wissen und demjenigen einen Besuch abstatten. Ich habe mir genug in der Boxhalle abgeguckt. Dem würde ich einen verpassen, dem Verräter. Oder vielleicht der Verräterin? Ob Fritzis Fotos jetzt erst beschlagnahmt wurden oder sie die womöglich für einen Auftraggeber gemacht hat?

Ach, was schreibe ich, denke ich da! Siehst du, so geht es, wenn einmal das Misstrauen gesät wurde. Alle sagen, dass am Ende JEDER redet, wenn die Gestapo ihn einmal in den Fingern hat. Seit dem Mai sind sie noch schlimmer geworden, so heißt es jedenfalls, aber alle sagen auch, dass es vorher schon schlimm genug gewesen ist. Fritzi ist die Einzige außer mir, die sie nicht sofort geholt haben. Ich glaube, dass sie uns Mädchen nicht so viel zutrauen, uns für zu dumm oder gefühlsduselig halten.

Als ich wieder nach Hause gekommen bin, war alles in unserer Wohnung auf links gedreht, alles haben sie durchsucht und ich habe sofort einen riesigen Schreck bekommen. Die Schreibmaschine steht doch immer auf dem kleinen Tischchen neben meinem Bett, aber sie war nicht mehr da.

Wenn sie die haben, mein Gott, dann wissen sie vielleicht auch bald, wer die Statuten von unserem Klub abgetippt hat. Die hatten die Jungs auf die Rückseite von einem unserer Flugblätter gekritzelt, was für eine Sauklaue und wie immer voller Fehler, und ich habe sie schön ordentlich abgetippt, auf der Erika, und du weißt, was das bedeutet, weil doch das k immer verrutscht.

Und was ich sonst noch alles auf meiner guten alten Erika geschrieben habe! Mehr als einen Strick könnten sie mir daraus drehen!

Wenn ich an den letzten Brief von meinem Esel denke, kommen mir schon wieder die Tränen, an die Front, warum, warum, frage ich mich dann und ich weiß es doch.

Ich bin durcheinander, Röschen. Vielleicht sollte ich mich wirklich lieber aus dem Staub machen. Die Emmi hat schon gesagt, ich soll mit ihr fahren. Wenn sie aus Schlesien und Sachsen zurück ist, geht es wieder in den Westen, nach Belgien und dann nach Frankreich, und sie könnte mich hinten auf der Ladefläche mitnehmen. Im Süden von Frankreich ist es aber auch nicht mehr sicher, seit die Deutschen da nun auch einmarschiert sind, und außerdem, was sollte ich da? Dort hassen sie uns doch, auf Französisch kann ich nur »Bonjour« und »Merci«, und soll ich da im Wald die Eichhörnchen jagen, wenn ich Hunger habe? Die Emmi meint, man könne aber zu Fuß über die Berge nach Spanien und dann nach Portugal. Ganz alleine, ich?

Röschen, ich könnte weiter und weiter schreiben, das hindert einen wenigstens daran, alles hundertfach im Kopf zu wälzen, aber ich muss los und Oma Stina abholen. Wir gehen gleich in die Kirche und zünden eine Kerze für den Franz an. Oma tut es jede Woche und betet den Rosenkranz und ich will ihr die Hoffnung nicht nehmen. Heute an Silvester ist es besonders wichtig, damit das Glück im neuen Jahr es gut meint mit dem Franz und mit uns allen.

Ich drücke dich nun, wieder und wieder! Wie gerne täte ich es nicht nur in Gedanken. Wer weiß, wann wir uns wieder bei den Händen halten? Ich werde mich verstecken, denn keiner weiß, ob alles nun ein Ende hat oder ob es noch schlimmer wird.

Bete für mich.

Deine Lene

Epilog
Februar 1943

»Ich weiß, dass wir in diesen Jahren die größte Chance unserer Geschichte besitzen. Wir kämpfen um Sein oder Nichtsein.
Wenn wir diesen Kampf gewinnen, dann steht uns das ganze Leben offen. Führer befiehl, wir folgen!«

Aus der Rede des Reichspropagandaministers Joseph Goebbels auf einer Großkundgebung vor der Münchner Feldherrnhalle am 18. Oktober 1943

Rosi – Köln, 14. Februar 1943

Lieber Erich,
du kennst mich nicht oder nur vom Hörensagen, weil Lene vielleicht von mir erzählt hat. Ich bin ihre beste Freundin Rosemarie, das Mädchen mit den dicken blonden Zöpfen, das dir früher zusammen mit der Lene den Schulranzen geklaut und hinter den Hühnerställen versteckt hat. Deine Feldpostnummer habe ich von deinem Vater bekommen. Es hat ein wenig gebraucht, bis ich ihn in dem Männerwohnheim drüben in Mülheim, von dem Lene mir in ihren Briefen berichtet hatte, gefunden habe.

Ich weiß gar nicht, ob es richtig ist, dass ich dir nun schreibe, aber am Ende sind wir beide wohl die Liebsten, die Lene hat, jeder auf seine Art.

Ich bin nun endlich nach Köln gefahren, wo ich Verwandte habe, und überhaupt, wir Kölner wollen irgendwann unseren Dom wiedersehen, und weil die Lene doch auch diese Woche Geburtstag hat.

Unsere Lene habe ich hier aber nicht gefunden, nur Trümmer gibt es, in Nippes sieht es ganz wüst aus. Anfang voriger Woche hat es einen Angriff gegeben, der muss genauso schlimm gewesen sein wie der im letzten Mai, besonders für die Nippeser, und danach ist auch noch einige Male ordentlich was heruntergekommen. Lene hat mir im vergangenen Jahr viel davon geschrieben, aber dass es so schlimm aussehen würde, das habe ich nicht erwartet. Ich musste richtig Detektiv spielen.

Eigentlich hat Lene gedacht, dass alles ausgestanden ist, aber sie hat sich getäuscht. Frau Freudenberger meint, sie hätten ihr wegen ihrer Schreibmaschine eine Menge anhängen können, das vermutet sie jedenfalls. Furchtbar muss sie ausgesehen haben, nachdem sie sie einige Tage lang im EL-DE-Haus verhört haben. Ach Erich, die Menschen, die Seelen, die Häuser – Trümmer, wohin man schaut.

Das Haus von Lenes Mutti in der Sechzigstraße ist beim Angriff so furchtbar stark getroffen worden, dass es wohl nicht mehr zu retten ist, in der Gegend sind einige Hundert obdachlos geworden. Von der Nummer 97 bis zur 113 müssen sie alle Häuser abtragen, weil sie sonst einstürzen. Lenes kleiner Bruder, der Kalli, liegt im Krankenhaus mit schweren Verletzungen. Lenes Mutti wird vermisst, viel Hoffnung hat man nicht mehr.

In all dem Leid gibt es aber eine gute Nachricht. Unser Lenchen wurde vor vier Tagen noch einmal gesehen, das sagt jedenfalls meine Tante Traudl, deren Mann auch in Stalingrad geblieben ist, ganz sicher ist sie sich aber nicht. Nach den schweren Angriffen erkennt man doch seine eigene Mutter manchmal nicht. Tante Traudl meint, dass Lene beim Ehrenseelenamt in Sankt Joseph war, für die Männer, die in Stalingrad geblieben sind. Lenes Bruder Franz ist am dritten Advent dort gefallen.

Wo unsere Lene nun ist, weiß hier keiner. Aber wir geben noch nicht auf. Ich muss erst in einer Woche zurück nach Schlesien. Meine ganze Hoffnung ist, dass sie auf dem Weg nach Frankreich oder noch weiter weg ist. Wenn du ein Lebenszeichen von Lene erhältst, schreib mir unbedingt, hörst du?

Rosemarie

19 **Ehrenseelenamt:** spezielle Form des katholischen Gedenkgottesdiensts für Verstorbene

Nachwort und Danksagung des Autors

Dieses Buch ist ein Roman in Briefen, aber trotzdem ist es ein Roman, also eine erfundene Geschichte. Sie hat sich in dieser Abfolge und mit diesen Personen so nie ereignet, auch wenn der authentische Charakter der Briefe den Eindruck erweckt.

Fast alle Details des Buches habe ich Zeitzeugenberichten, überlieferten Briefen und Tagebüchern sowie persönlichen Beschreibungen der damaligen Lebensverhältnisse entnommen, teilweise entstammen sie auch den Lebensgeschichten aus meiner Familie.

Mein Onkel Otto starb mit 19 Jahren an der Ostfront. So jung und schnell, dass es nicht einmal ein Foto in Uniform gab, mit dem sein »Heldentod« vermeldet werden konnte. Ein privates Porträt musste retuschiert werden. Ein eindrucksvolles grausames Dokument erhielt meine Großmutter zurück: ihren letzten Brief an ihn, kaum noch leserlich, voller Flecken vom Blut ihres Sohnes.

Meine Tanten Else und Thekla heirateten schnell während eines Heimaturlaubs ihrer Männer. »Die sind im Krieg geblieben«, hieß es immer beschönigend, als wäre das eine eigene Entscheidung gewesen. Meine Tanten, die nie im tatsächlichen Sinne eine Ehe geführt hatten, blieben für ihr ganzes Leben als Kriegerwitwen mit Kind zurück. Die jungen Väter lernten ihre Kinder nie richtig kennen.

Meine Mutter wurde in Köln und Detmold bis zu ihrem siebten Lebensjahr dreimal ausgebombt. Sie zitterte Jahrzehnte später noch, wenn die Feuerwehrsirenen schrillten. Zwei ihrer Schwestern wurden zur Adoption freigegeben.

Vieles in diesem Buch hat sich so und doch ganz anders

ereignet. Wo es für den Ablauf der Geschichte, die in diesen Briefen erzählt wird, wichtig war, habe ich zeitliche oder räumliche Verschiebungen vorgenommen, manchmal auch Zeiträume und Aktionen verdichtet oder zusammengezogen.

Der »Klub der Edelweißpiraten« wurde tatsächlich gegründet, allerdings einige Wochen später, die Verurteilungen der verhafteten Jugendlichen erfolgten im Laufe des ersten Halbjahres 1943.

Eine Zeitzeugin, die ich – wenn auch sehr am Rande – persönlich habe auftreten lassen, ist Gertrud »Mucki« Koch, geb. Kühlem. Sie ist eine der wenigen Mädchen oder Frauen der Edelweißpiraten, die ihre Geschichte nach dem Krieg veröffentlicht haben. Bis ins hohe Alter hat sie Schulen besucht, Interviews gegeben und ihre Erfahrungen mit anderen geteilt. In ihrer Autobiografie berichtet sie von der Flugblattaktion im Kölner Hauptbahnhof, allerdings wird diese in keiner weiteren Quelle belegt.

Eine zweite Figur hat ebenfalls ein reales Vorbild: Emmi. Hinter ihr versteckt sich Agathe »Agi« Hartfeld-Herr, die mir während meiner Recherchen »über den Weg fuhr«. Sie war die Schwester der in der Nachkriegszeit sehr bekannten Schauspielerin und Sängerin Trude Herr. Agathe war tatsächlich eine LKW-Fahrerin mit einer faszinierenden Lebensgeschichte. Sie brachte als alleinerziehende Mutter ihr Kind durch den Krieg, indem sie in einem Männerberuf tätig war. Sie fuhr für die Ford-Werke durch halb Europa. In der Filmdokumentation »Köln im Dritten Reich« beeindruckte mich ein Satz von ihr ganz besonders. Als es um die Frage ging, was die Bevölkerung über die Ausgrenzung und Deportation der jüdischen Mitbürgerinnen und Mitbürger

Abb. 1: Otto Reifenberg, gestorben am 16. Mai 1943 in einem Feldlazarett im Osten im Alter von 19 Jahren, mit dem letzten Feldpostbrief seiner Mutter vom 2. Mai 1943. – Mit Genehmigung von Frank M. Reifenberg

wusste, sagte sie: »Es konnten alle wissen. Wer es sehen wollte, konnte es sehen.«

Ob die wahre Agathe Herr jemals nach Schlesien gefahren ist, weiß ich nicht. Die Tochter aus einer kommunistisch geprägten Familie, deren Vater deshalb zwölf Jahre in Zuchthaus- und KZ-Haft verbrachte, hätte aber ganz bestimmt die Postbotin für zwei kölsche Mädchen gespielt.

Der Brief war das zentrale Kommunikationsmittel dieser Zeit. Ein Briefwechsel wie der zwischen Lene und Rosi wäre wohl im Dritten Reich extrem riskant gewesen. Die Durchsetzung der Gesellschaft mit Spitzeln und Denunzianten war enorm, die Kontrolle und Zensur durch die Partei- und Polizeimaschinerie fast allumfassend.

Trotzdem habe ich die Form des Briefromans gewählt, um Lenes Geschichte zu erzählen. Es war mir wichtig, ihr, ihren Freunden und ihren Geschwistern eine Stimme aus ihrem jeweiligen Alltag und ganz privaten Erleben heraus zu geben.

Auch die Feldpost war zensiert, es gab klare Vorgaben, was berichtet werden durfte und was nicht. Details über militärische Aktionen und vielleicht kriegswichtige Truppenbewegungen etc. waren verboten oder wurden geschwärzt. Allerdings geht die Forschung von der unglaublichen Zahl von 40 Milliarden Feldpostbriefen im Zweiten Weltkrieg aus. Keine Zensurbehörde konnte alle diese Briefe kontrollieren und es schlüpften auch verbotene Nachrichten durch.

Gerade die Briefzensur war ein wichtiges Mittel, um die Menschen zu verunsichern, ihre Kommunikationsmöglichkeiten zu beschneiden und damit zu verhindern, dass sie sich vernetzen und organisieren konnten. Die Menschen gingen mit dieser Situation sehr unterschiedlich um. Die meisten waren sehr vorsichtig, viele trauten sich rein gar nichts. Andere nahmen in gewissem Maße, manche wiederum kaum Rücksicht auf die Zensur. Oft hing es auch von Zufällen oder Glück ab. Wie auch in anderen gesellschaftlichen Zusammenhängen unter der nationalsozialistischen Diktatur kam es oft darauf an, »Codes« zu finden, um die Wahrheit zu sagen, ohne dass diese einem zum Verhängnis werden konnte.

Die Erlebnisberichte über den Bombenkrieg gehen unter die Haut, schnell schlüpft man beim Lesen in die Rolle der geschundenen und verängstigten Menschen, empfindet mit ihnen, sieht sie in erster Linie als Opfer. Gleiches gilt für die Berichte der Frontsoldaten. Ich musste mich einige Male »zurückholen«, mir sagen: Die große Mehrheit in den zerbombten Städten hat bis zum bitteren Ende mitgemacht, sich zum allergrößten Teil nicht aufgelehnt.

Die Ausgrenzung, Verfolgung und Vernichtung jüdischer Mitbürgerinnen und Mitbürger, von Kommunisten, Sinti und Roma, Homosexuellen und schließlich auch die Vernichtung von sogenanntem »unwerten Leben«, also geistig behinderten Menschen in den Euthanasie-Programmen in angeblichen Heilanstalten (wie z. B. in Hadamar), hat die Mehrheit der deutschen Bevölkerung hingenommen, oftmals sogar aktiv mitbetrieben, sich ihr nicht widersetzt, auch als eigentlich jeder sehen konnte, was vorgeht.

Von unschätzbarem Wert für die Entstehung des Buches war die engagierte Arbeit, die im NS-Dokumentationszentrum der Stadt Köln (mit Sitz in der ehemaligen Dienststelle der Gestapo, dem EL-DE-Haus am Appellhofplatz) seit Jahrzehnten geleistet wird. Ich empfehle jedem, diesen Ort der Zeitgeschichte und der Aufklärung über diese Zeit zu besuchen und sich der Atmosphäre der noch erhaltenen Folterkeller der Gestapo auszusetzen.

Im Zusammenhang mit der Erforschung des Verhaltens von unangepassten Jugendlichen sind besonders die Arbeiten von Dr. Martin Rüther hervorzuheben. Seine Hinweise und Ratschläge waren von großem Wert für mich. Ich bedanke mich sehr, dass er das Manuskript gelesen und mich vor den schlimmsten Fehlern bewahrt hat. Fehler und Ungenauigkeiten, die es vielleicht trotzdem in diesem Buch gibt, gehen auf meine Kappe.

Ohne meine Lektorin Kerstin Kipker wäre dieses Buch

ebenfalls nicht entstanden. Mit mir dieses Knäuel von Historie und Fiktion, feinen Details und großen Linien zu entwirren, war ein zwar spannender, aber auch sehr arbeitsreicher Prozess. Danke dafür!

Wenn man sich über drei Jahre im Köln des Jahres 1942 verläuft, bleiben Stimmungsschwankungen nicht aus. Danke, Udo, dass du diese Geduld immer wieder aufbringst.

Das Autorenstipendium des Landes Nordrhein-Westfalen und die Förderung durch die Kunststiftung NRW ermöglichten es, mir die notwendige Zeit für die Recherchen und das Schreiben zu nehmen. Ohne diese Förderungen wäre mir vielleicht irgendwann die Luft ausgegangen. Danke für das Vertrauen, das beide Einrichtungen mir entgegengebracht haben.

Viele aus den Gruppen der Edelweißpiraten gerieten in Vergessenheit. An sie soll dieses Buch erinnern. Den Jungen und Mädchen, die sich damals trauten, anders zu sein, einen eigenen Kopf zu haben und ihn auch zu riskieren, ist dieses Buch gewidmet. Sie waren nicht alle Heldinnen und Helden, den Anspruch hatten sie auch nicht. Aber sie haben gezeigt, dass man diesem Regime nicht bedingungslos folgen musste.

Rechtspopulismus, nationalistische Hetze, Hassreden und fremdenfeindliches Gedankengut bereiteten den Boden dafür, dass ein ganzes Volk ab 1933 schnellen Schrittes ins Unglück und Verderben rannte. Nicht minder ist das Buch also auch denen gewidmet, die heute den Mut haben, gegen den Strom zu schwimmen, sich für eine Gesellschaft der Vielfalt, Freiheit und Offenheit einzusetzen.

Frank Maria Reifenberg, Februar 2019

Anhang

1. Zur Textgestalt

Der Werktext der vorliegenden Ausgabe folgt der Ausgabe:

> Frank Maria Reifenberg: Wo die Freiheit wächst. Briefroman zum Widerstand der Edelweißpiraten. München: arsEdition, 2019.

Unterstreichungen in der Originalausgabe sind kursiv wiedergegeben.

2. Anmerkungen

3,4 **Edelweißpiraten:** Sammelbezeichnung für selbstorganisierte Jugendgruppen, die sich nicht dem NS-Staat anpassen wollten und sich teilweise aktiv am Widerstand gegen den Nationalsozialismus beteiligten.

13,7 **Gauleiter Grohé:** Die NSDAP (Nationalsozialistische Deutsche Arbeiterpartei) war in 43 regionale Verwaltungseinheiten, »Gaue«, gegliedert (Stand 1941), denen jeweils ein Gauleiter vorstand. »Gauleiter« war also zunächst nur ein Parteiamt, in der NS-Zeit aber das eigentliche Machtzentrum des jeweiligen Gebiets. Josef Grohé (1902–1987) war ab 1931 Gauleiter des Gaus Köln-Aachen.

13,10 **Kölnischen Illustrierten:** *Kölnische Illustrierte Zeitung*: bedeutende überregionale Wochenzeitung, 1926–1945 in Köln erschienen.

15,30 f. **Erika Modell M:** Schreibmaschine der Dresdner Firma Seidel & Naumann. »M« steht für »Meisterklasse«, eine besser ausgestattete Variante, die ab 1936 produziert wurde.

16,17 **arischen:** Die nationalsozialistische Ideologie unterschied verschiedene menschliche »Rassen«: Die Deutschen standen als »Arier« an oberster Stelle und bildeten die sogenannte »Herrenrasse«. »Nichtarische« Menschen, insbesondere jüdische, galten als minderwertig und wurden systematisch ausgegrenzt, verfolgt und ermordet.

19,11 f. **HJ-Streifendienst:** eine Art Hilfspolizei aus Mitgliedern der Hitlerjugend (HJ), des Jugendverbands der NSDAP. Zunächst eingesetzt, um Disziplin und Ordnung innerhalb der HJ zu gewährleisten, wurde der HJ-Streifendienst später zur Überwachung und Kontrolle aller Jugendlichen genutzt.

22,4 f. **Hermann Göring:** nationalsozialistischer Politiker (1893–1946), 1935–45 Oberbefehlshaber der Luftwaffe, im Juli 1940 zum Reichsmarschall befördert. Göring wurde 1946 als einer der Hauptkriegsverbrecher in Nürnberg zum Tode verurteilt, beging jedoch vor der Urteilsvollstreckung Selbstmord.

25,12 f. **Kinderlandverschickung:** Ab 1940 wurden vom Luftkrieg bedrohte Kinder aus den betroffenen Städten aufs Land evakuiert. In den KLV-Lagern wurden die Kinder im Sinne des Nationalsozialismus erzogen und mussten einem militärisch strukturierten Tagesablauf folgen.

26,14 **Rassenschande:** Im Nationalsozialismus wurde eine Vermischung der »Rassen« aufs Schärfste verurteilt. Ehen und sexuelle Kontakte zwischen »Ariern« und »Nicht-Ariern« waren seit 1935 gesetzlich verboten (sogenannte Nürnberger Rassegesetze). Vgl. Anm. zu 16,17.

27,6 f. **Quax, der Bruchpilot:** erfolgreiche deutsche Komödie aus dem Jahr 1941 mit dem Schauspieler Heinz Rühmann (1902–1994) in der Hauptrolle.

28,17 f. **gelben Stern:** auch »Judenstern« genannt. Am 19. September 1941 erließ die nationalsozialistische Regierung eine Polizeiverordnung, nach der jüdische Menschen ab dem sechsten Lebensjahr einen gelben Stoffstern mit der Aufschrift »Jude« als Erkennungszeichen in der Öffentlichkeit zu tragen.

29,7 **Judenhaus:** im nationalsozialistischen Sprachgebrauch Bezeichnung für Häuser, in die seit 1939 Juden zwangseingewiesen und äußerst beengt untergebracht wurden. Eines davon befand sich in der Rolandstraße in der Kölner Südstadt. Heute spricht man von Ghettohäusern.

29,16 **Lager in Müngersdorf:** von Oktober 1941 bis März 1945 bestehendes Sammellager im westlichen Kölner Stadtteil Müngersdorf. Von dort aus wurden etwa 3500 jüdische Menschen in die Vernichtungslager in Osteuropa deportiert.

29,29 **jüdische Hatz:** Hatz: Eile, Hast. Die diskriminierende Redensart »nur keine jüdische Hast« (›immer mit der Ruhe‹) beruht auf antisemitischen Klischees.

30,17 f. **Heimabenden vom BDM:** Der BDM (Bund Deutscher Mädel) wurde als weiblicher Zweig der Hitlerjugend 1930 gegründet. Die wöchentlichen »Heimabende« dienten dazu, die Jugendlichen im Sinne des nationalsozialistischen Frauenbilds zu erziehen. Ab 1936 war die Mitgliedschaft in HJ oder BDM gesetzlich verpflichtend.

30,24 **Vom Winde verweht:** Roman der US-amerikanischen Schriftstellerin Margaret Mitchell (1900–1949), der 1936 erschien. Eine erste deutsche Übersetzung wurde 1937 veröffentlicht, war ab 1941 jedoch verboten.

31,23 **Gestapo:** Die 1933 gegründete Gestapo (Geheime Staatspolizei) war die politische Polizei der NS-Diktatur. Die Hauptaufgabe bestand in der Überwachung und Verfolgung politischer Gegner, wofür die Gestapo weitrechende Machtbefugnisse hatte. Verdächtige und Inhaftierte wurden häufig misshandelt und gefoltert.

31,24 f. **Blockwart:** rangniedrigster Funktionär in der NSDAP-Parteihierarchie, der für die Überwachung von Häuserblöcken mit bis zu 60 Haushalten zuständig war.

31,27 **EL-DE-Haus:** nach den Initialen des Erbauers Leopold Dahmen benanntes Haus am Appellhofplatz im Kölner Stadtteil Altstadt-Nord; Gestapo-Dienststelle und Gefängnis 1933–45, heute NS-Dokumentationszentrum der Stadt Köln.

31,31 **Führergeburtstag:** Während der NS-Zeit wurde der Geburtstag Hitlers (20. April) als Festtag gefeiert. Auch an privaten Gebäuden sollte an diesem Tag die Reichsflagge gehisst werden. Nichtbeachtung konnte zu Verhören und Anklagen führen.

37,17 **Bezugskarten:** Nahrungsmittel und Gebrauchsgegenstände wie Kleider wurden während des Krieges rationiert, um Versorgungsengpässe zu vermeiden. Sie konnten offiziell nur über Bezugskarten erworben werden, die von der Regierung an die Haushalte ausgeteilt wurden.

38,7 **mit Durchschlag schreiben:** Original und eine Kopie mit einem Kohlepapier und einem zweiten Blatt in der Schreibmaschine erstellen (in der Bezeichnung »CC« für *carbon copy* bei Mailadressen noch erhalten).

38,21 f. **Wehrmachtbericht:** Das Oberkommando der Wehrmacht (OKW) erstellte täglich einen Bericht, der die Kampfhandlungen an den verschiedenen Fronten zusammenfasste. Er wurde zur Mittagszeit im Radio gesendet und diente dazu, nationalsozialistische Propaganda zu verbreiten. Die Erklärungen bildeten demnach nicht das tatsächliche Kriegsgeschehen ab.

40,7 **Ich mööch zo Fooß noh Kölle jon:** (kölsch) ›Ich möchte zu Fuß nach Köln gehen‹; Liedzeile aus *Heimweh nach Köln* (1936) von Willi Ostermann (1876–1936), das als inoffizielle Hymne Kölns gilt.

42,7 **Der kleine Postillon:** Lied aus dem Jahr 1939; Musik: Gerhard Winkler (1906–1977), Text: Ralph Maria Siegel (1911–1972).

43,7 **Clouth-Werken:** ein 1868 in Köln-Nippes gegründetes Gummiwaren-Unternehmen, ab 1939 überwiegend für die Kriegsproduktion tätig und daher häufiges Angriffsziel.

47,2 **SS-Mann:** Die SS (Schutzstaffel) war eine 1925 gegründete Organisation, die zunächst als persönliche Leibwache Hitlers fungierte, ab 1934 für die Verwaltung und den Betrieb der Konzentrationslager verantwortlich war, ab 1941 auch für die Vernichtungslager. »Reichsführer SS« war seit 1929 Heinrich Himmler (1900–1945).

55,28 **Jungvolk:** Die 10–14 Jahre alten Mitglieder der HJ bildeten das sogenannte »Jungvolk«, umgangssprachlich auch »Pimpfe« genannt.

56,16 **unwertes Leben:** Neben den »Nicht-Ariern« (vgl. Anm. zu 16,17) wurden im Nationalsozialismus auch mehr als 200 000 kranke und behinderte Menschen als »lebensunwert« ermordet.

58,18 **Endsieg:** Propagandabegriff. Wer Zweifel am »Endsieg« äußerte, konnte mit dem Tod bestraft werden.

59,5 **SA:** 1920 als Organisation innerhalb der NSDAP gegründet und zunächst für den Versammlungsschutz zuständig; braune Uniformen (daher auch »Braunhemden« genannt). Die SA entwickelte sich zu einer paramilitärischen Einheit. Da sie immer machtvoller wurde, ließ Hitler die führenden Mitglieder 1934 ermorden (sogenannter »Röhm-Putsch«).

63,15 **Einmal am Rhein:** Walzerlied von Willi Ostermann (s. Anm. zu 40,7) aus dem Jahr 1930.

67,14 **Wehrkraftzersetzung:** seit 1939 ein Straftatbestand: Kriegsdienstverweigerung, kritische (zersetzende) Äußerungen über den NS-Staat und die Wehrmacht und Ähnliches konnten mit schweren Freiheitstrafen oder dem Tod geahndet werden.

73,12 **Volksschädling:** Wer seit Kriegsbeginn 1939 »unter Ausnutzung der durch den Kriegszustand verursachten außergewöhnlichen Verhältnisse« straffällig wurde, konnte strafverschärfend als »Volksschädling« zum Tod verurteilt werden.

76,19 **Donezbecken:** auch Donbas(s); ein nach dem Fluss Siwerskyj Donez benanntes Kohle- und Industriegebiet, zum größeren Teil im Osten der Ukraine gelegen.

84,17 f. **mauschelt:** mauscheln: betrügen, (undurchsichtige) Geschäfte machen. Der Begriff ist eng mit antisemitischen Vorstellungen verknüpft.

89,7 **Waffen-SS:** militärische Verbände der SS (s. Anm. zu 47,2), die ab 1939 als Kampftruppen im Krieg und als Wachmannschaften der Konzentrationslager eingesetzt wurden und für ihr besonders brutales Vorgehen berüchtigt waren.

95,8 f. **Frau vom Reichsmarschall:** Emmy Göring, geb. Sonnemann (1893–1973), Schauspielerin und zweite Ehefrau von Hermann Göring (seit 1935), s. Anm. zu 22,4 f.

99,1 **Hapag:** Die »Hamburg-Amerikanische Packetfahrt-Actien-Gesellschaft« war eine 1847 gegründete Reederei. Sie schloss sich 1970 mit dem Norddeutschen Lloyd aus Bremen zusammen.

102,4 **Stalingrad:** russische Großstadt an der Wolga, von August 1942 bis Februar 1943 Schauplatz einer der bekanntesten Schlachten des Zweiten Weltkriegs; seit 1961: Wolgograd.

104,17 **Heile, heile Segen ...:** alter Trostreim für Kinder, der aufgesagt wird, wenn sich das Kind verletzt hat.

106,11 f. **Westdeutschen Beobachter:** 1925 gegründete, extrem antisemitische Zeitschrift der NSDAP, die ab September 1930 täglich in Köln erschien.

121,19 **Coventry:** Bei Luftangriffen auf England wurde die mittelenglische Industriestadt schwer in Mitleidenschaft gezogen. Ein besonders heftiger Angriff erfolgte am 14. November 1940.

140,14 f. **Schauburg ... Agrippina:** Kinos; die Schauburg war zum Zeitpunkt der Eröffnung 1922 das größte Kino Deutschlands und befand sich direkt neben den bereits 1913 eröffneten Agrippina-Lichtspielen in der Breiten Straße.

145,8 **Bolschewiken:** radikale Vertreter der Sozialdemokratischen Arbeiterpartei Russlands (SDAPR) unter der Führung von Wladimir Iljitsch Lenin (1870–1924), die 1917 erfolgreich die Oktoberrevolution betrieben. 1918 wurde aus dieser Fraktion die Kommunistische Partei Russlands (KPdSU), deren Generalsekretär Josef Stalin war (1922–53).

145,24 **Ick bin ... aus die Ufa-Filme:** (Berliner Dialekt) ›Ich bin eine waschechte Berliner Göre ... Der Lothar hat mich von der Bühne weg geheiratet, bei den Astoria-Girls hab ich die Beine geschwungen, und die waren schöner als die von großen Divas aus den Ufa-Filmen.‹

145,26 f. **Astoria-Girls ... Revue-Girl:** In Bremen wurde 1908 das Astoria-Varieté gegründet, in welchem Revuen aufgeführt wurden, bei denen auch Tänzerinnen (Revuegirls) auftraten.

153,24 **SHD:** Der Sicherheits- und Hilfsdienst (SHD) war ein Teilbereich des Luftschutzes (LS), der für Feuerlöschen, Instandsetzungs-, Sanitäts- und Veterinäraufgaben zuständig war.

154,13 **Churchill:** Winston Churchill (1874–1965) war britischer Premierminister im Zweiten Weltkrieg (1940–45), erneut 1951–55, 1953 erhielt er den Literaturnobelpreis.

190,7 **Junkers Kneipe:** Trinklied eines unbekannten Verfassers, um 1933 entstanden. Die umgedichtete Version war im Umfeld der Edelweißpiraten weit verbreitet.

190,18 **bündisch:** nach dem Ersten Weltkrieg entstandene Jugendbewegung, die aus der Wanderbewegung (»Wandervogel«) und den Pfadfindern hervorgegangen ist, politisch zumeist national ausgerichtet, 1933–36 verboten und in die NS-Jugendorganisationen integriert.

200,16 f. **Heimat, deine Sterne:** Lied aus dem Film *Quax, der Bruchpilot* (vgl. Anm. zu 27,6 f.) aus dem Jahr 1941; Musik von Werner Bochmann (1900–1993), Text von Erich Knauf (1895–1944).

224,12 f. **Andernach ... Hadamar:** In der hessischen Tötungsanstalt Hadamar wurden 1941–45 ungefähr 14500 Menschen mit Behinderungen und psychischen Erkrankungen ermordet. Unter den neun Anstalten, in welchen Betroffene zur »Zwischenlagerung« untergebracht wurden, bevor sie nach Hadamar verlegt und ermordet wurden, war auch die Provinzial-Heil- und Pflegeanstalt (PHP) Andernach.

244,5 f. **Heute gehört ... ganze Welt:** berüchtigte Zeilen aus dem Volkslied *Es zittern die morschen Knochen* von Hans Baumann (1914–1988) aus dem Jahr 1932, das sich in der NS-Zeit großer Beliebtheit erfreute. Nach heutigem Recht gilt das Lied als nationalsozialistisches Kennzeichnen, dessen Verwendung strafbar ist.

269,3 f. **Halte dein Blut ...:** Gedicht des nationalsozialistischen Schriftstellers Will Vesper (1882–1962).

270,14 f. **General Paulus:** Friedrich Wilhelm Paulus (1890–1957), Kommandeur der 6. Armee und deutscher Oberbefehlshaber während der Schlacht von Stalingrad.

271,13–17 **Willi Ostermann ... ›Heimweh noh Kölle‹:** vgl. Anm. zu 40,7.

272,4 **Großer Gott, wir loben dich:** Kirchenlied; der deutsche Text wurde von Ignaz Franz 1768 nach dem lateinischen Gesang »Te Deum laudamus« (›Dich, Gott, loben wir‹) gedichtet.

292,20 f. **konstantinische Kreuz:** auch Christusmonogramm oder Chi-Rho; Symbol für Jesus Christus, das aus den übereinandergeschriebenen Anfangsbuchstaben von »Christus« in griechischer Schrift, X (Chi) und P (Rho), besteht.

297,25 **62. Armee:** Großverband der Roten Armee, der die Hauptlast der sowjetischen Verteidigung Stalingrads trug

298,29 f. **Millowitsch:** privates Theater in Köln, das 1936 von der Schauspielerfamilie Millowitsch gegründet wurde und bis 2014 bestand

303,24 **Wilde Gesellen ...:** Teil der ersten Strophe eines bekannten Wanderlieds, das Anfang der 1920er Jahre erstmals veröffentlicht wurde und in den Jugendbewegungen besonders beliebt war.

309,15 **Riefenstahl:** Leni Riefenstahl (1902–2003), deutsche Filmregisseurin und Schauspielerin, die in der NS-Zeit u. a. Propagandafilme drehte.

313,8 **»Wettflug der Nationen« ... Hans Dominik:** 1933 veröffentlichter Science-Fiction-Roman des deutschen Schriftstellers Hans Dominik (1872–1945).

315,6 **Willy Schneider:** Kölner Volks- und Schlagersänger (1905–1989).

315,6 f. **Schwenn-Schaeffers**: die deutschen Textdichter Günther Schwenn (1903–1991) und Peter Schaeffers (1911–1970).

315,7 **Hans Carste:** deutscher Dirigent und Komponist (1909–1971).

319,12 **nur um Fußball:** *Das große Spiel*, erfolgreicher Sportfilm aus dem Jahr 1942.

319,13 **Lucy Millowitsch:** deutsche Schauspielerin (1905–1990), die in Köln zeitweise das gleichnamige Theater (vgl. Anm. zu 298,29 f.) leitete.

329,23 **Wir lagen vor Madagaskar:** 1934 entstandenes Volkslied, das dem Schauspieler, Komponisten und Schlagertexter Just Scheu (1903–1956) zugeschrieben wird und von den Edelweißpiraten umgedichtet wurde.

335,22 f. **Mariä Empfängnis:** katholisches Kirchenfest, das jährlich am 8. Dezember, neun Monate vor Mariä Geburt (9. September), gefeiert wird

336,27 f. **Rede des Führers ... Löwenbräukeller:** Hitler hielt am 8. November 1942 in einer Münchner Bierhalle eine Rede, die den deutschen Sieg beschwor und auch als »Stalingrad-Rede« bezeichnet wird.

341,1 **Putsch von Hitler:** Die NSDAP unternahm am 8. und 9. November 1923 unter der Führung Hitlers und Erich Ludendorffs (1865–1937) einen Putschversuch im Münchner Bürgerbräukeller, um die Berliner Regierung zu stürzen. Der Versuch scheiterte, die NSDAP wurde verboten und Hitler sowie die übrigen Beteiligten wegen Hochverrats angeklagt.

341,12 f. **gegen uns gewendet:** Mit der Niederlage in der Schlacht von El-Alamein (Ägypten) am 4. November 1942 endete der Vormarsch der deutschen und italienischen Truppen in Nordafrika.

344,12–17 **Nun aber bleibt ... unter ihnen:** Neues Testament, 1. Korinther 13,13. Die drei theologischen Tugenden Glaube, Hoffnung und Liebe sind Werte, die im christlichen Glauben eine besondere Bedeutung haben.

3. Zeittafel

1933

Januar. Ernennung von Adolf Hitler zum Reichskanzler, erste Maßnahmen zur totalen Machtergreifung beginnen. Politische Gegner werden unter Druck gesetzt.

Februar. Brandstifter legen ein Feuer im Reichstag, Reichspräsident Hindenburg erlässt eine Notverordnung: Die Bürgerrechte werden außer Kraft gesetzt, Presse- und Meinungsfreiheit eingeschränkt. Neuwahlen werden ausgerufen. Der Terror durch die NS-Organisationen beeinflusst die Wahl massiv, die SA (Sturmabteilung), paramilitärische Kampforganisation der NSDAP, schüchtert politische Gegner ein.

März. Die NSDAP wird mit über 40 Prozent stärkste Partei, Hitler bleibt mit Unterstützung der Deutschnationalen Volkspartei an der Macht. Umgehend beginnt die Verfolgung politisch unliebsamer Parteien, insbesondere der Sozialdemokraten. Im Laufe des Jahres werden alle anderen Parteien verboten. Auch in Köln übernimmt die NSDAP die Macht, der Kölner Oberbürgermeister Konrad Adenauer muss fliehen. Mit dem Ermächtigungsgesetz wird letztendlich die Abschaffung der Demokratie beschlossen: Aufhebung der Gewaltenteilung, Legislative und Exekutive liegen in der Hand der Regierung. Sie kann nun ohne Kontrolle Gesetze erlassen und diese mittels des Verwaltungsapparats und der Polizei durchsetzen.

April. Wichtige Gesetze werden erlassen, durch die Gegner des Nationalsozialismus aus allen öffentlichen Funktionen entfernt werden, z. B. der »Arierparagraph«: Menschen jüdischer Religion werden aus dem Beamtentum ausgeschlossen. In den nächsten Jahren werden Juden aus allen Bereichen des gesellschaftlichen Lebens ausgegrenzt. In Köln leben zu diesem Zeitpunkt noch 20 000 Juden.

Am 1. April sorgt die NSDAP dafür, dass der Hass auf die Juden sich erstmals in großem Stil entlädt: Boykott jüdischer Geschäfte, Handwerker, Ärzte.

Die Gleichschaltung der Verwaltungs- und Regierungsstrukturen, Justiz, Universitäten, Jugendorganisationen beginnt. Am Ende gibt es für alles eine nationalsozialistische Vereinigung: Hitlerjugend (HJ), Bund Deutscher Mädel (BDM), NS-Lehrerbund, NS-Frauenschaft, NS-Kraftfahrerkorps usw.

Juni. Die Hitlerjugend wird der einzig zugelassene Jugendverband. Kirchliche und freie Organisationen werden eingegliedert oder aufgelöst. Hatte die HJ im Januar 1933 ungefähr 108 000 Mitglieder, sollten es zwei Jahre später schon vier Millionen sein. Schon bald bilden sich Gruppen von unangepassten Jugendlichen: Navajos, Edelweißpiraten, Leipziger Meuten, Swings, Kittelbachpiraten u.a.

September. Die Gründung der Reichskulturkammer organisiert die Überwachung des kulturellen Lebens. Nur Mitglieder dürfen in Kunst, Theater, Film, Presse oder als Schriftsteller arbeiten. Juden sind komplett ausgeschlossen. Den Rundfunk, der zukünftig das wichtigste Mittel zur Propaganda sein wird, bringt Reichsminister Dr. Joseph Goebbels unter seine Kontrolle.

November. Reichstagswahl, zu der nur die NSDAP in einer Einheitsliste antritt. Das Motto lautet: »Ein Volk, ein Reich, ein Führer«.

Die Wahl ist geheim, aber nicht frei. Die Zustimmung liegt bei über 90 Prozent.

Dezember. Laut Gesetz sind die NSDAP und der Staat »unlöslich« miteinander verbunden. Alles wird der Nazi-Ideologie und deren Parteivertretern untergeordnet. Praktisch bedeutet das, dass in Zukunft z. B. der NSDAP-Gauleiter von Köln mehr Macht besitzt als der Oberbürgermeister.

1934

Juni. SS-Reichsführer Heinrich Himmler übernimmt die Macht in der Sicherheitspolitik. Das erste Konzentrationslager zur Internierung politischer Gegner wird im März 1933 in Dachau errichtet, weitere folgen und werden der SS (Schutzstaffel) unterstellt. NS-Gegner, Juden, Homosexuelle, Sinti und Roma werden interniert und getötet. 29 Haupt- und 1200 Nebenlager bilden ein Netz des Terrors. Darunter auch das KZ Moringen, das zeitweise speziell für Jugendliche genutzt wird.

Mit der Gründung der Geheimen Staatspolizei (Gestapo) wird die Bevölkerung immer lückenloser überwacht. Zivile Gestapo-Spitzel sorgen für ein Klima der Angst und Unterdrückung.

August. Reichspräsident Hindenburg stirbt. Hitler übernimmt das Amt und trägt fortan den Titel Führer und Reichskanzler. Die Soldaten der Wehrmacht müssen künftig den Treueeid auf ihn persönlich leisten.

1935

Juni. Der Reichsarbeitsdienst (RAD) wird für alle jungen Männer (für Frauen ab 1939) verpflichtend eingeführt. Er dient der Verringerung der Arbeitslosigkeit und der Erziehung zu »guten« Nationalsozialisten. Im Krieg stehen für beide Geschlechter militärische Aufgaben im Vordergrund.

September. Die »Nürnberger Gesetze« bilden die »gesetzmäßige« Grundlage für weitere rassistische und antisemitische Verfolgungen. Im Blutschutzgesetz wird geregelt, dass nur »reinrassige Arier« heiraten dürfen. Außerehelicher Geschlechtsverkehr mit Juden wird als Rassenschande unter schwere Strafe gestellt.

Juden werden alle staatsbürgerlichen Rechte aberkannt, bei einer Ausreise oder Deportation verlieren sie zudem ihr Vermögen, Rentenansprüche usw.

1936

Juni. Himmler wird Chef der Deutschen Polizei. Er ist nur Hitler persönlich verantwortlich und vereint mit der SS, der Gestapo und der Polizei sämtliche sicherheitspolitische Macht. Später werden die SS-Totenkopfverbände zur eigenständigen Organisation, zuständig für den Betrieb und die Bewachung der KZ. Im Krieg wird die Waffen-SS hinzukommen, die u.a. die Massenerschießungen von Juden, Kriegsgefangenen und Zivilisten in besetzten Gebieten vorantreibt.

Oktober. Zwangssterilisationen von Menschen mit geistiger Behinderung oder Erbkrankheiten bekamen schon 1933 eine gesetzliche Grundlage. Das »Gesetz zum Schutze der Erbgesundheit des deutschen Volkes« setzt das fort. Das gipfelt in der Vernichtung von »unwertem Leben« durch Euthanasieprogramme. Geistig behinderte Menschen werden in angeblichen Heilanstalten wie Hadamar mittels Giftspritzen oder Vergasung getötet oder man lässt sie verhungern und an Krankheiten sterben.

1937

Juli. Die Verfolgung von Künstlern, Schriftstellern und Intellektuellen wird weiter vorangetrieben. Vertreter der oppositionellen protestantischen Bekennenden Kirche werden verhaftet.

September. Seit dem Ersten Weltkrieg finden zum ersten Mal große Manöver der Wehrmacht statt. Gleichzeitig beginnt in Berlin eine Luftschutzwoche mit zahlreichen Übungen. Die Vorzeichen für einen Krieg sind kaum noch zu übersehen. Kurz darauf legt Hitler der Führung der Wehrmacht seine Pläne für die Besetzung von Österreich und der Tschechoslowakei vor.

1938

März. Hitler treibt den Anschluss Österreichs an das Deutsche Reich voran. In einer Volksabstimmung bestätigen die Österreicher, dass sie nunmehr Teil von Nazi-Deutschland sind.

Oktober. Die Wehrmacht besetzt das Sudetenland (Tschechoslowakei). Die Nachbarstaaten, Großbritannien und die USA schreiten nicht ein. Sie glauben, sie könnten mit der sogenannten Beschwichtigungspolitik weitere Übergriffe verhindern.

November. Die geballte Wut der Nationalsozialisten richtet sich wieder gegen die Juden: In der sogenannten Reichskristallnacht zerstören SA- und SS-Trupps massenhaft jüdische Geschäfte, zünden Synagogen an. Es ist der Ausgangspunkt für die endgültige und bald völlig hemmungslose Vernichtung der Juden.

1939

September. Angriff auf Polen durch die Wehrmacht und Besetzung des Landes, der Zweite Weltkrieg beginnt. Großbritannien und Frankreich erklären Deutschland den Krieg.

November. Hitler und der sowjetische Führer Stalin teilen Polen unter sich auf. Noch spüren die Menschen im Deutschen Reich wenig vom Krieg. Erste Gefallene werden beklagt, einige Waren werden bereits rationiert, so bekommt man Kleidung schon jetzt nur gegen Bezugskarten, die sogenannten Reichskleiderkarten. Bald wird es auch Lebensmittelmarken und Bezugsscheine für fast alle Alltagsgüter geben: Fettkarte, Raucherkarte usw.

1940

Mai. Der Angriff gegen Frankreich beginnt und findet schon im Juni mit einem Waffenstillstandsabkommen sein Ende, weshalb er auch als »Blitzkrieg« bezeichnet wird. Die Wehrmacht nimmt große

Teile Frankreichs, die Niederlande, Belgien und Luxemburg ein. Zuvor hatte sie Schweden und Norwegen besetzt. Kurz darauf tritt Italien auf der Seite Deutschlands in den Krieg ein.

August. Die Luftschlacht um England beginnt. Im Laufe des Jahres kommt es zur massiven Bombardierung. Die Stadt Coventry wird im November fast völlig zerstört. Insgesamt sterben über 40 000 Menschen bei den Angriffen. Die Luftabwehr der Briten ist stärker, als Hermann Göring, der Oberbefehlshaber der deutschen Luftwaffe, es erwartet hat. Bald beginnen die Gegenschläge der Briten.

1941

Juni. Unter dem Decknamen »Unternehmen Barbarossa« beginnt der Russlandfeldzug mit über drei Millionen Soldaten. Hitler bezeichnet diesen Feldzug als Vernichtungskampf: Es soll Lebensraum für das deutsche Volk gewonnen und auf die Zivilbevölkerung keine Rücksicht genommen werden. Er fordert Offiziere und Truppen indirekt zu den schlimmsten Kriegsverbrechen auf. Massenerschießungen und Terror gegen die Menschen in den besetzten Gebieten sind die Folge.

September. Im Sommer beschließt die NS-Führung, dass alle europäischen Juden ermordet werden sollen. Der Judenstern wird eingeführt: ein gelber sechszackiger Aufnäher mit dem Wort JUDE darauf.

Oktober. Im Herbst richten die Kölner Behörden in Köln-Müngersdorf Baracken für ein Sammellager ein, in dem Juden aus Köln bis zu ihrem Abtransport eingesperrt werden. Zum Netz der Konzentrationslager im Deutschen Reich und in den bisher besetzten Gebieten, die vorwiegend als Straf- und Arbeitslager genutzt wurden, kommen nun die zur industrialisierten Vernichtung ausgebauten Lager wie Auschwitz in Polen. Allein in Auschwitz-Birkenau wird die SS über eine Million Menschen ermorden, größtenteils Juden sowie Sinti und Roma aus ganz Europa.

Am 22. Oktober fährt in Köln-Deutz der erste Zug mit Kölner Juden ab, zunächst in das Ghetto Litzmannstadt (Łódź/Polen).

Dezember. Die japanische Luftwaffe greift die US-Pazifikflotte in Pearl Harbour auf Hawaii an. Die USA erklären Deutschland, das mit Japan verbündet ist, den Krieg.

Am 7. Dezember startet ein weiterer größerer Transport von

Kölner Juden in das Ghetto Riga (Lettland). Bis Mitte 1942 wird die Gestapo die Deportation fast der gesamten jüdischen Bevölkerung Kölns, vormals 20 000 Menschen, organisieren.

Der anfangs schnelle Russlandfeldzug kommt im Winter ins Stocken.

1942

Mai. Mit dem 1000-Bomber-Angriff am 30./31. Mai erreicht der Luftkrieg eine neue Eskalationsstufe. In Köln vollzieht sich der Wechsel von der noch halbwegs »geordneten« Kriegsgesellschaft in eine Überlebensgesellschaft, in der von Monat zu Monat bis zum totalen Zusammenbruch 1945 immer mehr soziale, politische und moralische Werte an Bedeutung verlieren.

Väter und Brüder stehen an der Front, die zurückgebliebenen Mütter und Großmütter, die sonst Halt und Schutz gewährleisteten, sind mit dem täglichen Überlebenskampf beschäftigt. Von Tag zu Tag müssen Kinder und Jugendliche selbst entscheiden, was richtig oder falsch ist.

Juni. Im Juni 1942 beginnt eine neue Offensive im Osten, deren besonderes Ziel die Einnahme von Stalingrad ist. Bis in den Spätsommer stoßen die deutschen Truppen vor, im Herbst haben sie

Abb. 2: Das zerstörte Stadtzentrum von Köln, April 1945

90 Prozent der Stadt (unter jetzt schon heftigen Verlusten) eingenommen. Weitere Transporte von Kölner Juden gehen ins KZ Theresienstadt. Am Ende werden dorthin 2514 jüdische Menschen verschleppt, 231 davon überleben das Dritte Reich.

November. 330 000 Soldaten der Wehrmacht werden in Stalingrad von der Roten Armee eingekesselt. Hitler befiehlt den deutschen Truppen auszuharren. Die Lage der Soldaten im Kessel ist aussichtslos, sie sind nicht gegen den erbarmungslosen russischen Winter gerüstet.

Dezember. Bei einer Verhaftungswelle erleiden die Gruppen der Edelweißpiraten einen Rückschlag. Die Ermittlungen und Prozesse dauern bis Mitte 1943 an. Viele der jungen Männer entgehen einer Verfolgung durch die freiwillige Meldung an die Front oder zum Reichsarbeitsdienst. Mädchen werden kaum noch aktenkundig. Immer mehr Jugendliche entziehen sich jedoch der Hitlerjugend.

1943

Januar. Die bisher überlebenden Soldaten in Stalingrad können der Roten Armee fast nichts mehr entgegensetzen. Hitler verbietet die Kapitulation, am 31. Januar geht Generalfeldmarschall Paulus mit seinen Offizieren und Truppen in die Gefangenschaft. Von 110 000 Soldaten der Wehrmacht und verbündeten Truppen, die in Gefangenschaft gerieten, werden nur 6000 in ihre Heimat zurückkehren. Über 700 000 Menschen kommen in den Kämpfen um Stalingrad ums Leben, die meisten davon sind russische Soldaten. Die Schlacht um Stalingrad stellt den psychologischen Wendepunkt des Krieges dar.

Februar. Der Luftkrieg gegen die deutschen Städte wird von Monat zu Monat intensiver. Die Menschen werden immer kriegsmüder, halten dem Regime aber die Treue. Die Gestapo verschärft die Verfolgung beim geringsten Versuch des Widerstands. Schon kleine Vergehen werden als Hochverrat und Wehrkraftzersetzung strengstens geahndet.

Goebbels hält am 18. Februar eine Rede, die über den Rundfunk im ganzen Reich verbreitet wird. Der Propagandaminister peitscht das Publikum auf, fordert Opferbereitschaft, größte Anstrengungen bis zum letzten Einsatz für Führer, Volk und Vaterland. »Wollt ihr den totalen Krieg?«, schreit er heraus. Die Antwort aus vielen Kehlen lautet: »Ja!« – nicht zuletzt weil viele mittlerweile wissen, dass die im Namen des deutschen Volkes begangenen Verbrechen auf jeden Einzelnen zurückfallen könnten.

Juni. Am 29. Juni, beim sogenannten Peter-und-Paul-Angriff, macht der nächste besonders verheerende Schlag die Kölner Innenstadt fast dem Erdboden gleich. Das Ziel steht fest: Die Moral der Zivilbevölkerung soll gebrochen werden. Aber die Deutschen machen weiter mit, halten Adolf Hitler und dem Nationalsozialismus die Treue, bis zum bitteren Ende.

1944

Juni. Unter Verlusten gelingt britischen und amerikanischen Truppen am sogenannten D-Day die Landung an der Küste der Normandie im Norden Frankreichs. Gegen die Gegenwehr der Deutschen marschieren die Alliierten weiter und befreien Paris im August.

Wie in anderen besetzten Gebieten kommt es auch dort zu brutalen Massakern: Als Vergeltung für einen ermordeten SS-Offizier töten deutsche Truppen im französischen Ort Oradour-sur-Glane alle 642 Einwohner.

Juli. Im Osten marschiert die Rote Armee in einer Gegenoffensive vor und erreicht die Grenzen Polens. Vorher räumt die SS das Vernichtungslager Lublin-Majdanek, in dem über eineinhalb Millionen Menschen getötet wurden. Die letzten Häftlinge liquidiert die SS oder treibt sie in Todesmärschen Richtung Westen.

Am 20. Juli misslingt das Attentat der Widerstandgruppe um Oberst Claus Graf Schenk von Stauffenberg. Eine Vielzahl von Widerständlern des Netzwerks wird verhaftet, in Schauprozessen verurteilt und hingerichtet.

September. Erstmalig erreichen alliierte Truppen bei Trier das ehemalige Gebiet des Deutschen Reiches. Auf allen Ebenen beginnen Maßnahmen, die der Aussichtslosigkeit der Kriegführung geschuldet sind. Hitler veranlasst, dass alle wehrfähigen Männer zwischen 16 und 60 Jahren für den »Volkssturm« erfasst werden. Im KZ Theresienstadt beginnt die Deportation von 18 000 Juden in das Vernichtungslager Auschwitz-Birkenau.

November. In den vom Luftkrieg betroffenen Städten geht es nur noch um das reine Überleben. Im Herbst 1944 greift die Gestapo eine Gruppe auf, zu der auch der Edelweißpirat Bartholomäus »Barthel« Schink gehört. Er wird ohne Prozess von der Gestapo mit zwölf anderen Gefangenen, darunter fünf weitere Jugendliche, öffentlich in Köln-Ehrenfeld gehenkt.

1945

Januar. In Polen beginnt die Winteroffensive der Roten Armee. Die deutsche Wehrmacht verliert weiterhin an allen Fronten an Boden. Die Rote Armee befreit das Vernichtungslager Auschwitz, in dem die Soldaten noch 7600 ausgemergelte Häftlinge vorfinden, die dem Tod näher sind als dem Leben.

Februar. Bei einem schweren Luftangriff der Amerikaner kommen in Berlin rund 3000 Menschen ums Leben. Angriffswellen auf Dresden fordern ca. 20 000 Opfer.

Die letzten deutschen Einheiten ziehen sich aus Belgien zurück. Die NSDAP ruft nun sogar Frauen und Mädchen zum Hilfsarbeitsdienst beim Volkssturm auf.

Die britischen Einheiten beginnen an der Westfront eine Offensive, um die Wehrmacht bis zum rechten Rheinufer zurückzudrängen.

März. Die Wehrmacht beruft alle Jungen des Jahrgangs 1929, also alle 16-Jährigen, zum Kriegsdienst ein. Mit dem »Verbrannte-Erde-Befehl« ordnet Hitler die Zerstörung aller Industrie- und Versorgungseinrichtungen beim Rückzug an. Der Kampf bis zum letzten Tropfen Blut wird befohlen.

Köln wird von den Alliierten besetzt. Amerikanische Einheiten können bei Remagen eine unzerstörte Eisenbahnbrücke über den Rhein besetzen.

April. Der Reichsführer-SS Himmler gibt den Befehl, dass alle männlichen Bewohner in Häusern, an denen weiße Kapitulationsflaggen gezeigt werden, standrechtlich erschossen werden sollen.

Amerikanische Einheiten befreien das KZ Buchenwald. Was sie zu sehen bekommen, übersteigt jegliche Vorstellungskraft. Die letzten Wehrmachtstruppen im eingekesselten Ruhrgebiet ergeben sich.

Am 22. April dringt die Rote Armee in das Stadtgebiet von Berlin ein. Hitler begeht am 30. April im Führerbunker in Berlin Selbstmord.

Mai. Am 8. Mai tritt die bedingungslose Kapitulation aller deutschen Streitkräfte in Kraft. Der Krieg und die Herrschaft der Nationalsozialisten sind beendet.

Die amerikanische Besatzungsmacht setzt den letzten frei gewählten Oberbürgermeister Konrad Adenauer von Köln wieder ins Amt ein. In Köln sind 90 Prozent der Innenstadt zerstört. Von den über 750 000 Einwohnern der Vorkriegszeit leben noch ungefähr 50 000 in und unter den Ruinen der einstigen Metropole. Bei den Luftangriffen starben 20 000 Menschen in Köln, weitere 20 000 Kölner ließen ihr Leben an der Front. 11 000 Kölner Juden starben in den Konzentrationslagern, die Zahl der Opfer unter den Sinti, Roma, Behinderten, Zwangsarbeitern, Homosexuellen und politischen Gegnern beläuft sich auf ungefähr 4000.

4. Martin Rüther: Unangepasste Jugendliche im Dritten Reich – Versuch einer Würdigung

Unangepasstes Jugendverhalten ist ein Phänomen, das zwischen 1933 und 1945, verstärkt während des Zweiten Weltkriegs, in zahlreichen deutschen Großstädten in Erscheinung trat. Überall schlossen sich Jugendliche beiderlei Geschlechts in losen, informellen Gruppen zusammen: in den sogenannten Leipziger »Meuten« oder den Münchener »Blasen«, nannten sich »Schlurfs« in Wien oder »Swing-Jugend« in Norddeutschland. In den rheinisch-westfälischen Großstädten bezeichneten sie sich als »Navajos«, »Tampicos« oder »Kittelbachpiraten«. Im Krieg wurden sie dann – zumindest im Sprachgebrauch von Gestapo, Reichsjugendführung und anderen Überwachungsinstanzen – immer häufiger und undifferenzierter als »Edelweißpiraten« klassifiziert.

Bei allen oft sehr ausgeprägten Unterschieden hatten all diese lockeren Zusammenschlüsse vor und während des Krieges eines gemein: Sie vereinte die Ablehnung des militärischen Drills und der Entmündigung in der Hitlerjugend sowie das Streben nach selbstbestimmter Freizeit. Bunte Wanderkluft und Abzeichen am Revers – wie ebenjenes namensgebende und damals ungeheuer beliebte Edelweiß – dienten ihnen als Erkennungszeichen und zugleich als deutliche Abgrenzung gegenüber der uniformierten Hitlerjugend. Bei allen Unternehmungen spielte das gemeinsame Singen und Musizieren in sämtlichen Gruppen eine wichtige Rolle und »Klampfen« fehlten bei kaum einem Treffen.

Die Jugendlichen stammten oft aus Arbeiterfamilien und waren vielfach bereits berufstätig. Nach Feierabend und vor allem an den Wochenenden entflohen sie dem tristen Alltag in engen Wohnungen, den schmutzigen Betrieben und seit 1940/41 auch den Folgen des Bombenkriegs. Sie trafen sich in Parks und auf Plätzen, später zunehmend an öffentlichen Bunkern, wo sie ihre knapp bemessene Freizeit gemeinsam mit Freunden verbrachten. Die meisten Jugendlichen nutzten die Wochenenden, Feiertage und ihre wenigen Urlaubstage zu Wanderungen in der Umgebung oder zu »Großfahrten« – mehrtägigen Radtouren oder Trampfahrten in entferntere Gebiete des Deutschen Reiches oder ins benachbarte Ausland.

Mädchen und Jungen

Freie und selbstbestimmte Sexualität war im NS-Staat, der nur die heterosexuelle Partnerschaft »arischer« Deutscher zuließ, ein Tabu; sexuelle Kontakte hatten der »Volksgemeinschaft« und daher der Zeugung möglichst vieler »arischer« Kinder zu dienen. Die Frau wurde auf die Funktion als Mutter und »Kameradin« des Mannes reduziert. Es war nicht zuletzt die Hitlerjugend, die den Heranwachsenden diese Rollenbilder vermitteln sollte. Sie war streng nach Geschlechtern getrennt, und sofern es zu Kontakten zwischen Mädchen und Jungen kam, durften diese bloß auf der Basis von »Kameradschaft« stattfinden, hinter der sich eine rigide Zwangsmoral verbarg. So ist es wenig erstaunlich, dass sich die meisten unangepassten Jugendlichen in gemischten Gruppen zusammenfanden, wodurch sie der Hitlerjugend zusätzlich suspekt waren. Und selbst ausgesprochene Jungengruppen, die wie der Kölner »Klub der Edelweißpiraten« per »Satzung« eine Mitgliedschaft von Mädchen ausschlossen, stellten ausdrücklich fest: »Das Mädel gehört zum Fahrtenjungen. Er aber auch zu ihr.« Die selbstbestimmte Gestaltung der Freizeit war das zentrale Ziel der Unangepassten, und hierzu zählte

Abb. 3 (oben): Edelweißpiraten und -piratinnen beim Kleidertausch »auf Fahrt«, 1941/42. – Foto: NS-Dokumentationszentrum der Stadt Köln
Abb. 4 (rechte Seite): Bundestracht des BDM. – Abbildung: *Organisationsbuch der NSDAP*, München 1936, Tafel 60

eben auch das – weitgehend – ungezwungene Zusammentreffen der Geschlechter.

Für die meisten Mädchen bot die Teilhabe am Gruppengeschehen mehr noch als für die Jungen die erste Gelegenheit, fern von gesellschaftlichen Zwängen Erfahrungen mit dem anderen Geschlecht zu sammeln. Aber gerade ihr öffentliches Auftreten als nichtkonforme

junge Frauen widersprach völlig dem Mädchen- und Frauenbild des Nationalsozialismus: Anstatt sich zu Hause und im BDM auf ihre Rolle als Hausfrau und Mutter vorzubereiten, entschieden die Mädchen in den unangepassten Jugendgruppen selbst über ihre Kleidung, ihre Freizeitaktivitäten und ihre Freunde. Durch die damit zwangsläufig verbundene Ablehnung des weithin akzeptierten »offiziellen« Frauenbilds standen sie stets unter großem öffentlichen Druck. Die damalige Stigmatisierung und die damit verbundene gesellschaftliche Abwertung wirkten bis ins 21. Jahrhundert fort, weshalb sich nur wenige Zeitzeuginnen bereitfanden, über ihre Zeit als Edelweißpiratinnen zu berichten. Daher ist bis heute nur wenig über die Motive der Mädchen und ihre Rolle innerhalb der Gruppen bekannt.

Zudem betrachtete der NS-Verfolgungsapparat unangepasste Mädchen – ganz im damaligen Frauenbild gefangen – selten als Akteure. Wenn sie bei Razzien und anderen Aktionen gefasst wurden, verzichtete man auf ihre Inhaftierung oder schickte sie nach einer Ermahnung auf der jeweiligen Polizeiwache direkt wieder nach Hause. Dementsprechend dürftig sind die Informationen über Mädchen in den Akten von Gestapo und Justiz. Und wenn man solche findet, ging es der Gestapo weniger um eine eventuelle Ablehnung des NS-Staates, sondern weit häufiger – und in aller Regel vergebens – um den Nachweis verbotener sexueller Handlungen. Sie habe, so die typische Erklärung einer Edelweißpiratin im Gestapo-Verhör, »an den Fahrten teilgenommen, weil ihr das freiere Leben besser gefiel als beim BDM«.

Überwachung, Gestapo und Repression

Seit 1933 setzte die Reichsjugendführung nicht nur alles daran, die Jugend streng im NS-Sinne zu erziehen, sondern war mit Unterstützung der Gestapo bestrebt, jegliches jugendliches Denken und Handeln innerhalb wie außerhalb der Hitlerjugend möglichst engmaschig zu kontrollieren. Dabei wurden im streng normierten und hierarchisch strukturierten NS-Staat natürlich insbesondere die unangepassten Jugendgruppen skeptisch betrachtet und massiv verfolgt. Als spezielles Kontrollgremium wurde der HJ-Streifendienst eingerichtet, der neben der Überwachung des ordnungsgemäßen Auftretens der Hitlerjugend in der Öffentlichkeit in erster Linie abweichendes Jugendverhalten aufdecken und sanktionieren sollte. Ohne eigene Strafbefugnis meldete diese »HJ-Polizei« Verstöße entweder an höhere Dienststellen der Hitlerjugend oder alarmierte Gestapo bzw. Ordnungspolizei. Ohnehin konnten die einzelnen Gliederungen der Hitlerjugend bei der Überwachung und Verfolgung unangepasster Jugendlicher auf die Unterstützung des gesamten NS-Überwachungs- und Verfolgungsapparats zählen: Staatliche und kommunale Instanzen erließen wunschgemäß Verbote, die Ordnungspolizei sorgte für deren Einhaltung, und die Gestapo war jederzeit nur zu gern zum massiven Eingreifen bereit, wobei sie zumeist mit dem mehr als fragwürdigen Vorwurf »bündischer Umtriebe« agierte. Staatsanwälte setzten anschließend die oft recht vagen Ermittlungsergebnisse der Gestapo in Anklageschriften um, die dann vor Jugend-, Amts-, Land- und Sondergerichten verhandelt wurden, deren Richter die Jugendlichen nicht selten zu empfindlichen Strafen verurteilten. In den meisten Fällen endeten die in aller Regel mit beträchtlichem Aufwand betriebenen Ermittlungen der Gestapo jedoch mit Verwarnungen oder kleinen Geldbußen.

Insgesamt betrachtet entwickelte sich die Gestapo zur zentralen Instanz bei der Verfolgung unangepassten Jugendverhaltens. Auf der Grundlage von Berichten des HJ-Streifendienstes erfassten sie die Personalien der aufgegriffenen Jugendlichen und bauten damit umfangreiche Personenkarteien auf. Schon beim leisesten Verdacht politisch motivierter Vergehen nahmen Gestapo-Beamte Ermittlungen auf, luden die beschuldigten Jugendlichen in die gefürchteten Gestapo-Dienststellen vor, behandelten sie dort oft erkennungsdienstlich und befragten sie unter oft massiven Repressionen zu den Vorwürfen der »bündischen Betätigung«.

Wenn es in der Regel auch bei Verwarnungen und der Aufforderung blieb, sich künftig von solchen unangepassten Gruppen fernzuhalten, dürften die angstbesetzten Besuche etwa in der Kölner Gestapo-Zentrale im »EL-DE-Haus« erhebliche Wirkungen bei den meisten Heranwachsenden hinterlassen haben. Für den Wiederholungsfall drohten die Beamten beispielsweise die Einweisung in ein Arbeitserziehungslager an. Auch »verschärfte Vernehmungen« durch körperliche Folter und Stockschläge gehörten zum »Maßnahmenkatalog« der Staatspolizei, der auch gegen Jugendliche angewandt wurde. Im Rahmen größerer Ermittlungsverfahren führte die Gestapo zudem Razzien, Hausdurchsuchungen oder Postkontrollen durch. So belegen beispielsweise die – nur für diesen Zeitraum überlieferten – Einlieferungsanzeigen der Arbeitsanstalt Brauweiler, dass allein zwischen Oktober 1943 und Anfang Februar 1944 weit über 200 Kölner Jugendliche dort eingewiesen wurden, um Tage oder auch mehrere Wochen in Gestapo-Haft zu verbringen.

Dennoch ließen sich viele Jugendliche von derartigen Drohungen und Maßnahmen nicht dauerhaft abschrecken. Viele Zeitzeugen und Zeitzeuginnen berichten, sie hätten direkt nach Verhör oder Entlassung und trotz strenger gegenteiliger Anweisungen umgehend wieder die Treffpunkte ihrer Gruppen aufgesucht.

Versuch einer Würdigung

Was wollten die unangepassten Jugendlichen der NS-Zeit tatsächlich erreichen? Die meisten verstanden sich nicht als politische Bewegung und erst recht nicht als ausgewiesene Widerstandskämpfer. Allerdings ist es nahezu unmöglich, die jeweiligen Motivlagen von Gruppen oder Einzelner ihrer Angehörigen in der Rückschau exakt zu bestimmen. Es gab eben »solche und solche«, also Jugendliche, denen es in erster Linie um unbeschwerte Freizeitgestaltung ging, aber eben auch jene, die politischer orientiert waren und über mögliche Formen widerständigen Handelns nachdachten. Dabei scheint zumindest eines recht klar zu sein: Unterschiedliche Grade an politischem Bewusstsein und daraus eventuell resultierender Ablehnung der Verhältnisse im NS-Staat wurden in den Gruppen der Edelweißpiraten nicht nur toleriert, sondern deren Angehörige waren sich zugleich weitgehend sicher, dass nichts Belastendes nach außen drang. Tatsächlich sind beispielsweise für Köln bislang keine Fälle bekannt geworden, in denen es Denunziationen aus einer Gruppe heraus gegeben hätte. Die umfangreichen Verhaftungen im Dezember 1942 waren durch einen von außen eingeschleusten Spitzel ermöglicht worden.

Nach bislang vorliegenden Erkenntnissen scheint es mit Blick auf die Kölner Verhältnisse auch so gewesen zu sein, dass die Navajos der Vorkriegszeit konfliktbereiter waren als die Edelweißpiratengruppen der ersten Kriegsjahre. Sie waren offenbar deutlich zurückhaltender, gingen Kontrollen und Konflikten möglichst aus dem Weg und suchten jenseits des eskalierenden Bombenkriegs in erster Linie das gemeinsame Erlebnis des Wanderns und Singens. Erst in der zweiten Kriegsphase, als sich die Reihen durch Einberufungen,

Arbeitsdienst und Kriegshilfsdienste zusehends lichteten, trat in den – nun zumeist mädchenlosen und jüngeren – Gruppen offenbar ein neuerlicher Wandel hin zu größerer Risikobereitschaft ein.

Bei aller zeitlichen Binnendifferenzierung sollte das Phänomen des unangepassten Jugendverhaltens während der NS-Zeit stets in seiner Gesamtheit gewürdigt werden. Dabei dürfte unbestritten sein, dass diese Jugendlichen – unabhängig von ihrer Herkunft und ihren jeweils persönlichen Motiven – allein schon durch die Art und Weise ihres Auftretens deutlich zeigten, dass sie sich der aggressiven Gemeinschaftsideologie des NS-Regimes zumindest in Teilbereichen entziehen wollten. Das begann mit ihrer betont bunten und jegliche Uniformierung negierenden Kluft und den längeren Haaren, artikulierte sich doch schon hierin abweichendes und insofern resistentes Verhalten. »Man sah uns an, wer wir waren«, resümierte ein Zeitzeuge so klar wie selbstbewusst.

Allein schon dadurch, dass die Navajos, Edelweißpiraten und sonstigen Unangepassten zeigten, dass man nicht zwangsläufig alles mitmachen und sklavisch bis zur Selbstaufgabe gehorchen musste, konnten sie anderen – insbesondere natürlich Gleichaltrigen und Jüngeren – Vorbild sein. Sie stellten in den Augen des NS-Regimes eine erhebliche Gefahr dar, die es unnachsichtig zu verfolgen und auszuschalten galt. Das war jedoch kein leichtes Unterfangen, denn allein ein Blick auf die zahlreich überlieferten Fotos zeigt ausgeprägt selbstbewusste junge Menschen, die der Militarisierung und Uniformierung um sie herum beharrlich trotzten. Auch wenn die verschiedenen Formen des von ihnen praktizierten zivilen Ungehorsams in ihren konkreten Wirkungen nur schwer einzuordnen sind, dürften sie jedoch kaum zu überschätzen sein, da sie den ideologischen Vorgaben des NS-Staates diametral entgegenstanden. In den unangepassten Jugendgruppen stand stets der Mensch im Mittelpunkt, nicht die propagandistisch gepriesene »Volksgemeinschaft« und die dazugehörige Rassenideologie, die eine betont militaristisch-aggressive Formations- und Lagererziehung forderte und förderte.

Dadurch, dass die Edelweißpiraten spätestens im Laufe des Krieges in einigen westdeutschen Ballungsgebieten sukzessive zu einem Massenphänomen wurden, dürften sie eine große Ausstrahlungskraft entwickelt haben, auch ohne dass sie sich – bis auf bemerkenswerte Ausnahmen – aktiv dem Widerstand zugewendet hätten. So bleibt ungeachtet aller sicherlich immer wieder notwendigen Relativierungen und Differenzierungen festzuhalten, dass es zumindest im Rhein- und Ruhrgebiet keine größere Gegenbewegung zum Nationalsozialismus gegeben hat als jene der Edelweißpiraten. Jenseits aller etwaigen Definitionsakrobatik gilt es dabei zugleich aber auch und besonders zu betonen, dass diese Jugendlichen allein durch ihr selbstbewusstes Auftreten nicht nur dauerhaft zeigten, dass es Alternativen im Verhalten zum NS-Regime gab, sondern auch, dass sie weitaus mehr wagten, als der größte Teil der erwachsenen Bevölkerung es in den Jahren zwischen 1933 und 1945 jemals tat.

5. Literaturhinweise und Quellen (Auswahl)

Zum Briefroman gibt es einen Blog des Autors Frank Maria Reifenberg mit Hintergrundinformationen, Berichten aus der Schreibwerkstatt des Autors, Fotos und Videos:

www.wodiefreiheitwaechst.de

Anregungen oder Kritik zu diesem Buch können per E-Mail an den Autor gerichtet werden:

frank@wodiefreiheitwaechst.de

Archiv für Stadtgeschichte Köln-Nippes e. V.: … De Fahn erus! – Köln-Nippes im Nationalsozialismus. Köln: Archiv für Stadtgeschichte Köln-Nippes e. V., 1997.

Barghoorn, Maria: Kriegstagebuch 1942. Abschrift 1993 durch Hans Barghoorn. https://bunkermuseum.de/pdf/tagebuecher_emden/kriegstageb_maria_barghoorn_1942.pdf (Stand: 11. 4. 2023).

Becker-Jákli, Barbara: Das jüdische Köln – Geschichte und Gegenwart. Ein Stadtführer. Köln: Emons, 2012.

Becker-Jákli, Barbara / Buhlan, Harald / Matzerath, Horst (Hrsg.): Versteckte Vergangenheit. Über den Umgang mit der NS-Zeit in Köln. Aufsätze und Essays. Köln: Emons, 1994.

Beermann, Hartmut (Hrsg.): Soldat Werner Beermann, Feldpostbriefe 1941–1942. [Eigenverlag.]

Böll, Heinrich: Man möchte manchmal wimmern wie ein Kind. Die Kriegstagebücher 1943–1945. Hrsg. von René Böll. Köln: Kiepenheuer & Witsch, 2017.

Böll, Heinrich: Briefe aus dem Krieg 1939–1945. Hrsg. und kommentiert von Jochen Schubert. 2 Bde. München: dtv, 2003.

Ebert, Jens (Hrsg.): Feldpostbriefe aus Stalingrad. Göttingen: Wallstein, 2003.

Geschichtswerkstatt Mülheim / Kulturbunker (Hrsg.): Köln-Mülheim in der NS-Zeit – Erste Ergebnisse unserer Spurensuche über die Jahre 1933–1945. Köln: Geschichtswerkstatt Mülheim/Kulturbunker, 2009.

Geyken, Frauke: Wir standen nicht abseits – Frauen im Widerstand gegen Hitler. München: C. H. Beck, 2014.

Gielsdorf, Edgar: Vom Christkind eine Landsknechtstrommel. Ein Hilterjunge zieht Bilanz. Köln: Emons, 2004.

Goeb, Alexander: »Er war sechzehn, als man ihn hängte. Das kurze Leben des Widerstandskämpfers Bartholomäus Schink. Reinbek bei Hamburg: Rowohlt, 2001.

Hermans, Hans-Willi: Köln im Bombenkrieg 1942–1945. Gudensberg-Gleichen: Wartberg, 2004.

Jülich, Jean: Kohldampf, Knast un Kamelle. Ein Edelweißpirat erzählt sein Leben. Hrsg. von Marion Heister. Köln: Kiepenheuer & Witsch, [2]2004.

Jung, Werner (Hrsg.): Bilder einer Stadt im Nationalsozialismus. Köln 1933–1945. Köln: Emons, 2016.

Kellner, Friedrich: »Vernebelt, verdunkelt sind alle Hirne«. Tagebücher 1939–1945. Hrsg. von Sascha Feuchter [u.a]. 2 Bde. Göttingen: Wallstein, [8]2022.

Klemperer, Victor: Ich will Zeugnis ablegen bis zum Letzten. Tagebücher 1933–1945. Hrsg. von Walter Nowojski. 8 Bde. Berlin: Aufbau, [3]1999.

Klönne, Arno: Jugend im Dritten Reich. Die Hitlerjugend und ihre Gegner. Köln: PapyRossa, 2014.

Koch, Gertrud: Edelweiß. Meine Jugend als Widerstandskämpferin. Aufgeschr. von Regina Carstensen. Reinbek bei Hamburg: Rowohlt, 2006.

Lange, Sascha: Meuten, Swings & Edelweißpiraten. Jugendkultur und Opposition im Nationalsozialismus. Mainz: Ventil, 2015.

Machemer, Hans / Hardinghaus, Christian (Hrsg.): Wofür es lohnte, das Leben zu wagen. Briefe, Fotos und Dokumente eines Truppenarztes von der Ostfront 1941/42. Berlin [u.a.]: Europa, 2018.

Matzerath, Horst: Köln in der Zeit des Nationalsozialismus 1933–1945. Köln: Greven, 2009.

Museum für Kommunikation Berlin / Prof. Dr. C. Schwender: Das Feldpost-Archiv. Feldpost im Zweiten Weltkrieg. http://www.feldpost-archiv.de/feldpost-d.html (Stand: 11.4.2023). [Sammlung und Online-Dokumentation.]

NS-Dokumentationszentrum der Stadt Köln: Erlebte Geschichte. http://www.eg.nsdok.de (Stand: 11.4.2023). [Kölner Zeitzeuginnen und Zeitzeugen schildern ihre Lebensgeschichten in ausführlichen Interviews, Schwerpunkt 1933–1945.]

NS-Dokumentationszentrum der Stadt Köln: Feldpost aus dem

Zweiten Weltkrieg. https://jugend1918-1945.de/feldpost/default.aspx (Stand: 11.4.2023). [Im Rahmen des Projekts »EzG Editionen zur Geschichte«.]

NS-Dokumentationszentrum der Stadt Köln: Jugend! Deutschland 1918–1945. https://jugend1918-1945.de (Stand: 11.4.2023). [Online-Dokumentation zu allen jugendrelevanten Themen, multimedial, Projekte zu Lebenswelten, Erziehung mit vielen Zeitzeugendokumenten, Bildern, Interviews etc.]

NS-Dokumentationszentrum der Stadt Köln: Von Navajos und Edelweißpiraten – Unangepasstes Jugendverhalten in Köln 1933–1945. http://www.museenkoeln.de/ausstellungen/nsd_0404_edelweiss/index.html (Stand: 11.4.2023). [Online-Dokumentation mit Datenbank zu Chronik, Liedern, Gruppen, Lexikon.]

Padover, Saul K.: Lügendetektor. Vernehmungen im besiegten Deutschland 1944/45. Übers. von Matthias Fienbork. Berlin: Die Andere Bibliothek, 2016.

Pettenberg, Heinz: Starke Verbände im Anflug auf Köln. Eine Kriegschronik in Tagebuchnotizen 1939–1945. Hrsg. von Hella Reuter-Pettenberg. Köln: Bachem, 1985.

Piehl, Kurt: Rebellen mit dem Edelweiß. Von den Nazis zu den Yankees. Roman eines Edelweißpiraten. Frankfurt a.M.: Extrabuch, 1985.

Radein, Johann: Wir sind wieder einmal davongekommen. Eine Dokumentation. Norderstedt: Books on Demand, 2005.

Rheindorf, Hermann: Köln im Dritten Reich. Eine dreiteilige Filmdokumentation. 3 DVD-Videos. Köln: Kölnprogramm, 2013.

Rüther, Martin: Köln im Zweiten Weltkrieg. Alltag und Erfahrungen zwischen 1939 und 1945. Darstellung, Bilder, Quellen. Köln: Emons, 2005.

Rüther, Martin: »Macht will ich haben!« Die Erziehung des Hitlerjungen Günther Roos zum Nationalsozialisten. Bonn: Bundeszentrale für politische Bildung, 2017. [Dazu: Website und Flipbook unter www.roos.nsdok.de mit Filmen, Tonaufnahmen, Dokumenten.)

Rüther, Martin: »Senkrecht stehen bleiben«. Wolfgang Ritzer und die Edelweißpiraten. Unangepasstes Jugendverhalten im Nationalsozialismus und dessen späte Verarbeitung. Köln: Emons, 2015.

Simon, P.: Köln im Luftkrieg 1939–1945. Ein Tatsachenbericht über Fliegeralarme und Fliegerangriffe. Köln: Statistisches Amt, 1954.

Theilen, Fritz: Edelweißpiraten. Hrsg. von Matthias von Hellfeld. Frankfurt a. M.: Fischer, 1987.
Wellershoff, Dieter: Schau dir das an, das ist der Krieg. Dieter Wellershoff erzählt sein Leben als Soldat. 3 CDS. Berlin: Supposé, 2010.

6. Textnachweise

Wir danken folgenden Verlagen und Autoren für die Abdruckgenehmigung:

S. 24: Kästner, Erich: »Besagter Lenz ist da«, aus dem Gedichtband »Dr. Erich Kästners Lyrische Hausapotheke«, © Atrium Verlag, Hamburg 2009

S. 63: Ostermann, Willi: »Einmal am Rhein«

S. 123: Mitchell, Margaret (1900–1949): »Vom Winde verweht«, deutsche Übersetzung von Martin Beheim-Schwarzbach, © Ullstein Buchverlage GmbH, Berlin 2004

S. 269: Will Vesper: »Halte dein Blut rein«

S. 315: »Bleibe meine gute Kameradin«, © Musik: Hans Carste, © Text: G. Schwenn / P. Schaeffers © 1942 by Peter Schaeffers Musikverlag

In einigen Fällen war es nicht möglich, für den Abdruck der Texte die Rechteinhaber zu ermitteln. Honoraransprüche der Autoren, Verlage und ihrer Rechtsnachfolger bleiben gewahrt.

Zu den Autoren

FRANK MARIA REIFENBERG, 1962 in der Nähe von Siegen geboren, lebt in Köln. Er ist ausgebildeter Buchhändler und schreibt heute Drehbücher, Hörspiele sowie Bücher für Kinder und Jugendliche. Es sind über 50 Romane und Erzählungen bei Thienemann, Rowohlt, dtv, Ueberreuter u.a. von ihm erschienen, die in viele Sprachen übersetzt wurden. Er befasst sich seit Jahren mit der Thematik »Jungenleseförderung«, war Lehrbeauftragter der Universität zu Köln und Berater des Schulministeriums Rheinland-Pfalz zu diesem Thema und leitet das Projekt »Kicken & Lesen Köln«.

Dr. MARTIN RÜTHER, 1957 im Hochsauerland geboren, lebt in Rösrath bei Köln. Von 1988 bis 2023 war er wissenschaftlicher Mitarbeiter am NS-Dokumentationszentrum der Stadt Köln. Neben zahlreichen Veröffentlichungen zur Kölner Stadtgeschichte forscht, schreibt und publiziert er freiberuflich auch zu anderen – nicht kölnischen – zeitgeschichtlichen Themen und ist mit verschiedenen Projekten im Internet unterwegs. Einige seiner Forschungs- und Publikationsschwerpunkte betreffen das Jüdische Leben zwischen 1933 und 1945, die Geschichte von Jugend und Jugendbewegung zwischen 1918 und 1945, jene von Edelweißpiraten und Hitlerjugend sowie die Aufarbeitung des Themas Flucht und Vertreibung nach 1945.